제4판

Tourism Resources
최신 관광자원론

장성수 · 강보식 · 고계성 · 노경국 · 박은경 공저

백산출판사

| 머리말 |

이른바 '창조경제'라는 화두(話頭) 속에 신성장 동력으로 탈바꿈하고 있는 관광산업은 다양한 융복합 발전을 이루며, 경제적 부(富)와 새로운 멋의 창출을 선도하고 있다. 이와 함께 인접학문을 파고드는 실용적 연계수요가 폭증하면서 종합학문으로서의 관광학은 한층 더 시야를 넓혀 거듭나야 할 시점에 이르렀다.

그러나 사회적 수요에 맞는 응용지식의 확장·섭렵에 못지않게 전통적 교육에 따른 기초지식의 전달·함양도 중요하다. 이름은 약간 다를지 모르지만, 오늘날 관광학도들이 필수적으로 이수하는 기초 교과목 중 '관광자원론'은 '관광학개론' 및 '관광사업론'과 더불어 삼각축을 이룬다. 그리고 이들 3대 필독서(必讀書)에서 상대적으로 신진대사적 내용이 적고 고루한 형식의 교과목이 관광자원 분야란 점도 부인(否認)하기 어렵다.

늘 그렇듯 저술이란 어쩌면 무지(無知)를 더욱 드러내는 무모한 시도일 수 있다. 대학에서 30년 넘게 관광자원론을 강의해 온 필자의 경우 망설임이 더욱 컸다. 다행히 마음 통하는 선배인 강보식 교수님의 적극적인 제안을 시작으로 해묵은 숙제를 해야겠다는 마음을 가질 수 있었다. 특히 공저(共著)의 인연을 맺게 된 고계성 교수와 노경국 박사의 열과 성을 다한 협업(協業)은 집필의 완성도를 높인 초석(礎石)이었다.

이 책은 관광자원 학습의 범주를 일러주기 위한 목적의 안내서로서 관광분야 인재(人才)들이 스스로 기본 소양을 쌓고 이해하는 데 도움이 될 수 있는 내용으로 채워졌다. 나름대로는 기존 저서와의 차별화를 위해 노력하였으며, 전체 3편 14장으로 관광자원론의 체계를 구축하여 기술하였다.

제1편에서는 관광자원의 기초적 개념을 다루었다. 관광·관광자원·관광지 등의 개념을 비롯하여 종합학문적 차원의 관광학 연구방향, 그리고 관광현상의 발생에 따른 영향 측면, 자원분류, 자원개발 기본계획 등과 주요 사례 등을 중점적으로 소개하였다. 대체로 관광과 관광자원 전반을 이해하는 데 기초가 될 수 있는 사안들을 구분하여 논의했다.

제2편에서는 관광자원의 이해를 다루었다. 우리나라에 소재하는 다양한 자원에 대하여 자연과 생태환경, 문화와 유산, 관광장소 및 시설로 분류하여 제시하였다. 또한 국제관광시장의 동향을 개관(概觀)하고 세계의 주요 관광자원 사례를 국가별로 제시함으로써 관광자원의 새로운 가치관 공유와 함께 발전적 대안 및 과제를 모색하게끔 정리했다. 특히 유네스코 세계유산자원 이외에 지질공원과 생물권보전지역에 대한 내용을 추가하

여 국가적 차원의 관광사업 육성방향과 경쟁우위 확보를 위한 노력을 이해할 수 있도록 기술하였다.

제3편에서는 관광자원 개발을 다루었다. 관광자원 조사와 주요 사례, 관광자원 개발계획, 관광자원 이용과 촉진, 진화하는 관광자원의 활용과 연출, 자원해설, 그리고 자원관리의 기본개념과 합리적 관리를 위한 모형 등을 제시하면서 자원개발의 이론과 실무가 균형을 이루도록 내용을 구성하였다. 아울러 대표성 있는 주제별 사례와 사진자료를 제시하여 살아 있는 관광자원의 활용 동향과 잠재력을 독자와 더불어 공유하고자 노력하였다.

이 책의 집필은 저자들의 강의 자료를 토대로 하였으나 다양한 학계 선지식(先知識)들의 노고에 힘입은 바가 크다. 특히 내용을 현장감 있게 소개하기 위하여 국내외 주요 사례들의 관련 기사를 이모저모로 인용하였다. 이러한 인용과 활용에 대해 관계자 모든 분들께 지면으로나마 깊은 감사의 뜻을 전하고 싶다.

대표 저자로서 출간에 임해 개인적으론 필자에게 관광자원론을 일생의 업(業)으로 맡겨주신 은사 서경림 교수님과 관광자원론을 보는 시야(視野)를 한껏 넓혀주신 은사 박석희 교수님! 두 분의 숨은 은혜에 보답하는 정성을 표할 수 있어 기쁜 마음이다. 또한 원고 교정을 위해 수고하고 평소에도 많은 도움을 준 박사과정 수료생 김종기 선생의 조력도 매우 중요했음을 밝혀둔다.

앞으로는 개정판의 미진한 부분 및 오류에 대한 지적을 받아 지속적으로 수정・보완해 나가며 책의 가치를 높이는 작업에 매진할 생각이다. 이 책의 출판을 맡아주신 백산출판사 진욱상 회장님과 편집부 여러분께 감사의 절을 올린다.

저자 대표 장성수

| 차 례 |

PART 1 관광자원의 기초개념

Chapter 1 관광의 의의 / 11

1. 관광의 어원과 개념 11
2. 관광의 유사개념 비교 17
3. 관광의 구성요소 19
4. 관광학의 연구방향 23
5. 관광의 혜택과 폐해 26

Chapter 2 관광자원의 개념 / 31

1. 자원의 개념 31
2. 관광자원의 개념 33
3. 관광자원의 가치결정 38
4. 관광자원의 구조적 기능과 체계 40
5. 관광자원의 매력성과 기타 요건 42
6. 관광자원화 45

Chapter 3 관광자원의 분류 / 53

1. 자원의 분류 53
2. 관광자원의 유형 58
3. 관광자원의 분류체계 67

Chapter 4 관광자원의 개발현황 / 73

1. 관광지 및 관광단지의 개발 73
2. 관광특구의 개발 85
3. 광역권 관광개발 91
4. 문화관광자원 개발 92
5. 생태 · 녹색 관광자원 개발 93

PART 2 관광자원의 현황

Chapter 5 우리나라 관광자원 / 101

1. 자연 및 생태환경-자연공원 ······ 101
2. 문화재 ······ 114
3. 관광장소 및 시설업 ······ 118

Chapter 6 세계의 관광자원 / 127

1. 관광시장 동향 ······ 127
2. 세계의 관광자원 사례 ······ 128

Chapter 7 유네스코 세계유산자원 / 147

1. 유네스코 세계유산 ······ 147
2. 등재기준과 절차 ······ 151
3. 등재효과 및 보호활동 ······ 155
4. 한국의 세계유산 ······ 157
5. 세계유산목록 ······ 167
6. 지질공원 ······ 174
7. 생물권보전지역(Biosphere Reserve) ······ 177

PART 3 관광자원의 개발

Chapter 8 관광지 수용력 / 181

1. 수용력의 개념 및 유형 ······ 181
2. 수용력의 추정기준 및 접근방법 ······ 185
3. 수용력 관리모델 ······ 190
4. 국내외 수용력에 관한 연구사례 ······ 198

Chapter 9 관광자원 조사 / 209

1. 관광자원 조사목적 ······ 209
2. 관광자원 조사항목 ······ 212
3. 관광자원의 조사방법과 과정 ······ 214
4. 관광자원 조사사례 및 권역별 관광개발계획 ······ 217

Chapter **10** 관광자원 개발계획 / 227

1. 관광자원 개발과 계획 227
2. 관광자원 개발계획의 유형 231
3. 관광자원 개발계획의 수립과정 232
4. 관광개발기본계획 및 권역별 관광개발계획 239

Chapter **11** 관광자원 이용촉진과 활용 / 247

1. 관광자원 이용촉진 247
2. 관광자원 이용촉진 수단 249
3. 관광자원 활용 251
4. 역사문화자원 활용 266

Chapter **12** 관광자원 연출 / 273

1. 연출의 개념과 중요성 273
2. 연출의 방법 278
3. 연출트렌드 1 - 엔터테인먼트의 진화 279
4. 연출트렌트 2 - 테마파크 환경연출 284

Chapter **13** 관광자원 해설 / 291

1. 관광자원 해설의 정의와 필요성 291
2. 관광자원 해설의 목적 294
3. 관광자원 해설의 특성 295
4. 관광자원 해설의 유형과 편익 296
5. 문화관광해설사 299
6. 스토리텔링 309

Chapter **14** 관광자원 관리 / 317

1. 관리의 개념 317
2. 관광지 관리 318
3. 관광지 관리의 기본모형 322
4. 관광자원과 관광시설 325
5. 문화(유산)자원 관리 327
6. 문화유산관리체계와 고려요소 330

PART 1 관광자원의 기초개념

Chapter 1

관광의 의의

1. 관광의 어원과 개념

사람의 마음속에는 누구나 일상의 궤도를 탈출하고 싶은 욕망과 함께 늘 어디론가 새로운 곳으로 떠나고 싶어한다. 그러한 사람의 욕구를 가장 손쉽게 해결할 수 있는 활동이 관광이다. 관광은 이동을 전제로 하고 있다. 관광은 거주지를 벗어난 타지에서 눈·입·귀·코·손·발·가슴을 통해서 새로운 것을 체득하고 즐거움을 누리는 활동, 즉 마음 가득히 욕구를 충족시킨 후 거주지의 일상영역으로 귀환하는 모든 과정이라 할 수 있다.[1)]

[그림 1-1] 인간과 관광, 그리고 활동

인간은 태생적으로 살고 있는 거주공간(지역, 국내, 국외)에 관심을 가지고 있다.[2)]

오래된 남아프리카 관광지도

다른 나라 사람들, 문화, 동물, 생태계, 지형 등은 우리 모두의 관심사항이자 동경의 대상이다.

아시아[3)]

1) 고계성(2010), 관광객과 지역주민이 어우러진 소통의 장소 관광지, 대왕사.
2) Goeldner, C., Ritchie, J. and W. McIntosh(2000), Tourism: Principles, Practices, Philosophies(8th ed.), NY: John Wiley & Sons, Inc.

인류의 출현과 문명발생, 도시국가 형성, 선박기술의 발전과 배의 등장, 그리고 바퀴와 화폐 등의 등장에도 불구하고 초기 여행은 매우 한정된 범위에서 이루어졌을 것이다. 특히 관광은 지리적 이동을 위한 사회・경제적 안전장치가 어느 정도 보장된 소수특권계층의 독점적 유한활동이었을 뿐 일반인들의 여행은 특별하거나 불가피한 일(예; 전쟁, 사냥, 천재지변 등)이 아니고는 성립될 수 없었다.

산업혁명과 항공기 등장, 여행사 출현 등 여행기반시설이 확장됨에 따라 이제 관광은 인간생활의 필수품으로 자리매김 되었다. 현대사회에서 관광은 경제적, 사회적, 문화적, 그리고 국가정책적으로도 우선순위를 부여받고 있지만, 여러 가지 복합적인 요소와 각 시대의 사회적 성격 및 배경에 따라 달리 반영되고 있어서 그 의미를 명확하게 정의하기는 다소 어렵지만, 다양한 관광현상을 이해하기 위해서는 관광의 어원적 의미와 정의를 규명하고 그 특징을 이해할 필요가 있다. 관광의 어원을 요약하면 다음과 같다.

〈표 1-1〉 관광의 어원

구 분		내 용
일상 용어	국어사전	다른 나라의 문물・제도를 시찰하는 것 혹은 다른 지방이나 나라의 아름다운 풍경・풍습 등을 구경하며 유람하는 것
	Encyclop-edia of Tourism	관광객이 체류하는 거주지를 벗어나서 그의 욕구충족에 부응할 수 있는 지역을 방문하는 일
서양	그리스	• Tour의 어원은 그리스어 tornos(a turn)가 라틴어 'tornus'에서 기인한 것으로, 목수가 원을 그리는 컴퍼스와 같은 도구・도르래・원 등을 뜻하는 '돌다', '순회하다'는 의미를 내포하고 있음 • ism은 '움직임 혹은 진행하다', '행위를 수행하다'는 의미를 내포하고 있으므로, 따라서 tourism은 한 바퀴 둘러보기 위하여 움직이는 행위로 풀이됨
	영국	Toruism은 Tour와 Travel에서 파생된 용어로서, 1811년 영국의 스포츠잡지인 「The Sporting Magazine」에 최초로 언급되었다고 함
	독일	독일어 Fremdenverkehr 용어는 외국의 또는 외국인의 뜻을 가진 Fremden과 왕래 및 교통이라는 의미를 가진 Verkehr의 합성어로서 외래객이 왕래함을 의미함
	중국	기원전 8세기경 주(周)나라 때 편찬된 「역경」(易經 : 周易이라고도 부른다)의 풍지관(風地觀)에 觀國之光利用賓于王(관국지광이용빈우왕)이라는 구절이 있는데, 이 구절 속의 "觀國之光"에서 관광(觀光)이라는 용어가 비롯되었다 함

3) http://cool-maps.blogspot.kr

<table>
<tr><th colspan="2">구 분</th><th>내 용</th></tr>
<tr><td rowspan="5">동양</td><td>일본</td><td>1855년 도쿠가와(德川) 막부가 네덜란드 국왕 3세로부터 기증받은 해군연습함의 명칭을 '강꼬마루(觀光丸)'로 명명한 것이 최초로 관광이란 용어 사용의 효시가 되었으며, 오늘날의 의미로 사용된 것은 일본의 메이지(明治)시대 중엽(1880년경) 이후임</td></tr>
<tr><td rowspan="4">한국</td><td>신라시대 고운 최치원선생의 시문집 「계원필경(桂苑筆耕)」에서 관광육년(觀光六年)이라는 용어가 등장하는데, 여기서 사용된 관광이라는 말은 과거(科擧)라는 의미로 해석되고 있으며, 오늘날 관광으로 보면 과거를 볼 목적의 관광으로 해석할 수 있음</td></tr>
<tr><td>• 고려시대의 문헌으로 「고려사절요(高麗使節要)」에 따르면 고려 예종 11년(1115년)에 중국 宋나라 임금이 우리나라 사신에게 "…觀光上國, 盡損宿習…"(관광상국 진손숙습: 우리나라를 관광하여 낡은 관습을 모두 버리도록 하고 …)라고 교시하였다는 기록이 있다.
• 고려말 우왕 10년(1385년)에 삼봉(三峰) 정도전(鄭道傳)이 그의 친구 이숭인(李崇仁)의 중국 북경 견문록의 제목을 관광집(觀光集)으로 붙여주겠다고 서술하였음을 소개하고 있음</td></tr>
<tr><td>• 조선건국 직후 1396년 태조(太祖) 5년에 도읍을 개경에서 지금의 서울인 한성으로 옮기면서 행정구역을 5부 52방으로 방명표를 세우면서 그 중 현재의 동(洞)에 해당되는 10개의 방(坊) 중에 한 곳을 관광방(觀光坊)으로 정하였다고 조선왕조실록은 기록하고 있다.
• 성종 3년(1473년)에 성현(成俔)이 그의 형 성임과 함께 중국 북경을 3차례에 걸쳐 다녀오면서 도중에 지은 기행시집인 관광록(觀光錄)이라는 북경견문록을 남기고 있음
• 정조 4년(1780년)에 연암 박지원(朴趾源)이 지은 「열하일기(熱河日記)」에 수록된 위관광지상국래(爲觀光之上國來)에서 보듯이 '上國(중국)의 문물, 제도 등을 보고 배우러 왔다' 뜻으로 명승지와 자연경관을 구경하러 갔었다는 의미를 내포하고 있음</td></tr>
<tr><td>• 1910년 유길준이 지은 관광약기(觀光略記)는 1910년 4월에 일본 나고야 박람회를 살펴보고 쓴 견문기로서 여행기행문에 해당되는 기록물을 남겼으며, 미국을 여행하고 지은 서유견문(西遊見聞)은 미국인들의 관광을 자세히 설명하고 관광의 필요성을 역설하고 있음
• 이외에 일제강점기에 기록된 여행기를 보면 관광차, 관광지 등과 같은 용어가 등장하고 있으며, 관광지 개발하여 외화 유치하자(독립신문, 1897.9.23.) 등의 사례로 봤을 때 일제강점기에도 관광이란 말이 쓰였음을 보여주고 있음</td></tr>
</table>

관광의 정의(定義)는 역사적인 변천과정을 통하여 많은 국내외 학자들에 의해 다양하게 정의되고 있으나, 상호간에 유사하면서도 상이한 면을 나타내고 있다. 관광이 학문적으로 연구하기 위해서는 많은 사람들이 수긍할 만한 정의를 내리는 것이 무엇보다 중요하다. 관광의 정의를 연대별로 살펴보면 다음과 같다.

가장 오래된 정의로는 1911년 독일 슐레른(Schulern)의 정의로 "관광이란 일정한 지구(地區)·주(州) 또는 타국을 여행하며 체재하고, 다시 되돌아가는 외래객의 유입·체재 및 유출이라는 형태를 취하는 모든 현상과 그 현상에 직접 관련되는 모든 사상(事象), 그 가운데서도 특히 경제적인 모든 사상"이라고 경제학적 관점에서 정의를 하고 있다.

1941년 스위스의 장크트가렌 대학의 Hunziker 교수와 베른대학의 Krapf 교수는 "관광이란 영구거주나 수입활동과 관련되지 않고 그곳에 거주하지 않는 사람이 여행 및 체류함으로써 발생하는 현상이나 관계의 총칭"이라 정의하고 있다.

〈표 1-2〉 UNWTO(UN World Tourism Organization) 정의

구 분	내 용
Tourism (관광)	관광을 여가, 사업, 그리고 기타 목적으로 1년 미만 기간 동안 비일상적인 장소에서 여행하고 체재하는 사람들의 활동 (Tourism comprises the activities of persons traveling to and staying in places outside their usual environment for not more than one consecutive year for leisure, business and other purposes)

자료: Charles, R., & Ritchie, J. R. Brent, & McIntosh, R. W.(2000), Tourism: Principles, Practices, Philosophies (8th ed.), NY: John Wiley and Sons.

1976년에 영국관광협회(TSE: The Tourism Society of England)는 "관광이란 일시적으로 짧은 기간 동안의 체류지를 벗어난 곳에서 행해지는 활동"이라 정의하고 있다. 1981년 국제관광전문가협회(IASET: International Association of Scientific Experts in Tourism)는 "관광이란 체류지를 벗어난 지역에서 선택되고 수행된 특별한 활동의 총칭"으로 정의하고 있다.[4)]

그 외 마리오티(Mariotti, 관광경제학강의), 보르만(Bormann, 관광학개론), 오길비(Ogilvie, 관광객이동론), 글뤽스만(Glücksmann, 일반관광론), 베르네커(Bernecker, 관광원론), 페셜(Pöschl, 관광과 관광정책) 등의 정의가 이루어졌다.[5)]

상기 제시된 정의들은 관광현상의 모든 측면을 포괄하기에는 다소 부족하기에 기본적으로 고려할 요인들을 바탕으로 제시된 관광의 정의를 비교하여 살펴보면 다음과 같다([그림 1-2] 참조).

4) http://en.wikipedia.org/wiki/Tourism
5) 김광근·장경수·고계성·박경호·박재연·황승미(2019), 관광학의 이해, 백산출판사.

[그림 1-2] 연구자(조직)별 관광의 정의 분류

구 분	주요 연구자(조직)	내 용
경영·경제적 측면	맥킨토시(McIntosh) 오길비(Ogilvie) 다나카 기이치(田中喜一) 등	관광을 사회적 현상보다는 사회적·경제적 현상으로 그 범위를 한정시키며, 관광의 주체인 관광객을 하나의 경제단위 내지 소비단위로 인식하며, 고객이라는 수동적 측면에서 그들을 '관광객'이라 명명하고 있다. 즉 관광객의 행동을 소비행동으로 보고, 그 수단으로서 금전적 지출을 내세우고 있다.
통계·기술적 측면	세계관광기구(UNWTO) 경제협력개발기구(OECD) 등	국제적인 관광객의 이동에 따른 관광수지의 산정과 통계작성을 기준으로 하고자 주로 정책담당기관의 실무적인 차원에서 제시되어 왔다.
단일 학문적 측면	코헨(Cohen) 메드상(Medecine) 등	관광현상에 대해 복합적 학문의 응용이 아닌 하나의 학문적 관점에서 그 특징을 살펴보려는 것으로, 사람들의 일시적인 이동에 있어서의 동기 내지 욕구가 중시되며, 따라서 관광의 개념규정에 휴식·건강·스트레스로부터의 회복, 문화적 동기, 교육적 관심, 자기실현과 같은 요소들이 접목된다.
현상적 측면	훈지커와 크라프 (Hunziker & Krapf) 글뤽스만(Glücksmann) 등	관광객이 관광에 참여하면서 발생하는 여러 가지 일(events)에 초점을 두고 있으며, 여기에서는 관광객과 그들을 접대하는 현지주민 간의 접촉이 강조되고 있다.
체계 분석적 측면	자파리(Jafari) 리퍼(Leiper) 등	관광주체인 관광객을 중심으로 주변에서 발생하는 복잡다양한 측면들(관광객과 지역 간의 연계, 서비스부문, 정책추진기관 연계 등)을 모두 포괄시키는 정의이다.

한편, 관광의 요인을 중심으로 관광의 정의가 경제적 관점, 사회문화적 여가활동 측면에서 제시된 정의를 살펴보면 다음과 같다([그림 1-3] 참조).

[그림 1-3] 연구자(조직)별 관광의 정의 분류

구 분	주요 연구자(조직)	내 용
경제적 관점	이탈리아 정부통계국 Bodio, 슐레른(Schulern) 오길비(Ogilvie) 등	관광을 하나의 산업으로서 경제적 파급효과 측면에서 강조하는 관점
사회문화적 관점	보르만(Bormann) 글뤽스만(Glücksmann) 등	관광은 체재지에서 일시적으로 있는 사람과 그 지역주민 사이의 관계 등을 포괄하는 총체적 관점
여가활동 관점	메드상(Medecine) 세계관광기구(UNWTO) 등	현대사회로 접어들면서 여가활동의 한 유형으로서 삶의 질을 강조한 관점
시스템적 관점	맥킨토시 외(McIntosh, Goeldner, and Ritchie) 레이퍼(Leiper) 등	공급자와 구매자 관점에서 관광이 이루어진다는 관점

자료: 조명환(2010), 관광의 기초개념(관광학총론), 백산출판사, pp.27-29.

위에 제시된 관광의 정의를 종합적으로 분석하면 다음 네 가지로 요약된다.6)

첫째, 관광이란 관광욕구를 충족시키기 위한 행위이다.

둘째, 관광은 일상영역을 떠나야 한다.

셋째, 관광은 일정한 시간적 범위를 필요로 한다.

넷째, 관광은 자유의사에 맡겨져야 한다.

이전 60년대에는 경제적인 혜택 등에 치중된 분야로만 인식된 반면에, 21세기 현재에는 산업 및 관광현상 등을 포괄하는 영역으로 관광을 인식하고 있다. 따라서 관광은 다(多)분야 산업과 연계되어 있으며 실무형이 가미된 학문이라 할 수 있다.

〈표 1-3〉 네 가지 관점의 관광영역

구 분	내 용
관광객	관광객은 다양한 육체적 및 정신적 경험과 만족을 추구한다. 이러한 특성이 관광지를 선택하게 만들고 활동을 즐기도록 유도하는 유인력으로 인식하고 있다.
관광사업	사업가들은 제품생산과 판매, 서비스를 통하여 수익창출의 기회산업으로 관광을 인식한다.
중앙(지방)정부	정치가들은 그들의 관할권 내의 경제활성화를 초래하는 동력으로 관광을 인식한다. 물론 외래관광객 유입에 따른 외화획득도 포함된다.
지역사회	국내외 관광객의 유입에 따른 상호작용의 영향으로 지역주민은 관광을 문화적 작용과 고용창출의 기회로 인식한다. 물론 이러한 상호작용의 영향은 긍정과 부정을 동시에 수반한다.

따라서 관광은 관광객, 관광사업자, 중앙(지방)정부, 지역사회간 상호작용으로 발생되는 현상과 관계의 총체로 정의될 수 있다. 관광객이 거주지를 벗어나서 참여하게 되는 다양한 활동, 제공받게 되는 서비스 경험(교통, 숙박, 식음료, 쇼핑, 오락, 활동시설물 및 환대서비스 등)이 관광을 구성하고 있는 복합체라 할 수 있다.

6) 박석희(2012), 신관광자원론, 대왕사.

2. 관광의 유사개념 비교

관광과 여행, 관광객과 여행객, 여가와 레저, 레크리에이션 등의 유사한 개념이 사용되고 있다. 주요 차이점 중 여행과 관광을 구분하면 다음과 같다.

〈표 1-4〉 주요 개념 구분

구 분	내 용
관광(tourism)	거주지를 벗어나서 즐기는 활동으로 그 기간 동안 교통, 숙박, 음식, 서비스, 기타 활동 등을 이용하거나 제공받음
여행(travel)	일상의 직업적 업무가 아닌 거주지역을 벗어나 즐거움을 찾아 떠나는 활동
	• 여행이란 출발지점으로 되돌아오든 그렇지 않든 어떤 목적을 위해 또는 어떤 수단에 의해 한 곳에서 다른 곳으로의 이동행위 또는 일상생활을 제외한 어떤 목적을 위해 그들의 생활권 밖으로 이동하는 행동이나 활동 등으로 정의하고 있는 것에서 볼 수 있듯이, 여행이란 이동과 비일상성을 전제로 한다. • 여행의 기본적 개념은 '움직임'이다. 즉 여행이란 움직임이기 때문에 이동현상만을 특징으로 삼고 있지, 목적이나 동기를 전제로 하지 않는다는 점이다. 그러나 외형적으로 관광과 잘 구분되지 않으며, 오늘날 관광과 비슷한 개념으로 인식되기도 한다.

자료: 김광근 외(2017), 관광학의 이해, 백산출판사, p.29.

[그림 1-4] 관광과 여행 비교

관광	단체적	트렌드	계획성
	비경제성	타인 중심적	담보된 교류 등
여행	개별적	비트렌드	비계획성
	경제성	개인 중심적	자유로운 교류 등

그 외 관광과 관련된 유사개념 중 비교적 체계적으로 개념규정이 명확하게 이루어져 있고, 그 대표성이 인정될 수 있는 여가(leisure), 레크리에이션(recreation)에 대한 상관성을 고찰하고자 한다.

〈표 1-5〉 여가 정의

구 분	내 용
여가 (Leisure)	개인의 생활시간 중 노동과 가사활동, 생리적 필수활동 및 기타 사회적 의무와 책임으로부터 자유로운 상황 아래에서(시간적, 정신적 상태 모두 포함) 휴식, 기분전환, 자아실현은 물론이며 사회적 성취를 위해 이루어지는 모든 활동과 시간이다.

그러나 이들 상호간의 개념적 한계가 공통성과 상이성을 동시에 가지고 있어 특성상 명확한 구분을 하기는 어려움이 있으나, 기초이론의 확립을 위해서는 반드시 검토해야 할 연구과제이다. 상기 내용을 도식화하면 다음 [그림 1-5]와 같다.

[그림 1-5] 여가와 관광의 관계

구분	내용
여 가	• 휴식(공간이동이 이루어지지 않는 경우도 있음) • 기분전환 • 자기계발
관 광	• 여행(공간이동)을 수반한 휴식 · 휴양 • 비일상적인 환경에서 해방감과 기분전환 • 지식과 견문확대 • 자기확대와 자기실현으로 이어지는 자기계발기능

자료: 김광근 외(2017), 관광학의 이해, 백산출판사, p.33.

위락(Recreation)은 라틴어 'recretio'에서 유래된 말로 새로운 것을 창조하고 나아가서 회복과 재생이라는 의미를 담고 있으며, 일상에서의 의무(노동)에 의해 지친 심신을 오락활동을 통해, 또는 신체적 운동과 활동 등으로 회복하는 것 혹은 그러한 것을 위한 제 활동을 총칭하며, 삶을 즐겁게 하는 자기표현의 활동이다.[7)]

위락활동과 위락경험이라는 두 가지 다른 현상으로 이루어진다. 위락활동은 성인의 여가시간 활동이라는 점에서 놀이 및 여가와 다르며, 프로그램에 의해서 그리고 조직화함에 따라 수정될 수 있다. 사회적 목적을 위해 사회적으로 조직되는 경우가 많다. 위락활동은 또한 여가시간을 활용함으로써 개인과 사회에 유익하게 한다는 면에서 가치지향적이다. 따라서 여가보다는 사회적 책무가 크다. 또 한 가지 차원은 위락경험인데, 위락경험은 위락활동을 통해서 얻는다. 위락경험은 에너지를 보충하고 원동력을 재충전하는 등 회복해 나가는 과정으로 인식될 수 있다.

위락은 일상영역 내에서 이루어지면서 취미 · 교양, 체육 · 사회체육, 오락 · 유흥의 세 가지 활동그룹으로 나눌 수 있다. 즉 취미 및 교양에 속하는 것은 자기계발적이며 생산적인 성격이 강한 것으로 영화, 연극, 음악감상, 독서, 정원손질, 일요목공, 스포츠관람, 교양강좌, 창작활동, 작품전시회, 수집활동 등을 들 수 있다. 체육 및 사회체육에 속하는 것은 자기계발적인 측면과 심신의 회복을 위한 측면이 반반이며, 동시에 생산적인 면과 소

7) 김광근 외(2017), 관광학의 이해, 백산출판사, p.34.

비적인 면에서도 반반의 성격을 지닌 것으로 테니스 · 농구 · 배구 · 탁구 · 당구 · 볼링 · 축구 · 수영 · 배드민턴 · 사이클링 · 조깅 · 헬스클럽 · 롤러스케이팅 등을 들 수 있다. 그리고 오락 및 유흥에 속하는 것은 심신의 회복을 위한 측면과 소비적인 측면이 강한 것으로 TV시청 · 장기 · 바둑 · 화투 · 낮잠 · 목욕 · 사우나 · 전자오락 등이 여기에 속한다.

[그림 1-6] 위락과 관광의 관계

구 분	위 락	관 광
대상선택	거주지로부터 시 · 공간적 범위의 제약	공간적 이용대상의 선택범위가 광범위(전 세계적)
시간	비교적 단기적	중 · 장기적(대개의 경우 1일 이상 소요)
시설의 질 및 제약 정도	시설의 제약을 받으나 시설에 대한 품질의 요구 정도는 낮음	시설의 제한성은 비교적 낮으나 시설의 질이 비교적 고급
주요 성격	• 후생적 대상 • 사회적 목적이 우선 • 재생, 사회편익이 우선	• 경제적 행위의 대상 • 자유, 내적 만족 • 개인의 목적이 강조
일상생활권의 여부	일상생활권 내에서도 이루어짐	일상생활권에서 탈피

자료: 김광근 외(2017), 관광학의 이해, 백산출판사, p.35.

위락은 여가와 밀접한 유사개념이 되고 있으나, 여가가 시간적인 의미를 지니고 있는 데 비해, 위락은 어떤 종류의 활동(activity)을 지칭하는 것으로 인식되고 있다. 위락은 여가시간 내의 활동으로서 옥내위락(indoor recreation)과 옥외위락(outdoor recreation)으로 나누어진다. 전자가 집안 또는 건물 내에서 행하여지는 여가활동이라면, 후자는 전자보다도 더 넓은 공간적 범위와 더 많은 자원요소를 필요로 한다.

3. 관광의 구성요소

관광은 복잡한 현상이나 요소로 구성되어 있다. 관광구조의 3체계론을 살펴보면 관광주체, 관광객체, 관광매체로 구성되어 있다. 관광수요시장을 형성하는 관광객은 관광행동의 주체자로서 관광에 대한 다양한 욕구를 지니고 관광시장수요를 주도하는 요소이다. 관광객체는 관광대상을 의미하며 자연, 풍속, 문화, 산업시설 등의 관광자원 및 관광시설로서 관광주체의 욕구나 기호에 부합하며, 관광공급시장을 형성하는 중요한 요소이다. 관광주체와 관광객체를 연결시켜주는 교량역할의 관광매체는 공간적 매체(교통기관, 도로, 운송시설 등)와 시간적 매체(숙박, 휴식시설 등), 기능적 매체(관광알선, 가이드 등) 등으로 구성된다.

[그림 1-7] 관광구조의 3체계론

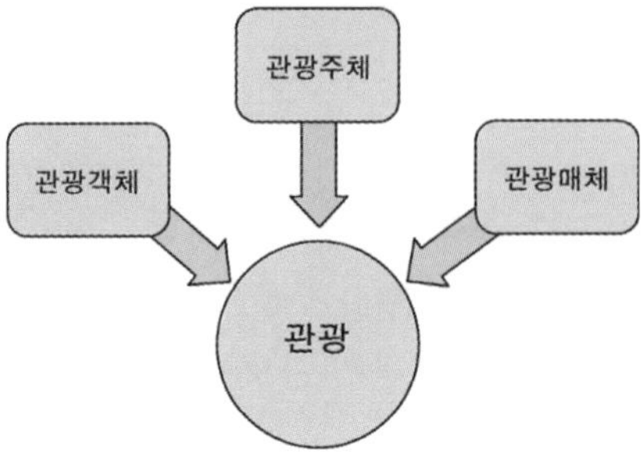

상기 견해는 관광욕구를 지닌 관광객이 있고 관광객체가 있는 가운데 관광매체가 작용함으로써 비로소 관광이 발생될 수 있다는 관광발생에 주안점을 둔 견해로서 복잡한 관광현상을 간명하게 나타낸다는 장점도 있지만, 현상에 대한 문제를 분석・발견하여 문제점을 줄인다는 차원에서 지나치게 단순하게 제시되고 있다는 견해도 있다.[8] 이 외 관광계획에 중점을 둔 견해, 관광마케팅에 중점을 둔 견해, 관광산업영역에 중점을 둔 견해 등이 제시되고 있다.

관광구조체계와 기능을 살펴보면, 관광객, 관광매력물, 부대시설, 기반시설, 교통, 정보촉진 등으로 분류된다(〈표 1-6〉 참조).

〈표 1-6〉 관광구조체계와 기능

구조체계	기 능
관광객	사회, 경제, 심리적 요인에 영향을 받아 관광을 목적으로 여행하고자 하는 사람
관광매력물	관광객의 관광행동을 유발하고 여행하면서 관광객이 즐기면서 이용할 수 있는 관광대상과 자원을 말함(유무형 대상물 포함)
부대시설	관광객의 관광욕구를 효과적으로 충족시키고 관광활동을 보장할 수 있는 각종 편익시설을 총칭
기반시설	관광자원의 보존과 개발 및 지역주민들의 일상생활 기능을 지원하는 각종 기반시설(도로, 상하수도, 통신 등)
교통	관광의 본질적인 요소의 하나로 관광과는 불가분의 관계
정보촉진	정확하고 신속한 관광정보와 촉진체계

8) 박석희(2012), 신관광자원론, 대왕사.

관광구조체계 및 요소를 정확하게 설명하기란 그리 쉽지 않다. 정확한 "모델(model)"을 찾기도 더욱 그러하다. 다양한 관광현상의 구성요소를 단순하게 제시하면 다음과 같다.

첫째, 자연자원과 환경이다. 주요 관광지를 구성하고 있는 요소로서, 관광의 기본이자 기초로 설명된다. 둘째, 인위적으로 만들어지고 형성된 인공환경으로서 문화, 정보, 기술 등으로 구성되어 있다. 셋째, 관광산업 운영부문으로 서비스와 재화가 거래되는 영역이다. 넷째, 개발계획, 촉진 조직체로서 공공과 영리목적의 사조직으로 구성된다. 마지막으로 상기 열거된 구성요소들은 정책목표, 비전과 전략하에 추진되며, 추구하는 목표달성을 위한 마케팅, 평가, 조사, 모니터링 등의 반복적인 작용을 수행하게 된다.

[그림 1-8] 관광의 구성요소와 관리영역

자연자원과 환경	관광의 가장 기본이자 기초로서 자연지리학(자연, 풍광 등), 기후(연중 날씨 등), 사람(지역주민, 방문객)으로 구성됨
인공환경	사람에 의해서 만들어진 인공환경은 문화, 정보, 기술, 제어(관리), 상부구조, 하부구조으로 구성됨
관광산업 운영부문	숙박, 서비스, 교통, 엔터테인먼트, 식음료, 모험과 야외활동, 매력물, 이벤트, 관광교역
계획, 개발, 촉진 조직	미래전문가, 정책입안자, 전략가 등이 포진되어 있는 공공기관(public) 및 일반 사기업체(private)
작용, 활동, 결과	정책, 비전, 전략, 계획, 추진, 마케팅, 회계, 경험, 행동, 모니터링, 평가, 조직, 철학, 조사 등

자료: Goeldner, C., Ritchie, J. and McIntosh, R. W.(2000), Tourism: Principles, Practices, Philosophies(8th ed.), NY: John Wiley & Sons, pp.25-32.

Leiper[9]는 관광의 체계를 관광객, 관광발생지, 교통루트, 관광목적지, 그리고 관광산업 등 5개 요소가 공간적 및 기능적으로 상호 연관되어 있는 것으로 인식하고 있다. 여기에서 관광은 관광발생지에서 관광목적지까지, 관광목적지 내, 그리고 관광목적지에서 관광발생지 영역 내에서 행해지는 활동임을 보여주고 있다. 관광목적지 요소에는 매력물과 관광객이 이용하는 서비스 및 시설이 포함된다고 보고 있다.[10]

9) Neil Leiper(1979), "The Framework of Tourism", Annals of Tourism Research, 6(4), pp.390-407.

[그림 1-9] Leiper의 관광체계

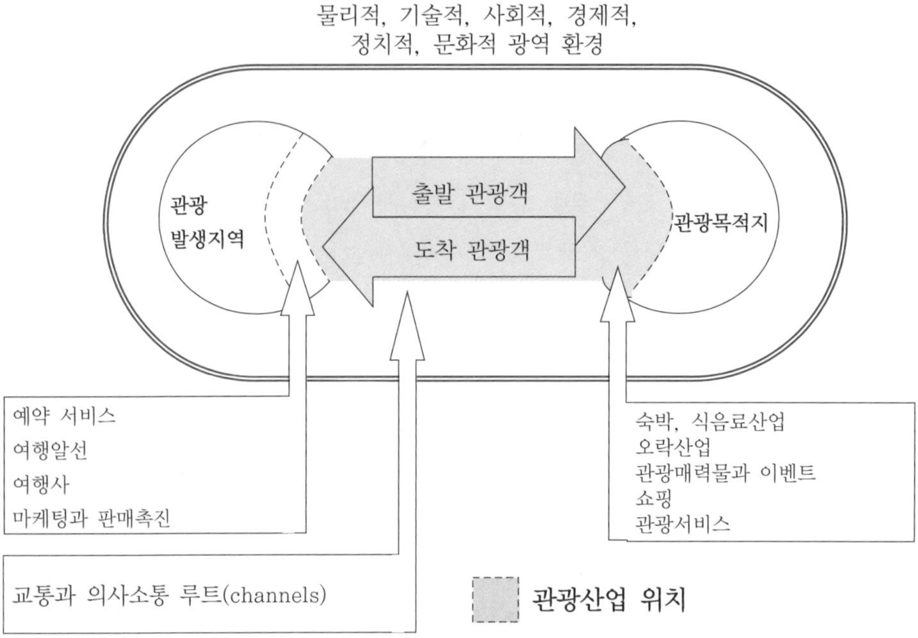

자료: Leiper, N.(1995), Tourism Management, Melbourne: RMIT Press, pp.86-88. 재인용.

관광은 상호 밀접하게 연관된 체계[11])로 인식되는데 관광목적지 체계도 예외는 아니다. 관광목적지 체계는 자연적 혹은 매력물의 형태로서 주요 요인들(예; 기후 등)과 하부요인들(예; 호텔 등)로 구성되어 있고 상호의존적이다. 주요 요인으로 관광목적지 투입에는 관리적 및 기술적 숙련, 투자자 재원, 그리고 관광객의 기대감이 포함된다. 일반적인 관광목적지 체계는 많은 요인들 혹은 하부시스템들, 숙박, 교통, 여흥, 소매, 활동 등이 작용하게 된다. 아울러, 이해관계자들의 결과 산출을 통한 체계 평가가 이루어질 수 있고 관광목적지 요인들은 외부 영향을 받게 되면서 관광목적지의 장기적 발전계획에 영향을 미치게 된다.[12])

한편, 관광개발계획에 중점을 둔 대표적인 학자인 Gunn[13])은 관광현상을 기능적 체계(system)로 인식하고 구성요소로서 관광목적지, 교통기관, 매력물, 서비스 및 시설, 정보 및 지도 등 다섯가지를 제시하고, 관광체계의 구성요소와 그 인자 간의 기능이 원활하게 이루어지도록 관광개발계획 수립에 초점을 맞추고 있다.

---

10) 박석희(2000), 신관광자원론, 일신사.
11) Edward Inskeep(1991), Tourism Planning, NY: Nostrand Reinhold, p.29.
12) 고계성(2006), 관광목적지 유형에 따른 매력성 평가에 관한 연구, 제주대학교 대학원 박사학위논문.
13) Clare A. Gunn(1972), Vacationscope: Designing Tourist Regions, University of Texas, p.21.

[그림 1-10] 관광목적지 체계

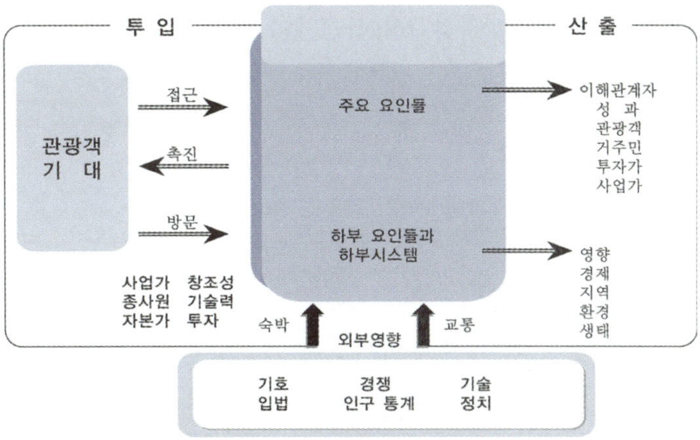

자료: Eric Laws(1995), Tourist Destination Management, NY: Routledge, p.36.

4. 관광학의 연구방향

관광현상은 범위가 매우 광범위하고, 복잡하며, 다양한 속성을 지니고 있으므로 관광현상을 정확하게 규명하고 이해하기 위해서는 많은 학문 간의 학제적(學際的) 연구가 필요하다. 따라서 관광학연구를 위해서는 어느 특정분야에 대한 학문적 접근이 필요하며, 또한 다양한 학문이 복합된 학제적 연구가 강조된다. 즉 개별과학의 응용분야인 단일학문체계로서의 관광학과 종합사회과학으로서의 관광학이다.

[그림 1-11] 종합사회과학으로서의 관광학

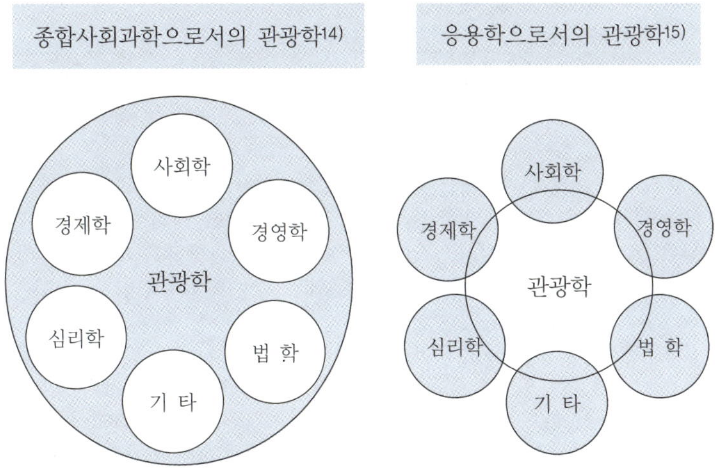

산업화 이후 노동시간의 감소, 여가시간 및 개인소득 증대, 기술의 발전과 삶의 환경이 양적 및 질적인 변화 등으로 관광현상이 인간의 중요한 사회현상의 핵심으로 인식되면서 학문으로 등장하였다. 이에 따라 관광은 사업, 상품, 역사, 관리, 개발 차원의 측면 등 다양한 방향에서 연구되고 있다([그림 1-12] 참조).

[그림 1-12] 관광연구의 방향

구분	내용
사업	관광활동을 실행하는 조직이나 중간상인(사업체)(예; 여행사) 방향
상품	출시된 다양한 관광상품의 제작, 마케팅, 소비 등이 어떻게 수행되는 과정 등을 포괄하는 측면(예; 항공사의 티켓)
역사	시간적으로 관광활동과 조직체의 분석에 주안점을 둔 접근(예; 사업체의 혁신, 성장, 침체, 활성화 등)으로 최근에는 다소 접근이 덜 되고 있음
관리	관광사업체를 운영하기 위하여 필요한 관리(예; 계획, 조사, 가격전략, 광고, 감독 등)
경제	수요, 공급, 대차대조표, 환율, 고용, 지출, 개발, 승수, 그 외 경제요인 등
사회	관광에 참여하는 사람들의 관광행위 연구 및 사회에 미치는 영향 연구에 주안점
지리	위치, 환경, 기후, 풍경, 그리고 토지이용에 따른 경제적 측면, 지리학적 영향력, 파생되는 문화적 문제점 등
종합학문	관광은 우리가 살고 있는 사회(society)에서 일어나는 모든 일을 포괄하는 종합학문으로 설명됨
시스템	목표수행을 위한 실행되는 일련의 체계나 형태차원의 연구로서 미시적(micro) 또는 거시적(macro) 차원으로 접근됨

자료: Goeldner, C., Ritchie, J. & McIntosh, R. W.(2000), Tourism: Principles, Practices, Philosophies(8th ed.), NY: John Wiley & Sons, Inc., pp.21-24.

---

14) 김광근 외(2017), 관광학의 이해, 백산출판사.
이 체계는 인접학문들을 종합적으로 응용하여 관광학의 이론을 정립한 것으로서 관광학을 하나의 독립적인 학문으로 정립하여 제시하고 있지만, 전체로서의 관광학을 파악하는 데에는 유익할 수 있겠으나, 각각의 관광현상을 면밀히 탐구하지 못함으로써 지식의 깊이가 결여될 가능성이 크다.

15) 김광근 외(2017), 관광학의 이해, 백산출판사.
이 학문체계는 문제의식과 인식대상 및 방법론에서 기존학문의 틀을 그대로 도입, 응용하는 것을 말한다. 이러한 접근방식은 학문적으로 매우 세련되나 필요한 지식 자체가 산발적으로 이용되기 때문에 이용된 이론들이 상호연결의 체계성을 확립하는데 약점이 있으며, 특히 관광의 본질적인 문제를 편향되게 볼 가능성이 커질 뿐만 아니라 하나의 독립적인 학문으로 발전시키는데 무리가 따른다.

산업사회의 발달로 현대과학이 해결해야만 할 과제와 대상은 상기 제시된 영역 외에 사회적 현상, 심리적 현상, 심미적 현상, 지리적 현상 등에 이르기까지 그 범위가 확대되어 종합학문으로서의 위치를 굳혀 가고 있다. 시스템 측면에서 관광관련 학문분야를 자세히 살펴보면 다음 [그림 1-13]과 같다.

[그림 1-13] 시스템 측면의 관광관련 학문분야

관광학[16]

관광 영역	학문분야
관광지리학	지리
벤처개발	기업
유산과 환경관리	환경
경관디자인	건축
농촌관광	농업
레크리에이션 관리	공원과 레크리에이션
관광계획과 개발	도시와 지역계획
관광마케팅	마케팅
관광역사	역사
관광법규	법
스포츠 및 의료관광	운동
관광조직 관리	사업
카지노 관리	게임
관광교통	교통
환대	호텔 및 식음료 조직
관광교육	교육
관광사회학	사회
관광경제학	경제
관광동기	심리
주객관계	인류(문)
정책	정치과학

자료: Goeldner, C., Ritchie, J. and McIntosh, R. W.(2000), Tourism: Principles, Practices, Philosophies(8th ed.), NY: John Wiley & Sons Inc., p.24.

16) 하동현・변우희・조문식(2012), 관광학원론, 한올.
오늘날 관광객과 학자들의 관광에 대한 관심증가로 학부, 단과대학, 종합대학교의 관광과 관련된 교육프로그램은 급속한 속도로 증가하고 있다. 이러한 교육프로그램은 지리학에서 경영학에 이르기까지 광범위한 부문에서 발견된다. 일부 교육기관의 경우 경영대학이나 인문대학 혹은 사회과학대학 내에 관광관련 학과가 설치되어 있다.

5. 관광의 혜택과 폐해

20세기 자동차 발명, 도로와 철도의 등장, 항공기 시대 도래 이후 전 세계가 일일생활권에 접어들면서 관광은 급속한 성장세를 보이고 있다. 호화스러운 크루즈관광, 편안한 관광버스, 여객선, 호텔, 리조트, 그리고 중소형 숙박업소 등이 등장하면서 관광산업이 성장하고 관광매력물 방문객들은 거대한 이동에 합류하게 되면서 관광은 더욱 매혹적인 산업이자 보물덩어리로 자리매김 되어가고 있다. 특히 지역별, 국가별로는 지역에 소재하는 관광자원의 발굴, 보전, 가치창조를 통하여 관광객 유인력의 힘(power)으로 관광이 활용되고 있으며, 환경적으로 최적의 개발과 계획을 통하여 지역의 지속적인 발전을 견인하고 있다.

그러나 관광은 지역사회에 관광으로 인한 긍정적 혜택과 부정적 손해를 초래한다. 그러한 혜택과 폐해는 경제적 · 사회문화적 · 환경적 측면에서 복합적으로 영향을 미치고 있다.

〈표 1-7〉 관광의 혜택과 폐해

관광의 혜택	관광의 폐해
• 고용기회의 제공 • 외화획득의 기회 제공 • 수입증대 • 국민총생산(GNP: Gross National Product) 증대 • 하부구조 구축 • 지역상권과 산업 촉진 • 지역 상품과 자원개발 • 지역규모 경제력 확대 • 경제활성화 • 개발확산 • 지방세수 증대 • 교육적 및 문화적 수준 향상 • 삶의 질 향상과 수입증대 • 환경보호와 개선 • 유산 및 전통 보전과 강화 • 지역 문화예술분야 활성화 • 여가, 레저시설 보강 및 확대설치 • 관광이미지 개선 • 글로벌화된 지역사회로 도약 • 평화증진 기여 등	• 자원의 남용 • 계절성 극복의 어려움 • 인플레이션 • 불균형의 경제적 발전 초래 • 사회적 문제 양산 • 자연환경의 질적 저하 및 공해 • 문화환경의 퇴보 • 범죄, 도박, 매춘 등의 증가 • 정치적 변화 및 경제의 취약성 초래 • 가족구조 해체 위협 • 문화, 종교, 예술의 상업화 • 불신팽배 • 지역사회 내분 초래 • 질병, 경제불안, 교통문제 야기 등

결론적으로 관광산업은 경제적으로 소득창출, 외화획득, 고용유발, 경제편익 증대 등의 혜택이 있지만, 반대로 전시효과 유발(무분별한 사치성 조장), 물가상승 부채질, 외부의존성 증대, 고용의 질적 불안정성(계절성, 시간제) 및 고급노동력의 수입의존 등의 폐해를 초래한다고 강조하고 있다. 특히 사회문화적, 환경적 측면에서도 긍정과 부정적 효과 또한 그러하다.[17)]

그러나 관광은 경제적, 사회문화적, 환경적 측면의 혜택 외에 정신적 가치 또한 사람들에게 부여하고 있음을 강조하고 있다. 1967년 4월 18일부터 21일까지 바티칸(Vatican)에서 개최된 '관광의 정신적 가치'에 관한 회의에서 채택된 내용을 살펴보면 다음과 같다.

① 오늘날 관광은 단순히 사회적·경제적 관점뿐만 아니라 문화적·정신적 가치라는 측면으로부터 가정생활에 영향을 줄 만큼 강한 힘을 가지고 있다.

② 관광은 인류 공동의 재산인 정신적 가치를 모든 사람들에게 나누어 줌으로써 인류 통합을 촉진케 해준다.

③ 관광은 사람이 예속과 비인간적인 노동으로부터 해방시키는 의미를 내포하고 있다.

④ 관광은 서로 다른 문명 및 서로 다른 사회적·경제적 발전의 수준에 속해 있는 사람들 간에 서로를 알게 하는 유효한 수단이 되고 있다.

⑤ 관광은 그 기능의 철학적·심리학적 연구를 통해서 사회교육의 한 가지 수단이 되고 있다.

⑥ 관광은 가족 간의 휴양과 대화의 기회를 부여함으로써 가족 유대관계를 강화시키는 요인이 되고 있다.

⑦ 관광은 인간의 정신적 후생에 종사하는 사람들로 하여금 그 구성, 방법, 언어 등에 대해 재검토하게 하는 효과가 있다 등이다.[18)]

---

17) 김사헌(2010), 관광경제학적 접근(관광학총론, 제4장), 백산출판사.
18) 조명환(2010), 관광의 기초개념(관광학총론, 제1장), 백산출판사, p.34. 재인용.

〈표 1-8〉 세계 10대 관광목적지

International Tourist Arrivals				
Rank	Million		Change(%)	
	2013	2014	13/12	2014/13
1 France	83.6	83.7	2.0	0.1
2 US	70.0	74.8	5.0	6.8
3 Spain	60.7	65.0	5.6	7.1
4 China	55.7	55.6	-3.5	-0.1
5 Italy	47.7	48.6	2.9	1.8
6 Turkey	37.8	39.8	5.9	5.3
7 Germany	31.5	33.0	3.7	4.6
8 United Kingdom	31.1	32.6	6.1	5.0
9 Russian Federation	28.4	29.8	10.2	5.3
10 Mexico	24.2	29.1	3.2	20.5

자료: UNWTO(2015). Tourism Highlights. 2015 Edition.

〈표 1-9〉 세계 10대 관광수익국

International Tourist Receipts			해 석
Rank	US$(Million)		
	2014	2013	
1 United States	177.2	172.9	• 프랑스는 세계 1위의 관광목적지임. 반면에 관광수익국 세계 4위임 • 세계 2위 관광목적지 미국은 부동의 세계1위 관광수익국에 위치하고 있음 • 아시아권에서는 중국이 10대 관광목적지로 위치하고 있으며, 특히 중국의 특별행정구인 마카오와 홍콩이 중국 본토와 더불어 나란히 10대 관광수익국에 위치하고 있으며, 태국도 관광대국으로 등장했음
2 Spain	65.2	62.6	
3 China	56.9	51.7	
4 France	55.4	56.7	
5 Macao(China)	50.8	51.8	
6 Italy	45.5	43.9	
7 United Kingdom	45.3	41.0	
8 Germany	43.3	41.3	
9 Thailand	38.4	41.8	
10 Hong Kong(China)	38.4	38.9	

자료: UNWTO(2015). Tourism Highlights. 2015 Edition.

우주관광시대 도래[19)]

지난달 29일(현지시간) 미국 캘리포니아주 모하비 사막에서 실시된 우주선 '스페이스십 2'의 시험비행 도중 로켓을 점화한 모습

지상에서 1만 5000m까지 올라간 대형 운반기 '화이트나이트2'가 관광우주선 '스페이스십2'를 떨어뜨렸다. 잠시 자유낙하하던 우주선 꽁무니에서 불꽃이 튀더니 로켓이 점화됐다. 그러자 우주선은 순식간에 음속의 1.2배로 솟아올랐다. 로켓이 불을 뿜은 16초 동안 1만 7000m까지 도달한 우주선은 이후 활강으로 캘리포니아주 모하비사막 비행장에 가뿐히 착륙했다. 지상에선 박수와 환호가 터졌다. 우주관광회사 '버진 갤랙틱(Virgin Gallactic)'이 고공에서 우주선 로켓을 점화해 초음속을 돌파하는 시험비행을 처음 성공시켰다고 뉴욕타임스(NYT)가 지난달 4월 29일(현지시간) 전했다.

버진 갤랙틱 설립자이자 영국인 사업가 리처드 브랜슨은 감격했다. 그는 16살에 잡지사업을 시작해 400개 기업을 거느린 버진그룹으로 키워낸 영국 네 번째 부호다. 그러나 1969년 TV로 지켜본 인간의 달 착륙 모습을 평생 잊지 못했다. 더 늦기 전에 꿈을 이뤄보겠다며 2004년 우주관광사업에 뛰어들었지만 난관에 부닥쳤다. 기존 우주여행은 지상에서 쏘아올리는 로켓을 이용했다. 그러다 보니 한 번에 수백억원씩 비용이 든 건 물론 탑승 기회도 제한됐다. 어지간한 체력으론 감당이 어려워 특수훈련도 받아야 했다.

고심하던 그에게 눈이 번쩍 뜨이는 희소식이 날아들었다. 미국 캘리포니아주 벤처기업 '스케일드콤포지츠'란 회사가 대형 운반기에 우주선을 실어 고공으로 올라간 뒤 하늘에서 우주선 로켓을 점화시켜 우주비행을 성공시켰다는 뉴스였다. 무릎을 친 브랜슨은 곧바로 스케일드콤포지츠로 달려갔고 우주선 설계자 버트 루턴과 금세 의기투합했다. 조종사 한 명이 탔던 우주선을 개량해 두 명의 조종사와 6명의 승객이 탈 수 있는 스페이스십2를 만들었다. 동체가 커지고 승객 수도 늘어난 만큼 더 큰 운반기와 더 강력한 로켓 엔진이 필요했다.

그러나 2007년 첫 비행을 목표로 무리하게 로켓 엔진 시험을 하다 폭발사고가 나 세 명이 숨지는 암초를 만났다. 이를 복구하고 이날 시험비행에 성공하기까지 6년이 더 걸렸다. 버진 갤랙틱은 이르면 내년 상반기 중 첫 상업비행에 나설 예정이다. 우주경계선인 지상 100㎞까지 올라간 승객은 캄캄한 우주공간에서 5~6분 동안 무중력 상태로 지구를 바라보는 경험을 하게 된다. 이륙부터 우주비행 후 귀환까지 총 여정은

19) http://article.joins.com(2013.05.01. 2억원짜리 우주여행 내년 꿈이 이루어진다).

상업 우주여행 시대 개척자[20)]

혁신의 아이콘으로 평가받는 리처드 브랜슨(65세) 영국 버진그룹 회장

3시간 정도 걸릴 것으로 보인다. 브랜슨은 "8년 전 아무도 믿지 않았던 우주관광 시대가 눈앞에 다가왔다"고 말했다.

20만 달러에 달하는 버진 갤럭틱의 우주관광 탑승권엔 이미 560여 명이 2만 달러씩 계약금을 내고 대기 중이라고 USA투데이가 전했다. 그중엔 장애를 이겨낸 천재 물리학자 스티븐 호킹, 할리우드 스타 커플 브래드 피트와 앤젤리나 졸리, '포레스트 검프'의 톰 행크스 등도 포함돼 있는 것으로 알려졌다.

THINK ABOUT IT

관광과 여가의 관계 그리고 유사 개념과의 공통점과 차이점에 대하여 생각해 봅시다.

---

20) http://sunday.joins.com/archives/114902(인공지능 로봇, 무인차, 상업 우주여행으로 미래 '활짝' 2015. 11. 18)

Chapter 2

관광자원의 개념

1. 자원의 개념

자원이라고 하는 것은 시간과 공간, 사회환경, 과학과 기술의 진보에 따라 그 범위가 변화하는 동태성을 지니고 있으므로 자원의 개념을 단순화시켜 한 마디로 규정짓기에는 무리가 있다. 또한 자원은 자연과 인간의 상호작용 결과로서 인식되기 때문에 인간과 자연간의 양면적인 문제와 자연자체의 존재양태 변화에 따라 다양성과 자의성을 가진다.

통상 자원이란 그 자체가 경제적 부를 창출하기 때문에 가치가 있는 것이다. 자원이란 인간의 생활 및 경제 생산에 이용되는 물적 자료 및 노동력, 기술 등을 통틀어 이르는 말로 정의되거나, 정해진 기술과 경제적·사회적 조건 아래 인간이 유용하게 이용할 수 있는 자원과 환경·생태 시스템을 포함한다고 정의한다.[1)]

자원은 어떠한 형태로든 이용이 전제가 된다. 자원은 에너지자원, 수산자원, 식량자원, 인적자원, 관광자원 등 여러 유형으로 나눌 수 있는데, 일반적으로 자원이란 석유·석탄·식량 등 자연에서 얻을 수 있는 자연자원을 가리키며, 이러한 자연자원은 지구상에 보존되어 있는 생물과 무생물자원을 모두 포함하고 있다.

자원이용의 혜택은 부의 창출, 필요와 욕구의 충족, 시스템의 적절한 운영, 또는 삶의 가치 상승 등을 부여한다.[2)] 이러한 차원에서 존재 자체의 자원보다는 이용과 산출이 가능한 차원에서 자원개념을 정리하여 협의의 관점에서 보면 자원은 자연에서 얻을 수 있는 것이라 하겠으나, 광의의 관점에서 보면 자원은 기술의 발전에 따라 생산에 이용되는 것까지 포괄함을 의미한다.

---

1) Howe, Charles Wo(1979), Natural Resource Economic: Issues, Analysis and Policy, John Wiley & Sons, Inc.
2) http://en.wikipedia.org/wiki/Resource

〈표 2-1〉 자원의 개념요소

구 분	내 용
어원	라틴어 종교언어 re-surgere에서 유래되었는데, 즉 하나의 창조물은 반드시 그 이전에 창조된 것을 기반으로 한다는 의미로서 창조론적 시각에서 신이 만물을 창조한 일련의 과정을 상징하고 있다.
자원의 개념요소	① 자연의 속성을 지니고 있는 것 ② 기술의 발달, 시간의 흐름, 소득의 증가, 그리고 기호의 변화에 의해 변화할 소지가 있는 것 ③ 양적-질적-기술적 측면에서 경제성을 지니고 있는 것 ④ 인간의 욕구와 필요를 충족시킬 수 있는 것 ⑤ 환경과 생태계를 파괴하지 않는 범위 내에서 이용되어야 한다.

자료: 한상헌(2010), 관광자원개발(관광학총론, 27장), 백산출판사, p.715.
김정옥(2011), 관광자원관리론, 대왕사, p.25.

자연자원은 관광에서 두드러진 위치를 점유하고 있지만, 경제적 파급효과도 크다. 자원유형과 평가는 다양한 형태의 관광개발의 중요성과 잠재성을 결정짓는 요인으로 작용하고 있다. 자연자원 요인들은 유인력을 발휘하고 있다. 최근에는 국립공원과 같은 자연유산이 유산가치를 끌어올리고 있으며, 해설(안내) 프로그램이 경제적으로 비교할 수 없는 해당 자원의 중요성을 관광객들에게 인식시키고 알리는데 이바지하고 있다. 자연자원 외에 인공적으로 개발한 자원이 있다. 자연자원의 제한적 특성과 보존, 그리고 한정되어 있기 때문에 다양한 잠재 이용객들의 욕구와 동기충족을 위하여 인공적으로 자원개발을 통한 유인력 발휘에 매진하고 있는 실정이다.

그러나 현실은 자연재해에 취약한 지형조건 등으로 자연환경이 급속하게 훼손되거나, 무분별한 개발사업에 따른 생태계 훼손 등으로 대기환경과 수질 등을 포괄하는 주요 자연자원 및 생태계가 위협을 받고 있는 실정이다.

[그림 2-1] 자원

- 자연적 자원: 석유 · 석탄 · 식량 등 자연에서 얻을 수 있는 자연자원으로서 생물과 무생물자원을 모두 포함
- 인공적 자원: 인공적으로 개발되거나 이용할 수 있도록 만들어진 모든 시설 및 대상

자료: 김광근 외(2017), 관광학의 이해, 백산출판사.

2. 관광자원의 개념

관광자원은 일상적인 삶을 살고 있는 일반인들이 그들의 거주지를 벗어나 관광활동을 하게 하는 가장 중요한 유인인자라고 할 수 있다. 관광객들은 가능하면 보다 가치있고 매력있는 관광자원을 방문하고자 하며, 또 관광자원을 보유한 지역은 그들 지역 내 매력 있는 자원을 찾아내 가치를 높여 보다 많은 관광객들의 지역방문을 유도하려고 노력한다. 관광객, 지역, 관광사업체 등 관광과 관련된 모두에게 관광자원은 가치를 높여야 하는 대상으로 인식된다. 세상의 모든 현상과 사물 중 무엇을 관광자원으로 볼 것이냐에 대한 개념규정은 개발대상을 명확히 함으로써 효율적인 자원활용과 의사소통 및 정보교류를 가능하게 한다.[3)]

종래의 주요 관광자원의 개념을 포괄적으로 살펴보면, 1970년대 이전에는 관광자원이 관광객의 목적물임을 적시했으나 관광동기 내지 관광의욕이라는 다소 추상적인 표현과 관광자원과 대상의 개념규정에 대한 모호함을 지니고 있었다. 1970년 이후에는 관광자원에 대한 보존과 보호, 유인력, 이용에 따른 가치상실과 감소할 성질, 그리고 관광활동에 수반되는 제반요소 등으로 설명되거나 정의를 모색하였다. 선행연구자 및 제시된 정의들을 분석하여 관광자원의 개념을 정리하면 다음과 같다(〈표 2-2〉 참조).

〈표 2-2〉 관광자원 개념

구 분	개 념
관광자원	① 관광자원은 인간의 관광욕구와 관광동기를 충족시킬 수 있는 매력성을 발휘한다. ② 관광자원의 대상은 자연생태계의 자연적 관광자원과 인문적 대상의 총체로서 보존・보호하지 않으면 그 가치를 상실하게 된다. 그러나 관광자원은 개발을 통해서 관광대상이 되어진다. ③ 관광자원은 매력성과 유인성을 지닌 소재적 자원으로서 관광객의 행동을 끌어들이는 특성을 지닌다. ④ 관광자원은 이용제한과 고갈에 따른 잠재성으로 가치보존과 보호를 필요로 한다.

그 외 관광자원은 자연과 인간의 상호작용의 결과라는 개념과 더불어 관광자원의 범주는 자연자원, 인문자원, 유형자원과 무형자원을 포괄하고 있으며 사회구조나 시대에

3) 양광호(2010), 관광자원개발(관광학총론, 25장), 백산출판사.

따라서 가치를 달리하는 개념 등으로 설명되고 있다.

21세기 들어서는 종래의 관광자원 개념 뿐만 아니라 서비스 요소 측면과 법·제도적 측면에서 관광자원을 설명하기도 한다. 서비스 요소적 측면에서 보면 관광자원은 서비스를 생산하는데 소용되는 투입요소를 의미하게 된다. 그리고 법·제도적 측면의 관광자원[4]은 주로 개발 및 혹은 관리수단으로의 활용을 목적으로 정의를 규정하고 있다.

〈표 2-3〉 관광자원의 개념

구 분	내 용
서비스 측면	관광자원은 기본요건이 매력성이므로 자연적 매력, 인문적 매력, 관광시설 매력을 지닌 대상은 협의의 관광자원이며, 기타 공급처리시설, 편의시설, 인력, 시간, 여행 등 생산요소가 포함되면 광의의 관광자원이라 할 수 있다.
법·제도적 측면	「관광진흥법」상 관광지, 관광특구, 관광객이용시설업 등과 「자연공원법」상 국립공원, 「온천법」상의 온천 등과 같이 법·제도적으로 명문화된 절차에 의하여 관광자원의 개발·이용·관리·보전 시책이 추진되고 있는 경우가 이에 해당된다.

자료: 한국문화관광연구원(2004), 관광자원 개발사업 활성화 방안, p.4.

경제학적 차원의 개념을 살펴보면 다음과 같다. 관광자원은 서비스와 결합되어 관광행위를 위한 소비 및 생산활동을 유발시킨다. 관광행위는 관광상품을 생산하는 구성요소, 곧 시간, 자원, 이동 등이 적절히 배합됨으로써 소비자의 효용 극대화가 가능하다.

[그림 2-2] 관광자원의 정의

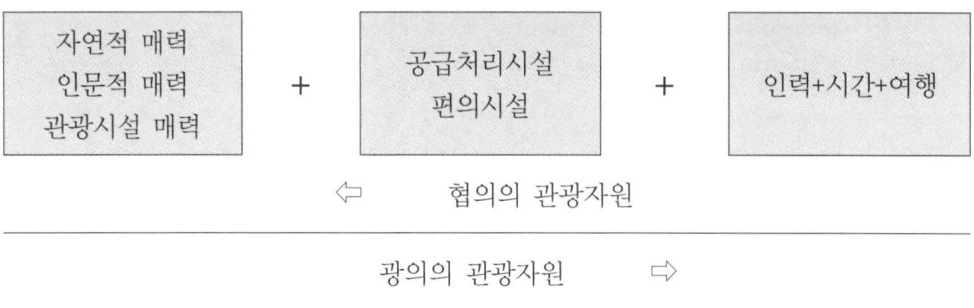

자료: 박석희(2000), 신관광자원론, 일신사, p.45.

4) 자연적 관광자원 중 자연공원은 「자연공원법」에 의해 국립공원, 도립공원, 군립공원 및 지질공원으로 분류·관리되고 있다. 또한 문화적 관광자원 중 문화재의 경우는 「문화재보호법」에 의해 유형문화재, 무형문화재, 기념물, 민속문화재로 구분하고, 지정 여부에 따라 지정문화재(국가지정, 시·도지정)와 문화재자료로 구분하고 있다. 인위적으로 새로이 개발하는 관광단지, 관광지, 리조트와 테마파크, 관광중심기업도시는 「관광진흥법」과 「기업도시개발특별법」에 의해 규정·개발·관리되고 있다.

관광행위는 자연적 매력, 인문적 매력, 관광시설 매력, 부대시설, 기반시설, 인력, 시간, 여행 등 8가지 생산요소의 적절한 배합에 따라 성립된다고 설명하고 있다. 특히 3가지 생산요소, 곧 자연적 매력, 인문적 매력, 관광시설 매력은 협의의 관광자원에 해당되며, 그 밖의 공급처리시설, 편의시설, 인력, 시간, 여행 등 5가지 생산요소는 광의의 관광자원 개념으로 설명하고 있다.

생태학적 의미의 관광자원은 생태계 내에 존재하며 인간의 관광동기와 유·무형의 여러 자원과 보호·보전에 의미를 강조하고 있다. 즉 생태계 내에 존재하는 인간의 관광동기, 유형·무형의 제자원, 보호·보전이 되지 않을 때 가치 상실 또는 감소의 성질이라는 세 가지 측면에서 개념을 제시하고 있다.

[그림 2-3] 관광자원의 개념구조

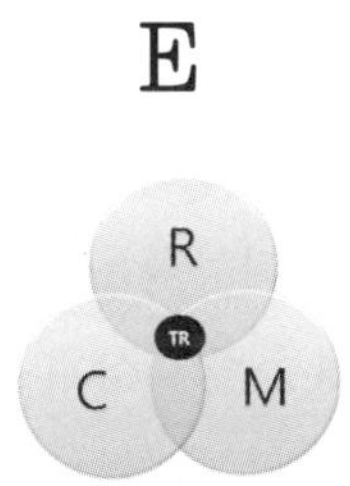

E: 생태계(ecosystem)
M: 인간의 관광동기
R: 유형/무형의 제자원
C: 보호/보전치 않을 때 가치 상실 또는 감소의 성질

M∩R∩C: 관광자원 (TR: Tourism Resources)

자료: 이장춘(1998), 최신 관광자원학, 대왕사, p.90.

종합해보면 관광자원(tourism resources)은 관광의 주체인 관광객으로 하여금 관광대상이 되는 목적물로서 매력과 유인력을 발휘하면서 동시에 관광객들의 욕구와 동기를 충족시켜 주는 요소로서 "관광가치를 지닌 유형 및 무형의 관광대상"이라 정의할 수 있다.

관광여행의 유인이 되는 자연 또는 인문상의 관광대상물을 일반적으로 관광자원으로 설명되는데, 관광의 목적물이 되는 것은 모두 관광자원이 된다. 이와 같이 관광자원을 관광객의 주관에 따라서 관광가치가 결정되기 때문에 매우 다양하고 광범위하다.

관광자원이라는 표현은 어디까지나 경제적 용어로서 관광객이 관광지에서 소비하는 돈을 관광자원 때문에 취득하게 되고, 또한 국제관광사업에서는 이 관광대상물이 외화를 벌게 하는 것 등의 경제적 효과에 근거하여 일반사업에서 사용되는 자원이라는 말을 관광자원이라는 말로 사용되게 되었다. 그러므로 일반경제용어로서의 자원과 이 관광자원의 자원과는 사용법의 예에서도 전혀 다른 요소를 가지고 있다. 이와 같은 의미에서 일반산업에 있어서의 자원과 관광사업에 있어서의 자원과는 그 성격에서 본질적인 차이가 있다. 따라서 관광자원이라는 표현은 비유적인 용법이라고 할 수 있다.[5)]

〈표 2-4〉 자원과 관광자원

자 원	관광자원
원재료가 되는 자연물을 가리키며, 지하자원, 산림자원, 수산자원 등의 자원은 어느 것이나 생산과정에서 생산물을 생산하는 데 소비되어 버리는 것임	이용되든가 소비됨으로써 사용에 의해 원형이 없어지거나 모양이 달라지는 것은 아님
인간에게 효용가치가 있으면서 기술을 매체로 하여 경제적으로 개발이 가능한 것으로 인간이 유용하게 이용할 수 있는 모든 경제적 자원(economic resources)이 구체적 대상에 포함됨	관광의 목적대상이 될 수 있는 요소와 관광재화로서의 가치가 함유된 대상이 해당된다. 즉 관광객의 소비에 의해 비로소 그 가치가 결정됨

자료: 이광우(2003), 자연자원내 관광개발의 편익가치 추정에 관한 연구, 경희대학교 대학원 박사학위논문, p.12.

관광자원 그 자체는 관광현상과 직접적으로 무관한 존재이지만 관광행동이라는 측면에서 그 대상이 되는 것이다. 자연적인 것, 시간경과에 의해서 형성된 인문적인 것, 이 양자가 복합한 것 등 세 종류로 분류할 수 있다. 관광대상으로서 기능하는 것에는 관광시설이나 서비스와 결합에 의해서 가능하게 되는 것이기 때문에 관광대상의 소재가 된다. 관광자원은 관광산업에 의해 경제적 가치를 생산해 내는 관광상품이라는 의미로도 사용되고 있다. 관광대상은 관광자원과 관광시설로 나누어지는데, 그 반대로 관광대상과 관광시설을 관광자원에 포함시켜 설명하기도 한다.[6]

[그림 2-4] 관광대상과 관광자원

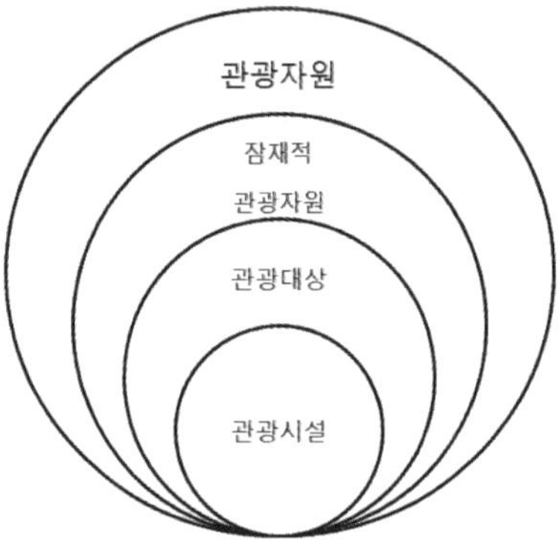

자료: 이후석(1998), 관광자원의 이해, 백산출판사, p.53. 재인용.

5) 김미경 · 정연국 · 안택균 · 서광열(2012), 신관광학, 백산출판사, pp.261-262.
6) 이후석(1998), 관광자원의 이해, 백산출판사, p.52.

관광현상은 주체(관광객), 객체(관광대상), 매체(관광사업)로 구성되어 있는데, 이 세 가지 요소 중 주로 관광객체 즉 관광대상은 관광자원과 관광시설로 나누어지며 관광대상과 관광자원의 동의어 사용은 잘못이다. 관광자원은 그것의 개발을 통해서 관광의 대상이 되기 때문에, 관광대상은 관광자원을 포함하여 관광사업체가 공급하는 재화, 서비스를 바탕으로 한 각종 행동을 포함해서 관광객에게 매력 또는 필요를 느끼게 하는 일체의 사물을 지칭하고 있다. 그러므로 관광자원은 관광객체인 관광대상의 하위개념으로 설명될 수 있다.

[그림 2-5] 관광구조상에서의 관광자원의 위치

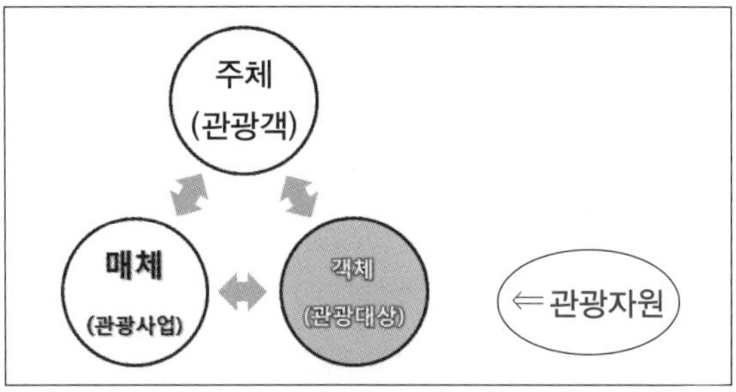

자료: 김광근 외(2013), 관광학의 이해, 백산출판사, p.124.

관광자원은 때로 관광대상(tourism objects), 관광매력물(tourism attractions), 관광시설(tourism facilities) 혹은 관광재(tourism goods) 등의 개념과 혼재되어 사용되기도 한다. 이들 개념들은 관광객들을 유인하는 목적물이라는 공통점이 있으나, 각 개념이 아우르는 범위 및 해당 자원의 성격에 따라 차이를 보인다.

관광대상은 가장 포괄적인 개념으로 관광객들의 욕구충족 대상 모두를 의미하며, 관광자원은 개발에 의하여 관광대상이 된다. 관광자원은 광의적으로 해석하면 관광대상과 동일시되기도 하고, 협의적으로 보면 관광시설과 함께 관광대상의 구성요소가 되기도 한다. 관광매력물은 관광객을 유인하는 주된 자원을 의미하며, 관광자원을 협의의 개념으로 보면 동일한 개념이다. 관광시설은 인공적으로 만들어진 시설을 의미한다. 관광재는 경제적인 시각에서 관광소비의 대상으로서 관광자원 또는 관광대상을 일컫는 말이다.[7]

7) 양광호(2010), 관광자원개발(관광학총론, 25장), 백산출판사.

〈표 2-5〉 개념 구분

구 분	정 의
관광자원	관광객의 관광동기나 의욕을 충족시키고, 관광행동을 유발하게끔 가치와 유인력을 지닌 제반 요소들의 총체로서 어떤 형태로든 상품화의 전제조건이 있어야만 가치성이 인정되는 것
관광대상	관광자원이 상품화(개발)가 된 것
관광매력물	관광대상, 관광객, 그리고 기호학적 표시(marker)등이 복합적으로 구성되어 관광객을 유인하는 힘(attractive power)을 갖고 있는 것
관광재	경제적인 시각에서 관광소비의 대상으로서 관광자원 또는 관광대상을 일컫는 말

자료: 고계성(2006), 관광목적지 유형에 따른 매력성 평가에 관한 연구, 제주대학교 대학원 박사학위논문, p.11. 참조하여 재작성.

3. 관광자원의 가치결정

관광현상에 있어서 관광자원은 관광의 필수불가결한 요소로서 관광자원 없이는 관광이 성립될 수 없다. 관광자원의 가치는 크게 이용가치(use value)와 비이용가치(non-use value)의 합으로 나타낼 수 있다. 실제 상품이나 서비스(용역)라는 대상재화를 이용한 사람이 향유한 가치를 이용가치라고 하며, 현재에는 이용하지 않으나 향후 미래에 사용할 선택권(option)을 유보해 놓거나 혹은 후세에 물려주는데 부여하는 가치를 비이용가치라고 한다.

[그림 2-6] 관광자원의 총가치

관광자원 총가치 = 이용가치 + 비이용가치

이용가치는 특정 재화나 용역에 대하여 실제적으로 소비하거나, 만지거나, 체험하는 일련의 소비행위를 지칭하므로 관광상품과 관련한 일련의 소비행위로서 관광자원의 보전을 통하여 생성되는 생태관광상품, 경관조명, 수질개선, 관광자원에 대한 보전적 이용 등의 소비도 이용가치의 범주 내에 포함하게 된다. 비이용가치는 보전가치(preservation value)라고도 하며, 이는 선택가치(option value), 존재가치(existence value), 유산가치(bequest value)로 구분된다.[8)]

[그림 2-7] 보전가치

보전가치	=	선택권 가치	+	존재가치	+	유산가치

〈표 2-6〉 보전가치의 구분

구 분		내 용
보전가치	선택권 가치	어떠한 자원을 미래에도 이용할 수 있는 선택권을 미리 확보해 두는 대가로 잠재소비자가 지급하고자 하는 일종의 '위험프리미엄'
	존재 가치	어떠한 자원을 현재 혹은 장래에 이용하지 않더라도 그 자원이 존재하는 사실 그 자체에 부여하고자 하는 가치
	유산 가치	어떠한 자원을 자신의 후손에게 유산으로 물려줄 수 있는 가능성에 대하여 부여하고자 하는 가치

자료: 허중욱(2003), 공공성 관광자원의 가치추정에 관한 연구, 경기대학교 대학원 박사학위논문.

버카트와 메드릭(Burkart and Medlik)[9]은 관광자원의 가치를 결정짓는 요인으로 접근성, 매력성, 이미지, 관광시설, 하부구조를 들고 있다(〈표 2-7〉 참조).

〈표 2-7〉 관광자원 가치결정 요인

구 분	내 용
접근성 (accessibility)	관광객의 거주지에서 목적지까지의 근접성에 근거한 개념으로 관광객의 행동에 크게 영향을 준다. 보통 관광객은 물리적인 거리보다는 시간과 비용에 의한 경제적 거리, 나아가서는 관광동기에 따른 심리적 거리에 의해서 관광자원에 접근하게 된다.
매력성 (attractiveness)	매력성은 관광객을 유인할 수 있는 흡인력으로 다양한 자원들이 집중되어 있을수록 매력성이 커지게 된다.
이미지 (image)	이미지는 한 사람 또는 집단이 대상에 대해 갖고 있는 일련의 신념으로서 관광객의 관광지(자원)에 대한 이미지는 그들이 여행참여를 유도하는 커다란 동인의 역할을 하게 된다.
관광시설 (tourism facilities)	관광시설이란 숙박시설, 유원시설, 휴게시설, 식당시설, 관광안내시설 등으로 관광자원의 가치를 향상시키는 보조적인 역할을 한다. 그러나 경우에 따라 관광시설은 자체의 매력성을 가지고 독자적으로 관광객을 유인할 수도 있다. 관광시설은 중앙정부나 지방정부가 투자하는 하부구조와는 달리 영리를 추구하는 민간기업들이 주로 투자를 하게 된다.
하부구조 (infrastructure)	관광객이 관광지나 관광자원에 접근하는데 이용되는 교통수단과 시설, 그리고 관광지에서 관광편의를 제공하는 전기·통신시설, 상하수도 시설, 의료시설 등이 여기에 해당된다.

자료: 김광근 외(2013), 관광학의 이해, 백산출판사, pp.126-127.

8) 박충호(2011), 계절성을 고려한 자연관광자원의 가치추정, 동명대학교 대학원 석사학위논문.
9) A. J. Burkart & S. Medlik, S.(1974), Tourism: Past, Present and Future, London: Heinemann.

4. 관광자원의 구조적 기능과 체계

관광현상을 논하는 데 있어서 중요시되는 구성요소는 관광의 주변환경, 관광객의 인구통계학적 요인, 관광객의 심리적 요인, 관광자원 요인, 그에 따른 관광행동 요인을 들 수 있는데, 관광행동이 발생되는 데는 여러 요인들 간의 긴밀한 상호작용이 선행되어진다. 관광현상의 거시적 차원에서 관광자원의 구조, 특징, 그리고 기능에 대해서 살펴보면 다음과 같다.

첫째, 관광에 영향을 미치는 환경으로는 정치, 경제, 사회, 문화, 산업 및 생태적 환경으로 크게 나눌 수 있다.

둘째, 인구통계학적 특성으로서 관광의 주체인 관광객의 인구통계학적 특성 파악 없이는 불가능하다.

셋째, 관광객의 심리적 요인으로서, 관광객이 여행을 할 때 외부적 및 내부적 요인이 작용하게 된다.

넷째, 관광현상에 있어서 관광자원은 관광의 필수적인 요소로서 자원이 없이는 관광이 성립될 수 없다. 따라서 관광자원은 그것의 접근성, 매력성, 이미지, 시설, 하부구조, 유형별에 따라 관광현상에 있어서의 특징을 좌우하게 된다.

다섯째, 시대적 트렌드, 개인적 특성, 관광지 특성 등에 준하여 다양한 관광유형이 등장하고 성장하게 된다. 관광자원의 특성이 반영되는 것은 필수적이다.

여섯째, 다양한 환경과 요인들이 상호간 상호작용이 수반된다.

관광자원은 관광의 구조를 체계적으로 이루는 여러 구성요인 중의 하나이다. 동시에 관광자원 자체가 하부체계를 이루는 구조를 가지고 있다. 관광자원은 자연적 매력물과 인문적 매력물 및 인공적(관광시설) 매력물 등의 하나로 어우러진 집합적 구조를 가질 뿐만 아니라 관광객 또는 관광정보와 같은 여러 가지 요인들의 영향을 받으면서 상호작용을 한다는 점에서 체계적 성격을 갖는다.[10]

국외 선행연구자 중 이야라(Ayalia)는 관광자원의 구조에 있어서 경관의 중요성을 강조하는 경관체계(landscape system)를 고찰하고 있다. 관광과 경관을 동전의 양면과 같이 분리할 수 없는 불가분의 관계에 있는 것으로 보고, 관광객이 구입하는 관광상품은 관광활동과 경관을 연결한 것(connection)으로 인식하고 있다.

10) 이봉석 외(2001), 관광자원론, 대왕사.

머피(Murphy)는 레이퍼(Leiper)가 말한 관광객 · 핵심유형 · 마커를 각각 관광수요요소와 관광공급요소 및 연계요소로 표현하여 관광자원의 구조체계를 제시하고 있다. 그에 의하면 관광수요는 동기 · 지각 · 기대이고, 관광공급요소는 체험 · 자본 · 대상이며, 연계요소는 교통 · 정보 및 촉진으로 구성된다고 설명하고 있다.[11] 이들 각 요소들의 상호작용관계는 [그림 2-8]과 같다.

[그림 2-8] 머피의 관광자원의 체계적 구조와 상호작용관계

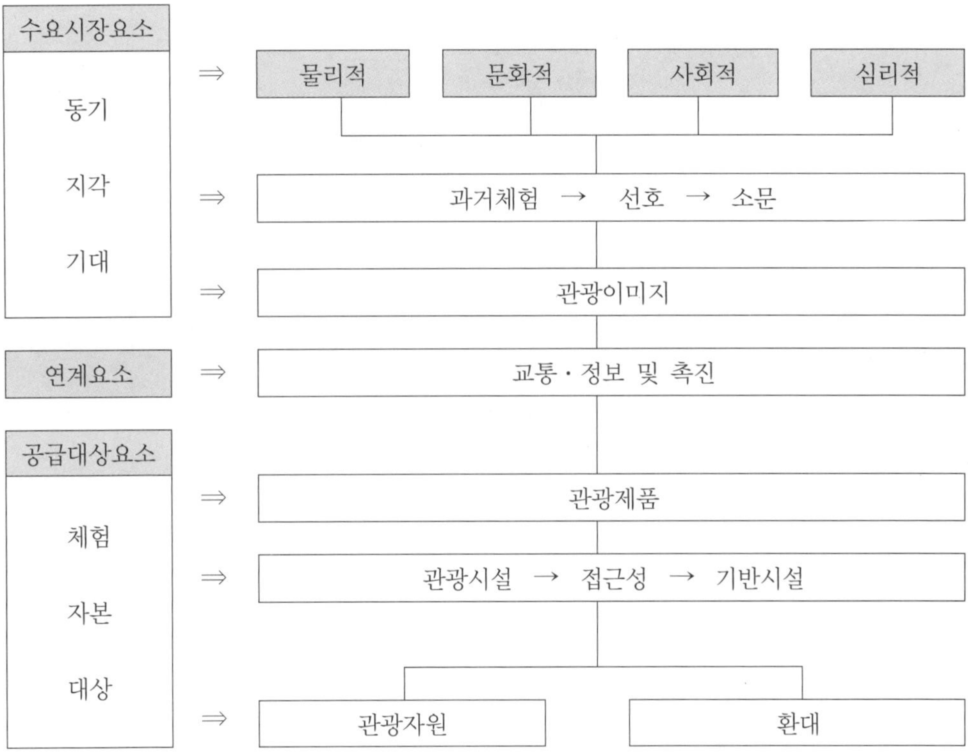

자료: 이봉석 외(2001), 관광자원론, 대왕사, p.77. 재인용.

Gunn[12]은 관광현상을 기능적 체계(system)로 인식하고 구성요소로서 관광목적지, 교통기관, 매력물, 서비스 및 시설, 정보 및 지도 등 다섯 가지를 제시하고, 관광체계의 구성요소와 그 인자 간의 기능이 원활하게 이루어지도록 관광개발계획 수립에 초점을 맞추고 있다. 관광개발은 관광자원을 비롯한 시설, 서비스, 산업, 숙박, 교통 등 인프라시설

11) 이봉석 외(2001), 관광자원론, 대왕사.
레이퍼는 관광자원체계를 관광욕구를 지닌 관광지(인적요소), 관광공급 핵심유형(중심요소), 매개적 요소인 마커(maker: 정보요소)라는 세 가지 요소로 이루어진 하나의 시스템으로 보고 있다.

12) Clare A. Gunn(1972), Vacationscope: Designing Tourist Regions, University of Texas, p.21.

을 포함하여 제반 관광요소를 발전시키게 된다. 건(Gunn, 2002)에 따르면 관광시스템 구성요소로서 다음의 다섯 가지를 제시하고 있다.

[그림 2-9] 관광시스템

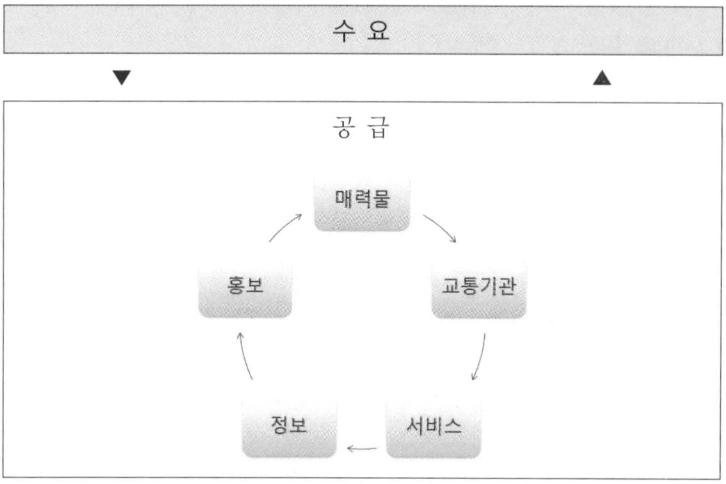

자료: Gunn, Clare and V. Turgut(2002), Tourism Planning: Basics, Concepts, Cases(4th ed.), NY: Routledge.

5. 관광자원의 매력성과 기타 요건

관광자원의 매력[13)]요인으로는 독특성, 고유성, 체험성, 교육성, 신기성, 유희성, 경관성 등이 있다. 매력(성)의 개념을 사전에서는 "사람의 마음을 사로잡는 야릇한 힘"[14)]이라고 정의하고 있으며, "어떤 사물이나 경험에 대해 의식적 충동이나 선호를 가지고 즐거움이나 만족을 추구하는 사람의 마음을 끄는 힘"[15)], 관광객이 추구하는 편익(benefits)에 대해 부여하는 중요성과 그 편익들을 관광지가 제공해줄 것이라고 지각하는 신념의 결합[16)],

---

13) 소비자행동이론이나 기타 사회과학분야에서 매력성과 유사한 의미로 사용되는 개념은 태도(attitude)라고 할 수 있다. 태도이론을 기초로 하면, 관광지 매력은 잠재적 관광객에게 어떤 관광지들이 자신들의 휴가 욕구를 만족시켜 줄 수 있다는 신념, 느낌, 그리고 행동 성향을 반영하게 된다. 따라서 특정 관광지가 잠재적 관광객으로 하여금 그들의 여행욕구를 만족시켜줄 것이라는 믿음을 강하게 부여하면 할수록 그 관광객은 매력이 높아진다고 할 수 있고 결국 잠재적 여행지로 선택될 수 있을 것이다. 이러한 이유로 관광객들을 유도하는 관광지에 대한 매력 연구는 충분히 마케팅 차원에서 시사하는 바가 크다(고계성(2006), 관광목적지 유형에 따른 매력성 평가에 관한 연구, 제주대학교 대학원 박사학위논문).

14) 두산동아(2000), 새국어사전, 두산동아출판사.

15) 안영면 · 주현식(2000), "DMZ의 관광이미지와 매력속성에 따른 관광자원화 방안에 관한 연구", 관광 · 레저연구, 12(1), 한국관광 · 레저학회, pp.125-137.

관광객을 끌기 위한 시설이나 관광지의 능력 척도[17] 등으로 정의되고 있다.

매력(성)이란 첫째, 물리적 측면으로서의 자원이나 상품으로 이해되거나, 둘째, 상징적 특징으로서 이미지, 특징, 스스로의 능력, 서비스속성, 환대성 등을 의미하거나[18], 셋째, 관광객들이 어떤 대상에 대해서 모험적, 위락적, 교육적 혹은 확실성을 포함하는 지각된 범위와 인식에 의거하여 분류되기도 한다.[19]

〈표 2-8〉 관광자원의 매력성

매력요인	특 성
독특성 (uniqueness)	다른 곳에서는 경험할 수 없는 해당 관광자원만이 가지고 있는 특성으로 이는 관광자원의 희소성과도 관련이 있으며, 독특한 관광자원은 관광객에게 차별화된 경험의 기회를 제공할 수 있기 때문에 해당 관광자원의 매력도가 증가함
고유성 (authenticity)	해당 관광자원이 고유한 성질을 그대로 유지하고 관광객은 해당 관광자원이 고유하다고 느낄 때 그 매력도는 증가함
체험성 (experience)	단순한 관람형태를 벗어나 오감을 통해 직접 경험하는 것을 선호하며, 관광객이 직접 참여하여 경험할 수 있는 기회를 제공할 때 그 매력도는 증가함
교육성 (education)	관광자원이 관광객의 지적 호기심을 충족시킬 수 있거나 관광객에게 새로운 정보나 지식을 제공할 수 있으면 해당 관광자원의 매력도는 증가함
신기성 (novelty)	관광자원이 관광객에게 새로운 경험을 제공할 수 있다면 관광객은 자신의 신기성을 충족시킬 수 있는 곳을 선택함
유희성 (excitement)	관광자원이 즐거움을 제공하지 못하면 해당 관광자원은 관광객으로부터 외면당하게 됨
경관성 (scenic beauty)	경관적인 아름다움은 전통적으로 관광객을 끌어들이는 요인으로 작용해 왔으며 경관적인 아름다움을 보유하고 있는 관광자원의 매력도는 증가함

자료: 이석호 · 최광규 · 김영준(2011), 관광개발론, 방송대출판부.

관광공급자 측면에서는 매력물, 교통, 숙소, 서비스시설, 그리고 하부구조 등을 주요 선행연구자들이 관광자원의 요건으로 제시하고 있다.

16) Yangzhou Hu & Brent Ritchie(1993), Measuring Destination Attractiveness, Journal of Travel Research, Fall, pp.25-39.
17) Jafar Jafari(ed.)(2000), Encyclopedia of Tourism.
18) Neil Leiper(1990), "Tourist Attraction Systems", Annals of Tourism Research, 17, pp.367-384.
19) Bruce Prideaux(2002), "Building Visitor Attractions in Peripheral Area", International Journal of Tourism Research, 4, pp.379-389.

〈표 2-9〉 주요 선행연구자의 관광자원 요건[20)]

구 분	내 용
H. Robinson	기후, 경관, 관광시설[21)], 역사, 문화유적, 접근성
A. Haahti	색다른 경험, 접근성[22)], 경제성
Kozak & Rimmington	매력물, 시설과 서비스, 하부구조[23)], 환대, 비용

일반적으로 관광자원으로서 갖추어야 할 요건으로는 경험, 시설, 분위기, 접근성, 경제성, 그리고 관광객에게 제공되는 혜택 등으로 설명되며, 주요 선행연구자들의 내용을 중심으로 관광자원 요건을 정리하면 다음 〈표 2-10〉과 같다.

〈표 2-10〉 관광자원 요건

구 분	내 용
관광자원 요건	1. 관광자원은 색다른 경험이 가능한 여건을 갖추어야 한다.
	관광자원은 일상과 다른 새로운 대상으로 다양한 경험을 추구할 수 있어야 한다. 즉 다양한 스포츠시설, 야간활동 및 연회, 아름다운 풍경, 문화적 경험, 자연공원 및 캠핑, 조용하고 아늑한 분위기, 주민들의 친절 등 새로움을 추구할 수 있어야 한다.
	2. 관광자원은 접근성과 경제성을 만족시킬 수 있어야 한다.
	관광자원이 아무리 훌륭한 매력물이라 할지라도 쉽게 접근할 수 없을 때 자원으로서 가치를 지닐 수 없으며, 또한 경제성의 결여는 관광객을 제한하는 장애요소로 등장하게 된다. 따라서 누구나 다양한 방법으로 쉽게, 편하게, 안전하게 접근할 수 있고, 저렴하게 관광할 수 있는 대상이어야 한다.
	3. 관광객이 원하는 혜택을 제공할 수 있어야 한다.
	관광활동은 관광객의 관광동기 또는 관광욕구를 충족시키는 과정이므로 관광객은 자신의 관광욕구를 충족시킬 수 있는 대상을 선택하게 된다. 따라서 관광자원은 해당 관광객들에게 그들이 원하는 혜택을 제공할 수 있는 특성을 지녀야 한다.

자료: 김정옥(2011), 관광자원관리론, 대왕사, p.28.

20) 김정옥(2000), 관광자원관리론, 대왕사, p.31; Metin Kozak & Mike Rimmington(1998), "Benchmarking: Destination Attractiveness and Small Hospitality Business Performance", *International Journal of Contemporary Hospitality Management*, 10(5), pp.184-188.

21) 관광시설은 숙박시설·편의시설·위락시설 등이 있는데, 이러한 시설들은 관광객들에게 즐거움을 제공한다. 관광시설 자체는 관광지의 단독적인 관광객 유인대상이 되지 못하지만, 관광지 관광자원의 가치를 높이는 역할을 한다.

22) 접근성은 관광객의 거주지에서 목적지까지의 접근성에 근거한 개념으로 관광객의 행동에 크게 영향을 주고 있다. 공항, 도로, 항만, 전기·통신 등이 그 역할을 수행하고 있다.

23) 관광객이 관광지나 관광자원에 접근하는 데 이용되는 교통수단과 시설, 그리고 관광지에서 관광편의를 제공하는 전기·통신시설, 상·하수도시설, 의료시설 등이 여기에 해당된다. 하부구조 역시 관광시설과 같이 관광여행의 주된 목적대상은 아니지만 관광객에게 가장 기초적인 편의를 제공하여 준다.

6. 관광자원화

관광자원화는 사물과 활동이 지니고 있는 관광잠재력을 현재화시키는 작업, 즉 존재하고 있는 그대로 또는 일정한 변경을 통하여 관광잠재력을 지닌 사물을 볼거리화와 놀거리화시킴으로써 관광자원에 내재된 가치를 구현시키는 일련의 행위라고 할 수 있다.[24] 동시에 교육체험에 대한 동기가 높은 관광활동을 촉진하기 위하여 제반 요소를 갖추는 것을 의미한다.

[그림 2-10] 관광자원화 개념

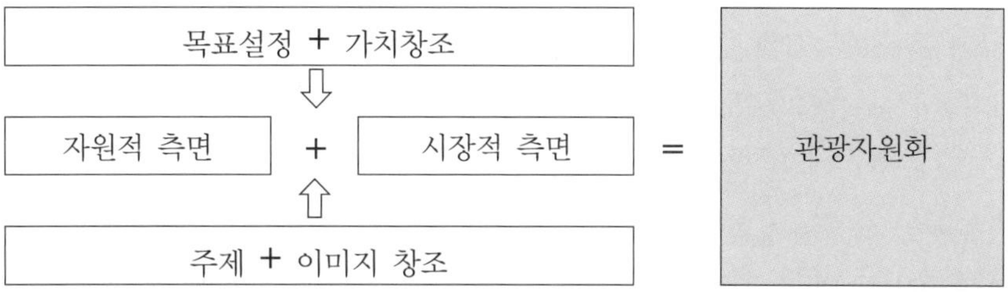

자원적 측면은 자연자원, 유형자원, 무형자원 등 자원 자체를 의미하며, 시장적 측면은 관광객의 교양이나 자기계발 요구를 충족시킬 수 있는 활동이며, 이를 통하여 사회구성원으로서의 역할을 원활하게 하고, 동시에 관광활동에 참여함으로써 지역사회에 경제적 편익을 제공하는 의미로 설명된다.

관광자원화의 목적으로는 중앙정부 입장에서는 국민/외래 관광향유기회 확대가 가능하고, 자치단체에서는 지역이미지 제고 및 지역 연계 관광활성화가 가능하며, 관광시설 운영자에게는 해당 시설의 위상 및 인지도 제고가 가능하며, 관광객의 입장에서는 다양한 체험기회가 확대될 수 있는 여건이 조성된다.[25]

관광상품화는 관광자원에 관광객의 시간을 투입하여 생산되는 관광서비스를 소비하는 과정 및 소비행위를 설계하고, 여기에 적절한 가격을 결정하여 관광자원이 지닌 기호가치 · 사용가치 · 교환가치를 구현하게 하는 작업, 즉 관광상품 개발을 가리킨다. 여기에는 관광객의 여행이 전제된다.[26] 즉 관광상품화는 관광자원에 소비과정 및 소비행위 설계가 투입됨으로써 관광객에게 소비가 가능한 상태까지 발전시킨 것을 의미한다.

---

24) 박석희(2007), 신관광자원론, 일신사.
25) 김영준(2012), 녹색산업시설 관광자원화 방안, 한국문화관광연구원.
26) 박석희(2012), 신관광자원론, 대왕사.

[그림 2-11] 관광자원화의 범위 구분

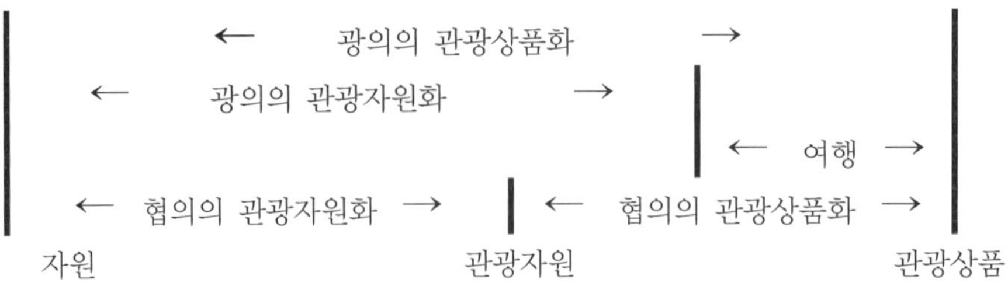

자료: 박석희(2007), 신관광자원론, 일신사.

관광자원화 방법은 공간이용 측면에서 기존 공간활용형과 새로운 공간조성형으로, 관광자원 소재(素材)의 조합 여부에 따라서 단일형과 조합형, 그리고 관광자원소재의 도입 여부에 따라서 도입형과 원산지형, 끝으로 관광자원 소재의 변형 여부에 따라서 무변형과 변형으로 구분하여 볼 수 있다.[27)]

〈표 2-11〉 관광자원화 방법

구 분	내 용	비 교
무변형방법	관광자원화를 위해 특별한 시설도입이나 리모델링을 하지 않고 보유하고 있는 콘텐츠를 활용하는 방법으로 정적인 체험활동 또는 시각적인 체험이 주로 해당된다.	• 오감에 노출(볼거리화) • 해석 · 설명(볼거리화) • 재현(볼거리화) • 기구 · 시설 도입(놀거리화) • 기술 강습(놀거리화)
변형방법	기존 자원 및 콘텐츠를 관광객의 요구와 기호에 맞게 변형하여 관광객으로부터 다양한 체험을 제공하는 것으로 볼거리화, 놀거리화 등, 관광시설의 형태로 변경하여 이용할 수 있도록 하는 것을 의미한다.	• 무대작품화(볼거리화) • 테마의 형상화(볼거리화) • 기구나 장비로 확대 · 축소(볼거리화) • 볼거리의 놀거리화(놀거리화) • 테마의 놀거리화(놀거리화) • 놀거리의 변형(놀거리화)

자료: 한국문화관광연구원(2012), 녹색산업시설 관광자원화 방안. 재인용.

관광자원 소재의 장소 · 규모 · 내용 · 구성 등을 분해 · 확대 · 축소시킴으로써 관광자원 소재의 변경을 통하여 더욱 흥미롭게 할 수 있는데, 여기에는 다음 여섯 가지가 있을 수 있다.[28)]

27) 박석희 · 이미혜(1996), 전통민속놀이의 관광자원화 방안에 관한 연구, 관광학연구, 20(1), pp.182-184.
28) 박석희(2012), 신관광자원론, 대왕사.

① 일정한 무대에 올리기 위해 내용·구성 등을 각색하는 일련의 무대작품화 과정을 거쳐서 무대에 올려 관객들에게 볼거리를 제공하는 방법이다.
② 기구나 장비를 이용하여 관광자원 소재를 확대 또는 축소시켜서 볼거리로 만드는 방법이다.
③ 역사유적·전설 등 유무형의 관광자원 소재에서 일정한 테마를 얻어낸 후 그 테마를 형상화시킴으로써 볼거리로 만드는 방법이다.
④ 원래는 볼거리인 것을 부분동작으로 분해해서 놀거리로 만들어서 관광객이 참여하여 놀 수 있게 만들 수 있다. 하와이안 폴리네시안 문화센터가 그 예라 할 수 있다.
⑤ 역사유적·전설 등 유무형의 관광자원소재에서 일정한 테마를 얻어내고 이를 이용하여 놀거리로 만드는 방법이다.
⑥ 원래 놀거리인 것을 시대감각에 맞게 변형시켜 관객이 참여하여 놀게 할 수 있다.

[그림 2-12] 관광자원화 사례[29)]

하와이안 폴리네시안 문화센터

중국 장예모 감독의 인상유삼저(자료 참조)

관광자원화는 관광가치를 지니고 있는 자연적 자원을 개발하여 관광객의 관광대상물이 되도록 하는 것이고, 인공적인 기술로서 관광의 매력물을 창출하는 관광개발을 말한다. 관광개발은 관광자원이 거의 없는 지역을 대상으로 하기도 하지만, 대개는 자연경관이 수려하고, 관광가치가 있는 곳을 대상으로 하여 개발한다. 유형의 문화적 관광자원을 보존하고 보호하면서 활용가치를 극대화하는 사례로 최근 기획재정부에서 추진중인 고택·종택 명품화 관광자원화 사업의 내용을 살펴보면 다음과 같다.

29) http://www.polynesia.com; http://www.yxlsj.com

[그림 2-13] 고택 · 종택 명품화 사업[30)]

올해 명품 고택 · 종택 시범사업 대상으로 선정된 경주시 향단(왼쪽)과 안동시 지례예술촌.

역사적으로 유서 깊은 고택(古宅) · 종택(宗宅) 150개가 스토리가 있는 명품 체험관으로 바뀐다. 기획재정부는 2011년 시범사업(10개 고택·종택, 13억원 예산 지원)을 거쳐 내년 예산 편성 시 전국 약 150개 고택 · 종택을 명품화 사업으로 선정해 관광자원으로 육성하고 있다.

고택은 150~300년 전 건립된 사대부가(士大夫家)로서 국가 또는 지방자치단체 문화재인 주거시설을 말하며, 종택은 개별 성씨의 종손이 7대 이상 거주하며 사대부가의 미풍양속을 지켜온 가옥을 뜻한다. 정부는 고택 · 종택을 사대부가의 생활문화가 살아있는 한국 전통문화 명품 체험시설로 조성한다는 목표하에 우리나라 전통한옥의 45%를 보유하고 있는 경북지역 10개소 고택을 대상으로 올해 시범사업을 추진한 바 있다. 이들 가옥에는 전통생활용품 및 실내장식 설치와 스토리가 있는 체험프로그램 구성 등 한 차원 높은 체험관광이 제공될 수 있도록 예산이 지원됐다. 추후 전국 약 150개 고택 · 종택을 명품화 사업으로 선정, 목조 건축물의 아름다움과 고유 전통문화를 보여주는 관광자원으로 육성할 계획이며, 이를 내년 예산 편성과정에서도 적극 반영해 나갈 계획이다.

30) http://www2.korea.kr/newsWeb(공감코리아); http://www.andongnews.net(안동신문).

주요 관광자원화 사례

■ 가학광산동굴 발효식품 관광자원화

광명시는 가학광산동굴 내에서 와인을 저장·판매해 관광자원화 하는 사업을 본격 추진하기로 했다.

"광명가학광산동굴은 와인을 숙성하고 보관하는데 최적의 장소이니만큼, 향후 동굴 와인레스토랑, 와인렉 등을 설치해 시민들의 독특한 체험공간으로 만들겠다"는 관광자원화계획을 수립하여 실행하고 있다.[31)]

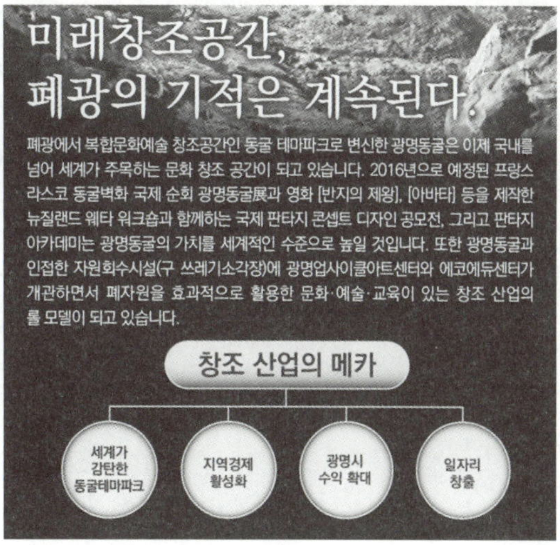

100년 전 황금광산으로 개발된 가학광산
(광명동굴의 예전 이름)[32)]

31) http://www.sudokwon.com
32) http://cavern.gm.go.kr/site/cavern/main.do(광명동굴 홈페이지)

중국 영화계 거장 장예모 연출-인상유삼저[33)]

중국 양삭에는 유명한 것이 있다. 중국 영화의 거장 장예모가 기획하고 연출한 〈인상유삼저〉다. 2008년 베이징올림픽 개막식을 지켜본 이들은 알겠지만, 장예모 특유의 스토리를 풀어내는 상상력과 그것을 자연 속에서 구현하는 능력은 가히 경이롭다. 은은하게 빛나는 호수가 무대가 되고, 병풍처럼 둘러져 있는 거대한 산은 배경이 된다. 마치 한 폭의 수려한 산수화처럼 자연과 인간, 빛과 소리가 한 치의 빈틈도 없이 조화를 이뤄내는 공연이다. 누구도 예상하지 못했던 그 기발함과 웅장한 스케일에 감탄사가 절로 나온다.

서양인들이 계림/양삭을 특별히 많이 찾는 이유 역시 바로 이 공연 때문이라 한다. 5년 반에 걸쳐 만들어낸 완성도 높은 공연이다 보니 세계인의 관심이 집중되는 건 당연한 결과다. 리강과 주변 산봉우리를 무대로 하는 대자연 속의 극장에서 펼쳐지기 때문에 사계절마다 색다른 분위기도 연출된다고 하는데, 중국만이 꾸밀 수 있는 그 대자연의 무대가 부럽기도 하다.

이 쇼의 참여 인원은 700여 명으로 장예모 리강예술학교 학생과 강변 5개 마을의 어민들로 구성된다. 예술학교 학생들을 제외한 현지 주민들은 낮에는 강에서 일을 하고, 저녁에는 이 공연에 참여한다고 하니, 이 공연 하나로 한 부락민 전체가 먹고 산다고 해도 과언이 아니다.

공연 제목이 〈인상유삼저〉(印像 劉三姐)인데 '유삼저'는 유씨 집안의 셋째 딸이란 뜻이다. 앞에 '인상'이 붙은 것은 장예모 감독이 중국 정부와 공동으로 중국의 명산과 호수, 관광지를 무대로 그 지역의 민화나 전설을 쇼로 만든 '인상 시리즈' 중 하나이기 때문이다. 인상 시리즈는 총 5종류인데 양삭의 〈인상유삼저〉가 제일 먼저 기획됐다고 한다. 매일 밤 보통 2회 공연하고, 공연시간은 70분 정도다. 앞서 설명했듯 〈인상유삼저〉 공연은 극장이 아니라 리강과 강변 12개 산봉우리를 무대로 하기에 '산수극장'이라 부르고, 야외 공연인 만큼 우천 시에는 취소되는 경우도 있다.

관객이 모두 착석하면 모든 조명이 꺼지고 공연이 시작된다. 순식간에 조명이 꺼지고 온 세상이 캄캄해지는데, 산봉우리 끄트머리에서부터 작은 등불을 단 배가 들어오면서 공연이 시작된다. 소수민족의 말과 노래로 구성이 되기 때문에 중국어를 아는 현지인들도 그 내용을 전부 이해하기란 어렵다고 한다. 또, 대화보다도 소수민족의 전통 노래로 진행되는 공연이어서 뮤지컬에 가까운 공연이다.

공연무대 자체가 양삭의 대자연을 배경으로 하고 있어, 무대 전체의 흐름을 따라잡기란 쉽지 않다. 그나마 내가 앉은 뒷자리는 귀빈석(한화로 2~3만원)이라 한눈에 무대

33) http://www.dailian.co.kr/news/view/256894

전체가 들어와 전체를 관망하기가 수월했지만, 앞자리에 앉은 이들은 고개를 이리 저리 돌리느라 힘들어보였다. 그럴 때 쌍안경을 준비해가면 더 자세히 볼 수 있을 듯싶은데, 카메라 렌즈의 초점이 400mm인데도 워낙 무대가 크다보니 뒤쪽 산봉우리에서 등장하는 사람은 작은 점으로만 보인다.

공연은 유씨네 셋째 딸이 지주들의 유혹을 이겨내고 사랑하는 목동과 결혼한다는 내용이었다. 이 지역 '유삼저(劉三姐)설화'를 바탕으로 장족(壯族)과 묘족(苗族) 등 소수민족의 문화를 화려하게 보여준다. 정부의 지원으로 각 지방의 지역색을 살려 글로벌 공연 콘텐츠를 제작했다는 점이 인상적이다.

THINK ABOUT IT

한국의 관광자원이 지니는 주요 특징은 무엇인지, 그리고 미래의 관광객을 유인할 수 있는 새로운 관광자원은 어떠한 특징을 가질 것인지 생각해 봅시다.

Chapter 3

관광자원의 분류

1. 자원의 분류

일반적으로 분류라 함은 대상(object)들의 집합을 추려내 일련의 범주로 나누어 발전시키는 과정이며, 다양한 분야에서 분류작업이 이루어지고 있는 이유는 다음과 같다([그림 3-1] 참조).

[그림 3-1] 분류작업 이유

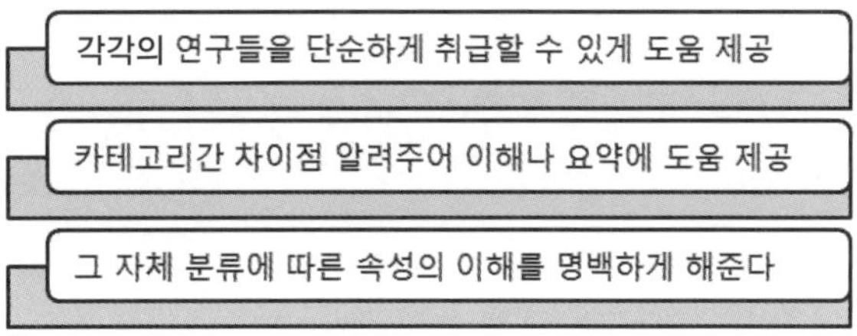

자료: 이강래 · 강세동(1986), 관광자원론, 법문사

지속적인 자원의 체계적인 조사, 연구, 관리 및 활용 차원에서 관광자원의 분류작업은 필수적이다. 관광자원의 분류목적은 관광지를 구성하고 있는 사물, 즉 각종의 환경요인 및 요소를 대상으로 하여 관광자원으로서의 역할과 가치를 평가하고 지속가능하게 이용하려는 데 목적이 있다. 이러한 토대로 미래의 관광수요에 대처할 수 있는 각종 잠재적 관광자원의 잠재력을 평가할 객관적인 단위와 기준을 설정함으로써 관광객에 대한 유인력과 수용력을 효율적으로 측정하려는 데 있다. 궁극적으로 관광자원은 경제적 혜택을 창출할 때 가치가 부여되기에[1] 관광자원의 분류대상은 현재 관광자원으로서 그 가치를 인정받고 있는 각종의 환경요인 및 요소뿐만 아니라, 지금까지 관광활동에 영향을 미치

1) Jafar Jafari(ed.)(2000), Encyclopedia of Tourism, NY: Routledge.

지 못한 모든 환경요인 및 요소들이 포함되어야 하겠다.2)

일반적으로 각종 관광자원을 유형화하기 위해서는 먼저 각 구성요소의 자원적 가치를 서로 비교하고 평가할 수 있는 객관적 기준과 균등한 단위를 설정해야 한다. 체계적인 유형분류방식은 비교대상이 되는 각 요소의 특성과 가치를 평가하는 기준에 대한 객관성과 신뢰도를 간접적으로 나타내는 것이므로 대단히 중요하다.

관광자원의 종류를 어떻게 분류할 것이냐는 관광자원을 대하는 시각에 따라서 상이한 분류체계를 가질 수도 있다. 관광자원의 분류상황은 동양과 서양이 다른 분류체계를 가지고 있기도 하다. 여기서는 국내와 국외로 나누어서 살펴보기로 한다.

첫째, 국내에 있어서의 관광자원 분류는 구미계통과 일본식 분류방식이 혼용되어 있다. 즉 관광자원을 대별할 경우는 일본식의 분류방식을 이용하고, 세분할 경우는 구미계통의 분류방식을 택한다고 볼 수 있다.

둘째, 국외의 여러 분류상에서 구미계통의 분류는 관광자원을 포괄적인 관광대상의 측면에서 파악하거나, 하나의 연속체적 성격으로 파악하려는 경향이 짙다. 나아가 관광개발을 전제로 한 관광자원의 범주를 시설·교통·상부구조·하부구조 등이 결합된 포괄적 자원까지 확대하고 있음을 볼 수 있다.

반면에 일본의 관광자원 분류는 관광자원이 2원적 형태를 띠고 있음을 강조하면서 자연형 관광자원과 인문형 관광자원, 유형관광자원과 무형관광자원, 동태형 관광자원과 정태형 관광자원 등으로 양분하려는 경향을 보여주고 있다.3) 일반적으로 관광자원의 분류기준을 살펴보면 다음 〈표 3-1〉과 같다.

〈표 3-1〉 관광자원의 분류기준

분 류 기 준	관광자원의 구성내용
입지	이용자중심형, 중간형, 자원중심형
분광체(spectrum)	고밀도 위락지역, 일반옥외 위락지역, 자연환경지역, 독특한 지역, 원시지역, 역사 · 문화지역
자원의 생성과정	자연적 관광자원, 인문적 관광자원
관광객 행동패턴	주유형 관광자원, 체재형 관광자원, 동적 관광자원, 정적 관광자원
자원의 이용성격 및 토지이용단위	자연자원 의존형, 문화자원 의존형, 인공시설자원 의존형
자원의 가시성	유형관광자원, 무형관광자원

자료: 이봉석 · 정석중 · 심인보 · 이미혜 · 김창수 · 송재호(2001), 관광자원론, 대왕사, p.84. 재인용.

2) 조운기(2004), 남원지역 관광자원 활성화 방안에 관한 연구, 전주대학교 국제 · 경영대학원 석사학위논문.

3) 이봉석 · 정석중 · 심인보 · 이미혜 · 김창수 · 송재호(2001), 관광자원론, 대왕사.

클로슨(Marion, Clawson)은 1960년대 관광 · 위락활동이 일어나는 장소를 중심으로 세 가지로 구분하여 설명하고 있다.

〈표 3-2〉 Clawson의 관광자원 분류

구 분	내 용
이용자중심형 지역	일과 후에 쉽게 접근할 수 있는 소규모 공간 또는 시설지역으로서 지역주민의 일상생활권에 위치하여 이용자의 활동이 중심이 되는 지역이다. 지역주민의 일상적 여가시간에 이용이 가능한 위치와 적절한 시설의 구비가 일차적으로 중요하며 도시공원, 놀이터, 실내수영장 등이 해당된다.
중간형 지역	이용자중심형과 자원중심형의 중간적 위치에 있으며 비교적 접근이 용이한 주변 지역으로 보통 거주지에서 1~2시간 정도 소요되는 거리에 위치한 지역으로, 당일 및 주말을 이용하여 일상권을 벗어나서 피크닉·수영, 낚시 등을 할 수 있는 곳 등이 해당된다.
자원중심형 지역	매력적인 자원의 질(quality)에 초점을 두고 있으며, 사적지나 문화재보호지역, 국립공원, 산림 등이 해당된다.

자료: 박석희(2000), 신관광자원론, 일신사; 이봉석 외(2001), 관광자원론, 대왕사.
조운기(2004), 남원지역 관광자원 활성화 방안에 관한 연구, 전주대학교 국제 · 경영대학원 석사학위논문.

미국의 옥외 레크리에이션 자원평가위원회(Outdoor Recreation Resources Review Commission)는 레크리에이션 자원을 물리적 자원특성, 개발과 관리의 실태, 이용 정도, 예상행동패턴 등에 근거하여 관광자원을 분류하고 있다. 이것은 관광자원을 하나의 분광체(a spectrums)로 분석하려는 것으로서, 이 분류방식은 어떠한 관광활동을 통하여 어느 정도 다양한 관광경험이 제공되고 있는가에 따라 관광자원을 분류하는 방식이다. 일반적으로 고밀도위락지역, 일반옥외위락지역, 자연환경지역, 독특한 자연지역, 원시지역, 역사·문화지역으로 나누고 있다.

첫째, 고밀도위락지역(high-density recreation areas)은 집중적인 개발지역으로 대규모 이용을 위해 운영되며, 주로 대도시권에 근접되어 있다.

둘째, 일반옥외위락지역(general outdoor recreation areas)은 특정한 레크리에이션 이용을 위해 다양하게 개발된 지역으로 보통 주요 대도시권에서 어느 정도 떨어져 있다.

셋째, 자연환경지역(natural environment area)은 자연환경 내에서 레크리에이션을 위해서 알맞게 개발한 지역으로 복합적인 레크리에이션을 할 수 있다.

넷째, 독특한 자연지역(unique natural areas)은 뛰어난 경관미와 자연적 불가사의를 지니고 있어 과학적 중요성을 지닌 자원이다.

다섯째, 원시지역(primitive areas)은 도로가 없으며 자연 그대로의 상태를 지닌 지역으로 야생경험을 제공할 수 있을 만큼 대규모적이고 원거리에 위치하고 있다.

여섯째, 역사·문화적 지역(historic and cultural sites)은 중요한 역사·문화적 중요성을 지닌 장소로서 역사적 사건의 발생지나 고고학적 유적지 등이 여기에 해당된다.[4]

이 방식은 자원의 특성에 근거한 시설 및 활동의 종류를 추출함으로써 관광객의 이용유형에 접근하고 있다는 장점이 있다. 그러나 자원의 개발계획 수립을 위하여 1차적으로 묶어 주는 구실만 할 뿐 체계화시키지 못하고 있으며, 고밀도관광지역에서 야생지역까지는 분광체(a spectrum)적 성격을 지니고 있으나, 마지막 유형인 역사문화유적지역은 동일한 선상에 놓일 수 없는 제약점을 지니고 있다.[5]

자원의 생성기원에 따라 자연적 자원, 인공적 자원 그리고 혼합형 자원으로 나눌 수 있다. 그러나 순수한 자연적 자원이나 인공적 자원은 보기가 쉽지 않으며 대부분이 자연적 자원에다 인공자원이 가미된 혼합형 자원으로 볼 수 있다.

〈표 3-3〉 관광자원의 생성기원에 의한 분류

구 분	구성요소
자연적 자원	산, 바다, 계곡, 폭포 등
인공적 자원	테마파크, 민속촌 등
혼합형 자원	자연자원 + 인공적 시설

자료: 김광근 외(2013), 관광학의 이해, 백산출판사.

관광객의 행동패턴에 의한 분류로 건(Gunn)은 주유형(touring type)과 체재형(destination type)으로 구분하여 나누고 있다. 주유형 관광자원은 숙박하지 않고 이동하며 보고 즐길 수 있는 자원으로서 경관, 축제, 쇼핑 등이 여기에 해당된다. 체재형 관광자원은 숙박을 하며 그 지역내에서 보고 즐길 수 있는 자원으로서 휴양지, 캠프장, 해안, 목장 등이 해당된다.

4) 김정옥(2011), 관광자원관리론, 대왕사.
5) 박석희(2012), 신관광자원론, 대왕사.

〈표 3-4〉 Gunn의 관광자원 분류

유 형	구성요소
주유형	도로변 경관지, 훌륭한 자연지역, 자연캠핑지, 친구와 친척의 집, 수변지역, 독특한 관습, 사당과 문화적 장소, 토속음식과 위락지, 역사적 건물과 유적지, 민족 특유의 장소, 쇼핑지역, 특수공예 전승지 등
체재형	휴양지, 축제장소와 농가, 집단 캠프장, 휴가지 가정, 도박중심지, 종합병원, 낚시, 사냥, 해안, 수상 스포츠지역, 관광목장, 회의중심지, 운동경기장, 무역회관, 과학기술회관 등

자료: 김정옥(2011), 관광자원관리론, 대왕사, p.35. 재인용.

건(Gunn)은 관광자원을 자연관광자원(natural resources), 문화관광자원(cultural resources), 혼합형관광자원(natural or cultural resources)으로 구분하고 있다. 관광자원의 이용성격이 자연적인가, 문화적인가, 인공적인가로 구분되고, 여기에 다시 토지이용단위를 기준으로 관광자원이 토지의 어떠한 특성에 의존하여 관광매력을 보유하게 되는가를 파악하여 분류하는 방식이다.

〈표 3-5〉 토지이용단위별 관광자원 분류

유 형	종 류
자연자원	해변, 피크닉 장소, 자연캠핑지역, 일반경관지역, 경관지역, 암석채취지역, 화석채취지역, 사냥지역, 스키, 동계스포츠지역, 스노우모빌지역, 보트장, 카누장, 항해장, 하계휴양지, 캠프, 마리나, 항만, 계류장, 야생동물, 동물관찰지역, 수로, 전망대, 산림골재지역, 트레일코스, 자연오솔길, 조류관찰지역, 스쿠버, 해저탐험지역, 축제 등
문화자원	고고학적 유적, 박물관, 역사유적, 유령도시, 최초 유명 사건발생지, 특수인종적 문화, 공학적 및 과학적 불가사의, 제조공장, 역사적 건물, 성지, 성역지, 관광목장, 전설지역 등
혼합자원	콘서트, 드라마, 연극장, 공예품전시장, 도시캠핑지역, 스포츠센터, 골프장, 오락공원, 쇼핑센터, 나이트클럽, 숙박업소, 음식점, 정보센터, 휴식처, 퍼레이드, 경마장, 운동장 등

자료: 조운기(2004), 남원지역 관광자원 활성화 방안에 관한 연구, 전주대학교 국제·경영대학원 석사학위논문, p.20. 재인용.

관광자원의 가시성에 따라 유형관광자원(visible tourism resources)과 무형관광자원(invisible tourism resources)으로 구분된다.

〈표 3-6〉 한국관광공사의 관광자원 분류

유 형	구성요소
유형 관광자원	• 자연적 관광자원: 천연자원, 인문자원, 동·식물 • 문화적 관광자원: 고고학적 유적, 사적, 사찰공원 • 사회적 관광자원: 풍속, 행사, 생활, 예술, 교육, 스포츠 • 산업적 관광자원: 공업단지, 유통단지, 광업소, 농장, 목장, 백화점 • 관광레크리에이션자원: 캠프장, 수영장, 놀이시설, 어린이공원
무형 관광자원	• 인적 관광자원: 국민성, 풍속, 관습, 예절 • 비인적 관광자원: 고유종교, 사상, 철학, 역사, 가곡, 음악

자료: 한국관광공사(1983), 국민관광진흥장기종합개발계획.

한편, 피터즈(Michael Peters)는 관광자원을 매력물(attractions)로 표현하면서 ① 문화적인 것, ② 자연적인 것, ③ 유흥(entertainment), ④ 전통(tradition), ⑤ 기타 매력물(other attractions)로 분류하기도 하였다.6)

2. 관광자원의 유형

최근 들어서는 관광자원의 분류범위가 확대되고 있다. 종래에는 관광객 행위대상이 자연관광자원에 편중되었으나, 근래에는 국가간·지역간 왕래의 용이성으로 인해서 사회·문화적 관광자원의 비중이 커지고 있다. 또한 산업의 발달과 무역의 확대는 산업시설을 관광자원의 범주에 포함시키는 계기가 되었다. 그리고 관광객의 행동패턴이 종래의 감상적·정태적·보양적 측면에서 활동적·동태적·스포츠형의 패턴으로 점진적인 변화를 나타내고 있다. 시대적 변천, 관광활동의 변화와 그에 따른 관광자원의 상대적 중요성의 변화, 새로운 관광자원의 출현 등으로 관광자원의 분류는 현재 한국에서 일반적으로 자연적 관광자원, 문화적 관광자원, 사회적 관광자원, 산업적 관광자원, 그리고 위락적 관광자원의 5가지로 분류하는 것이 일반적이다.7)

---

6) 김재민(2001), 관광자원개발론, 대왕사, p.110. 재인용.
7) 이봉석·정석중·심인보·이미혜·김창수·송재호(2001), 관광자원론, 대왕사.

〈표 3-7〉 관광자원의 유형과 구성요소

유 형	구성요소
자연적 관광자원	산악, 내수면, 해안, 온천, 동굴, 지형, 지질, 천문, 기상, 도서, 동식물, 자연현상
문화적 관광자원	고고학적 유적, 사적, 유무형 문화재, 기념물, 민속자료, 박물관, 미술관, 기타 문화시설
사회적 관광자원	풍속, 행사, 생활, 예술, 종교, 철학, 교육, 미술, 국민성, 음식, 사회형태, 인정, 예절
산업적 관광자원	공업단지, 유통단지, 관광농업, 백화점, 공업시설 및 생산공정
위락적 관광자원	수영장, 놀이시설, 레저타운, 수렵장, 낚시터, 카지노, 보트장, 나이트클럽, 주제공원, 골프장, 스키장

자료: 이봉석・정석중・심인보・이미혜・김창수・송재호(2001), 관광자원론, 대왕사, p.91. 재인용.

1) 자연적 관광자원

자연적 관광자원 중 산악관광자원을 살펴보면 대체로 산악을 중심으로 지형・지질, 천문・기상, 동・식물 등으로 구분되며, 크게는 산악, 하천과 해안, 온천 관광자원으로 나눌 수 있다.

〈표 3-8〉 산악관광자원

구 분		내 용	사 례
산악 관광지	등산 중심형	등산을 비롯한 야외 위락공간으로 이용	지리산, 한라산
	공원 지정형	공원으로 지정 개발하여 자연경관 감상	국·도립 공원
	스키 리조트형	스키장을 중심으로 한 종합휴양지	무주 리즈트
	산지 종합형	다양한 자연자원과 문화적 자원 풍부	설악산
	동굴 자원형	동굴을 중심으로 한 관광지	고수, 고씨동굴

자료: 윤양수(2001), 지역개발측면에서 본 문화관광사업 실태와 대책-지정관광지를 중심으로, 국토연구원, p.26. 재인용.

[그림 3-2] 대표적 산악관광자원

울산 울주군 가지산(사진)과 신불산 등 울산 외곽의 해발 1000m 이상의 봉우리 7개가 이어진 '영남알프스'

제주시 봉개동 화산 분화구 아래 1997년 7월 23일 개장한 제주절물자연휴양림은 총 300ha의 면적에 40~45년생 삼나무가 수림의 90%이상을 차지하여 빽빽하게 들어서 있고 바다쪽에서 불어오는 시원한 해풍과 절묘한 조화를 이뤄 한여름에도 시원한 한기를 느낄 수 있는 곳이다.

자료: 고계성(2010), 관광객과 지역주민이 어우러진 소통의 장소 관광지, 대왕사. 재인용.

2) 문화적 관광자원

문화적 관광자원은 민족문화의 유산으로서 보존할 만한 가치가 있고 관광매력을 지닐 수 있는 자원이다. 문화적 관광자원 중 문화재는 인간의 기술적인 창조의 결과로서 그 나라 민족문화의 유산이며 보존 및 보호할 만한 가치가 있는 것으로서 「문화재보호법」에 의해 지정되고 있다. 「문화재보호법」(2010.2.4. 全文개정, 2012.1.26., 2015.3.27., 2017.3.21. 일부개정)에서 정의하는 문화재란 인위적이거나 자연적으로 형성된 국가적 · 민족적 또는 세계적 유산으로서 역사적 · 예술적 · 학술적 또는 경관적 가치가 큰 유형문화재, 무형문화재, 기념물, 민속문화재를 말한다(문화재보호법 제2조).

〈표 3-9〉 문화재 구분

구 분	내 용
유형문화재	건조물, 전적(典籍), 서적(書跡), 고문서(古文書), 회화(繪畵), 조각, 공예품 등 유형의 문화적 소산으로서 역사적 · 예술적 또는 학술적 가치가 큰 것과 이에 준하는 고고자료(考古資料)
무형문화재	여러 세대에 걸쳐 전승되어 온 무형의 문화적 유산 중 다음 각 목의 어느 하나에 해당하는 것을 말한다. 가. 전통적 공연 · 예술 나. 공예, 미술 등에 관한 전통기술 다. 한의약, 농경 · 어로 등에 관한 전통지식 라. 구전 전통 및 표현 마. 의식주 등 전통적 생활관습 바. 민간신앙 등 사회적 의식(儀式) 사. 전통적 놀이 · 축제 및 기예 · 무예
기념물	다음 각 목에서 정하는 것을 말한다. 가. 절터, 옛무덤, 조개무덤, 성터, 궁터, 가마터, 유물포함층 등의 사적지(史蹟地)와 특별히 기념이 될 만한 시설물로서 역사적 · 학술적 가치가 큰 것 나. 경치 좋은 곳으로서 예술적 가치가 크고 경관이 뛰어난 것 다. 동물(그 서식지, 번식지, 도래지를 포함한다), 식물(그 자생지를 포함한다), 지형, 지질, 광물, 동굴, 생물학적 생성물 또는 특별한 자연현상으로서 역사적 · 경관적 또는 학술적 가치가 큰 것
민속문화재	의식주, 생업, 신앙, 연중행사 등에 관한 풍속이나 관습에 사용되는 의복, 기구, 가옥 등으로서 국민생활의 변화를 이해하는 데 반드시 필요한 것

자료: 「문화재보호법」 제2조 제1항

문화재 중 가치를 크게 지닌 것을 지정하여 '지정문화재'라 하는데, 「문화재보호법」 제2조 제2항에서는 지정문화재를 국가지정문화재, 시 · 도지정문화재, 문화재자료로 구분하여 규정하고 있다(개정 2014.1.28.).

〈표 3-10〉 문화재 유형분류

유형별 / 지정권자별	유형문화재		무형문화재	기념물			민속문화재
국가지정문화재	국보	보물	국가무형문화재	사적	명승	천연기념물	국가민속문하재
시 · 도지정문화재	지방유형 문화재		지방무형문화재	지방기념물			지방민속문화재
문화재자료	문화재자료						

국가지정문화재는 문화재청장이 문화재위원회의 심의를 거쳐 지정한 문화재를 말하고 시 · 도 지정문화재는 특별시장 · 광역시장 · 특별자치시장 · 도지사 또는 특별자치도지사(이하 "시 · 도지사"라 한다)가 관할구역에 있는 문화재로서 국가지정문화재로 지정되지 않은 문화재 중 보존가치가 있다고 인정되는 것을 시 · 도지정문화재로 지정된 것을 말한다. 또한 문화재자료는 국가지정문화재 및 시 · 도지정문화재로 지정되지 아니한 문화재 중 향토문화보존상 필요하다고 인정되는 것을 시 · 도지사가 지정한 문화재를 말한다.

■ 등록문화재

문화재청장은 문화재위원회의 심의를 거쳐 지정문화재가 아닌 유형문화재, 기념물 및 민속문화재 중에서 보존과 활용을 위한 조치가 특별히 필요한 것을 등록문화재로 등록할 수 있다(문화재보호법 제53조 제1항 〈개정 2017.3.21.〉).

등록문화재의 등록기준은 지정문화재가 아닌 문화재 중 건설 · 제작 · 형성된 후 50년 이상이 지난 것으로서 다음 각 호의 어느 하나에 해당하는 것으로 한다. 다만, 다음 각 호의 어느 하나에 해당하는 것으로서 건설 · 제작 · 형성된 후 50년 이상이 지나지 아니한 것이라도 긴급한 보호조치가 필요한 것은 등록문화재로 등록할 수 있다(동법 시행규칙 제34조).

1. 역사, 문화, 예술, 사회, 경제, 종교, 생활 등 각 분야에서 기념이 되거나 상징적 가치가 있는 것
2. 지역의 역사 · 문학적 배경이 되고 있으며, 그 가치가 일반에 널리 알려진 것
3. 기술 발전 또는 예술적 사조 등 그 시대를 반영하거나 이해하는 데에 중요한 가치를 지니고 있는 것

3) 사회적 관광자원

사회적 관광자원은 한 나라의 역사와 전통, 과거의 생활상과 현재를 이해하는데 도움이 되는 사회규범적인 자원으로서 여기에는 도시의 문화환경, 생활문화, 지역의 역사와 민속 및 풍습, 사람들의 소박한 인정, 국민성과 이에 따른 생활자료, 그리고 각종 제도와 사회공공시설 등이 포함된다.[8)]

사회적 관광자원은 관광지의 사회적인 분위기, 즉 국민성, 인성, 예절, 민족성, 생활양식, 풍속, 전통, 문화, 사회구성원의 사고방식 등을 뜻하며 관광객을 유인할 수 있는 강한 흡입력을 가지고 있다.

관광은 이동이라는 기본적인 특성을 가지고 있고, 이동에 따라 발생되는 타지방, 타국의 사람과의 자연스러운 만남의 연속 자체가 사회적 관광자원의 가장 중요한 요소라고 할 수 있다. 또한 그 속에서 여러 가지로 표출되는 풍속, 오랜 세월 그 지역만의 독특한 생활관습, 인정, 민족성, 국민성, 복식, 예법, 예절, 예도, 향토음식, 고유 스포츠, 교통, 취락과 도시 등 의 · 식 · 주에서 표현되는 다양한 요소들과 관광객을 따뜻하게 맞아들이는 관광지 주민의 친절도와 외부인에 대한 열린 마음, 나름대로의 개성 있는 독특한 전통문화의 계승, 독특한 민족적 이미지, 생태환경 보존, 다양한 사회적 위락시설, 개성 있는 관광상품과 음식, 쇼핑 그리고 무엇보다도 정치적이 안정 등이 모두 사회적 관광자원의 범주에 속한다고 할 수 있다.

사회적 관광자원은 점차적으로 늘어가는 관광객의 욕구가 어떠한 관광대상을 보는 것에서 관광지의 사회문화를 이해 · 교류하는 방향으로 변화함에 따른 자연발생적 현상으로 할 수 있다.

[그림 3-3] 도시의 기능[9)]

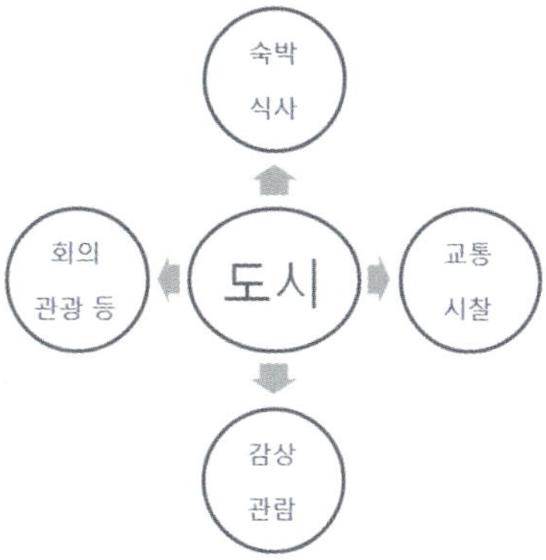

8) 김광근 외(2013), 관광학의 이해, 백산출판사.
9) 고계성(2010), 관광객과 지역주민이 어우러진 소통의 장소 관광지, 대왕사.

특히 도시는 관광객, 관광자원, 관광기업, 도시주민 등이 도시라는 공간 내에서 상호작용하는 가운데 이루어지는 여가활동의 주무대이다. 도시관광의 주된 목적으로는 숙박, 교통, 식사, 시찰, 감상, 관람, 회의참여, 관광, 야간활동, 휴식 등을 언급할 수 있다. 일반적으로 문화적 매력물 및 이벤트 등이 주요한 유인력으로 작용하면서 도시 관광객들에게 관광자원의 매력을 제공하고 있다.

4) 산업적 관광자원

산업관광은 역사적으로 1851년 개최된 국제적인 규모의 런던 만국박람회를 관광하는 형태로부터 시작되었다고 볼 수 있다. 국제적인 산업박람회와 최신 공장을 견학하는 방식으로 시작된 현대적 의미의 산업관광은 1950년 프랑스 경영자협회가 수출 진흥을 목적으로 외국인의 산업시설 시찰의 편의를 제공하면서 본격화되었다. 한편, 1987년 유네스코의 제6회 국제산업유산보존위원회가 회의 주체로서 industrial tourism을 설정하면서 산업유산을 관광대상으로 하는 산업관광이 확산된 것으로 보인다.

산업관광이란 1, 2, 3차 산업의 현장을 대상으로 관광을 하는 행위로서 당해 기업과 지역의 부가적인 경제효과가 예상되는 관광형태로 이해되고 있다.[10] 산업관광이 발달한 일본에서의 정의를 살펴보면 산업관광이란 역사적, 문화적 가치가 높은 산업유산이나 조업 중인 공장, 공방 등을 관광자원으로 하여 이들을 개입시켜 물건 만들기의 원점에서 접목한 인적교류를 추진하는 관광형태를 말한다. 우리의 일반적인 인식과는 다소 다른 '산업유산 관광'의 성격이 강한 형태라고 할 수 있다.

〈표 3-11〉 산업관광의 유형 · 무형자원에 의한 분류

분 류	구 분	내 용
유형관광자원	자연적 관광자원	천연자원, 천문자원, 동식물자원
	문화적 관광자원	고고학적 유적지, 사적지, 사찰, 공원
	사회적 관광자원	풍속, 행사, 생활, 예술, 교육, 스포츠
	산업적 관광자원	공업단지, 유통단지, 광업소, 농장, 목장, 백화점
	관광 · 레크리에이션 자원	캠프장, 수영장, 놀이시설, 어린이공원
무형관광자원	인적관광자원	국민성, 풍속, 관습, 예절 등
	비인적 관광자원	토속신앙, 사상, 철학, 역사, 음악, 가곡 등

자료: 한국관광공사(http://www.visitkorea.or.kr).

10) 김상태(2009), 산업관광 활성화 방안, 한국문화관광연구원.

관광사전에 따르면 "동시대 산업시설을 방문하여 상품제작, 서비스, 업무, 직원 등과의 교류가 이루어지는 관광"이라 설명하고 있다. 일반적으로 투어가이드가 합류하며, 공익적 목적을 위하여 산업시설을 관람할 수 있는 전시관과 방문센터 등이 마련되어 있다. 공장, 채석장, 전기회사, 목장, 와인산지, 그리고 극장 등이 산업적 관광자원으로 분류된다.[11)]

산업관광의 대상소재를 자원 유형에 따라 유형(tangible)자원, 무형(intangible)자원 및 기타 자원으로 분류하고 있다. 위의 표를 통해 보면 한국관광공사가 분류하는 산업적 관광자원에 공업단지, 유통단지, 광업소, 농장, 목장, 백화점 등 관광과 관련된 많은 장소가 포함되어 있음을 확인할 수 있다.

상기 제시된 산업적 관광자원을 토대로 제주도의 대표적인 산업적 관광자원은 삼다수를 언급할 수 있겠다. 제주특별자치도 제주시 조천읍 교래리 산 70번지에 소재하는 제주특별자치도개발공사(JPDC)는 먹는샘물, 음료, 건설, 호접란, 그리고 광역권 5+2 사업영역에 주력하고 있는 제주의 대표적 공기업이다. 공장부지 49,114㎡, 건축물 3동(공장동, 사무동, 창고동) 14,450㎡, 정수시설 1동, 1일 취수허가량 2,100톤으로 제주의 청정으로 설명되는 물을 이용하여 도민과 관광객, 그리고 국외지역까지 구매자들을 늘리고 있다.

[그림 3-4] 삼다수

자료: 제주특별자치도개발공사(http://www.jpdc.co.kr).

11) Jafari, Jafar(2000), Encyclopedia of Tourism, NY: Routledge, p.305.

5) 위락적 관광자원

위락(recreation)은 인위적으로 만들어낸 놀이시설이다. 위락시설은 다분히 자주적 · 자기발전적 성향을 띠고 있으며, 생활의 변화추구라는 인간의 기본적인 욕구를 충족시킨다는 점에서 관광자원으로서의 비중이 높아지고 있다. 최근 위락부문에 대한 수요는 보다 높은 삶의 질을 추구하는 방향으로 다양화되고 있다.

또한 급속한 도시화 · 산업화로 여러 형태의 위락적 관광상품이 개발되고 있는데, 이러한 위락적 관광자원이 존재해야만 관광수입 증대를 도모할 수도 있다. 위락적 관광자원에는 주제공원 · 레저타운 · 골프 · 낚시 · 볼링 · 윈드서핑 · 요트 · 하이킹 · 사냥 · 카지노 · 스키장 · 마리나 · 수족관 · 수영장 · 어린이대공원 · 수렵장 · 보트장 · 카누장 · 승마장 · 경마장 · 야영장 · 종합휴양업 등이 있다.

여기서 주제공원은 완전히 인공적인 관광자원으로서 자연적 관광자원이나 문화적 관광자원이 부족한 국가나 지역에서 관광객을 유치할 수 있는 훌륭한 관광자원이 될 수 있다. 대표적인 주제공원은 미국, 일본, 프랑스, 홍콩 등의 디즈니랜드, 일본의 하우스텐보스, 우리나라의 에버랜드 및 롯데월드, 서울랜드, 대구의 우방타워랜드, 경주월드 등이 있다.

최근 주목받고 있는 대표적인 위락적 관광자원으로는 트레킹, 번지점프, 자동차경주, 초경량항공기 비행, 래프팅 등이 전국 지자체별로 지역특성에 맞게 운영되고 있다.

[그림 3-5] 제주 올레코스

자료: 제주올레(http://www.jejuolle.org).

3. 관광자원의 분류체계

위에서 제시된 한국관광공사의 관광자원 분류체계 기준은 관광자원 관리차원에서는 효율적이나 이용차원에서는 다소 통일성과 편리성 등 제약이 있기에, 기존 제약성 극복과 이용편리성 차원에서 대분류-중분류-소분류로 제시하고 있다.

대분류는 문화, 자연 및 생태 환경, 관광장소 및 시설의 3분류체계를 구축하였고, 중분류는 문화에 인물, 인간문화재, 행사, 생활양식, 유적지 · 사적지, 축조물, 회화 · 서예 · 서적, 활자 · 자기 · 기기류, 공예류의 9가지 분류체계를, 자연 및 생태환경에는 동 · 식물, 자연경관의 2가지 분류체계를, 장소 및 시설에는 공원, 전시 · 관람시설, 여가 · 운동시설, 숙박, 쇼핑, 교통, 그리고 관광지 및 휴양 · 수련지역으로 분류하고 있다.[12] 관광자원의 분류코드를 문화, 자연 및 생태환경, 관광장소 및 시설 순으로 살펴보면 다음과 같다.

〈표 3-12〉 문화

제1분류 체계	제2분류 체계	제3분류 체계
문화	인물	출생지, 생가(터), 민가, 고가은거지(유배지), 기념비, 묘(묘비)문학비, 영정, 문학/영화/드라마 배경지, 기타
	무형 문화재	공예, 음악(판소리), 무용(춤), 전통주, 음식, 무예, 놀이, 연극, 기타
	행사	지역축제, 풍물놀이, 세시풍속, 기혼제, 관혼상제, 굿, 부락제, 기타
	생활양식	사투리, 설화, 전설, 신화, 민요, 민담, 농요, 민속극(춤), 복식, 음식(특산물), 기타
	유적지 · 사적지	선사유적지, 옛무덤, 능, 묘, 조개무덤, 종교유적지, 독립유적지, 봉수대, 궁궐터, 사묘 · 제단, 가마터, 사고지, 유물해장해역, 사지 · 전지 · 유지 · 원지, 기타
	축조물	누(정), 각, 서원, 향교, 사찰(터), 궁궐, 성곽, 부도, 탑, 불상, 첨성대, 종, 문, 고궁, 고가옥, 관아건축, 동학당, 천도교당, 성당, 대형교회, 사당, 성황당, 칠성각, 장승 · 솟대, 초기, 푯말, 동상, 기타
	회화 · 서예 · 서적	불화, 탱화(사찰내 벽화), 초상화, 산수화, 풍속화, 서예, 탁본, 현판, 주련, 사경, 교지류, 소지류, 가계일괄문서, 분재기, 호적단지, 원고본, 전사본, 기타
	활자 · 자기 · 기기류	목활자본, 금속활자, 인장류, 판각, 토기, 녹유자기, 청자, 백자, 청화백자, 분청사기, 칠기, 과학기기, 무구, 기타
	공예류	금관, 장신구류, 직물, 자수, 공예류금속공예, 목공예류, 민속공예류, 불구류, 기타

12) 한국관광연구원(1999), 전국관광자원 기초자료조사를 위한 조사표 작성 및 활용방안.

〈표 3-13〉 자연생태환경

제1분류 체계	제2분류 체계	제3분류 체계
자연 및 생태 환경	동・식물 (천연기념물 중심)	희귀종, 노거수, 자생지, 조류서식지, 번식지, 철새도래지, 국제보호조류, 야생조류, 양금・양축, 곤충, 어류, 광물, 천연보호구역, 학술림・어부림, 방풍림, 기타
	자연경관	산, 강, 천, 섬, 폭포, 고개(언덕), 약수터, 연못, 동굴(석류동굴 등), 호수, 댐, 낚시터, 백사장, 계곡, 숲, 절벽, 화석지, 오솔길・등산・산책로, 늪지, 갯벌, 전망좋은 곳(view point), 분화구, 5경, 8경, 오름 등

〈표 3-14〉 관광장소 및 시설

제1분류 체계	제2분류 체계	제3분류 체계
관광 장소 및 시설	공원	국립공원, 도립공원, 군립공원, 지질공원, 테마공원, 도시공원(도시자연공원, 시민공원 등), 기타
	전시・관람 시설	박물관(국립 및 사립), 미술관, 야외조각장, 동물원, 식물원(분재원 포함), 화랑, 전시관(장), 국제회의장, 공연장, 소극장, 문화(예술), 문화원, 영화관, 도서관, 전수시설, 기타
	여가・체육 시설	체육관, 운동장, 수영장, 아이스링크, 골프장, 경마장, 경륜장, 스키장 및 눈썰매장, 자동차경주장, 요트장 및 경기장, 테니스장, 래프팅장소, 행글라이딩장소, 번지점프장, 윈드서핑장, 기타
	숙박・식사	호텔, 콘도, 유스호스텔, 장(여관, 여인숙), 야영, 캠핑장, 자동차 야영장, 방갈로, 산장, 민박, 토속음식점(지역특산 및 음식점), 양식장, 한식당, 일식장, 중식당, 패스트푸드점, 기타
	쇼핑	백화점, 면세점, 토산품점, 장터(재래, 약령시장 등), 지역특산물 생산지 및 판매장(공방, 도자기 등), 기념품판매장, 대형할인점, 기타
	교통	공항, 부두, 기차역, 고속버스터미널, 시외버스터미널, 케이블카, 유람선선착장, 나루터, 렌터카, 시티투어버스정류장, 여행사운영 관광버스, 자전거 대여점, 대형주차장, 유어선, 기타
	관광지 및 휴양・수련지역	관광단지, 지정관광지, 비지정관광지, 유원지, 해수욕장, 수렵장, 온천지구, 자연휴양림, 수목원, 관광농원, 농・어촌 휴양지, 민속촌, 안보관광지, 문화의 거리, 수련장, 체험관광지, 생태관광지, 테마길, 카지노, 관광안내소, 환전소, 관광승마장, 관광목장, 기타

자료: 한국관광연구원(1999), 전국관광자원 기초자료조사를 위한 조사표 작성 및 활용방안.

최근에는 저탄소 녹색성장에 부응하여 농촌관광이 주목받게 되면서 지속가능한 관광의 추진 차원에서 농촌지역 향토자원에 대해서도 관심이 증대되고 있다.[13]

〈표 3-15〉 향토자원 유형

구 분	분 류	자원내용
자연적 자원	자연・경관자원	산과 숲, 강, 바다, 섬, 주상절리, 기암괴석, 일출 및 일몰, 지형(특이지형), 수자원(하천, 저수지, 지하수), 식생(보호수, 노거수, 마을숲)
	생태자원	갯벌, 습지, 생물서식지, 동식물(보호 및 희귀동물, 천연기념물)
	환경(기후)자원	저탄소, 산림 바이오, 태양, 바람, 조수 등의 자연에너지, 태풍, 해일 등의 기후
문화적 자원	역사문화자원	유형문화자원(역사마을, 역사건축물(근대건축물 포함), 장소 등), 무형문화자원(역사적 인물, 문화예술인사), 의례(혼례, 장례, 제례), 전통제전, 지방민속, 문화행사
	예술문화자원	문화예술품의 전시와 예술인 공연, 공연활동(판소리, 연극, 영화 등), 유명건축물, 조각물 등 인공경관
	생활문화자원 (지역문화활동)	사물놀이, 전통놀이, 전통(향토)음식 등의 전통생활문화, 에코뮤지엄, 주거지 경관(건축미, 주거지 스카이라인)
사회적 자원 (경제적 자원 포함)	경제활동자원 (특산품 등)	농업, 어업, 축산업, 광업 등 지역산업 활동 수공예품, 장인, 명장, 유기작물, 도자기 등 공예품, 농산물 등 특산품, 향토음식/식품(향토주, 발효식품) 등 지역특산자원
	축제 및 행사 (공동체 활동)	마을제사, 마을전통축제 등의 공동체 활동(행사) 계, 두레, 품앗이 등 지역공동체
	지역인프라자원	학교, 시장 등의 지역기반시설/공공시설 테마시설, 관광, 휴양시설 등
	이미지자원 (브랜드)	특정(인위적) 이미지, 지역브랜드

13) 한국문화관광연구원(2011), 향토자원을 활용한 관광프로그램 정책사업 추진방안.

백두대간 관광열차[14)]

"조용했던 산골 마을이 이렇게 사람들로 북적거릴 줄 전혀 몰랐습니다."

경북 봉화군 소천면 분천역 앞에서 잡화상점을 하는 심재여 씨(73 · 여)는 "이제 기차 오는 소리가 소음이 아니라 희망처럼 들린다. 관광열차가 생겨서 너무 좋다"고 말했다. 심 씨는 최근 25년 만에 가게를 개조했다. 몇 달 전만 해도 하루 10명 안팎이던 손님이 지금은 300명이 넘는다. 낡은 지붕을 바꾸고 냉장고도 새로 장만했다. 33m² (10평) 남짓한 내부 공간은 카페처럼 꾸몄다. 그는 "얼마 전까지만 해도 가게를 수리할 생각조차 못했다"며 좋아했다. 백두대간 관광열차가 중부내륙지역에 활력을 불어넣고 있다. 관광객이 늘면서 역 주변을 중심으로 상권이 활성화되고 있다.

경북 강원 충북도와 산림청, 한국철도공사(코레일)가 손잡고 산골지역 관광 활성화를 위해 만든 이 관광열차는 4월 개통 이후 누적 이용객이 10만 명을 넘어섰다. 경북도는 20일 분천역에서 기념행사를 열었다. 코레일 경북본부(영주 소재)는 2017년까지 관광열차가 지나는 역 중심으로 1980여 개의 새로운 일자리와 1560억여 원의 경제효과가 생길 것으로 분석했다. 이날 열차를 함께 탄 김관용 경북도지사는 "산업철도에 역사문화와 관광자원을 결합해 만든 창조열차가 경북 북부지역의 새로운 희망이 되고 있다. 분천역 주변에 토담집을 이용해 치유테마파크도 조성하겠다"고 말했다.

순환열차(O-트레인)와 협곡열차(V-트레인)로 나눠 운행하는 백두대간 관광열차는 석탄과 목재를 실어 나르는 산업 철로 구간에 관광을 접목해 새롭게 바꾼 것이다. 순환열차는 서울역과 수원역에서 출발해 중앙 · 영동 · 태백선으로 이어진 중부내륙 순환구간(257.2km)을 하루 4회 운행한다. 가족석과 연인석, 어린이놀이터, 카페 등을 갖춘 열차 4대(205석)로 구성돼 여행의 재미를 더한다.

협곡열차는 경북 북부지역의 분천~양원~승부역과 강원 태백시 철암역 구간(27.7km)을 하루 3회 시속 30km로 왕복한다. 3개 객차(158석)는 천장을 빼고 모두 커다란 유리창으로 만들어 기암괴석과 협곡, 산골마을을 감상하기에 적당하다. 지역 특성과 지명 유래 등을 알려주는 승무원의 안내방송은 창밖 풍경에서 눈을 떼지 못하게 한다. 김진영 씨(39 · 여 · 경기 고양시)는 "시원한 계곡을 실컷 보며 여행을 하는 게 매력적"이라며 "두메산골과 소통하며 힐링(치유)한 기분"이라고 말했다.

협곡열차 출발점인 분천역은 관광객이 가장 많이 늘어나 활기가 넘친다. 열차 개통 전 하루 평균 관광객이 10명에 불과했지만 지금은 360여 명으로 늘었다. 주말엔 1000명이 넘는다. 역 일대는 새로운 관광지로 변신 중이다. 5월 한국-스위스 수교 50주년을 맞아 분천역과 체어마트역이 자매결연하면서 역 건물을 유럽풍으로 단장했다.

---

14) http://news.donga.com([대구/경북]백두대간 관광열차 10만명 돌파… "지역경제도 활기", 2013.7.22).

역 입구에는 체어마트역으로 엽서를 적어 보내는 기념공간도 만들었다. 인근 양원역까지 2.2km 트레킹(걷기) 코스도 생겼다. 협곡을 걸으며 계곡의 풍광과 시원한 산길을 만날 수 있다.

역에서 마을로 가는 길(약 150m)에는 먹거리 장터가 조성됐다. 산채 비빔밥과 막걸리, 메밀전병 같은 음식을 1만 원 정도에 맛볼 수 있다. 주민들은 스스로 마을 지붕을 고치고 깨끗한 거리를 만들고 있다. 한 80대 주민은 "이렇게 많은 사람이 오는 것은 평생 처음 본다. 참 보기 좋다"고 말했다.

'배낭 여행자 성서' 론리 플래닛, 870억원에 팔린다[16)]

론리 플래닛[16)]

론리 플래닛 창업자 토니 휠러[17)]

'배낭 여행자들의 성서'로 통하는 론리 플래닛(Lonely Planet)이 미국 회사에 팔린다. 영국 방송사 BBC의 자회사인 BBC 월드와이드는 여행안내서 출판사 론리 플래닛 지분 100%를 5150만 파운드(약 870억원)에 매각한다고 19일(현지시간) 밝혔다. 인수자는 미국 억만장자 브래드 켈리가 운영하는 미디어 업체 NC2미디어다.

폴 뎀프시 BBC 월드와이드 최고경영자(CEO) 대행은 "론리 플래닛의 사업 성격이 BBC 브랜드와 맞지 않아 매각을 결정했다"고 설명했다. BBC는 2007년과 2011년 두 번에 걸쳐 론리 플래닛의 지분 전량을 총 1억3000만 파운드에 인수했다. 인수 당시 한바탕 논란이 일었다. 시청자들이 내는 TV수신료를 공영 방송의 사업 영역이 아닌 엉뚱한 곳에 쓴다는 이유에서다.

15) http://article.joins.com(2013.21)
16) http://www.newstomato.com
17) http://www.yonhapnews.co.kr

회사 측은 사업 다각화를 꾀하고 방송 및 디지털 콘텐트 사업의 외연을 넓힌다며 인수를 감행했다. 하지만 결국 8000만 파운드의 손해만 보게 됐다. BBC의 감독기구인 BBC트러스트의 다이앤 코일 부회장은 "이런 인수합병을 다신 하지 않을 것"이라고 말했다.

론리 플래닛은 호주 멜버른 근처에 본사를 두고 있다. 영국인 토니 휠러 부부가 1973년 창간했다. 자신들이 아시아·호주 등을 여행하고 쓴 '초저가 여행기'가 계기가 됐다. 색다른 장소를 담은 여행안내서로 90년대 배낭여행자들 사이에 선풍적인 인기를 끌었다.

그러나 2000년대 후반 들어 시장이 포화 상태에 이르면서 경영난에 직면했다. 현재 500여 종의 시리즈가 17개 언어로 번역돼 시장에 나와 있다. 총 118개국 이상에서 판매된다. 2009년부터는 잡지 발행과 방송 콘텐트 제작 사업도 펼치고 있다.

THINK ABOUT IT

문화재는 크게 유형문화재, 무형문화재, 민속문화재, 기념물 및 민속문화재로 분류되는데, 각 문화재별 특성과 차이를 생각해 봅시다.

Chapter 4

관광자원의 개발현황

1. 관광지 및 관광단지의 개발[1)]

1) 관광개발기본계획 및 권역별 관광개발계획

(1) 관광개발기본계획의 수립

문화체육관광부장관은 관광자원을 효율적으로 개발하고 관리하기 위하여 전국을 대상으로 하여 관광개발기본계획(이하 "기본계획"이라 한다)을 수립하여야 한다(관광진흥법 제49조 제1항).

이 규정에 따른 '기본계획'으로는 1990년 7월에 수립된 제1차 관광개발기본계획(1992~2001년)과 2001년 8월에 수립된 제2차 관광개발기본계획(2002~2011년)은 이미 완료되었고, 현재는 2011년 12월 26일 수립 · 공고한 제3차 관광개발기본계획(2012~2021년)을 시행하고 있다.

제1차 '기본계획'에서는 전국을 5대 관광권, 24개 소관광권으로 권역화하여 각각의 권역별 개발구상을 제시하였던 것이나, 이 계획을 집행함에 있어서 관광권역과 집행권역(즉 시 · 도)의 불일치로 인해 '기본계획'과 '권역계획'의 실천성 미흡 등의 문제점이 노출되었다. 이에 따라 제2차 '기본계획'에서는 이를 시정 · 개선하기 위하여 행정권중심의 관광권역인 17개 광역지방자치단체를 기준으로 관광권역을 단순화하고, 각 시 · 도별 특성에 맞는 권역별 관광개발기본방향을 설정 · 제시하였던 것이다.

그러나 이번에 수립한 제3차 '기본계획(2012~2021년)'은 제2차 '기본계획(2002~2011년)' 수립 이후 급변하는 환경변화에 대응하는 새로운 비전과 전략을 제시하며, 국제경쟁력을 갖춘 관광발전 기반을 구축하고 국민 삶의 질과 지역발전에 기여하기 위해 전국 관광개

1) 조진호 · 우상철 · 박영숙 공저, 최신관광법규론(서울: 백산출판사, 2020), pp.286~295.

발의 기본방향을 미래지향적으로 제시하는 계획이라고 하겠다.

따라서 제3차 '기본계획(2012~2021년)'에서는 향후 관광개발의 기본방향과 추진전략 등을 반영하여 수도관광권(서울 · 경기 · 인천), 강원관광권, 충청관광권, 호남관광권, 대구 · 경북관광권, 부 · 울 · 경관광권(부산 · 울산 · 경남) 및 제주관광권 등 7개 광역경제권을 계획 관광권역으로 설정하였으며, 또한 해안을 중심으로 한 동 · 서 · 남해안 관광벨트 등 6개 초광역 관광벨트도 설정하여 7개 계획권역을 연계 · 보완하였다. 여기서 초광역 관광벨트란 백두대간 생태문화 관광벨트, 한반도 평화생태 관광벨트, 동해안 관광벨트, 서해안 관광벨트, 남해안 관광벨트, 강변생태문화 관광벨트 등을 말한다.

① '기본계획'의 수립권자 및 수립시기

기본계획은 문화체육관광부장관이 매 10년마다 수립한다.

② '기본계획'에 포함되어야 할 내용

1. 전국의 관광여건과 관광 동향(動向)에 관한 사항
2. 전국의 관광수요와 공급에 관한 사항
3. 관광자원의 보호 · 개발 · 이용 · 관리 등에 관한 기본적인 사항
4. 관광권역(觀光圈域)의 설정에 관한 사항
5. 관광권역별 관광개발의 기본방향에 관한 사항
6. 그밖에 관광개발에 관한 사항

③ '기본계획'의 수립 및 변경절차

기본계획의 수립은 시 · 도지사가 기본계획의 수립에 필요한 관광개발사업에 관한 요구서를 문화체육관광부장관에게 제출하면 문화체육관광부장관은 이를 종합 · 조정하여 기보계획을 수립하고 공고하여야 한다(동법 제50조 제1항). 또 문화체육관광부장관은 수립된 기본계획을 확정하여 공고하려면 관계부처의 장과 협의하여야 한다. 확정된 기본계획을 변경하는 절차도 같다(동법 제50조 제2항 · 제3항).

문화체육관광부장관은 관계기관의 장에게 기본계획의 수립에 필요한 자료를 요구하거나 협조를 요청할 수 있고, 그 요구 또는 협조요청을 받은 관계기관의 장은 정당한 사유가 없으면 요청에 따라야 한다(동법 제50조 제4항).

(2) 권역별 관광개발계획의 수립

시 · 도지사(특별자치도지사는 제외)는 '기본계획'에 따라 구분된 권역을 대상으로 권역별 관광개발계획(이하 "권역계획"이라 한다)을 수립하여야 한다. 다만, 둘 이상의 시 · 도

에 걸치는 지역이 하나의 권역계획에 포함되는 경우에는 관계되는 시 · 도지사와의 협의에 따라 수립하되, 협의가 성립되지 아니한 경우에는 문화체육관광부장관이 지정하는 시 · 도지사가 수립하여야 한다.

이 규정에 의한 '권역계획'으로는 제1차 관광개발기본계획(1992~2001년)에 따른 제1차권역계획(1992~1996년)과 제2차권역계획(1997~2001년) 및 제2차 관광개발기본계획(2002~2011년)에 따른 제3차권역계획(2002~2006년)과 제4차권역계획(2007~2011년) 및 제3차관광개발기본계획(2012~2021년)에 따른 제5차권역계획(2012~2016년)은 이미 완료되었고, 현재는 제6차권역계획(2017~2021년)이 수립 시행 중에 있다.

한편, 제주특별자치도의 경우 도지사가 도의회의 동의를 얻어 수립하는 '국제자유도시의 개발에 관한 종합계획'에는 "관광산업의 육성 및 관광자원의 이용 · 개발 및 보전에 관한 사항"을 포함시키고 있는데, 이 종합계획에 따라 제주권역의 관광개발사업을 시행하고 있기 때문에, 제주특별자치도에서는 "권역계획"을 따로 수립하지 아니한다.

① 권역계획의 수립권자 및 수립시기

권역계획은 시 · 도지사(특별자치도지사는 제외한다)가 매 5년마다 수립한다.

② 권역계획에 포함되어야 할 내용

1. 권역의 관광여건과 관광동향에 관한 사항
2. 권역의 관광 수요와 공급에 관한 사항
3. 관광자원의 보호 · 개발 · 이용 · 관리 등에 관한 사항
4. 관광지 및 관광단지의 조성 · 정비 · 보완 등에 관한 사항
5. 관광지 및 관광단지의 실적 평가에 관한 사항
6. 관광지 연계에 관한 사항
7. 관광사업의 추진에 관한 사항
8. 환경보전에 관한 사항
9. 그밖에 그 권역의 관광자원의 개발, 관리 및 평가를 위하여 필요한 사항

③ 권역계획의 수립 및 변경절차

권역계획은 그 지역을 관할하는 시 · 도지사(특별자치도지사는 제외)가 수립하여야 한다.

시 · 도지사(특별자치도지사는 제외)는 수립한 권역계획을 문화체육관광부장관의 조정과 관계 행정기관의 장과의 협의를 거쳐 확정하여야 한다. 이 경우 협의요청을 받은 관계 행정기관의 장은 특별한 사유가 없는 한 그 요청을 받은 날부터 30일 이내에 의견을 제시하여야 한다.

◆ 우리나라 7개 광역관광권 ◆

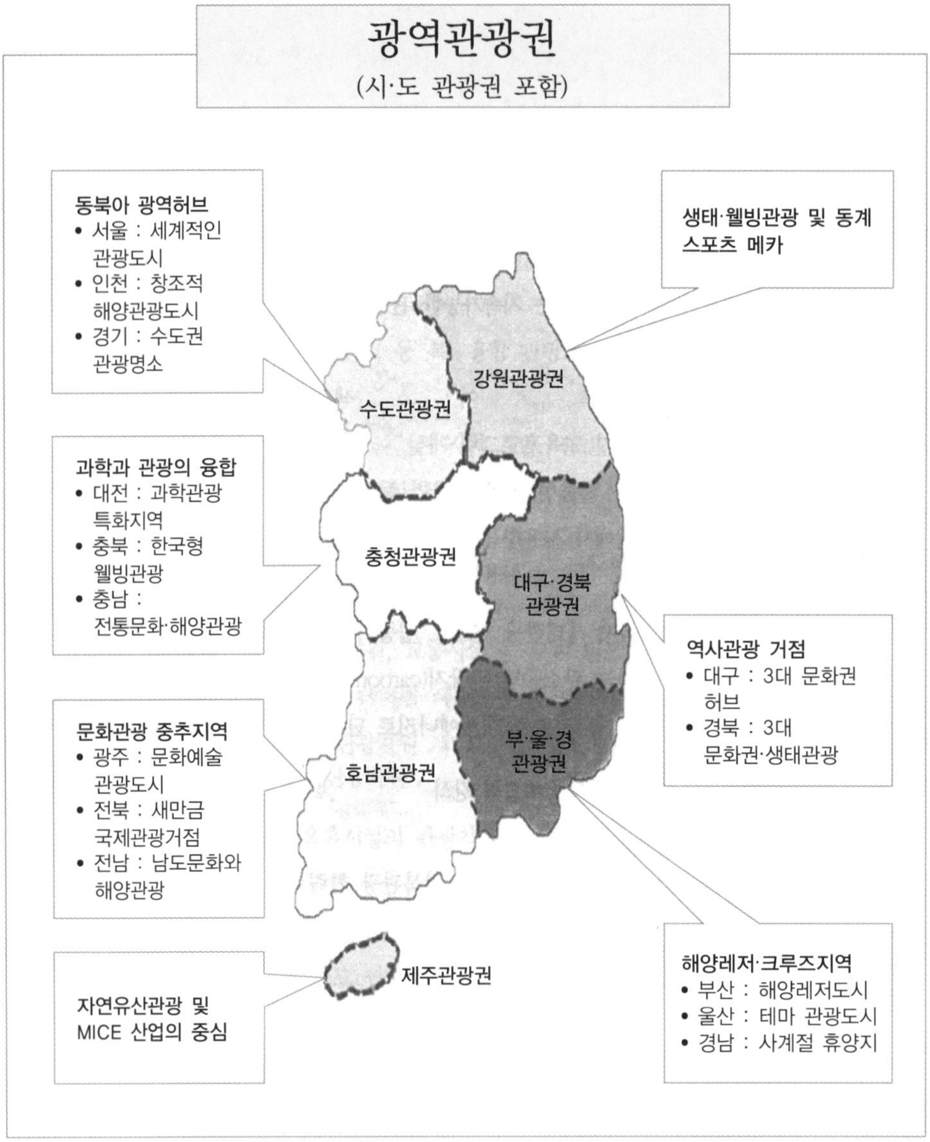

[그림 4-1] 제3차 관광개발기본계획 권역구분 및 개발방향

◆ 우리나라 6개 초광역관광벨트 ◆

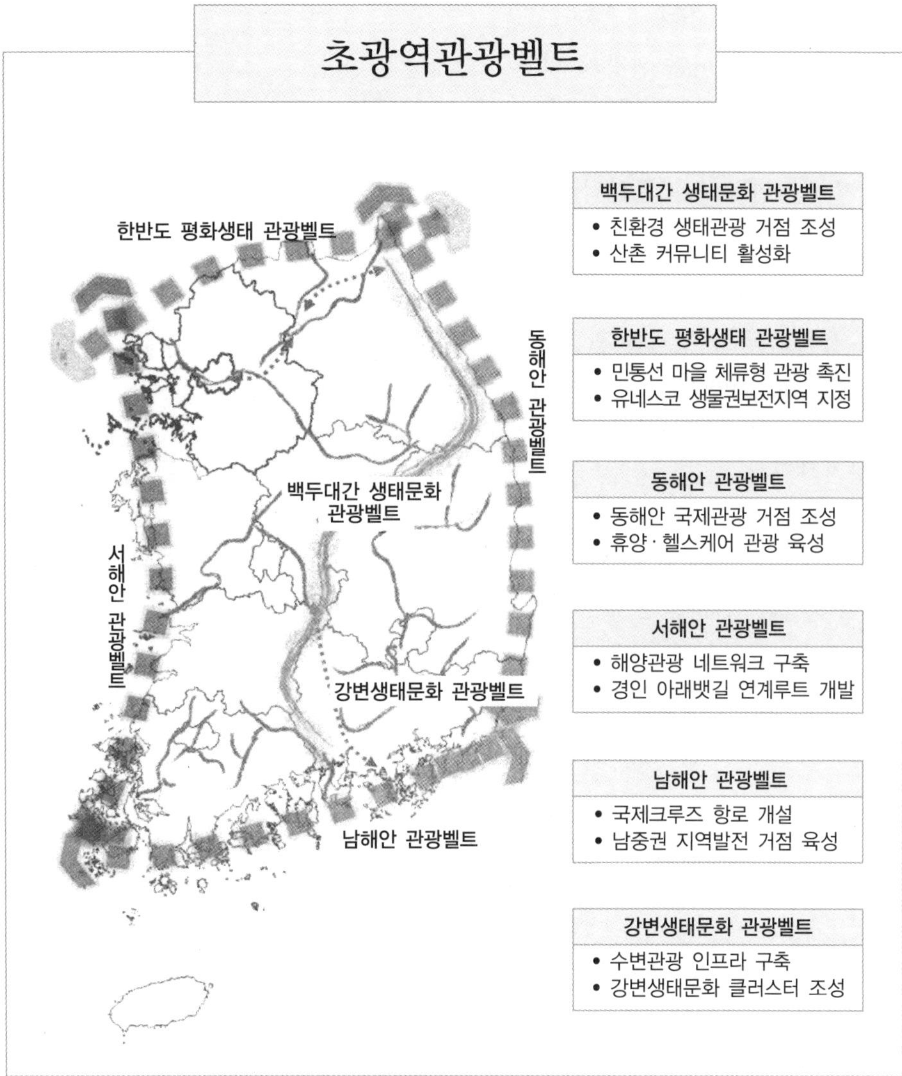

[그림 4-2] 제3차 관광개발기본계획 연구구분 및 개발방향

이상의 절차는 확정된 권역계획을 변경하는 경우에 준용한다. 다만, 대통령령으로 정하는 경미한 사항의 변경에 대하여는 관계부처의 장과의 협의를 갈음하여 문화체육관광부장관의 승인을 받아야 한다.

2) 관광지등의 지정

(1) 관광지등의 정의

여기서 '관광지등'이란 관광지 및 관광단지를 말한다.

① 관광지

관광지란 자연적 또는 문화적 관광자원을 갖추고 관광객을 위한 기본적인 편의시설을 설치하는 지역으로서 「관광진흥법」에 따라 지정된 곳을 말한다. 그러므로 관광객이 이용하는 지역이라고 해서 무조건 관광지가 되는 것은 아니고, 「관광진흥법」에 의하여 관광지로 지정을 받지 않으면 관광지라고 할 수 없으며, 관광개발의 대상도 될 수 없다. 2017년 12월 말 기준으로 전국에 지정된 관광지는 총 227개소이다.

② 관광단지

관광단지란 관광객의 다양한 관광 및 휴양을 위하여 각종 관광시설을 종합적으로 개발하는 관광거점지역으로서 「관광진흥법」에 따라 지정된 곳을 말한다. 2017년 12월 말 기준으로 전국에 지정된 관광단지는 43개소이다.

(2) 관광지등의 지정권자

관광지 및 관광단지(이하 "관광지등"이라 한다)는 시장 · 군수 · 구청장의 신청에 의하여 시 · 도지사가 지정한다. 다만, 특별자치도의 경우에는 특별자치도지사가 지정한다.

(3) 관광지등의 지정절차

① 관광지등의 지정신청 등

관광지등의 지정 및 지정취소 또는 그 면적의 변경(이하 "지정등"이라 한다)을 신청하려는 자는 '관광지(관광단지)지정등신청서'에 구비서류를 첨부하여 특별시장 · 광역시장 · 특별자치시장 · 도지사 · 특별자치도지사(이하 "시 · 도지사"라 한다)에게 제출하여야 한다. 특별자치시와 특별자치도의 경우에는 기초자치단체가 없기 때문에 '시조례'나 '도조례'로 정하는 바에 따른다(제주특별법 제244조 제2항).

② **관광지등의 지정**

시 · 도지사(특별자치도지사는 제외)는 '지정등'의 신청을 받은 경우에는 관광지등의 개발 필요성, 타당성, 관광지 · 관광단지의 구분기준, 그리고 관광개발기본계획 및 권역별 관광개발계획에 적합한지 등을 종합적으로 검토하여야 한다.

시 · 도지사(특별자치도지사는 제외)가 관광지등을 지정하려면 사전에 문화체육관광부 장관 및 관계 행정기관의 장과 협의하여야 한다. 다만, 「국토의 계획 및 이용에 관한 법률」(이하 "국토계획법"이라 한다)에 따라 계획관리지역으로 결정 · 고시된 지역을 관광지등으로 지정하려는 경우에는 협의하지 아니한다. 이 경우에 협의요청을 받은 문화체육관부장관 및 관계 행정기관의 장은 특별한 사유가 없는 한 그 요청을 받은 날로부터 30일 이내에 의견을 제시하여야 한다.

2019년 12월 31일 현재 관광지 지정현황을 살펴보면 다음 〈표 4-1〉과 같다.

〈표 4-1〉 관광지 지정현황

시 · 도	지정개소	관광지명
부산	5	태종대, 황령산, 해운대, 용호씨사이드, 기장도예촌
인천	2	서포리, 마니산
대구	2	비슬산, 화원
경기	14	대성, 용문산, 소요산, 신륵사, 산장, 한탄강, 산정호수, 공릉, 수동, 장흥, 백운계곡, 임진각, 내리
강원	41	춘천호반, 고씨동굴, 무릉계곡, 망상해수욕장, 화암약수, 고석정, 송지호, 장호해수욕장, 팔봉산, 삼포 · 문암, 옥계, 맹방해수욕장, 구곡폭포, 속초해수욕장, 주문진해수욕장, 삼척해수욕장, 간현, 연곡해수욕장, 청평사, 초당, 화진포, 오색, 광덕계곡, 홍천온천, 후곡약수, 석현, 등명, 방동약수, 용대, 영월온천, 어답산, 구문소, 직탕, 아우라지, 유현문화, 동해 추암, 영월 마차탄광촌, 평창 미탄마하 생태, 속초 척산온천, 인제 오토테마파크, 지경
충북	22	천동, 다리안, 송호, 무극, 장계, 칠금, 충온온천, 능암온천, 교리, 온달, 수옥정, 능강, 금월봉, 속리산레저, 계산, 괴강, 제천온천, KBS제천촬영장, 만남의광장, 충주호체험, 구병산, 늘머니과일랜드
충남	25	대천해수욕장, 구드래, 신정호, 삽교호, 태조산, 예당, 무창포, 덕산온천, 곰나루, 죽도, 안면도, 아산온천, 마곡온천, 금강하구둑, 마곡사, 칠갑산도림온천, 천안종합휴양, 공주문화, 춘장대해수욕장, 간월도, 난지도, 왜목마을, 남당, 서동요역사, 만리포

전북	21	남원, 은파, 사선대, 방화동, 금마, 운일암·반일암, 석정온천, 금강호, 위도, 마이산회봉, 모악산, 내장산리조트, 김제온천, 웅포, 모항, 왕궁보석테마, 백제가요정읍사, 미륵사지, 오수의견, 변산해수욕장, 벽골제
전남	28	나주호, 담양호, 장성호, 영산호, 화순온천, 우수영, 땅끝, 성기동, 회동, 녹진, 지리산온천, 도곡온천, 도림사, 대광해수욕장, 율포해수욕장, 대구도요지, 불갑사, 한국차소리문화공원, 마한문화공원, 회산연꽃방죽, 홍길동 테마파크, 아리랑마을, 정남진 우산도-장재도, 신지명사십리, 해신장보고, 운주사, 영암 바둑테마파크, 사포
경북	32	백암온천, 성류굴, 경산온천, 오전약수, 가산산성, 경천대, 문장대온천, 울릉도, 장사해수욕장, 고래불, 청도온천, 치산, 용암온천, 탑산온천, 문경온천, 순흥, 호미곶, 풍기온천, 선바위, 상리, 하회, 다덕약수, 포리, 청송 주왕산, 예안현, 영주부석사, 청도신화랑, 울릉개척사, 고령부례, 회상나루, 문수, 예천삼강
경남	21	부곡온천, 도남, 당항포, 표충사, 미숭산, 마금산온천, 수승대, 오목내, 합천호, 합천보조댐, 중산, 금서, 가조, 농월정, 송정, 벽계, 장목, 실안, 산청전통한방휴양, 하동 묵계(청학동), 사천 비토, 거가대교
제주	15	돈내코, 용머리, 김녕해수욕장, 함덕해안, 협재해안, 제주남원, 봉개휴양림, 토산, 묘산봉, 미천굴, 수망, 표선, 금악, 제주돌문화공원, 곽지
계	228	

자료: 문화체육관광부, 2019년 12월 31일 기준

2019년 12월 31일 현재 관광단지 지정현황을 살펴보면 다음 〈표 4-2〉와 같다.

〈표 4-2〉 관광단지 지정현황

지역	단지명	지정 (조성계획)	사업기간	규모 (㎢)	사업비 (억 원)	개발주체	주요 도입시설
부산 (1)	오시리아 (동부산)	2005.03 (2006.04)	2005–2019	3.663	11,497	부산 도시공사	호텔, 콘도, 복합상가, 골프장, 테마파크, 녹지시설 등
인천 (1)	강화 종합 리조트	2012.07 (2012.07)	2012–2020	0.645	960	(주)해강 개발	루지, 스키장, 콘도, 전망 휴게소
광주 (1)	어등산	2006.01 (2007.04)	2005–2019	2.736	3,400	광주 광역시 도시공사	빛과예술센터, 테마파크, 골프장, 관광호텔, 콘도미니엄 등
울산 (1)	강동	2009.11 (2014.12)	2007–2018	1.368	25,000	울산시 북구청	워터파크, 타워콘도, 청소년수련시설, 허브테마, 문화체험, 테마파크, 복합스포츠 지구 등
경기 (2)	평택호	2009.10 (예정)	1982–2023	2.743	-	평택시청	관광호텔, 워터랜드, 테마파크, 캠핑장, 수산물센터 등
	안성죽산	2016.10 (예정)	2017–2020	1.436	6,800	㈜송백개발 ㈜서해 종합개발	골프장, 워터파크, 휴양콘도, 힐링센터, 팜스토어 등
강원도 (14)	고성델피노 골프앤 리조트	2012.04 (2012.04)	2010–2019	0.900	2,672	㈜대명 레저산업	골프장, 호텔, 콘도
	설악한화 리조트	2010.08 (2010.08)	2010–2020	1.314	4,203	한화호텔 앤드 리조트(주)	콘도, 온천장, 드라마세트장, 골프장 등
	원주 오크밸리	1995.03 (1996.01)	1995–2025	11.356	18,605	한솔개발 주식회사	관광호텔, 콘도, 골프장, 스키장, 미술관, 청소년수련시설, 생태관광지 등
	신영	2010.02 (2010.05)	2010–2020	1.694	3,400	신영종합 개발(주)	골프장, 스키장, 콘도, 커뮤니티센터 등
	라비에벨 (舊무릉 도원)	2009.09 (2009.09)	2009–2022	4.844	5,985	㈜에이엘 앤디	한옥호텔, 콘도, 골프장, 세계풍물거리, 힐링&클리닉센터, 명품아울렛
	알펜시아	2005.09 (2006.04)	2004–2018	4.837	16,946	강원도 개발공사	호텔, 콘도, 엔터테인파크, 골프장, 스포츠파크,

지역	단지명	지정 (조성계획)	사업기간	규모 (㎢)	사업비 (억 원)	개발주체	주요 도입시설
							워터파크, 콘퍼런스센터, 동계스포츠 지구 등
	평창용평	2001.02 (2004.03)	2002–2025	16.219	27,576	㈜용평리조트	관광호텔, 콘도, 골프장, 스키장, 빙상장, 워터파크, 테마파크 등
	평창휘닉스파크	1998.10 (1999.03)	1994–2018	4.233	10,039	㈜보광	관광호텔, 콘도, 골프장, 스키장, 체육관, 빙상장, 상가 등
	홍천비발디파크	2008.11 (2011.01)	2007–2019	7.052	13,534	㈜대명레저산업	콘도미니엄, 관광호텔, 스키장, 골프장, 다목적운동장, 정구장, 양궁장, 호수공원, 유원시설 등
	횡성웰리힐리파크	2005.06 (2012.07)	1992–2020	4.830	13,213	신안종합리조트㈜	콘도, 호텔, 골프장, 스키장, 식물원, 공연시설 등
	원주 더네이처	2015.01 (2015.01)	2013-2018	1.444	1,098	경안개발(주)	콘도, 가족호텔, 골프장, 아이스링크, 골프박물관, 양영장 등
	양양 국제공항	2015.12 (2015.12)	2013-2018	2.448	2,394	㈜새서울레저	관광호텔, 콘도, 생활형숙박시설, 아울렛몰, 특산물상가,골프장 등
	강원 횡성 드림마운틴	2016.03 (2016.06)	2017-2020	1.797	5,300	㈜미지엔리조트	워터파크, 스키장, 레지덴셜 타워, 힐링의 숲, 공연장, 메디컬센터 등
	원주 루첸	2017.04 (예정)	2017-2021	2.644	3,420	㈜지프러스	숙박시설, 골프장, 승마장, 스키장,숲체험원 ○○○○○○등
충북 (1)	증평에듀팜특구 관광단지	2017.12 (2017.12)	2017–2022	2.623	1,594	㈜블랙스톤에듀팜리조트	복합연수시설, 승마장, 체험농장, 농촌테마파크, 대중골프장, 스키장 및 루지, 식물원, 양떼처험장 등
충남 (2)	골드힐카운티리조트	2011.12 (2013.06)	2013–2020	1.691	3,795	㈜골드힐	자연치유센터, 스포츠센터, 골프장, 콘도미니엄 등
	백제문화	2015.01 (2015.01)	2014-2020	3.026	7,376	충남도청, ㈜호텔롯데	콘도, 스파빌리지, 골프빌리지, 아울렛, 골프장, 전통민속촌 등
전북 (1)	드래곤	2018.09. (2018.09)	2017–2022	0.795	1,902	신한레저주식회사	대중골프장, 가족호텔 및 워터파크, 한옥호텔, 남

지역	단지명	지정 (조성계획)	사업기간	규모 (㎢)	사업비 (억 원)	개발주체	주요 도입시설
							원전통문화테마시설, 아트뮤지엄 등
전남 (6)	고흥우주해양	2009.05 (2009.05)	2008-2020	1.158	3,661	동호㈜	우주 해양 전망대, 우주과학 교육관, 해양생물 수산교육관, 숙박시설, 골프장 등
	여수화양	2003.10 (2006.08)	2003-2020	9.167	14,159	일상해양산업(주)	호텔, 스포츠타운, 골프장, 테마파크, 화훼원, 오션파크
	여수경도해양	2009.12 (2009.12)	2009-2020	2.168	4,339	전남개발공사	해양생태체험장, 기업연수원, 숙박시설, 골프장, 마리나 등
	해남오시아노	1992.09 (1994.06)	1991-2020	5.073	11,809	한국관광공사	관광호텔, 콘도, 골프장, 마리나, 해수욕장, 남도음식 빌리지 등
	진도 대명리조트	2016.12 (2016.12)	2016-2022	0.558	3,508	㈜대명레저산업	호텔, 콘도, 산림체험학습관, 힐링파크, 진도전통문화체험관 등
	여수 챌린지파크	2019.05 (2019.05)	2018~2025	0.510	2,038	여수챌리지파크관광(주)	호텔(546실), 풀빌라등(41실), 챌린지파크, 컨벤션센터, 루지, 짚라인, 청소년수련시설, 전망대광장 등
경북 (5)	감포해양	1993.12 (1997.03)	1997-2025	4.019	13,133	경상북도관광공사	호텔, 콘도, 골프장, 오션랜드, 씨라이프파크, 연수원, 수목원 등
	보문	1975.04 (1973.05)	1973-2018	8.515	15,271	경상북도관광공사	관광호텔, 콘도, 골프장, 신라촌, 상가, 놀이시설, 청소년수련시설 등
	마우나오션	2009.12 (2009.12)	1994-2020	6.419	9,844	㈜엠오디	상가, 골프장, 휴게실, 콘도미니엄, 화훼공원, 물놀이장, 눈썰매장, 루지 등
	김천온천	1996.03 (1997.12)	1997-2011	1.424	5,357	주식회사 우촌개발	관광호텔, 콘도, 온천장, 스포츠센타,승마장, 노인휴양촌, 연수원 등

지역	단지명	지정 (조성 계획)	사업기간	규모 (㎢)	사업비 (억 원)	개발주체	주요 도입시설
	안동문화	2003.12 (2005.04)	2002–2025	1.655	5,680	경상북도 관광공사	호텔, 콘도, 골프장, 상가, 유교랜드, 온뜨레피움, 전망대, 놀이공원 등
경남 (2)	창원 구산해양	2011.4 (2015.3)	2012–2020	3.008	3,236	창원시	골프장, 승마장, 리조트 호텔, 기업연수원, 체험모험지구 등
	거제 남부	2019.05 (미수립)	-	3.693	-	-	-
제주 (8)	록인제주 체류형 복합	2013.12 (2013.12)	2013–2018	0.523	2,736	㈜록인제주	호텔, 콘도, 불로장생테마파크
	성산포 해양	2006.01 (2006.01)	2006–2018	0.748	5,096	㈜휘닉스중앙제주 ㈜제주해양과학관	호텔, 콘도미니엄, 웰컴센터, 전시관, 해중전망대, 해양주제공원, 해수스파랜드
	신화 역사공원	2006.12 (2006.12)	2006–2018	3.986	24,129	제주국제자유도시 개발센터	호텔, 콘도, 테마파크, 워터파크, 상가시설, 휴양및문화시설, 운동오락시설, 문화및집회시설, 항공우주박물관 등
	제주 헬스케어 타운	2009.12 (2009.12)	2010–2018	1.539	15,214	제주국제자유도시 개발센터	호텔, 콘도, 헬스케어센터, 전문병원, 명상원, 힐링가든 등
	제주중문	1971.05 (1978.06)	1978–2018	3.562	34,000	한국관광공사	관광호텔, 콘도, 골프장, 해양수족관, 식물원, 야외공연장, 놀이시설, 박물관 등
	신화련금수산장	2019.03 (2019.03)	2019~	0.866	7,431	신화련금수산장개발(주)	숙박시설 휴양문화시설, 컨벤션시설, 골프아카데미, 골프장
	애월국제문화복합단지	2018.05 (2018.05)	2018~2023	0.587	4,934	㈜애월국제문화복합단지	체험마을, 미술관, 푸드테마지구, 테마정원, 공연장, 호텔, 콘도, 리조트
	프로젝트 ECO	2018.09 (2018.09)	2018~2022	0.698	3,268	㈜제주대동	야외식물원, 농업박물관, 전망대, 공연장, 숲놀이터, 실내승마장, 관광호텔, 콘도
계		45개					

자료 : 문화체육관광부, 2019년 12월 31일 기준

2. 관광특구의 개발[2)]

1) 관광특구의 지정

(1) 관광특구의 정의

관광특구는 외국인 관광객의 유치 촉진 등을 위하여 관광시설이 밀집된 지역에 대해 야간 영업시간 제한을 배제하는 등 관광활동을 촉진하고자 1993년에 도입된 제도이다. 「관광진흥법」은 제2조 제11호에서 "관광특구란 외국인 관광객의 유치 촉진 등을 위하여 관광활동과 관련된 관계법령의 적용이 배제되거나 완화되고, 관광활동과 관련된 서비스 · 안내체계 및 홍보 등 관광여건을 집중적으로 조성할 필요가 있는 지역으로서(동법 제70조, 동법 시행령 제58조) 시장 · 군수 · 구청장의 신청(특별자치도의 경우는 제외한다)에 따라 시 · 도지사가 지정한 곳을 말한다"고 규정하고 있다.[3)]

(2) 관광특구의 지정요건

① 관광특구의 지정신청자 및 지정권자

관광특구는 관광지등 또는 외국인 관광객이 주로 이용하는 지역 중에서 시장 · 군수 · 구청장의 신청(특별자치도의 경우는 제외한다)에 의하여 시 · 도지사가 지정한다.

1. 지정신청자 — 시장 · 군수 · 구청장
2. 지정권자 — 시 · 도지사

② 관광특구의 지정요건

관광특구로 지정될 수 있는 지역은 다음과 같은 요건을 모두 갖춘 지역으로 한다.

---

2) 조진호 · 우상철 · 박영숙 공저, 최신관광법규론(서울: 백산출판사, 2020), pp.322~326.

3) 우리나라 관광특구는 제주도, 경주시, 설악산, 유성, 해운대 등 5곳이 1994년 8월 31일 처음으로 지정된 이래, 2005년 12월 30일 충북 단양 · 매포읍 일원(2개읍 5개리)의 '단양관광특구'와 2006년 3월 22일 서울 광화문 빌딩에서 숭인동 네거리 간의 청계천쪽 전역(세종로, 신문로1가, 종로1~6가, 창신동 일부, 서린동, 관철동, 관수동, 장사동, 예지동 전역)의 '종로 · 청계관광특구'를 지정하였고, 2008년 5월 14일 부산광역시 중구 부평동, 광복동, 남포동 지역의 '용두산 · 자갈치관광특구'를 새로 지정하였으며, 2015년 8월 6일에는 경기도 고양시 일산 서구, 동구 일부 지역을 관광특구로 새로 지정하였다. 그리고 2016년 1월에는 수원시 팔달구, 장안구 일부 지역을 관광특구로 새로 지정하였고, 2019년에 들어와서는 파주 통일동산 및 포항 영일만을 관광특구로 새로 지정하여 2019년 12월 말 기준으로 13개 시 · 도에 33곳이 관광특구로 지정되어 있다(문화체육관광부, 전게 2019년 12월 31일 기준 연차보고서, pp.188~190).

1. 문화체육관광부장관이 고시하는 기준을 갖춘 통계전문기관의 통계결과 해당 지역의 최근 1년간 외국인 관광객 수가 10만명(서울특별시는 50만명) 이상일 것
2. 지정하고자 하는 지역 안에 관광안내시설, 공공편익시설, 숙박시설, 휴양 · 오락시설, 접객시설 및 상가시설 등이 갖추어져 있어 외국인 관광객의 관광수요를 충족시킬 수 있는 지역일 것
3. 임야 · 농지 · 공업용지 또는 택지 등 관광활동과 직접적인 관련성이 없는 토지가 관광특구 전체 면적의 10퍼센트를 초과하지 아니할 것
4. 위 1호부터 3호까지의 요건을 갖춘 지역이 서로 분리되어 있지 아니할 것

(3) 관광특구의 지정기준

관광특구 지정요건의 세부기준(개정 2016.3.28.)은 다음 〈표 4-3〉과 같다.

〈표 4-3〉 관광특구 지정요건의 세부기준〈시행규칙 제64조제1항 관련 별표 21〉

시설구분	시설종류	구비기준
가. 공공편익시설	화장실, 주차장, 전기시설, 통신시설, 상하수도시설	각 시설이 관광객이 이용하기에 충분할 것
나. 관광안내시설	관광안내소, 외국인통역안내소, 관광지 표지판	각 시설이 관광객이 이용하기에 충분할 것
다. 숙박시설	관광호텔, 수상관광호텔, 한국전통호텔, 가족호텔 및 휴양콘도미니엄	영 별표 1의 등록기준에 부합되는 관광숙박시설이 1종류 이상일 것
라. 휴양 · 오락시설	민속촌, 해수욕장, 수렵장, 동물원, 식물원, 수족관, 온천장, 동굴자원, 수영장, 농어촌휴양시설, 산림휴양시설, 박물관, 미술관, 활공장, 자동차야영장, 관광유람선 및 종합유원시설	영 별표 1의 등록기준에 부합되는 관광객이용시설 또는 별표 1의2의 시설 및 설비기준에 부합되는 유원시설이 1종류 이상일 것
마. 접객시설	관광공연장, 관광유흥음식점, 관광극장유흥업점, 외국인전용유흥음식점, 관광식당	영 별표1의 등록기준에 부합되는 관광객이용시설 또는 별표 2의 지정기준에 부합되는 관광편의시설로서 관광객이 이용하기에 충분할 것
바. 상가시설	관광기념품전문판매점, 백화점, 재래시장, 면세점 등	1개소 이상일 것

자료: 「관광진흥법 시행규칙」 제64조 제1항 관련 〈별표 21〉
조진호 · 우상철 · 박영숙 공저, 최신관광법규론(백산출판사, 2020), p.321.

(4) 관광특구의 지정절차

① 지정신청

관광특구의 지정 · 지정취소 또는 그 면적의 변경(이하 “지정등”이라 한다)을 신청하려는 시장 · 군수 · 구청장은 ‘관광특구지정등신청서’에 소정의 서류를 첨부하여 특별시장 · 광역시장 · 특별자치시장 · 도지사에게 제출하여야 한다. 다만, 관광특구의 지정취소 또는 그 면적 변경의 경우에는 그 취소 또는 변경과 관계되지 아니하는 사항에 대한 서류는 이를 첨부하지 아니한다.

② 적합성 여부 등 검토

특별시장 · 광역시장 · 특별자치시장 · 도지사는 관광특구 지정등의 신청을 받은 경우에는 관광특구로서의 개발필요성, 타당성, 관광특구의 지정요건 및 관광개발계획에 적합한지 등을 종합적으로 검토하여야 한다.

③ 관계 행정기관의 장과의 협의

관광지나 관광단지의 지정에서처럼 시 · 도지사가 관광특구를 지정하려는 경우에는 관계 행정기관의 장과 협의를 하여야 한다.

〈표 4-4〉 관광특구 지정현황

시 · 도	특구명	지정지역	면적(㎢)	지정 시기
서울(6)	명동 · 남대문 · 북창	중구 소공동 · 회현동 · 명동 · 북창동 · 다동 · 무교동 일원	0.87	2000.03.30 (변경 2012.12.27)
	이태원	용산구 이태원동 · 한남동 일원	0.38	1997.09.25
	동대문 패션타운	중구 광희동 · 을지로5~7가 · 신당1동 일원	0.58	2002.05.23
	종로 · 청계	종로구 종로1가~6가 · 서린동 · 관철동 · 관수동 · 예지동 일원, 창신동 일부 지역(광화문 빌딩~숭인동 4거리)	0.54	2006.03.22
	잠실	송파구 잠실동 · 신천동 · 석촌동 · 송파동 · 방이동	2.31	2012.03.15
	강남	강남구 삼성동 무역센터 일대	0.19	2014.12.18
부산(2)	해운대	해운대구 우동 · 중동 · 송정동 · 재송동 일원	6.22	1994.08.31
	용두산 · 자갈치	중구 부평동 · 광복동 · 남포동 전지역, 중앙동 · 동광동 · 대청동 · 보수동 일부지역	1.08	2008.05.14
인천(1)	월미	중구 신포동 · 연안동 · 신흥동 · 북성동 · 동인천동 일원	3.00	2001.06.26

시 · 도	특구명	지정지역	면적(㎢)	지정 시기
대전(1)	유성	유성구 봉명동 · 구암동 · 장대동 · 궁동 · 어은동 · 도룡동	5.86	1994.08.31
경기(5)	동두천	동두천시 중앙동 · 보산동 · 소요동 일원	0.39	1997.01.18
	평택시 송탄	평택시 서정동 · 신장1 · 2동 · 지산동 · 송북동 일원	0.49	1997.05.30
	고양	고양시 일산 서구, 동구 일부 지역	3.94	2015.08.06
	수원화성	경기도 수원시 팔당구, 장안구 일대	1.83	2016.1.15
	파주 통일동산	경기도 파주시 탄현면 성동리, 법흥리 일원	3.01	2019.4.30
강원(2)	설악	속초시 · 고성군 및 양양군 일부 지역	138.10	1994.08.31
	대관령	강릉시 · 동해시 · 평창군 · 횡성군 일원	428.26	1997.01.18
충북(3)	수안보온천	충주시 수안보면 온천리 · 안보리 일원	9.22	1997.01.18
	속리산	보은군 내속리면 사내리 · 상판리 · 중판리 · 갈목리 일원	43.75	1997.01.18
	단양	단양군 단양읍 · 매포읍 일원(2개읍 5개리)	4.45	2005.12.30
충남(2)	아산시온천	아산시 음봉면 신수리 일원	3.71	1997.01.18
	보령해수욕장	보령시 신흑동, 웅천읍 독산 · 관당리, 남포면 월전리 일원	2.52	1997.01.18
전북(2)	무주 구천동	무주군 설천면 · 무풍면	7.61	1997.01.18
	정읍 내장산	정읍시 내장지구 · 용산지구	3.50	1997.01.18
전남(2)	구례	구례군 토지면 · 마산면 · 광의면 · 신동면 일부	78.02	1997.01.18
	목포	북항 · 유달산 · 원도심 · 삼학도 · 갓바위 · 평화광장 일원 (목포해안선 주변 6개 권역)	6.89	2007.09.28
경북(4)	경주시	경주 시내지구 · 보문지구 · 불국지구	32.65	1994.08.31
	백암온천	울진군 온정면 소태리 일원	1.74	1997.01.18
	문경	문경시 문경읍 · 가은읍 · 마성면 · 농암면 일원	1.85	2010.01.18
	포항 영일만	영일대해수욕장, 해안도로, 환호공원, 송도해수욕장, 송도송림, 운하관, 포항운하, 죽도시장, 시내 실개천 일대	2.41	2019.8.12
경남(2)	부곡온천	창녕군 부곡면 거문리 · 사창리 일원	4.82	1997.01.18
	미륵도	통영시 미수1 · 2동 · 봉평동 · 도남동 · 산양읍 일원	32.90	1997.01.18
제주(1)	제주도	제주도 전역(부속도서 제외)	1,809.56	1994.08.31
13개 시 · 도 33개소			2,612.45	

자료 : 문화체육관광부, 2019년 12월 31일 기준

2) 관광특구의 진흥계획

(1) 관광특구진흥계획의 수립 · 시행

① 관광특구진흥계획의 수립

특별자치시장 · 특별자치도지사 · 시장 · 군수 · 구청장은 관할구역 내 관광특구를 방문하는 외국인 관광객의 유치 촉진 등을 위하여 관광특구진흥계획(이하 "진흥계획"이라 한다)을 수립하고 시행하여야 한다. 그리고 "진흥계획"을 수립하기 위하여 필요한 경우에는 해당 특별자치시 · 특별자치도 · 시 · 군 · 구 주민의 의견을 들을 수 있다.

② '진흥계획'에 포함되어야 할 사항

특별자치시장 · 특별자치도지사 · 시장 · 군수 · 구청장은 다음 각 호의 사항이 포함된 "진흥계획"을 수립 · 시행한다.

1. 외국인 관광객을 위한 관광편의시설의 개선에 관한 사항
2. 특색 있고 다양한 축제, 행사 그밖에 홍보에 관한 사항
3. 관광객 유치를 위한 제도개선에 관한 사항
4. 관광특구를 중심으로 주변지역과 연계한 관광코스의 개발에 관한 사항
5. 그밖에 관광질서 확립 및 관광서비스 개선 등 관광객 유치를 위하여 필요한 다음과 같은 사항
   가. 범죄예방 계획 및 바가지요금 · 퇴폐행위 · 호객행위 근절대책
   나. 관광불편신고센터의 운영계획
   다. 관광특구 안의 접객시설 등 관련시설 종사원에 대한 교육계획
   라. 외국인 관광객을 위한 토산품 등 관광상품 개발 · 육성계획

③ '진흥계획'의 타당성 검토

특별자치시장 · 특별자치도지사 · 시장 · 군수 · 구청장은 수립된 '진흥계획'에 대하여 5년마다 그 타당성 여부를 검토하고 진흥계획의 변경 등 필요한 조치를 하여야 한다.

(2) 관광특구진흥계획의 집행상황 평가

① 관광특구에 대한 평가 등

시 · 도지사는 관광특구진흥계획의 집행상황을 평가하고, 우수한 관광특구에 대하여는 필요한 지원을 할 수 있다. 그리고 시 · 도지사는 관광특구진흥계획의 집행

상황에 대한 평가의 결과 관광특구 지정요건에 맞지 아니하거나 추진실적이 미흡한 관광특구에 대하여는 관광특구의 지정취소·면적조정·개선권고 등 필요한 조치를 할 수 있다.

② **관광특구의 평가에 대한 조치 등**

㉮ 평가주기 및 평가방법: 시·도지사는 진흥계획의 집행상황을 연 1회 평가하여야 하며, 평가 시에는 관광관련 학계·기관 및 단체의 전문가와 지역주민, 관광관련 업계종사자가 포함된 평가단을 구성하여 평가하여야 한다.

㉯ 평가결과 보고: 시·도지사는 평가결과를 평가가 끝난 날부터 1개월 이내에 문화체육관광부장관에게 보고하여야 하며, 문화체육관광부장관은 시·도지사가 보고한 사항 외에 추가로 평가가 필요하다고 인정되면 진흥계획의 집행상황을 직접 평가할 수 있다.

㉰ 평가결과에 따른 지정취소 및 개선권고: 시·도지사는 진흥계획의 집행상황에 대한 평가결과에 따라 다음 각 호의 구분에 따른 조치를 할 수 있다.

1. 관광특구의 지정요건에 3년 연속 미달하여 개선될 여지가 없다고 판단되는 경우에는 관광특구 지정취소
2. 진흥계획의 추진실적이 미흡한 관광특구로서 아래(제3호)의 규정에 따라 개선권고를 3회 이상 이행하지 아니한 경우에는 관광특구 지정취소
3. 진흥계획의 추진실적이 미흡한 관광특구에 대하여는 지정면적의 조정 또는 투자 및 사업계획 등의 개선 권고

3) 관광특구에 대한 지원

(1) 관광특구의 진흥을 위한 지원

국가나 지방자치단체는 관광특구를 방문하는 외국인 관광객의 관광활동을 위한 편의증진 등 관광특구 진흥을 위하여 필요한 지원을 할 수 있다.

(2) 관광진흥개발기금의 지원

문화체육관광부장관은 관광특구를 방문하는 관광객의 편리한 관광활동을 위하여 관광특구 안의 문화·체육·숙박·상가·교통·주차시설로서 관광객 유치를 위하여 특히 필요하다고 인정되는 시설에 대하여 「관광진흥개발기금법」에 따라 관광진흥개발기금을 대여하거나 보조할 수 있다.

4) 관광특구 안에서의 다른 법률에 대한 특례

(1) 영업제한의 해제

관광특구 안에서는 「식품위생법」 제43조에 따른 영업제한에 관한 규정을 적용하지 아니한다(관광진흥법 제74조).

즉 「식품위생법」은 제43조에서 시 · 도지사는 영업의 질서 또는 선량한 풍속을 유지하기 위하여 필요하다고 인정하는 경우에는 식품접객업자 및 그 종업원에 대하여 영업시간 및 영업행위에 관한 필요한 제한을 할 수 있도록 규정하고 있지만, 관광특구 안에서는 영업시간 및 영업행위에 관한 제한규정을 적용하지 아니하기 때문에 심야영업 등을 자유로이 할 수 있다.

(2) 공개 공지(공터) 사용

관광특구 안에서 호텔업(관광호텔업, 수상관광호텔업, 한국전통호텔업, 가족호텔업, 호스텔업, 소형호텔업, 의료관광호텔업)을 경영하는 자는 「건축법」의 규정(제43조)에도 불구하고 연간 60일 이내의 기간 동안 해당 지방자치단체의 조례로 정하는 바에 따라 공개 공지(空地 : 공터)를 사용하여 외국인 관광객을 위한 공연 및 음식을 제공할 수 있다. 다만, 울타리를 설치하는 등 공중(公衆)이 해당 공개 공지를 사용하는 데에 지장을 주는 행위를 하여서는 아니된다(관광진흥법 제74조 제2항).

(3) 차마(車馬)의 도로통행 금지 또는 제한

관광특구 관할 지방자치단체의 장은 관광특구의 진흥을 위하여 필요한 경우에는 지방경찰청장 또는 경찰서장에게 「도로교통법」 제2조에 따른 차마(車馬)의 도로통행 금지 또는 제한 등의 조치를 하여줄 것을 요청할 수 있다. 이 경우 요청받은 지방경찰청장 또는 경찰서장은 「도로교통법」 제6조에도 불구하고 특별한 사유가 없으면 지체 없이 필요한 조치를 하여야 한다(관광진흥법 제74조 제3항).

3. 광역권 관광개발[4)]

광역관광권이란 인접한 2개 이상의 시 · 도 관할구역의 전부 또는 일부가 동일한 특성을 가진 자연 · 문화 · 역사자원 등이 있어 연계 개발하고 관리하는 것이 자원의 개발 ·

4) 문화체육관광부(2020), 2019년 기준 관광동향에 관한 연차보고서, p.191.

이용·관리 측면에서 특히 필요하다고 인정되는 지역을 말한다. 정부는 지역별로 특성 있는 관광자원을 발굴하고 이를 유기적으로 연계 개발하여 관광개발의 효과를 높일 뿐만 아니라, 자원의 효율적 활용을 통한 국가 경쟁력을 제공하기 위해 남해안 관광벨트 조성사업과 경북북부 유교문화권 관광개발 사업을 시작으로 서해안, 동해안권 광역관광개발, 지리산권 관광개발, 남해안 관광롤러스터 조성사업, 3대 문화권 관광개발, 한반도 생태평화벨트 조성, 중부내륙권 광역관광개발사업, 서부내륙권 광역관광개발사업, 충청유교문화권 광역관광개발 등을 단계적으로 추진하고 있다.

남해안 관광벨트 조성사업 및 경북북부 유교문화권 관광개발 사업은 2000년 사업을 시작하여 2009년 및 2010년 연차적으로 완료되었고, 남해안권 및 경북북부지역 관광 활성화에 크게 기여하였다. 특히 남해안 관광벨트 조성사업의 효과를 제고하기 위하여 후속사업으로 2010년부터 2014년까지 남해안 관광클러스터 사업을 추진하였다. 서해안 및 지리산권 관광개발 사업은 2008년부터 2017년까지 사업을 추진하였다. 또한, 동해안권 광역관광개발 사업은 동북아 시대의 환동해권 중심지로 도약하기 위해 2009년부터 2018년까지 사업을 추진하였다. 3대 문화권 관광개발사업은 2010년 시작하여 2021년에 완료될 예정이다. 한반도 생태평화벨트 조성사업은 2010년 DMZ 일원 관광 활성화를 위한 홍보사업을 시작으로, 2013년부터 2022년까지 10년 간 진행될 예정이다. 서부내륙권 광역관광개발사업은 2017년 시작되어 2026년까지 추진될 계획이며, 2019년도에는 충청유교문화권 광역관광개발사업이 시작되어 2028년까지 추진될 계획이다.

4. 문화관광자원 개발

문화관광자원 개발은 「관광진흥법」에 의해 지정된 관광지나 관광단지, 「문화재보호법」에 의해 지정된 사적지, 정부가 정책적으로 추진하는 광역권 개발사업에서 제외된 지역에 소재한 독특한 역사·문화, 레저·스포츠자원 등을 대상으로 소규모 자본을 투자하여 관광자원화함으로써 다양한 관광수요에 대응하고자 1999년부터 지원한 사업이다.

정부는 2019년에는 광주 전라도 천년기념 광주 희경루 중건사업 등 225개 사업에 1,775억원을 지원하였으며, 2020년부터는 지방으로 이양되어 지방자치단체에서 자체 추진할 예정이다.

문화관광자원 개발사업으로 지역의 독특한 역사문화자원을 테마로 한 관광자원개발이 지속적으로 이루어진다면 각 지역마다 차별화된 관광상품을 보유하고 관광객들의 다양한 관광수요에 부응함과 동시에 지역경제 발전 및 국토의 균형발전에도 크게 기여할 것이다. 이에 문화체육관광부는 국내·외 관광객의 선호도가 단순관람 위주의 관광에서 체험형 관광으로 변화함에 따라 레저 · 스포츠 활동 및 역사문화 체험 등 다양한 관광상품 개발을 통해 수준 높은 테마형 관광상품을 개발 · 육성할 계획이다.[5)]

5. 생태 · 녹색 관광자원 개발

오늘날 산업공해와 지나친 개발로 인해 푸르고 깨끗한 자연공간이 해마다 축소 · 파괴되고 있는 반면, 여유시간을 갯벌, 탐조, 동굴, 반딧불 등 자연 그대로의 모습을 보고 즐기고자 하는 관광객들의 수요는 날로 늘어나고 있다. 그러나 생태자원 보존에만 치중함에 따라 관광과 접목시키려는 노력이 부족하여 관광상품으로 개발 · 육성하는 데 미흡한 면이 있었다.

UN에서는 2002년을 '생태관광의 해'로 지정하였고, 최근 국내에서도 생태 · 녹색관광 수요의 증대로 체계적인 생태 · 녹색관광자원 개발 필요성이 대두됨에 따라 정부는 생태자원을 최대한 보존하면서 환경 친환적인 관광개발을 통해 생태 · 녹색관광을 정착시키고자 노력하였다. 이에 2003년부터 생태 · 녹색관광자원 개발 사업을 문화관광자원 개발 사업에서 분리해 추진하고 있다.

〈표 4-5〉 최근 5년 간 생태 · 녹색관광자원 개발 지원 현황

(단위: 개, 백만원)

구분	2015	2016	2017	2018	2019
사업 수	33	32	34	34	31
국고지원액	23,051	18,140	19,680	21,914	19,648

자료: 문화체육관광부, 2019년 12월 31일 기준

2019년에는 광천선굴어드벤처 테마파크 조성 등 31개 사업에 196억원을 지원하였으며, 2020년부터는 지방 이양되어 지방자치단체에서 자체 추진할 예정이다.

향후 생태 · 녹색 관광자원 개발 예산의 연차적 확대와 지원을 통하여 전국을 균형있게 개발할 수 있도록 유도하고, 획일적 개발 지양 및 지역적 특성에 맞는 지속가능한 개발을 도모하고자 한다.[6)]

5) 문화체육관광부(2020), 2019년 기준 관광동향에 관한 연차보고서, pp.214~239.
6) 문화체육관광부(2020), 2019년 기준 관광동향에 관한 연차보고서, p.242.

경북 북부 유교문화권 관광개발 사례

경북 북부권에 색깔 없는 유교 테마 박물관이 난립, 애물단지로 전락하고 있다. 인접 지역에 비슷비슷한 박물관이 잇따라 생기면서 예산낭비라는 지적이다. 경북 북부지역 지방자치단체들에 따르면 안동과 영주시는 물론 군단위인 봉화·예천·청송에서도 잇따라 유교를 테마로 한 박물관이나 전시관을 개관했거나 준비 중이다.

안동시는 2006년 한국국학진흥원에 유교문화박물관을 개관한 데 이어 안동문화관광단지 내 유교랜드에 유교를 테마로 한 체험관을 건립하는 방안을 추진 중이다. 또 3대문화권 사업과 관련해서도 유교를 테마로 한 시설물을 추가 건립을 검토중인 것으로 알려졌다. 이 같은 유교 테마 박물관은 인접한 영주시의 소수박물관, 봉화군의 충재전시관, 청량산 박물관, 예천군의 충효박물관에다 고서적 고가매입 의혹을 사고 있는 청송군의 유교문화전시관 등 경쟁적으로 생기고 있다. 하지만 박물관의 핵심인 전시유물이 태부족하고, 관람객들을 끌어들일 수 있는 '킬러 아이템' 부재로 대부분 제구실을 못하고 있다.

지역 박물관 관계자는 "대구 경북에서 문집 등 가치가 높은 고서적 등 유교문화 유물은 지역 대학박물관에서 수십 년 전부터 싹쓸이 하다시피 했다"며 "민선 이후 들어선 지자체의 박물관은 일부 남은 고문서나 지역 출신 유명 유학자의 유품 등을 전시하는 정도여서 양과 질이 형편없다"고 지적했다.

이왕식(의성군) 경북도의원은 "경북도는 전국에서 가장 많은 지정문화재가 있고 등록박물관이 40개가 넘는데 실제 하루 평균 관람객이 100명이 안 되는 곳이 태반"이라고 밝혔다. 이는 박물관의 필요성과 유물확보 방안, 콘텐츠 개발 등에 대한 충분한 검토 없이 지자체장들의 치적사업의 하나로 추진한 것이 가장 큰 원인으로 꼽힌다.

학봉 김성일 선생의 종손인 영종회(영남 지역 문중 종손 모임) 김종길 회장은 "유교박물관에 그냥 유물을 전시만 할 것이 아니라 가족해체와 도덕상실 시대에 인성회복 등을 위해 청소년 체험 등 차별화된 프로그램을 개발해야 한다"고 강조했다.

자료: 한국일보(2013.03.15), http://news.hankooki.com

〈표 4-6〉 미국 CNN 선정 한국대표 관광지 50선[7)]

1. 제주 성산일출봉	26. 곡성 섬진강 기차마을
2. 충남 꽃지 해수욕장	27. 완도 청산도
3. 부산 광안대교	28. 제주 한라산
4. 남해 가천 다랭이 마을	29. 함양 다락논
5. 진해 경화역	30. 임진각 평화누리공원
6. 창녕 우포늪	31. 지리산 뱀사골 실비단폭포
7. 신안 증도 염전	32. 담양 영산강
8. 설악산 신선대 공룡 능선	33. 파주 심학산 꽃밭
9. 울릉도 해안도로	34. 황매산 철쭉축제
10. 제주도 섭지코지	35. 여주 신륵사
11. 경주 보문정	36. 대둔산 구름다리
12. 제주 우도	37. 해운대 해수욕장
13. 합천 해인사	38. 옥천 용암사
14. 지리산 천왕봉	39. 태백산 설경
15. 담양 죽녹원	40. 양동 한옥마을
16. 순천 낙안읍성 민속마을	41. 남이섬
17. 경상남도 진해 여좌천 벚꽃길	42. 순천만
18. 보성 녹차밭	43. 인제 빙어축제
19. 경주 불국사	44. 울산바위
20. 대관령 양떼목장	45. 화성 방화수류정
21. 청도 소싸움 축제	46. 무주 남대천 섶다리
22. 제주도 협재 해수욕장	47. 고창 동림저수지
23. 경주 안압지	48. 가평 아침고요수목원
24. 화순 세량제	49. 진주 촉석루
25. 남원 광한루	50. 부산 삼광사 연등축제

CNN 방송은 한국의 여름시즌을 대표하는 도시인("the summer capital of South Korea") 부산의 다양한 대표명물을 [그림 4-3]과 같이 소개하고 있다.

7) www.cnngo.com(50 beautiful places to visit in Korea).

[그림 4-3] 부산의 대표 관광자원

<table>
<tr>
<td>

광안리해수욕장</td>
<td>

웨스틴 조선호텔</td>
<td>

파크하얏트호텔</td>
</tr>
<tr>
<td>

파라다이스호텔</td>
<td>

돼지국밥</td>
<td>

족발냉채</td>
</tr>
<tr>
<td>

호떡</td>
<td>

동래 파전</td>
<td>

부산소주</td>
</tr>
<tr>
<td>

범어사</td>
<td>

용궁사</td>
<td>

해운대[8]</td>
</tr>
</table>

자료: Best of Busan: What to do in Korea's 'second city'.[9]

8) http://tour.haeundae.go.kr/main
9) http://edition.cnn.com

THINK ABOUT IT

관광지, 관광단지, 관광특구, 광역관광권으로 구분되는 기준과 그 성격에 대하여 생각해 봅시다.

PART 2 관광자원의 현황

Chapter 5

우리나라 관광자원

한국관광공사 등 관광관련 기관별 연구자별로 다양한 분류방법에 의하여 관광자원이 제시되고 있지만, 관광지식정보시스템(http://know.tour.go.kr)에서 제공하고 있는 자원DB 분류에 준하여 관광자원을 살펴보고자 한다. 관광자원 분류체계를 관리의 효율성과 이용의 편리성 측면에서 대분류-중분류-소분류 체계를 사용하여 제시하고 있다. 본 교재에서는 각 분류항목별 주제별로 대표성 있는 자원을 중심으로 분류하고자 한다.

1. 자연 및 생태환경-자연공원

제1분류 체계는 자연 및 생태환경을 중심으로, 제2분류체계에는 동・식물, 보호구역, 산악 및 평지자원, 수변 및 해양자원, 경승지 등으로 구분하여 제시하고 있다. 자연관광자원은 관광자원의 시작이자, 관광자원 중 가장 원천적인 것이라 할 수 있다. 다양한 자연자원이 소재하고 있지만, 대표적인 자연자원으로는 공원을 들 수 있다.

「자연공원법」 제1조(목적)에는 다음과 같이 명시하고 있다. "이 법은 자연공원의 지정・보전 및 관리에 관한 사항을 규정함으로써 자연생태계와 자연 및 문화경관 등을 보전하고 지속가능한 이용을 도모함을 목적으로 한다".[1] 자연공원은 자연생태계와 수려한 자연경관, 문화유적 등을 보호하고 지속적으로 이용할 수 있도록 하여 자연환경의 보전, 국민의 여가와 휴양 및 정서생활의 향상을 기하기 위하여 지정한 일정구역으로서 국립공원, 도립공원, 군립공원 및 지질공원으로 구분된다.

2019년 12월 31일 기준으로 우리나라의 자연공원은 총 91개소(총면적 20,475㎢)로, 이 중 국립공원 22개소, 도립공원 30개소, 군립공원 27개소, 지질공원 12개소이다.[2]

1) http://www.law.go.kr(국가법령정보센터).

1) 국립공원

국립공원이란 우리나라의 자연생태계나 자연 및 문화경관(이하 "경관"이라 한다)을 대표할 만한 지역으로서, 지정대상지역의 자연생태계, 생물자원, 경관의 현황·특성, 지형, 토지이용 상황 등 지정에 필요한 사항을 조사하여 환경부장관이 지정·관리하는 공원을 말한다.[3)]

우리나라의 국립공원은 1968년부터 1987년 7월까지 20년간 지방자치단체에서 관리해왔다. 그러나 공원관리를 시·도 또는 시·군·구에 일임함으로써 전반적으로 관리가 부실하고 17개 공원을 42개 기관이 분할관리하거나 하부기관에 위임관리시킴으로써 관리체제가 다원화되어 관리기능이 크게 미약하고 일관성있는 정책집행의 곤란 등의 비효율적인 관리문제가 불거졌다. 이를 시정하기 위하여 1986년 국가직접관리방침을 정하고 전문 관리기관으로 1987년 국립공원관리공단을 설립하였다. 국립공원관리공단은 「자연공원법」 제80조의 규정에 따라 국립공원관리청인 환경부장관의 권한을 위탁받아 국립공원의 보호 및 보전과 공원시설의 설치·유지·관리를 효율적으로 수행함으로써 국민의 보건 및 여가와 정서생활의 향상에 기여함을 목적으로 하고 있다.[4)]

국립공원은 우리나라를 대표할 만한 자연생태계보유지역 또는 수려한 자연경관지로 환경부장관이 지정한 곳이다. 1967년 12월 29일 지리산국립공원 지정을 시작으로 1960년대에 지리산·경주 등 4개소, 1970년대에 설악산·속리산 등 9개소, 1980년대에 다도해해상 등 7개소가 국립공원으로 지정되었고, 2013년에는 무등산도립공원이 국립공원으로 승격되었으며, 2016년 8월 22일에는 도립공원 태백산이 국립공원으로 승격되는 등 2019년 12월 31일 기준으로 22개의 국립공원이 지정돼 있다. 그 현황은 〈표 5-1〉과 같다.

우리나라 국립공원의 총면적은 6,726.298km^2(전 국토의 3.9%)로서 이 중 육지면적은 3,972.589km^2, 해면면적은 2,753.709km^2이며, 해면이 포함된 공원으로는 다도해해상국립공원(해면 1,975.198km^2), 한려해상국립공원(해면 408.488km^2), 태안해안국립공원(해면 352.796km^2), 변산반도국립공원(해면 17.227km^2)이 있다.[5)]

2) 환경부, 2019년 12월 31일 기준
3) 「자연공원법」 제2조 제2호
4) http://www.knps.or.kr(국립공원관리공단)
5) 문화체육관광부(2020), 2019년 기준 관광동향에 관한 연차보고서, p. 248.

〈표 5-1〉 국립공원 지정현황

(단위: km^2)

지정순위	공원명	위 치	공원구역		비 고
			지정일	면 적	
1	지리산	전남·북, 경남	1967.12.29	483.022	
2	경주	경북	1968.12.31	136.550	
3	계룡산	충남, 대전	1968.12.31	65.335	
4	한려해상	전남, 경남	1968.12.31	535.676	해상 408.488
5	설악산	강원	1970.03.24	398.237	
6	속리산	충북, 경북	1970.03.24	274.766	
7	한라산	제주	1970.03.24	153.332	
8	내장산	전남·북	1971.11.17	80.708	
9	가야산	경남·북	1972.10.13	76.256	
10	덕유산	전북, 경남	1975.02.01	229.430	
11	오대산	강원	1975.02.01	326.348	
12	주왕산	경북	1976.03.30	105.595	
13	태안해안	충남	1978.10.20	377.019	해상 352.796
14	다도해해상	전남	1981.12.23	2,266.221	해상 1,975.198
15	북한산	서울, 경기	1983.04.02	76.922	
16	치악산	강원	1984.12.31	175.668	
17	월악산	충북, 경북	1984.12.31	287.571	
18	소백산	충북, 경북	1987.12.14	322.011	
19	변산반도	전북	1988.06.11	153.934	해상 17.227
20	월출산	전남	1988.06.11	56.220	
21	무등산	광주, 전남	2013.03.04	75.425	
22	태백산	강원, 경북	2016.08.22	70.052	
계			22개소	6,726.298	주 참조

자료: 환경부, 2019년 12월 31일 기준

주) 육지: 3,972,589, 해면: 2,753,709(2.7%), 국토면적의 3.96%(육상면적 기준).

국립공원 내 멸종위기 동·식물 현황은 다음 〈표 5-2〉와 같다.

〈표 5-2〉 국립공원 내 멸종위기 동·식물 현황

구 분		계	식물	포유류	조류	양서류	파충류	어류	곤충	저서성 대형 무척추 동물	해조류
환경부지정 멸종위기종		221	64	22	61	2	4	18	20	29	1
국립 공원내 멸종 위기종	1급	27	5	5	9	-	1	2	5	-	-
	2급	106	39	4	37	2	3	5	15	1	-
	계	133 (60%)	44 (49%)	9 (41%)	46 (75%)	2 (100%)	4 (100%)	7 (39%)	20 (100%)	1 (3%)	0 (0%)

자료: 국립공원관리공단(www.knps.or.kr).

국립공원 내에 소재하는 경관자원 현황은 다음 〈표 5-3〉과 같다.

〈표 5-3〉 국립공원 경관자원 현황

공원명	산봉	기암	계곡	폭포	해변	고개(령)	온천 약수	동굴	기 타
지리산	25	14	26	18	-	-	-	-	소·담 : 17 평전 : 2 치·재 : 10
경주	11	10	4	1	1	-	-	-	-
계룡산	15	6	10	4	-	-	-	1	갑사·용산9곡 : 18 계룡8경 : 8
한려해상	6	14	-	-	9	-	-	2	-
설악산	29	13	96	35	-	5	2	1	-
속리산	35	48	7	5	-	16	2	4	6
한라산	16	7	7	1	-	-	-	7	고원 : 6
내장산	15	10	10	6	-	3	-	2	2
가야산	10	15	2	9	-	-	-	-	2
덕유산	11	12	9	6	-	2	2	-	5
오대산	10	6	11	6	-	2	2	-	5
주왕산	5	11	4	4	-	-	6	3	2
태안해안	2	8	-	-	25	-	-	2	-
다도해 해상	32	70	-	-	18	-	-	-	사구 : 3 갯벌 : 5
북한산	18	26	17	6	-	-	-	-	-
치악산	9	14	8	9	-	-	-	-	2
월악산	18	14	7	7	-	-	-	-	송계8경 : 8 용하9곡 : 9 단양8경 : 6
소백산	14	12	10	13	-	-	-	-	-
변산반도	17	9	7	5	2	-	-	1	2
월출산	12	31	6	7	-	2	-	1	4

22개 국립공원 내에는 다양한 역사 및 문화자원이 지역에 소재하고 있다. 특히 국보, 보물, 사적, 명승, 무형문화재, 민속자료, 천연기념물, 시・도 유(무)형문화재, 기념물, 등록문화재 등 600여건 이상이 국립공원별로 소재하고 있다. 제주특별자치도 한라산국립공원은 해당사항이 없는 유일한 국립공원이다.

〈표 5-4〉 국립공원 역사・문화자원 현황

공원명	지정문화재													
	총계	국보	보물	사적	명승	중요 무형 문화재	중요 민속 자료	천연 기념물	시도 유형 문화재	시도 무형 문화재	시도 기념물	시도 민속 자료	문화재 자료	등록 문화재
	605 (701)	39	140	31	22	7	4	56 (152)	184	4	47	2	65	4
지리산	88	7	34	2	1	-	1	9	24	-	3	-	7	-
경주	62	11	22	9	-	-	-	3	12	-	1	-	4	-
계룡산	39	2	8	1	-	-	-	6	10	-	2	1	9	-
한려해상	36	-	-	5	3	3	1	10	1	1	8	-	3	1
설악산	26	-	5	-	-	-	-	9	5	1	2	-	4	-
속리산	63	3	16	3	1	-	-	10	25	-	3	-	2	-
내장산	22	-	2	1	1	-	-	8	7	-	2	-	1	-
가야산	48	3	15	1	1	-	1	5	14	-	2	-	6	-
덕유산	22	-	1	1	2	-	-	6	5	-	7	-	-	-
오대산	41	4	3	1	1	-	1	10	17	-	-	-	4	-
주왕산	12	-	1	-	1	-	-	6	1	-	-	-	3	-
태안해안	8	-	-	-	1	-	-	7	-	-	-	-	-	-
다도해상	43	-	-	1	3	4	-	21	1	2	3	-	6	2
북한산	58	-	6	4	1	-	-	6	29	-	2	-	9	1
치악산	16	-	-	1	-	-	-	7	4	-	1	-	3	-
월악산	35	-	5	1	4	-	-	11	9	-	3	1	1	-
소백산	28	5	8	-	1	-	-	6	8	-	-	-	-	-
변산반도	30	-	5	-	1	-	-	9	7	-	6	-	-	-
월출산	25	4	9	-	-	-	-	2	5	-	2	-	3	-

* 지정문화재 중에서 괄호 안 숫자는 각 사무소 현황의 총합이나, 천연기념물이 중복 산정된 값임.
* 등록문화재는 지정문화재에 속하지 않지만, 문화재 총계에 포함되므로 지정문화재로 분류함.

[그림 5-1] 강원도 설악산국립공원 및 제주특별자치도 한라산국립공원

설악산국립공원 설악동지구

설악산국립공원 오색지구

자료: 강원도청 http://www.provin.gangwon.kr

한라산국립공원

제주오름

자료: 제주도청 http://www.jeju.go.kr

[그림 5-2] 지리산국립공원 둘레길6)

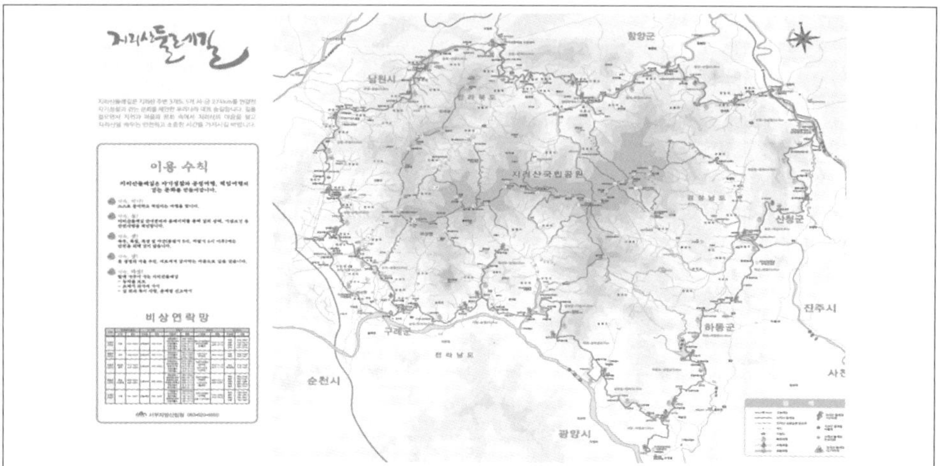

2007. 1. 24 사단법인 숲길 창립.

2012. 5월 총 274km 환형의 전체 구간 완전 개통 (남원, 함양, 산청, 구례, 하동 포함)7)

---

6) http://www.trail.or.kr

[그림 5-3] 국내에서 21번째로 지정된 광주 무등산 국립공원

자료: http://www.newsis.com; http://mudeungsan.gwangju.go.kr

광주광역시 도심의 동쪽을 에워싸고 솟은 무등산은 광주의 진산으로 1972년 5월 22일 도립공원으로 지정되었다. 해발 1,187m의 무등산 최고봉인 천왕봉 일대는 서석대・입석대・규봉 등 수직 절리상의 암석이 석채를 두른 듯 치솟아 장관을 이룬다. 또 마치 옥새 같다 하여 이름붙여진 새인봉은 장불재에서 서쪽 능선상에 병풍같은 바위절벽으로 이뤄져 있는데 이 고장 산악인들의 암벽훈련장으로 유명하다.

환경부는 2012년 12월 27일 제102차 국립공원위원회를 열고 무등산 국립공원 지정 및 공원계획 결정안을 심의・확정했다. 국립공원 신규지정은 1988년 변산반도와 월출산 국립공원 이후 24년만이다. 호남의 대표적인 명산, 무등산이 도립공원에서 국립공원으로 승격된 것은 40년만의 일로, 명실공히 대한민국의 대표 공원으로 자리매김됐다는 데 의미가 크다.

공원면적이 30.2km^{2}에서 75.5km^{2}로 2.5배 확대돼 국립공원으로서 면모를 갖추게 된다. 또 향후 5년간 총사업비 970원을 투입해 주차장 16개소, 탐방지원센터 28개소, 야영장 3개소, 오토캠핑장 2개소, 자연학습장 3개소, 박물관 1개소, 청소년 수련시설 3개소가 들어선다.

광주시는 무등산 국립공원 지정에 따른 브랜드가치 향상으로 1,000만명 탐방객 시대가 열릴 것으로 내다보고 있다. 국가 차원의 집중홍보로 외국인 탐방객이 늘어나고 입석대와 서석대 주상절리에 대한 인식도 높아져 세계자연유산 등재에 도움이 될 것으로 보인다. 이를 통해 광주권 관광객이 늘어 지역경제 활성화에도 기여할 것으로 보인다. 광주시는 국립공원 승격에 따라 생산파급효과 1950억원, 소득파급효과 370억원을 가져올 것이라고 추산했다.

---

7) 한국 최초 국립공원 지리산은 3개도 5개 시・군을 연결하는 둘레길을 개통한 후 보전, 안전, 경관, 그리고 자원중심형 정비원칙을 실행하고 있으며, 무분별한 개발이 아닌 지역의 우수한 자연경관과 다양한 역사문화자원을 활용하는 신개념의 지속가능한 발전 모델을 창출하고 있다.

세계 최초로 미국은 1872년 옐로우스톤 국립공원(Yellowstone National Park)을 지정하면서, 국가의 보물을 보전하기 위한 계기를 마련하였다.

[그림 5-4] 옐로우스톤 국립공원 현황[8)]

 1872년 최초의 개장	 Heritage and Research Center
• 20,000권의 역사유산 관련 도서, 90,000여 장의 중요 사진자료, 300,000여 종의 중요 자연 및 역사자원 견본과 관련자료, 자원 보유와 보존 등 시스템은 세계적인 모델로 활용되고 있음 • 공원내 소재하는 모든 시설물은 기후변화와 지속가능한 자원보전 차원에서 태양열 활용, 친환경소재 등의 시스템을 접목시켜 설계 및 활용하고 있음	

[그림 5-5] 미국 국립공원관리청 조직체계[9)]

국립공원관리청

광역본부(10개 권역별)

관리사무소

- 이용자관리
- 자원관리
- 행정서비스
- 생태연구
- 해설전시

소장, 레인저(Park Ranger), 전문직, 공원기술직, 기술요원, 안내요원, 행정요원 등

8) http://www.nps.gov
9) 박민경(2010), 한국 국립공원 생태계 자원보전을 위한 효율적인 관리방안, 건국대학교 대학원 석사학위논문, p.11. 재인용.

2) 도립공원[10)]

우리나라 「자연공원법」에서 규정하고 있는 도립공원이라 함은 특별시 · 광역시 · 특별자치시 · 도 및 특별자치도(이하 "시 · 도"라 한다)의 자연생태계나 경관(자연 및 문화경관)을 대표할 만한 지역으로서 특별시장 · 광역시장 · 특별자치시장 · 도지사 또는 특별자치도지사(이하 "시 · 도지사"라 한다)가 지정한 공원을 말한다. 시 · 도지사는 도립공원을 지정하고자 하는 때에는 관할군수(시장 · 군수 또는 자치구의 구청장)의 의견을 청취하고 관계 중앙행정기관의 장과의 협의를 거친 후 도립공원위원회의 심의를 거쳐 지정하게 되며, 지정된 도립공원을 폐지하거나 그 규모를 축소하려는 경우에는 환경부장관의 승인을 받아야 한다.

우리나라의 도립공원은 경북 금오산도립공원이 제1호로 지정된(1970.6.1.) 이래 1970년대에 13개소, 1980년대에 팔공산 등 7개소가 지정되었고, 1990년대에 2개소, 2005년에 연인산 1개소, 2008년에 제주자치도의 행정구역 개편으로 제주조각공원 등 6개 군립공원이 도립공원으로 편입되었고, 2009년 수리산 도립공원을 지정하였다. 2011년에 제주조각공원을 폐지하고 제주곶자왈 1곳을 추가로 지정하였으며, 2013년에는 무등산도립공원이 국립공원으로 승격되었고, 고복도립공원은 세종특별자치시 출범에 따라 군립공원에서 도립공원으로 승격되었다. 또 2016년 8월 22일에는 도립공원 태백산이 국립공원으로 승격되고 낙산도립공원이 자연공원 최초로 지정해제되었으나, 벌교갯벌도립공원이 신규지정되었고, 2019년에는 불갑산 도립공원이 지정되어 2019년 12월 31일 기준으로 30개소의 도립공원이 지정되어 있으며, 그 현황은 〈표 5-5〉와 같다.

〈표 5-5〉 도립공원 지정현황

(단위 : km^2)

지정 순위	공원명	위 치	면적	지정일
1	금오산	경북 구미, 칠곡, 김천	37.290	1970.06.01
2	남한산성	경기 광주, 하남, 성남	35.166	1971.03.17
3	모악산	전북 김제, 완주, 전주	43.309	1971.12.02
4	덕산	충남 예산, 서산	19.859	1973.03.06
5	칠갑산	충남 청양	32.946	1973.03.06
6	대둔산	전북 완주, 충남 논산, 금산	59.933	1977.03.23
7	마이산	전북 진안	17.221	1979.10.16

10) 문화체육관광부(2020), 2019년 기준 관광동향에 관한 연차보고서, pp.250~251.

지정 순위	공원명	위 치	면적	지정일
8	가지산	울산, 경남 양산, 밀양	104.354	1979.11.05
9	조계산	전남 순천	27.250	1979.12.26
10	두륜산	전남 해남	33.390	1979.12.26
11	선운산	전북 고창	43.683	1979.12.27
12	팔공산	대구, 경북 칠곡, 군위, 경산, 영천	125.668	1980.05.13
13	문경새재	경북 문경	5.494	1981.06.04
14	경포	강원 강릉	6.865	1982.06.26
15	청량산	경북 봉화, 안동	49.470	1982.08.21
16	연화산	경남 고성	22.260	1983.09.29
17	고복	세종특별자치시	1.949	1990.01.20 (2013.01.07. 군립→도립)
18	천관산	전남 장흥	7.606	1998.10.13
19	연인산	경기 가평	37.445	2005.09.15
20	신안갯벌	전남 신안	144.000	2013.12.31
21	무안갯벌	전남 무안	37.123	2008.06.05
22	마라해양	제주도 서귀포시	49.755	2008.09.19
23	성산일출해양	제주도 서귀포시	16.156	2008.09.19
24	서귀포해양	제주도 서귀포시	19.540	2008.09.19
25	추자	제주도 제주시	95.292	2008.09.19
26	우도해양	제주도 제주시	25.863	2008.09.19
27	수리산	경기 안양, 안산, 군포	6.962	2009.07.16
28	제주곶자왈	제주도 서귀포시	1.547	2011.12.30
29	벌교갯벌	전남 보성	23.068	2016.01.28
30	불갑산	전라남도 영광군	6,887	2019.01.10
계 30개소			1,147.53	

자료 : 환경부, 2019년 12월 31일 기준

[그림 5-6] 제주의 곶자왈11)

화산이 분출할 때 점성이 높은 용암이 크고 작은 바위 덩어리로 쪼개지고 그로 인해 요철지형이 만들어지면서 형성된 제주만의 독특한 지형인 '곶자왈'의 어원은 나무들이 무성하게 우거지거나 꽉 들어찬 곳 또는 풀·나무· 덩굴 따위가 한데 엉켜서 들어가기 어려운 곳을 이르는 제주고유어이다. 표준어 '수풀'이나 '숲'정도에 대응한다.

3) 군립공원12)

군립공원(郡立公園)이란 시·군 및 자치구(이하 "군"이라 한다)의 자연생태계나 경관(자연 및 문화경관)을 대표할 만한 지역으로서, 지정대상 지역의 자연생태계, 생물자원, 경관의 현황·특성, 지형, 토지이용상황 등 지정에 필요한 사항을 조사하여 시장·군수

---

11) http://k.daum.net/qna/openknowledge/view.html?category_id=OKA019&qid=3QzHZ&q=%B0%F9%C0%DA%BF%D0 환경적으로 민감한 지역, 자연자원·문화자원으로서 보전가치가 있는 지역 등은 장기적 측면에서 관광지로 지정하여 개발함으로써 자연훼손을 방지할 수 있고, 자연환경의 보전은 지역민과 관광객에게 녹지 및 수변공간의 확충을 통해 쾌적한 휴양공간 및 환경친화적 체험공간을 제공할 수 있으며 청소년들에게 교육적 공간으로 활용될 수 있다. 대표적인 지역이 제주의 곶자왈이다.

12) 문화체육관광부(2020), 전게 2019년 기준 연차보고서, pp.252~253.

또는 자치구의 구청장(이하 "군수"라 한다)이 지정 · 관리하는 공원을 말한다.

군립공원의 지정절차는 ① 해당 지역주민의 의견 청취, ② 관계 행정기관의 장과의 협의, ③ 군립공원위원회의 심의를 거쳐 지정되며, 군수는 지정된 군립공원을 폐지하거나 그 규모를 축소하려는 경우에는 시 · 도지사의 승인을 받아야 한다.

이러한 절차에 의하여 1981년 1월 7일에 전라북도 순창군의 강천산이 최초의 군립공원으로 지정된 이래 1980년대에 보경사 등 22개소가 지정되고, 2000년대에 들어와 추자, 우도해상, 월성계곡 등 3개소가 지정되면서 33개소에 이르게 되었으나, 제주특별자치도의 행정구역 개편으로 추자 등 군립공원 6개소가 도립공원으로 승격 · 지정되면서 2019년 12월 31일 기준으로 27개소에 걸쳐 총면적 237.794km^{2}가 군립공원으로 지정되어 있으며, 그 현황은 〈표 5-6〉과 같다.

지역별로는 대구광역시 1개소(비슬산), 경기도 2개소(천마산, 명지산), 가원도 3개소(아미산, 대이리, 병방산), 전라북도 2개소(강철산, 장안산), 경상북도 5개소(보경사, 불영계곡, 빙계계곡, 덕구온천, 운문산), 경상남도 14개소(상족암, 고소성, 거열산성, 웅석봉, 구천계곡, 입곡산, 호구산, 봉명산, 기백산, 황매산, 신불산, 화왕산, 방어산, 월성계곡)가 지정되어 있다.

〈표 5-6〉 군립공원 지정 현황

(단위 : km^2)

지정순위	공원명	위치	면적	지정일
1	강천산	전북 순창군 팔덕면	15.844	1981.01.07
2	천마산	경기 남양주시 화도읍, 진천면, 호평면	12.461	1983.08.29
3	보경사	경북 포항시 송라면	8.510	1983.10.01
4	불영계곡	경북 울진군 울진읍, 서면, 근남면	25.140	1983.10.05
5	덕구온천	경북 울진군 북면	6.060	1983.10.05
6	상족암	경남 고성군 하일면, 하이면	5.106	1983.11.10
7	호구산	경남 남해군 이동면	2.869	1983.11.12
8	고소성	경남 하동군 악양면, 화개면	3.177	1983.11.14
9	봉명산	경남 사천시 곤양면, 곤명면	2.645	1983.11.14
10	거열산성	경남 거창군 거창읍, 마리면	3.271	1984.11.17
11	기백산	경남 함양군 안의면	2.013	1983.11.18

지정 순위	공원명	위치	면적	지정일
12	황매산	경남 합천군 대명면, 가회면	21.784	1983.11.18
13	웅석봉	경남 산청군 산청읍, 금서 · 삼장 · 단성	17.960	1983.11.23
14	신불산	울산 울주군 상북면, 삼남면	11.585	1983.12.02
15	운문산	경북 청도군 운문면	16.173	1983.12.29
16	화왕산	경남 창녕군 창녕읍	31.283	1984.01.11
17	구천계곡	경남 거제시 신현읍, 동부면	5.871	1984.02.04
18	입곡	경남 함양군 산인면	0.995	1985.01.28
19	비슬산	대구 달성군 옥포면, 유가면	13.382	1986.02.22
20	장안산	전북 장수군 장수읍	6.200	1986.08.18
21	빙계계곡	경북 의성군 춘산면	0.880	1987.09.25
22	아미산	강원 인제군 인제읍	3.160	1990.02.23
23	명지산	경기 가평군 북면	14.027	1991.10.09
24	방어산	경남 진주시 지수면	2.588	1993.12.16
25	대이리	강원 삼척시 신기면	3.660	1996.10.25
26	월성계곡	경남 거창군 북상면	0.650	2002.04.25
27	병방산	강원 정선군 정선읍	0.500	2011.09.30
계 27개소			237.755	

자료: 환경부, 2019년 12월 31일 기준

4) 지질공원[13)]

국가지질공원은 지구과학적으로 중요하고 경관이 우수한 지역으로서 이를 보전하고 교육 · 관광 사업 등에 활용하기 위하여 환경부장관이 인증한 공원이다. 2012년 12월 27일 제주도와 울릉도 · 독도가 국가지질공원으로 최초 지정된 이래 2015년 12월 31일 한탄 · 임진강이 지정된데 이어 2017년 1월 5일에는 강원고생대가 지질공원으로 지정되었고, 2017년 9월 13일에는 경북 동해안 및 전북 서해안권이 지질공원으로 지정되었으며, 2019

13) 문화체육관광부(2020), 전게 2019년 기준 연차보고서, pp.253~254.

년 7월에는 백령 · 대청과 진안 · 무주가 지질공원으로 신규 지정되면서 2019년 12월 31일 기준으로 총 12개소가 지정되었다. 그리고 총넓이는 12,368km^{2}로서 전 국토의 12.32%가 국가지질공원으로 지정되었다. 한편, 고시일로부터 4년마다 국가지질공원의 관리 · 운영 현황을 조사 · 점검하여 재평가한다.

〈표 5-7〉 지질공원 인증 현황

(단위 : km^2)

지정 순위	공원명	위치	면적	인증일
1	울릉도 · 독도	경북 울릉군	127.90	2012.12.27
2	제주도	제주 제주시, 시귀포시	1,864.40	2012.12.27
3	부산	부산 7개 자치구(금정구, 영도구, 진구, 서구, 사하구, 남구, 해운대구)	296.98	2013.12.06
4	강원평화	강원도 5개군(철원군, 화천군, 양구군, 인제군, 고성군)	2,067.07	2014.04.11
5	청송	경북 청송군	845.71	2014.04.11
6	무등산권역	광주 2개 자치구(동구, 북구) 전남 2개군(화순군, 담양군)	246.31	2014.12.10
7	한탄 · 임진강	경기 2개 시 · 군(포천시, 연천군)	766.68	2015.12.31
8	강원고생대	강원도 4개 시 · 군(영월군, 정선군, 평창군, 태백시)	1,999.01	2017.01.05
9	경북 동해안	경북 4개시 · 군(경주시, 포항시, 영덕군, 울진군)	2,261	2017.09.13
10	전북 서해안권	전북 2개군(고창군, 부안군)	520.3	2017.09.13
11	백령 · 대청	인천광역시 옹진군	67	2019.07.10
12	진안 · 무주	전라북도 진안군, 무주군	1,155	2019.07.10
계 12개소			12,368.45	-

자료: 환경부, 2019년 12월 31일 기준

2. 문화재

1) 문화재의 의의

(1) 우리나라 문화재의 현황

문화재는 우리 민족의 유구한 자주적 문화정신과 지혜가 담겨 있는 역사적 소산이며,

우리의 전통문화를 소개할 수 있는 매력적인 관광자원이다.

학자별 견해에 따라 다소 상이한 정의가 있으나, 가장 포괄적으로 서술된 정의는 국제연합교육과학문화기구(UNESCO)가 1970년에 채택한 '문화재 불법 반출입 및 소유권 양도의 금지와 예방수단에 관한 국제협약'에 의한다. 이 협약에서 '문화재'라 함은 고고학 · 선사학 · 역사학 · 문학 · 예술 또는 과학적으로 중요하며 다음 범주에 속하는 것으로서, 국가가 종교적 또는 세속적인 근거에 따라 특별히 지정한 문화유산의 재산가치가 있는 것을 의미한다.

우리나라는 문화재보호를 위해 1962년에 「문화재보호법」을 제정하여 시행하고 있는데, 현행 「문화재보호법」(2010.2.4. 전문개정, 2016.2.3., 2017.11.28., 2018.6.12. 일부개정) 제2조 제1항에 따르면 문화재란 "인위적이거나 자연적으로 형성된 국가적 · 민족적 또는 세계적 유산으로서 역사적 · 예술적 · 학술적 또는 경관적 가치가 큰 ① 유형문화재, ② 무형문화재, ③ 기념물, ④ 민속문화재"를 말한다. 문화재의 분류는 〈표 5-8〉과 같다.

〈표 5-8〉 문화재의 분류

분 류	내 용
유형문화재	건조물 · 전적(典籍) · 서적(書跡) · 고문서 · 회화(繪畵) · 조각 · 공예품 등 유형의 문화적 소산으로서 역사적 · 예술적 또는 학술적 가치가 큰 것과 이에 준하는 고고자료(考古資料)를 말함
무형문화재	여러 세대에 걸쳐 전승되어 온 무형의 문화적 유산 중 다음의 어느 하나에 해당하는 것을 말한다. 즉 ㉮ 전통적 공연 · 예술, ㉯ 공예, 미술 등에 관한 전통기술, ㉰ 한의약, 농경 · 어로 등에 관한 전통지식, ㉱ 구전 전통 및 표현, ㉲ 의식주 등 전통적 생활관습, ㉳ 민간신앙 등 사회적 의식(儀式), ㉴ 전통적 놀이 · 축제 및 기예 · 무예
기념물	• 절터, 옛무덤, 조개무덤, 성터, 궁터, 가마터, 유물포함층 등의 사적지(史蹟地)와 특별히 기념이 될 만한 시설물로서 역사적 · 학술적 가치가 큰 것 • 경치 좋은 곳으로서 예술적 가치가 크고 경관이 뛰어난 것 • 동물, 식물, 지형, 지질, 광물, 동굴, 생물학적 생성물 또는 특별한 자연현상으로서 역사적 · 경관적 또는 학술적 가치가 큰 것
민속문화재	의식주 · 생업 · 신앙 · 연중행사 등에 관한 풍속이나 관습에 사용되는 의복 · 기구 · 가옥 등으로서 국민생활의 변화를 이해하는 데 반드시 필요한 것을 말함

(2) 지정문화재

문화재 중 가치를 크게 지닌 것을 지정하여 '지정문화재'라 하는데, 「문화재보호법」 제2조 제2항에서는 지정문화재를 국가지정문화재, 시 · 도지정문화재, 문화재자료로 구분하여 규정하고 있다(개정 2014.1.28.).

〈표 5-9〉 문화재 유형분류

지정권자별 \ 유형별	유형문화재		무형문화재	기념물			민속문화재
국가지정문화재	국보	보물	국가무형문화재	사적	명승	천연기념물	국가민속문화재
시 · 도지정문화재	지방유형문화재		지방무형문화재	지방기념물			지방민속문화재
문화재자료	문화재자료						

국가지정문화재는 문화재청장이 문화재위원회의 심의를 거쳐 지정한 문화재를 말하고, 시 · 도 지정문화재는 특별시장 · 광역시장 · 특별자치시장 · 도지사 또는 특별자치도지사(이하 "시 · 도지사"라 한다)가 관할구역에 있는 문화재로서 국가지정문화재로 지정되지 않은 문화재 중 보존가치가 있다고 인정되는 것을 시 · 도지정문화재로 지정된 것을 말한다. 또한 문화재자료는 국가지정문화재 및 시 · 도지정문화재로 지정되지 아니한 문화재 중 향토문화보존상 필요하다고 인정되는 것을 시 · 도지사가 지정한 문화재를 말한다.

〈표 5-10〉 지정문화재 현황

구분	서울	부산	대구	인천	광주	대전	울산	세종	경기	강원	충북	충남	전북	전남	경북	경남	제주	기타	계
국가지정문화재																			
국보	164	5	3	1	2	1	2	-	11	11	12	27	8	21	52	11	-	-	331
보물	682	45	69	27	12	12	7	2	165	79	95	125	93	184	337	164	8	-	2,106
사적	67	5	8	18	2	1	5	0	69	18	19	50	36	45	99	51	7	0	500
명승	3	2	0	1	1	0	0	0	4	25	10	3	6	19	15	12	9	0	110
천연기념물	12	7	2	14	2	1	3	1	19	41	23	16	32	61	67	44	49	63	457
국가무형문화재	28	5	0	5	1	0	0	0	12	3	3	4	8	15	9	14	4	27	138
국가민속문화재	41	2	6	0	3	2	2	1	22	11	21	24	13	38	91	12	8	0	297
소계	997	71	88	66	23	17	19	4	302	188	183	249	196	383	670	308	85	90	3,939
시 · 도지정문화재																			
유형문화재	383	174	75	68	29	55	34	13	263	161	307	187	229	237	442	550	36	-	3,243
무형문화재	49	24	18	28	20	24	5	3	67	29	27	53	83	50	36	39	21	-	576
시도기념물	39	52	17	65	24	47	46	11	183	80	133	161	118	192	152	255	128	-	1,703
시도민속문화재	33	18	4	2	9	2	1	0	12	4	20	28	35	40	158	21	82	-	469
문화재자료	63	98	52	25	30	58	30	13	172	143	88	314	156	238	555	627	10	-	2,672
소계	567	366	166	188	112	186	116	40	697	417	575	743	621	757	1,343	1,492	277	-	8,663
합계	1,564	437	254	254	135	203	135	44	999	605	758	992	817	1,140	2,013	1,800	362	90	12,602

자료 : 문화재청, 2017년 12월 31일 기준

주) 시 · 도지정문화재는 고시 게재 등에 따라 달라질 수 있음

한편, 문화재청장은 문화재위원회의 심의를 거쳐 유형문화재 중 중요한 것을 보물로 지정할 수 있으며, 보물에 해당하는 문화재 중 인류문화의 관점에서 볼 때 그 가치가 크고 유례가 드문 것을 문화재위원회의 심의를 거쳐 국보로 지정할 수 있다(동법 제23조 제1항·제2항). 또 문화재청장은 무형문화재 중 중요한 것을 국가무형문화재로 지정할 수 있다(동법 제24조 〈개정 2015.3.27.〉).

문화재청장은 문화재위원회의 심의를 거쳐 기념물 중 중요한 것을 사적·명승 또는 천연기념물로 지정할 수 있으며, 민속문화재 중 중요한 것을 국가민속문화재로 지정할 수 있다(동법 제26조 〈개정 2015.3.27.〉).

(3) 등록문화재

문화재청장은 문화재위원회의 심의를 거쳐 지정문화재가 아닌 유형문화재, 기념물 및 민속문화재 중에서 보존과 활용을 위한 조치가 특별히 필요한 것을 등록문화재로 등록할 수 있다(문화재보호법 제2조 제3항).

등록문화재의 등록기준은 지정문화재가 아닌 문화재 중 건설·제작·형성된 후 50년 이상이 지난 것으로서 다음 각 호의 어느 하나에 해당하는 것으로 한다. 다만, 다음 각 호의 어느 하나에 해당하는 것으로서 건설·제작·형성된 후 50년 이상이 지나지 아니한 것이라도 긴급한 보호조치가 필요한 것은 등록문화재로 등록할 수 있다(동법 시행규칙 제34조).

등록문화재 현황을 살표보면 2017년 12월 말 기준으로 총 724건이 등록돼 있다.

1. 역사, 문화, 예술, 사회, 경제, 종교, 생활 등 각 분야에서 기념이 되거나 상징적 가치가 있는 것
2. 지역의 역사·문학적 배경이 되고 있으며, 그 가치가 일반에 널리 알려진 것
3. 기술 발전 또는 예술적 사조 등 그 시대를 반영하거나 이해하는 데에 중요한 가치를 지니고 있는 것

〈표 5-11〉 등록문화재 현황

구분	서울	부산	대구	인천	광주	대전	울산	세종	경기	강원	충북	충남	전북	전남	경북	경남	제주	기타	합계
수	198	18	11	8	15	21	6	0	78	40	28	54	60	83	38	43	23	0	724

자료 : 문화재청, 2017년 12월 31일 기준

3. 관광장소 및 시설업

1) 관광객이용시설업

관광객이용시설업이란 ① 관광객을 위하여 음식 · 운동 · 오락 · 휴양 · 문화 · 예술 또는 레저 등에 적합한 시설을 갖추어 이를 관광객에게 이용하게 하는 업 또는 ② 대통령령으로 정하는 2종 이상의 시설과 관광숙박업의 시설(이하 "관광숙박시설"이라 한다) 등을 함께 갖추어 이를 회원이나 그 밖의 관광객에게 이용하게 하는 업을 말한다(관광진흥법 제3조제1항제3호).

「관광진흥법」은 관광객이용시설업의 종류를 전문휴양업, 종합휴양업(제1종 · 제2종), 야영장업(일반야영장업, 자동차야영장업), 관광유람선업(일반관광유람선업, 크루즈업), 관광공연장업, 외국인관광 도시민박업, 한옥체험업 등으로 구분하고 있다(동법 시행령 제2조제1항제3호). 여기서 한옥체험업은 지금까지 관광편의시설업의 일종으로 분류돼 있었는데, 2020년 4월 28일 「관광진흥법시행령」 개정 때 관광객이용시설업의 일종으로 재분류된 것이다.

관광객이용시설업을 경영하려는 자는 특별자치시장 · 특별자치도지사 · 시장 · 군수 · 구청장(자치구의 구청장을 말한다)에게 등록하여야 한다(관광진흥법 제4조제1항, 세종시법 제8조).

2019년 12월 31일 기준으로 관광객이용시설업의 등록현황을 살펴보면 〈표 5-12〉와 같다.

〈표 5-12〉 시 · 도별 관광객이용시설업 등록현황

(단위: 개소)

구 분	전문휴양업	종합휴양업	야영장업	관광유람선업	관광공연장업	외국인관광 도시민박업
서 울	-	2	8	1	4	1,309
부 산	1	1	15	5	-	151
대 구	-	1	15	-	1	38
인 천	1	-	69	4	-	83
광 주	-	-	4	-	-	28
대 전	1	1	7	-	-	4
울 산	-	-	21	-	-	13
세 종	-	-	5	-	-	2
경 기	13	4	575	-	-	77
강 원	8	8	490	3	1	53
충 북	5	1	168	-	-	4
충 남	5	2	189	2	-	3
전 북	4	1	115	3	2	141
전 남	4	1	135	3	-	50
경 북	11	1	261	1	-	47
경 남	2	1	235	9	-	46
제 주	43	3	44	8	-	-
계	98	27	2,356	39	8	2,049

자료: 문화체육관광부, 2019년 12월 31일 기준

2019년 12월 말 기준으로 관광객이용시설업의 등록 현황을 보면 전문휴양업 98개, 종합휴양업 27개, 야영장업은 2,356개 업체이며, 관광유람선업 39개, 관광공연장업 8개 업체, 외국인관광 도시민박업 2,049개 업체 등이다.

국내외 관광객을 대상으로 변화하는 관광여가행태에 부응할 수 있는 다양한 시설을 개발하기 위해 여가시설, 휴양시설, 관광시설, 문화·역사시설, 체육시설 등 15개종의 관광휴양시설을 관광휴양업종에 포함하였다.

〈표 5-13〉 시·도별 종합휴양업 및 전문휴양업 등록현황

구분	종합휴양업 제1종	종합휴양업 제2종	전문휴양업
서울	롯데월드, ㈜한화호텔앤드리조트	-	
부산	㈜신세계센텀	-	㈜멀린엔터테인먼트코리아
대구	(주)스파밸리	-	
인천		-	㈜신태진
광주		-	
대전	대전오월드	-	㈜신라애니멀그룹(대전아쿠아리움)
울산		-	
세종		-	
경기	㈜웅진플레이도시, 조원관광진흥(한국민속촌), 삼성물산(주), GA코리아	-	㈜오아시스씨앤씨, 종이미술관, 돌석도예박물관, 테르메덴, ㈜동승골프앤리조트, 덕평공룡수목원, 장흥자생수목원, 신북리조트, ㈜아리지, ㈜서울랜드, 퍼스트가든, 율암온천, ㈜이천설봉온천
강원	㈜남이섬, 한화호텔앤드리조트, 비발디파크, 인제 스피디움, 엘리시안 강촌, 웰리힐리파크	용평호텔앤리조트, 휘닉스중앙	제이드가든, ㈜경포아쿠아리움, ㈜타임뮤지엄, 소노펠리체 컨트리클럽, 고려궁, 강원도산림과학연구원, ㈜솔로몬 삼탄아트마인, 알프스리조트
충북	㈜상수허브랜드	-	㈜시그너스컨트리클럽, 킹스데일골프클럽, 임페리얼레이크컨트리클럽, ㈜청송개발, 젠스필드CC
충남		천안상록리조트, 소노벨 천안	오션수영장, 아산스파비스, ㈜파라디아스도고지점, 그림 같은 수목원, 덕산싸이판온천
전북		㈜무주덕유산리조트	힐조타운관광농원, 상록해수욕장, ㈜스파라쿠아, (유)제이와이프롬

구분	종합휴양업 제1종	종합휴양업 제2종	전문휴양업
전남		㈜여수관광레저	송시마을체험장, ㈜금호리조트, ㈜조아, 광주관광개발㈜
경북	경주월드	-	신라밀레니엄파크, ㈜퍼블릭개발, ㈜경주버드파크, 옥산개발주식회사, 소백산풍기온천리조트, 전통문화마을 성보촌, ㈜사일온천, 신우개발(주), 북삼관광온천, 오송관광농원, 휴온천
경남	거제도해수온천	-	삼삼컨트리클럽, 부경동물원
제주	휘닉스제주섭지코지	아덴힐리조트&골프클럽, 세인트포골프&리조트	㈜대유산업, 여미지식물원, ㈜테디베어뮤지엄, ㈜소인국테마파크, ㈜삼영관광일출랜드, ㈜아프리카박물관, ㈜아쿠아랜드, 석부작박물관, 제주민속촌, 세계 성 문화박물관, 제주허브동산, 박물관은 살아있다, 주식회사 마린파크, ㈜상효원, ㈜제주해양과학관, 헬로키티아일랜드, 더베니스랜드, 제주 부영리조트, 녹지 한라산타운 콘도미니엄, ㈜호반호텔&리조트, 건강과 성박물관, 루체빌리조트, 제주유리박물관, 제주커피박물관바움, 빅토리 힐 리조트, 제주숲속의 뽀로로 테마파크, 제주센트럴파크, ㈜한림공원, 마이테르관광, 방림원, 생각하는 정원, 제주러브랜드, 선녀와나무꾼, 제주유리의성, ㈜라온랜드, 셰프라인월드, 메이즈랜드, ㈜제주뮤지엄컴플렉스, 마레보수영장, 한국폴로컨트리클럽, 라온프라이빗타운, ㈜솔트리, 와흘을그리다
합계	19개소	8개소	98개소

자료 : 문화체육관광부, 2019년 12월 31일 기준

주) 전문: 휴양시설1종, 종합1종: 휴양시설2종 또는 휴양시설+종합유원시설, 종합2종: 관광숙박업+종합1종 또는 관광숙박업+휴양시설1종+종합유원시설

전문휴양업[14]은 1987년에 신설하여 관광객의 휴양이나 여가선용을 위해 숙박 또는 음식시설과 함께 위의 16개의 전문휴양시설 중 1종류의 시설을 갖추고 관광객이 이용토록

14) 종합휴양업은 전문휴양업 시설 또는 종합유원시설업 시설 중 2종류 이상의 시설을 갖춘 제1종 종합휴양업과 관광숙박시설과 제1종 종합휴양업 시설을 함께 갖춘 제2종 종합휴양업으로 구분되며, 현재 24개 업체(제1종 16개 업체, 제2종 8개 업체)가 등록 운영 중에 있다.

하는 관광사업으로 민간자본에 의해 다양한 시설들이 개발되고 있다. 2019년 기준 98개 업체가 등록 운영중에 있다.

제주의 경우, 전문휴양업은 총 33개소가 운영 중에 있다. 등록현황은 다음과 같다.

〈표 5-14〉 제주 전문휴양업 현황

구 분	전문휴양업
제주 (33개소)	㈜대유산업, 퍼시픽랜드, 여미지식물원, ㈜미니미니랜드, ㈜테디베어뮤지엄, ㈜소인국테마파크, ㈜삼영관광일출랜드, ㈜한림공원, 마이테르관광, (주)아프리카박물관, 방림원, ㈜아쿠아랜드, 석부작박물관, 생각하는 정원, 조이월드, 나비공원 프시케월드, 제주러브랜드, 테마공원 선녀와나무꾼, 세계 성문화박물관, 한국공항㈜제주민속촌, (주)제주 유리의성, 제주아트랜드, 제주허브동산, ㈜라온랜드, 셰프라인 월드, (주)메이즈랜드, 다희연, ㈜상효원, 미레보야외수영장, 토스카나 호텔수영장, ㈜마린파크, (주)제주뮤지엄컴플렉스, 박물관은 살아있다

2) 관광편의시설업

관광편의시설업은 현행법상의 관광사업(여행업, 관광숙박업, 관광객이용시설업, 국제회의업, 카지노업, 유원시설업) 외에 관광진흥에 이바지할 수 있다고 인정되는 사업이나 시설 등을 운영하는 업(관광진흥법 제3조제1항제7호)을 말한다. 이는 비록 다른 관광사업보다 관광객의 이용도가 낮거나 시설규모는 작지만, 다른 사업 못지않게 관광진흥에 기여할 수 있다고 보아 인정된 사업이라고 하겠다.

관광편의시설업을 경영하려는 자는 문화체육관광부령으로 정하는 바에 따라 특별시장 · 광역시장 · 특별자치시장 · 도지사 · 특별자치도지사(이하 "시 · 도지사"라 한다) 또는 시장 · 군수 · 구청장의 지정을 받아야 한다. 〈개정 2019.4.9.〉

현행 「관광진흥법」 상의 관광편의시설업은 관광유흥음식점업, 관광극장유흥업, 외국인전용 유흥음식점업, 과광식당업, 관광순환버스업, 관광사진업, 여객자동차터미널시설업, 관광펜션업, 관광궤도업, 관광면세업, 관광지원서비스업(신설 2019.4.9.) 등으로 분류되고 있다(동법 시행령 제2조제1항제6호 〈개정 2020.4.28.〉).

〈표 5-15〉 시 · 도별 관광편의시설업 지정현황

(단위:개소)

구분	서울	부산	대구	인천	광주	대전	울산	세종	경기	강원	충북	충남	전북	전남	경북	경남	제주	합계
관광유흥음식점업	0	0	1	0	1	0	1	0	6	0	0	1	0	0	1	0	1	12
관광극장유흥업	15	7	6	7	1	12	3	0	29	4	6	5	5	3	8	15	4	131
외국인전용유흥음식점업	3	16	18	2	0	1	26	0	175	5	1	4	17	4	31	48	5	356
관광식당업	452	146	98	88	49	59	43	7	407	29	12	21	81	7	11	54	1527	1,721
관광순환버스업	3	2	4	3	0	0	1	0	8	12	0	0	2	6	3	10	1	55
관광사진업	11	1	0	0	0	0	0	0	2	0	0	0	2	0	0	0	4	20
여객자동차터미널시설업	0	0	0	0	0	0	0	0	0	0	1	0	0	0	1	0	0	2
관광펜션업	0	0	0	18	0	0	5	1	65	77	6	92	34	64	54	85	104	605
관광궤도업	0	0	2	1	0	0	0	0	2	5	2	0	1	3	1	1	0	18
한옥체험업	139	2	24	12	9	0	2	4	47	33	28	46	259	282	410	62	0	1,359
관광면세업	9	7	2	6	0	0	0	0	1	23	2	1	1	2	0	1	7	62
관광지원서비스업*	11	2	0	0	0	0	0	0	2	0	0	0	0	1	1	0	0	17
기타관광편의시설업(제주)	0	0	0	0	0	0	0	0	0	0	0	0	0	0	0	0	14	14
계	643	184	155	137	60	72	81	12	744	188	58	170	402	372	521	276	279	4,372

자료 : 문화체육관광부, 한국관광협회중앙회, 2019년 12월 31일 기준

주) 관광지원시비스업은 2019.7.10.부터 신설

3) 유원시설업

유원시설업(遊園施設業)은 유기시설(遊技施設)이나 유기기구(遊技機具)를 갖추어 이를 관광객에게 이용하게 하는 업(다른 영업을 경영하면서 관광객의 유치 또는 광고 등을 목적으로 유기시설이나 유기기구를 설치하여 이를 이용하게 하는 경우를 포함한다)을 말한다(관광진흥법 제3조제1항제6호). 현행 「관광진흥법」 상의 유원시설업은 종합유원시설업, 일반유원시설업, 기타유원시설업으로 분류하고 있다(동법 시행령 제2조제1항제5호).

유원시설업은 종래 「공중위생법」상 공중접객업의 하나인 유기장업(遊技場業)으로서 보건복지부장관의 소관이었으나, 1999년 1월 21일 「관광진흥법」을 개정하면서 유원시설

업으로 명칭을 변경하여 당시의 문화관광부(현 문화체육관광부)에서 관장하는 관광사업의 한 종류로 전환규정한 것이다.

〈표 5-16〉 시 · 도별 유원시설업 현황

(단위:개소)

시 · 도	종합	일반	기타	계
서울	3	11	299	313
부산	-	13	145	158
대구	2	14	76	92
인천	-	10	140	150
대전	1	3	79	83
울산	-	9	65	74
광주	1	4	57	62
경기	10	52	693	755
강원	8	28	95	131
충북	-	16	99	115
충남	4	26	112	142
전북	-	16	102	118
전남	4	41	84	129
경북	3	28	149	180
경남	3	35	184	222
제주	4	18	54	76
세종	-	-	22	22
계	43	324	2,455	2,822

자료: 문화체육관광부, 2019년 12월 31일 기준(휴업 업체 포함)

제주 전문휴양업

중문관광단지 내에 있는 제주관광식물원 "여미지"는 남국의 정취가 물씬 풍기는 동양 제일의 식물원으로서 부지면적이 3만 4천여 평에 달한다. 3천 8백평 규모의 온실 속에는 꽃과 나비가 어우러지는 화접원을 비롯하여 수생식물원, 생태원, 열대과수원, 다육식물원, 중앙전망탑으로 구분되어 있다.

희귀식물을 포함한 2천여종의 식물이 있고 온실 밖에는 제주도 자생 식물원과 한국, 일본, 이탈리아, 프랑스의 특색있는 정원을 꾸며놓은 민속정원이 있다. 온실과 정원 사이에는 60인승 관광유람열차가 운행되며 38미터 높이의 전망탑이 있어 중문관광단지, 천제연폭포가 한눈에 들어오며 한라산과 인근 해안선 일대를 조망할 수 있음은 물론 쾌청한 날에는 국토 최남단 마라도까지 선명하게 바라볼 수 있다.

1만여 평의 정원에 수백여 점의 분재가 오름과 물을 모티브로 한 자연정원에 자리하고 있다. 2007년 분재예술원 개원 15주년을 맞이하여 새롭게 태어나고, 세계적인 정원으로 나아가고자 〈생각하는 정원〉으로 정원의 이름을 정식으로 바꾸었다.

생각하는 정원의 역사는 1963년 성범영 원장이 제주에 첫발을 디디고 돌투성이 불모의 땅을 일구기 시작하는 것으로부터이다. 황량한 불모지에 꽃피운 한 농부의 혼불이라는 점에서 세계 언론의 주목을 받고 있으며, 실제 세계명사들이 가장 많이 다녀간 명소이다.

자료: 제주특별자치도(http://www.jeju.go.kr).

인천 국내 최초 짜장면박물관

인천시 중구 차이나타운에 위치한 옛 '공화춘' 건물, 짜장면박물관이 개관하였다.

인천 중구에 따르면 사업비 65억원을 들여 국내 짜장면 원조집으로 알려진 2층짜리 옛 공화춘(등록문화재 제246호) 건물에서 짜장면을 테마로 한 짜장면박물관 조성사업을 추진해 왔었다. 짜장면박물관은 2층에 5개, 1층에 2개 등 총 7개의 전시 공간으로 구성되었다.

인천 차이나타운거리15)

관람은 입장 후 2층에서 시작해 전시를 둘러보고 1층을 거쳐 퇴장하는 관람 동선을 갖췄다. 2층에서는 개항기, 일제강점기, 1970년대로 이어지는 짜장면 관련 사회·문화상을 유물과 모형을 통해 시대별로 소개되고 있다. 1층에는 지난 1960년대 공화춘 주방의 옛 모습 재현과 기획 전시를 둘러보게 된다.

짜장면박물관은 인천항 개항기인 지난 1880년대 후반 청나라 사람들이 인천에 건너와 만들어 먹기 시작한 짜장면 탄생의 역사적 배경을 설명하고 우리 역사와 사회 속에서 갖는 의미를 소개하고 있으며, 한편 중구는 당초 박물관의 이름을 '자장면박물관'으로 정할 계획이었으나 짜장면이 표준어가 되면서 '짜장면박물관'으로 명칭을 확정했다.

자료: 헤럴드경제(2012.02.09), http://news.heraldcorp.com

15) http://itour.visitincheon.org(인천시청).
옛 흔적이 잘 보존되어 색다른 분위기를 물씬 풍기는 중국인 점포 주택, 한국어와 중국어를 섞어 사용하는 화교인들이 직접 만든 정통 중국요리를 맛볼 수 있는 "차이나타운 거리"에는 항상 사람들로 북적인다.
'자장면'은 인천이 만들어낸 '원조' 가운데 전국민적으로 전폭적 사랑을 받고 있는 메뉴이다. 개항 이후 인천에 청인 거주지역이 생기고 그들의 음식도 전해지게 되었는데, 이때 청인들은 부두 근로자들을 상대로 싸고 손쉽게 먹을 수 있는 음식을 개발하게 되었다. 볶은 춘장에 국수를 비벼 먹는 자장면은 이렇게 탄생했다. 전해 내려오는 말에 따르면 자장면이라는 이름으로 음식을 팔기 시작한 곳은 '공화춘'으로 알려지고 있다. 1905년 문을 열었던 이 집은 현재도 북성동 중국인 거리에 그 건물의 자취가 남아 있는, 일제 당시 청요리로 이름을 크게 날린 고급 요릿집이었다. 공화춘의 성공에 힘입어 화교들이 중화루, 동흥루 등을 줄줄이 열면서 인천은 청요리의 본산으로 자리하게 되었다. 옛날의 영화는 간데 없지만 중국인 거주지를 중심으로 화교들이 직접 운영하는 중국집이 몇 집 있다. 중국에서 직접 만든 술도 팔고 재스민차도 주는 등 중국맛이 물씬 풍긴다.

〈표 5-17〉 제주의 관광자원

관광자원	자연자원	관상적 관광자원	봉개동 왕벚나무 자생지, 제주시 곰솔, 도련귤나무, 영평조록나무, 무환자나무, 관음사 왕벚나무자생지, 용연, 용두암, 산지천 등
		보양적 관광자원	한라산국립공원, 동굴(질메가짓굴 외 12개), 한라수목원, 제주절물휴양림, 노루생태관찰원, 이호해수욕장, 삼양해수욕장, 오름(사라봉 외 58개), 도깨비도로 등
	인문자원	문화적 관광자원	불탑사 5층석탑, 선사유적(삼양동, 용담동), 제주도 내왓당무신도, 갓일, 망건장, 탕건장, 제주칠머리당굿, 목조관음보살상(관음사, 보림사), 고분양태, 지석묘, 해신사, 별도연대, 목석원, 비석거리(화북, 조천), 문경공조기묘, 화북진지, 돌하르방, 와가(瓦家), 남방아, 상여, 방사탑, 월정사소장불상, 관음사, 불탑사, 천왕사, 월정사, 관덕정, 삼성혈, 제주목관아지, 제주향교, 향사당, 용방록, 연방록, 급제선생안, 탐라지도 및 지도병서, 제주삼읍 도총지도, 홍화각기, 제주성지, 수근연대, 복신미륵, 동자복, 서자복, 국립제주박물관, 제주민속자연사박물관, 문예회관, 사라봉 진지동굴, 건입동 유씨주택 등
		사회적 관광자원	제주 4.3평화공원, 제주시 민속오일시장, 탑동거리, 탑동 해변공연장, 우당도서관, 제주도교육박물관, 제주시민회관, 문화의 집, 제주문화원 등
		산업적 관광자원	제주마방목지, 제주시명도암유스호스텔, 명도암관광휴양목장, 봉개휴양림지구(한화제주콘도), 승마장(어승생, 봉개관광), 호텔신라면세점, 제주유람선, 관광유흥음식점, 컨트리클럽(오라, 제주, 봉개프라자), 중앙로 상권(지하상가, 칠성로상가), 서문공설시상, 동문시장, 이마트, 벼룩시장, 탑동 놀이공원, 호텔하니크라운, 산지등대, 영화관, 용담해안도로 레스토랑, 서부두 횟집거리와 삼겹살거리, 관광숙박시설 등

THINK ABOUT IT

한국의 관광자원 중 아직 개발되지는 않았지만 지속가능한 관광상품으로 개발할 수 있는 자원에 대하여 생각해 봅시다.

Chapter 6

세계의 관광자원

1. 관광시장 동향

세계 각국은 자국의 관광자원을 보존하고 관리, 그리고 활용을 통하여 국가를 대표하는 상징 아이콘(Icon: 우상), 고부가가치를 창출하는 전략산업, 혹은 대표 브랜드로 변모시켜 전 세계를 대상으로 홍보하고 동시에 관광객 유치에 주력하고 있다. 동시에 기존 자원의 가치, 이미지와 매력성, 그리고 자원화 외에 새로운 관광자원의 개발을 통하여 미래 잠재고객의 관광욕구와 관광동기를 충족시키면서 미래의 관광자원 개발과 기획에도 전력투구하고 있다.

최근에는 친환경 관광형태의 등장으로 자연관광, 생태관광, 녹색관광, 농촌관광, 그리고 자연유산관광 등이 새로운 트렌드로 각광을 받고 있다. 특히 자연자원의 쾌적성, 자연성, 신비성, 무공해성, 지속가능성 등으로 자원이 소재하는 국가나 지역은 신관광지로 변모하면서 유인력이 강한 관광장소로 발전을 거듭하고 있다.

〈표 6-1〉 UNWTO 미래 주요 성장유망시장

자연관광 모험관광 해변관광 전원관광	생태관광 녹색관광 야생관광 유산관광

자료: 이경모(2008), SIT 미래관광의 대안모색, 대왕사, p.68. 재인용.

특히 단순히 보고 즐기는 여행이 아니라 직접 체험하는 참여여행에 대한 관심이 커지면서 체험학습과 레저관광 등 다양하고 차별화된 관광활동에 대한 수요가 증가하고 있다. 그리고 자연자원의 파괴를 통한 관광개발이 아닌 자연 친화적이며, 양적인 차원의 대량관광과는 달리 질적인 차원의 품질관광을 지향하고 있고, 하드웨어 위주의 관광시설 개발보다는 소프트웨어 위주의 관광상품 개발을 추구하는 대안관광이 등장하고 있다.

[그림 6-1] 사회환경 및 관광환경 변화에 따른 대안관광의 등장

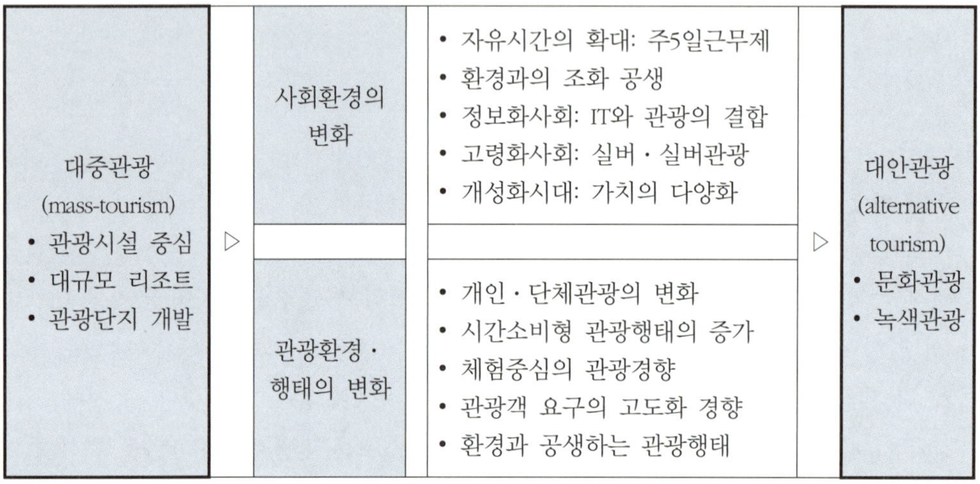

자료: 이정록 · 안종현(2005), 그린투어리즘과 관광마을만들기, 지리학논총 제45호, pp.179-209.

2. 세계의 관광자원 사례

1) 생태관광자원의 보고 – 호주

호주의 생태관광은 지역경제 발전과 환경보전기금 조성, 외환수익, 고용창출 등 다양한 경제적 · 사회적 이익을 창출하는 대표적인 사례로 평가된다. 세계 8위권의 관광수익 창출 국가[1]로서 연중 1600만명 이상이 방문하는 세계 최고 생태관광 목적지이다. 다가오는 2020년에는 관광수익 목표치를 114US$ billions~140US$ billions로 두고 있다. 1994년 '생태관광 국가전략(the National Ecotourism Strategy; NES)'을 수립하여 생태관광 틀을 마련하였고, 이를 토대로 재원투자, 생태관광 인증제도, 시장분석 및 연구, 기반시설 확충, 교육, 산업육성 등 다양한 생태관광사업을 추진하고 있다. 특히 정부의 생태관광 국가전략에 따라 주 정부들도 생태관광 또는 자연관광 계획을 수립, 추진하고 있다.[2]

1) http://www.tourism.australia.com; Tourism Australia Annual Report 2010-2011. 30US$ billions.

[그림 6-2] 호주[3)]

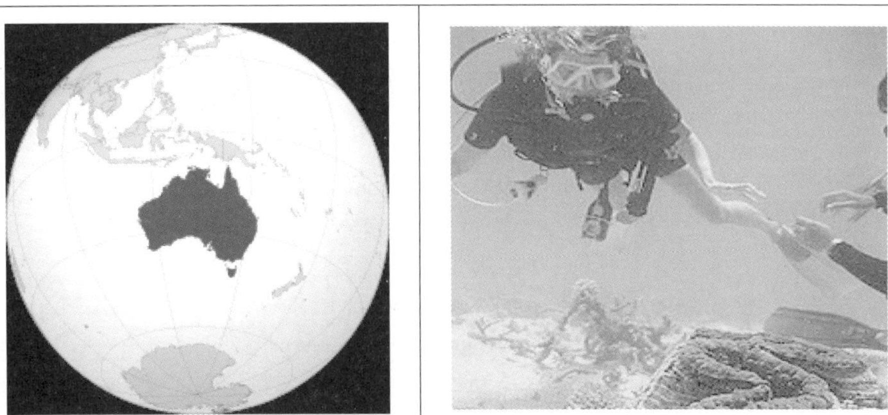

총면적 769만 평방km의 호주 본토는 세계에서 가장 큰 섬이면서 동시에 가장 작은 대륙이기도 하다. 길이로는 남북이 3,700km, 동서가 4,000km로 세계에서 여섯 번째로 큰 나라이다. 3개의 대양과 접하고 있으며 약 1천2백만 평방km에 달하는 호주의 수역 역시 세계에서 세 번째로 넓다.

거주지는 세계에서 가장 도시화가 잘 이루어진 해안을 중심으로 형성되어 있으며, 80%의 주민들이 해안선의 100km 반경에 거주하고 있다. 현재 호주 인구는 약 2천3백만 명이다.

지구 밖에서도 유일하게 육안으로 볼 수 있는 세계최대 자연자원, The Great Barrier Reef로서 1981년 유네스코 세계자연유산으로 지정되었으며, CNN 선정 세계 7대자연경관으로 지정된 호주의 대표적 생태관광지이자 자원이다.

〈표 6-2〉 호주생태관광자원의 파수꾼 호주생태관광협회[4)]

구 분	내 용
시 작	생태관광 호주는 1991년 비영리조직으로 구성되어 현재 호주생태관광의 중심부로 역할을 수행하고 있음
구 성	다양한 회원들이 구성되어 조직이 운영되고 있음 - 생태관광 숙박업, 여행사, 관광지, 관광기획가(보호지역 관리자, 정부관계자, 교수, 학생, 관광과 환경전문가 및 컨설턴트, 지방과 지역별 관광협회 및 여행가)

2) 한국문화관광정책연구원(2002), 생태관광 진흥방안 연구.
3) http://en.wikipedia.org
4) Welcome to Ecotourism Australia(http://www.ecotourism.org.au); 제주특별자치도(2012), 유네스코 3관왕・세계 7대 자연경관 제주 생태관광 기본 및 실시계획 보고서.

구 분	내 용
역할	생태관광 및 자연관광 사업체들이 환경적으로 지속가능하고, 사회문화적으로 책임있고, 경제적으로 안정된 운영을 하도록 지원하는 역할 담당
프로그램	1) Ecotourism Certification 호주 최고위과정 프로그램이며, 자연관광 운영자 대상에 집중되고 있음. 본 프로그램은 지속가능성, 자연지역 관리, 생태관광 질적 경험축적에 필요한 최적의 지원이 이루어지고 있음 2) Respecting Our Culture(ROC) Certification 호주원주민 관광(ATA: Aboriginal Tourism Australia)과 호주생태관광이 감독하고 만든 프로그램임. 호주원주민 관광기구와 지역사회, 관광이해당사자들, 관광기획가들이 공동으로 프로그램 구성에 참여하며, 특히 지역문화유산에 중점을 두고 있음 3) Climate Action Certification 탄소배출 저감목적으로 운영되는 프로그램으로서, 관광산업 전체를 포괄하고 있음 4) EcoGuide Certification 자연과 생태관광 안내를 위한 프로그램으로서, 특별과정과 일반과정별 자격증이 부여됨. EcoGuide 프로그램은 Ecotourism 과정을 지원하고 있으며, 자격취득자는 Ecotourism Australia 회원자격이 부여되고 활동하게 됨
기타 활동	자연 및 생태관광 인증 프로그램과 에코가이드 프로그램 운영 외에 전자뉴스레터 발간, 생태관광산업을 위한 로비활동, 운영촉진과 마케팅, 경영지원, 세미나와 워크숍 개최(Global ECO Asia Pacific Conference 개최(www.globaleco.com.au), 책자 출판, 회의개최를 통한 정보공유, 아시아 · 태평양(Green Globe)과 협력하여 '자연 및 생태관광 인증 프로그램(NEAP)'의 국제표준화 노력 중

2) 유럽 농촌관광 1번지 – 영국5)

유럽권은 다양한 자연경관 및 생태계시스템을 보유한 지역임에도 불구하고 생태관광이 중요하지만, 관광자원(tourism resource), 보전(conservation), 그리고 보호지역(protected areas) 등의 개념에 생태관광을 포함하고 있는 것으로 간주하고 있다. 거대한 풍광을 자랑하는 산(山)은 유럽권에서 다소 떨어져 있고, 산림지역은 많지가 않은 실정이다.

자연을 좋아하는 관광객들이 선호하는 자연자원, 소규모형 인공자원과 다양한 자연적 가치성을 발휘하는 대상들(small fields, woodlands, rivers, lakes, historic settlements)은 해당 지역의 생물다양성(biodiversity)과 방문객들의 매력장소로 각광을 받고 있다.

따라서 유럽에서는 지속가능한 농촌관광(sustainable rural tourism) 개념이 생태관광(ecotourism)보다 널리 알려져 있으며, 수많은 자연보호지역 내 자원들이 보전과 활용차원에서 운영 및 관리되면서 지속가능한(sustainable), 대안(responsible), 환경(environmental) 및 윤리(ethical)적 관광으로 혼용되어 사용되고 있으며, 최근에는 생태관광 용어는 제한적으로 사용되고 있다.6)

[그림 6-3] 영국7)

영국은 Great Britain, Northern Ireland, Anglesey섬과 Wight의 작은 섬, Hebrides, Orkney, Shetland 군도와 Scilly의 작은 섬으로 이루어져 있으며, 면적은 242,910km^{2}에 이르고 있다. 그리고 영국은 가장 긴 세로의 길이가 1,000km, 가로의 길이가 500km이며, England, Scotland, Wales로 구성되어 있다.8)

5) 제주특별자치도(2012), 유네스코 3관왕 · 세계 7대 자연경관 제주 생태관광 기본 및 실시계획 보고서.
6) Denman, R, S. Blangy, and H. Herbert(2001), What does ecotourism mean for Europe? UNEP Industry and Environment, July-Dec.
7) http://en.wikipedia.org
8) 환경부(2006), 생물다양성협약의 국가 대응체계 구축방안 연구.

국립공원으로 둘러싸인 다트모어(Dartmoor)지역(954km^2)은 화강암지대이며 동시에 야생의 서식지로 유명하다. 고고학적 가치의 유물들도 산재해 있으며, 국립공원청, 지자체, 그리고 정부가 공동관리를 하고 있는 대표적인 자연관광지이다.

〈표 6-3〉 영국 주요 보호지역 유형별 특성

구분 (명)	특 성
국가자연보호지역 (NNR: National Nature Reserves, 222개소) 해양자연보호지역 (MNR: Marine Nature Reserves)	NNR은 English Nature나 그 이전 자연공원 및 농촌접근법, 야생동물 및 농촌법에 따라 지정된 지역이며, 이 지역은 English Nature에 의해 소유, 관리되거나 야생동물 신탁(Wildlife Trusts)과 같은 단체소유. MNR은 환경부장관에 의해 지정됨
과학적 관심지역 (SSSI: Sites of Special Scientific Interest, 4000개소)	이 지역은 동식물 또는 지리적, 자연지리학의 특성으로 English Nature에 의해 공시되며, 대부분의 SSSI는 소유, 관리되고 있으며, 그 외 지역은 기타 위원회나 부동산회사에서 관리되고 있음
지방자연보호지역 (LNR: Local Nature Reserves, 1280개소)	LNR은 정부, 지방정부에 의해 소유, 관리되며, 이 중 일부가 SSSI임
특별보호지역 (SPA: Special Protection Areas, 257개소)	영국정부는 야생조수의 보전에 관한 유럽공동체 위원회 명령에 따라 희귀한 또는 조류의 서식처를 보전하기 위한 특별 보호지역으로 구분(지정)하고 있음
람사지역 (Ramsar Sites, 171개소)	1973년 영국정부는 람사협약에 서명하였으며, 정부는 람사지역의 지정과 그 지역내의 습지의 이용을 위한 노력을 기울이고 있음

자료: 환경부(2006), 선진외국의 보호지역 관리기법 연구에서 재인용; http://archive.defra.gov.uk

[그림 6-4] 영국 자연자원 보호지역 관리조직

DEFRA[9]

Natural England[10]

9) http://www.defra.gov.uk

DEFRA(Department of Environment, Food and Rural Affairs)의 자연자원 보호지역 관련업무는 Wildlife and Countryside 부서에서 담당하며, 이 부서에서는 야생동물 및 경관의 보전과 농촌 휴양에 관련된 일을 수행하고 있으며[11], EN(English Nature, 영국자연위원회)는 영국 자연보전의 책임을 맡고 있는 법률단체로 환경보호법(Environment Protection Act, 1990)에 의거 설립되었으며, Scottish Natural Heritage(SNH), Countryside Council for Wales(CCW), English Nature 등 3개의 지역 의회로 구성되어 활동(1990-2006)하였으나, EN의 역할은 RDS(Rural Development Service)와 CA(Countryside Agency)나 나누어진 후, NE(Natural England)라는 새로운 조직체계로 구성되어 활동중이다.[12]

〈표 6-4〉 영국 Natural England 조직별 활동

조직명	역 할	특 징
-Natural England[13]	• 녹색농촌화계획 (Green Farming Scheme) • 자연친화적인 활동지원 (환경, 생태, 교육, 관광 등) • 국립공원 및 국립경관지역 기획 • 생물권보전지역[14] (National Nature Reserves) 관리 • 지정된 지역(Designated Areas) 보존관리 • 생태환경, 지질, 해양 조사연구 등	• 보존관리(생물다양성, 토양, 국내외 지정된 특정장소) • 기존 법과 제도 보완 및 신규 법과 제도 수립 시 보완 • 기후변화, 에너지, 미래 환경변화에 대비한 다양한 전략모색과 변화 대비
		• 야생환경관리자 자격증 • 캠핑 및 야영활동 자격증 취득 등 • 야생환경, 농업, 조류, 초목 및 관목, 야생거주 동물 먹이제공 등에 대한 규정을 준수하고 이행해야 됨
		• 1950년에 시작된 자연자원의 효율적인 관리와 운영에 적용된 규약으로 NE 주도하에 운영 Countryside Code • Respect other people • Protect the natural environment • Enjoy the outdoors • 관광객 및 관리자, 사업체운영자들 대상으로 보존지역에 대한 책임, 상호존중, 그리고 야외활동 편익추구를 강조하고 있음

10) http://www.naturalengland.org.uk
11) 환경부(2006), 선진외국의 보호지역 관리기법 연구.
12) http://en.wikipedia.org
13) http://www.naturalengland.org.uk

3) 국립공원 관리청(NPS: National Park Service) 자원관리-미국, Hawaii[15]

미국은 1872년 옐로우스톤 국립공원(Yellowstone National Park)이 지정되면서, 국가의 보물(자연경관과 자원)을 보전하기 위한 계기가 마련되었다. 국립공원관리는 내무부 산하의 국립공원관리청(NPS: National Park Service)에서 담당하고 있으며 야외 휴양기능의 제공보다는 자연자원과 경관의 보존과 야생생태계 보호에 주안점을 두고 있으며, 특별법 제정을 통한 철저한 국립공원 관리모델을 제시하고 있다.[16]

[그림 6-5] 미국 국립공원 소재지[17]

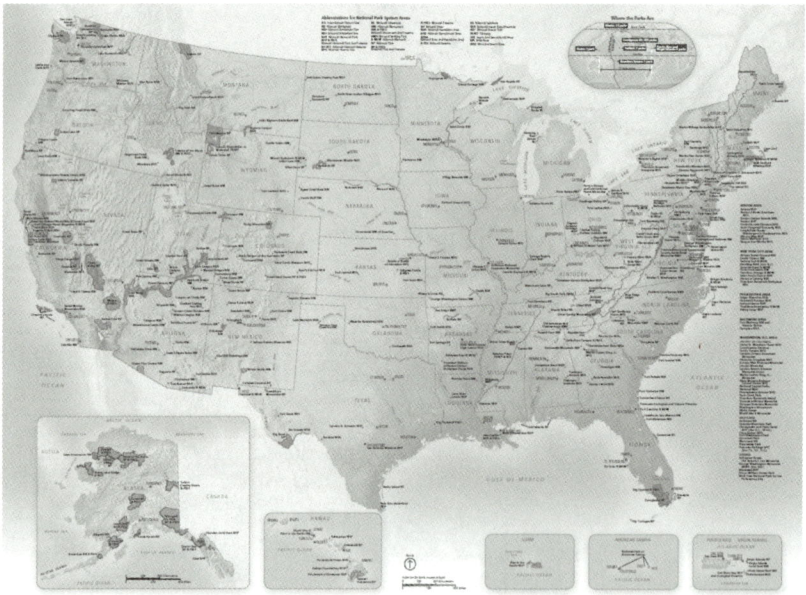

NPS(National Park Service) 현황	
- 총 401개 국립공원이 소재	- 68,561개의 인류유산지구
- 역사유산지구 49곳	- 28,000명의 국립공원 종사자
- 400종의 멸종위기 종 서식	- 43,162(miles) 해변길이
- 582개의 자연적 랜드마크(lanamark)	- 11,700,000,00 방문객
- 2,461개의 역사적 랜트마크 소재	- $2,750,000,000 연간 예산
- 218,000곳 연계지역별 일자리 제공과 창출	- 2,482,104명의 자원봉사자 등

14) 영국 전체지역 224개소 생물권보전지역이 소재하고 있으며, 영국 전체면적의 0.6%를 차지고 있음.
15) 제주특별자치도(2012), 유네스코 3관왕 · 세계 7대 자연경관 제주 생태관광 기본 및 실시계획 보고서.
16) http://www.nps.gov; 국립공원관리공단(2007), 국립공원 중장기 발전계획 수립에 관한 연구.
17) http://www.nps.gov

현재 NPS에서 관리되고 있는 하와이 화산국립공원은 333,086에이커(acres) 면적에 해당되며, 세계에서 가장 유명한 활화산 중 한 곳이며, 1983년 이후 지속적으로 용암을 분출하고 있다.

[그림 6-6] 하와이 화산국립공원 개관[18)]

- 1916년 Hawaii Volcanoes National Park(HAVO)국립공원으로 지정되고, 1980년 생물권보전지역, 1987년에 세계유산지구로 지정되었음
- 방문객으로는 1,352,122(여가방문객), 1,858,739(비여가 방문객, 2011)으로 집계됨
- $7,209,600 예산집행
- 관련조직(U.S. Geological Survey, Hawaii Volcano Observatory, Forest Service, Art Center, Kilauea Field Station 등)이 운영되고 있음

자료: http://www.nps.gov

세계유산지구내 화산활동 연구는 하와이 화산관찰연구소와 하와이대학 연구소가 집중적으로 수행하고 있으며, 생태시스템 관리와 보호차원에서 관련 자료는 환경연구와 교육분야에 제공하고 있다.

[그림 6-7] 하와이 화산국립공원 프로그램

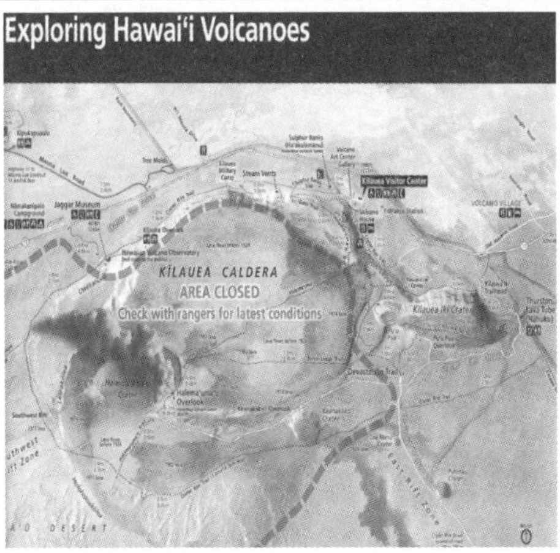

야외활동
Bike, Camp, Drive, Hike, Viewing Lava 등
Ranger 프로그램
- Ranger-led 프로그램(매일) - After Dark in the Park(특별해설) - Junior Ranger 프로그램(어린이용 프로그램) - Kahuku History Hikes(거주민들의 문화와 역사이해하기) - Kahuku Kipuka'akihi Hikes (고립된 특별지역 탐험) 등

18) 제주특별자치도(2012), 유네스코 3관왕・세계 7대 자연경관 제주 생태관광 기본 및 실시계획.

어린이와 가족대상의 프로그램(For Kids)으로는 디지털마운틴필름 페스티벌, 주니어레인저프로그램, 정보공유 네트워크 등이 운영되고 있으며, 기타로는 공원역사(Park History), 공원통계(Park Statistics), 웹어드벤처(Web Adventures), 패밀리펀(Family Fun) 등이 운영되고 있다.

국립공원 내에 소재하는 다양한 자원 중 문화유산 자원의 관리는 다음과 같은 절차(plan process)에 준하여 적용되어 운영되고 있다.

[그림 6-8] 문화유산자원 관리절차[19]

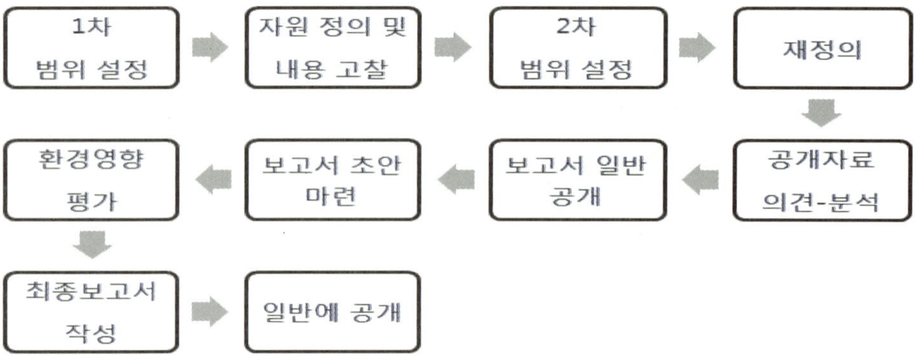

4) 세계관광대국으로 비상하는 나라 – 중국

나라 전체가 박물관이라 일컬어지는 중국은 1978년 개방이후 세계 관광대국으로 성장하고 있으며, 1986년 관광산업을 국민경제 및 사회발전 계획에 포함시킨 이래 관광산업을 3차산업 중 제1순위 산업으로 지정하여 관리하고 있다.[20] 면적으로 세 번째로 넓은 중국은 오랜 역사를 지니고 있기 때문에 문화관광자원 등이 매우 다양하고 규모도 상상을 초월할 만큼 크기 때문에 관광객을 놀라게 한다.[21]

전통적으로 중국의 관광자원은 자연경관자원, 인문경관자원, 민속자원, 전통음식자원, 문화자원, 공예품자원, 도시 및 전원풍광자원 등으로 구분하지만, 학술연구자들은 크게 자연경관자원과 인문관광자원으로 분류한다.

---

19) http://www.nps.gov
20) 고계성(2006), 관광목적지 유형에 따른 매력성 평가에 관한 연구, 제주대학교 대학원 박사학위논문.
21) 김병문 · 김현지(1999), 국제관광론, 백산출판사, p.203.

〈표 6-5〉 중국 관광자원 분류[22)]

구 분	종 류
자연경관자원	산악경관자원, 강과 협곡 경관자원, 호수경관자원, 해안관광자원, 폭포관광자원, 광천관광자원, 기후경관자원, 특수생물 관광자원 등
인문관광자원	고대유적, 역사문화명소, 황실유원지, 종교성지, 제왕영묘, 고대건축, 고대공사, 혁명 기념지, 박물관, 대회당, 민속풍습, 문화예술, 공예품 및 특산물 등

[그림 6-9] 주요 중국 관광자원[23)]

시안(西安) 병마용갱

베이징

상하이 핑야오 마을

만리장성

황산

천단

22) 이용덕(2008), 중국 관광자원 현황 및 환경분석을 통한 관광 활성화 방안, 극동대학교 대학원 석사학위논문.

23) http://en.wikipedia.org

세계가 공인하는 중국의 수도 북경은 도시 전체가 박물관이라 일컬어지는 3천년 역사의 고도이며 1000년 이상 중국 문화의 중심지이자 수도이다.[24]

중국의 정치, 문화, 과학, 상업 등의 중심 도시이자 과거의 모습을 잘 지키고 있어 관광도시로서 뿐만 아니라 명물 요리로도 그 명성이 유명[25]하며 대표적인 쇼핑 품목은 차와 술이다.

〈표 6-6〉 중국 문화중심형 관광자원 현황

지 역	종 류	특 징
북경	UNESCO 지정 6곳 세계문화유산 소재((자금성(紫禁城), 천단(天壇), 만리장성(長城), 주구점(周口店), 명13릉(明十三陵), 이화원(頤和園)) 및 127개 박물관 운영 중, 전통문화형 쇼핑장소(유리창;琉璃廠과 도서창;圖書廠) 등이 있음	역사에 바탕을 둔 인문형 문화매력이 높은 지역임

자료: 고종원(2003), 세계관광, 대왕사, pp.276-277. 참조하여 재작성.

5) 세계적 생태관광자원 보유국 – 일본

1972년 세계유산협약(World Heritage Convention)에 가입하면서 생태관광 주요국으로 등장하게 되었고, 1992년 민간사업자 활동, 1998년 일본생태관광추진협의회(現 일본생태관광협회: JES: Japan Ecotourism Society)[26]가 설립되었다. 2003년부터 2004년에 걸쳐 생태관광추진회의가 설치되어, 2004년 6월에 생태관광헌장, 생태관광총람, 생태관광대상(大賞), 생태관광추진매뉴얼, 생태관광모델사업 등 5개의 추진방색을 제시하면서 각종 구체적인 조치가 시행[27]된 이후 Ecotourism推進法(생태관광추진법)이 제정되어 2008년부터 시행되고 있으며, 생태관광추진법의 개요는 다음 [그림 6-10]과 같다.[28]

24) Frank Go & Wei Zhang, op. cit., p.42.

25) www.cnta.com; www.bita.gor.cn

26) http://ecotourism.jp; Miyakawa, H.(2002), Ecotourism in Japan. In Linking Green Productivity to Ecotourism: Experiences in the Asia-Pacific Region, Asian Productivity Organization.

27) 박종원(2009), 생태관광 추진을 위한 일본의 법제와 그 시사점, 법학논집, 26(3), 한양대학교출판부. 일본에서는 생태관광이 무엇을 의미하는가에 관해서 통일된 견해가 없는 상태이며, 생태관광 정의에 대한 견해도 다수에 이름.

28) 제주특별자치도(2012), 유네스코 3관왕・세계 7대 자연경관 제주 생태관광 기본 및 실시계획 보고서.

[그림 6-10] 일본 생태관광 추진법 개요

기본이념	기본방침
- 자연환경에 대한 배려 - 관광진흥에 기여 - 지역진흥에 기여 - 환경교육으로 활용	- 생태관광의 추진에 관한 기본방향 - 생태관광추진협의회 구성에 관한 기본 사항 - 市町村의 생태관광 추진 구상 작성에 관한 사항 - 생태관광 추진 구상의 승인에 관한 기본적 사항 - 생물다양성 확보 등 생태관광의 실행에 있어서 고려해야 할 사항 - 기타 생태관광 추진에 관한 중요사항

자료: 이걸재(2008), 일본 생태관광의 정책 동향, 제10차 람사르 총회 생태관광 발전심포지엄

일본은 90년대 초부터 생태여행이 증가하여 자연관찰여행, 국립공원과 내셔널트러스트(national trust) 등과 같은 자연이 잘 보호되어 있는 지역을 견학하면서 환경회의에 참가하는 연구여행, 환경보호활동을 겸하는 환경학습여행, 유네스코의 세계유산기금이나 자연보호단체 등에 기부를 하기 위한 기부여행 등 여러 가지 형태의 생태관광을 진행하고 있다. 현재 3건의 세계자연유산이 소재하고 있으며, 1993년에 등재된 야쿠시마(Yakushima), 시라카미 산치(Shirakami-Sanchi), 2005년에 등재된 시레토코(Shiretoko)가 그것이다.

[그림 6-11] 일본의 세계자연유산[29)]

야쿠시마 섬	시라카미 산치	시레토코 국립공원

6) 천(千)의 얼굴을 가진 나라 – 홍콩

"홍콩, 아시아의 월드시티" 글로벌 브랜드를 통하여 아시아 관광의 중심도시로 유명하다.[30)] 홍콩은 세계의 항공 및 해상교통의 요지에 위치하고 있기 때문에 국제무역, 금융

29) http://wikitravel.org; http://whc.unesco.org; http://www.japan-guide.com
30) http://www.discoverhongkong.com

및 관광산업이 발달하였다. 2005년 9월 홍콩디즈니랜드의 개장과 더불어 쇼핑, 테마, 야간관광 등 천혜의 볼거리를 제공하고 있다.

〈표 6-7〉 홍콩 인공중심형 관광자원 현황[31)]

자원의 종류	특 징
해양공원(Ocean Park), 디즈니랜드(Disney Land), The Peak(山頂), 경마장, 골프장, 공원, Star Ferry, Avenue of Stars(星光大道), 박물관, Stanley(赤柱), 골프클럽, 침사추이(Tsim Sha Tsui Promenade), 트램(Trams), 만모사원(文武), 템플야시장(Temple St Night Market), 에버딘수상식당(Aberdeen), 몽콕쇼핑지구(Monk Kok), 카우룽(Kowloon) 등	인공적 자원에 바탕을 둔 시설형 중심의 쇼핑, 음식, 비즈니스 여행의 최적지인 곳으로 명성이 있음
 홍콩야경[32)]	
HONG KONG ASIA'S WORLD CITY 香港 · 亞洲國際都會	홍콩은 도시 내 고층건물들에 대한 야간경관 조명을 설치하고 해안지역에서 다양한 이벤트를 기획하여 아시아를 대표하는 야경이 아름다운 도시로 각광받고 있다.

자료: www.DiscoverHongKong.com

빅토리아 피크(Victoria peak)에서는 홍콩 전체의 야경을 조망할 수 있으며 수변공간을 적극적으로 활용하여 어느 각도에서도 홍콩의 아름다운 야경을 감상할 수 있도록 설계되어 있다. 또한 빅토리아 항에서 실시하는 레이저쇼나 멀티미디어 쇼를 야간관광자원화하였다.[33)]

31) 고계성(2006), 관광목적지 유형에 따른 매력성 평가에 관한 연구, 제주대학교 대학원 박사학위논문.
32) http://www.discoverhongkong.com
33) 이미순(2007), 부산의 새로운 관광자원으로서의 야간경관 조성, 부산발전연구원.

7) 세계 최고의 문화공간 빌바오 구겐하임 - 스페인

에스파냐 북부의 바스크 자치주에 있는 해안지역 빌바오는 15세기 이래 철광석 광산과 제철소, 조선소가 있던 공업지역이다. 1970년대까지도 빌바오는 철강, 화공, 조선산업으로 번창한 지역이지만, 1980년대의 경제불황 이후 중화학 산업이 침체하며 철강산업이 사양길에 접어들자 지역은 황폐화되어 갔다.[34] 그 이후 시당국은 1990년대 '리아 2000'이라는 도시재생 프로젝트를 추진했다. 처음에는 시민들로부터 거센 반대에 부딪쳤다고 한다. 먹고 살기도 힘든 시민들에게 거대한 미술관은 사치였고, 당장 필요했던 것은 일자리였기 때문이다. 하지만 1억 달러를 들여 건립한 구겐하임 미술관과 재개발이 이뤄진 네리비온 강 주변은 시민들을 위한 문화공간이자, 유명한 관광인프라로 변모했다. 구겐하임 미술관은 문을 연 1997년 이후 1천만명 이상의 관광객이 다녀간 세계적 관광목적지로 그 명성을 누리고 있다.[35]

[그림 6-12] 스페인 빌바오 구겐하임

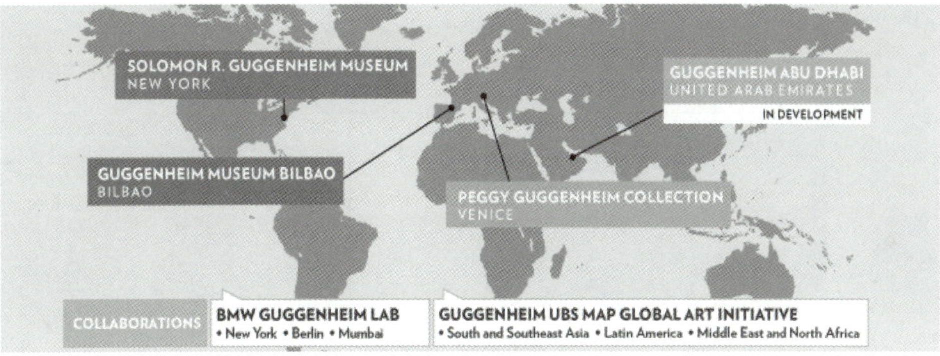

전 세계에 소재하는 구겐하임 미술관 현황[36]

빌바오 구겐하임

1997년에 개장한 빌바오 구겐하임(Frank Gehry 디자인)은 매해 방문객 백만명에 이르고 있다. 특히 미술관 개장은 빌바오를 세계적인 문화, 예술, 관광의 중심지로 조명을 받게 되는 계기로 작용하였으며, 전시 및 소장품의 가치보다 건축물의 웅장함과 세련미, 조화성 등으로 더욱 유명세를 누리고 있다.[37]

34) 심원섭(2008), 관광환경변화와 창조적 관광발전 전략, 경기도인재개발원.
35) http://www.sjbnews.com
36) http://www.guggenheim.org

무엇보다도 바스크 주정부는 지방 15개 중소지역을 주거지역, 경제지역, 휴양지역으로 세분화한 뒤, 지역별 문화자원을 관광지화의 구심점으로 활용하였으며, 자연자원의 가치를 높이기 위한 다각적인 환경보호 전략과 철저한 지역발전 계획하에 기반시설 구축 등으로 빌바오 메트로폴리스를 건설하게 되었다.

8) 아시아의 진주 - 베트남 하롱베이

남중국해 연안에 위치한 하롱베이는 1960-2000개의 섬으로 둘러싸여 있으며, 이 중 770개가 세계자연유산으로 등재되어 있다. 이곳은 현재 외국자본 유치가 활발하게 진행되면서 호텔, 리조트 등 위락시설이 속속 들어서고 있다. 현재 성업중인 호텔만 200여 군데에 이르고 세계유산 섬을 순회하는 유람선이 400천여 개에 이르고 있다.

유산지구 곳곳에 유네스코 세계자연유산 마크와 로고가 달린 깃발이 나부끼고 있듯이, 세계유산지정을 적극 활용하고 있다. 한편, 하롱베이 관리국은 세계자연유산에 만족하지 않고 이곳의 독특한 문화전통을 세계문화유산으로 등재시켜 복합유산으로 발전시키려는 장기 프로젝트를 진행중이다.[38)]

[그림 6-13] 베트남 하롱베이[39)]

<table>
<tr><td></td><td rowspan="2">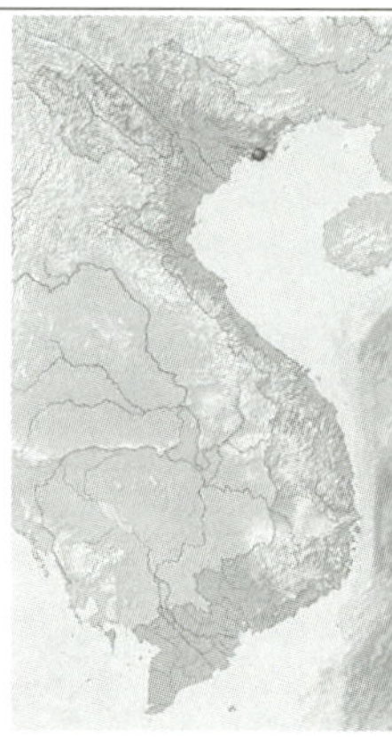
베트남 하롱베이 위치</td></tr>
<tr><td>1960-2000개의 섬으로 구성된 하롱베이의 면적은 1,553km^2에 해당되며, 1962년 베트남 문화체육관광부에서 국가보물로 지정한 장소이다.
1994년 유네스코 세계자연유산에 등재되었으며, 2000년에 재차 세계자연유산으로 지정될 정도로 베트남을 대표하는 보물이자 진주이다. 2012년에는 세계7대자연경관으로 선정되었으며, 세계에서 가장 아름다운 만(灣)을 보유한 국가별 클럽에 가입도 되었다.</td></tr>
<tr><td>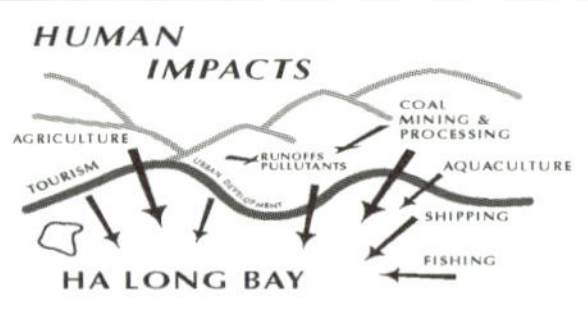

하롱베이 미치는 영향관계[40)]</td><td>최근 자원보전과 관리차원에서 인간이 미치는 환경영향 사례에 주목하고 있다.
- 농업 - 관광
- 산호초채취 - 낚시
- 뱃놀이
- 다양한 오염상황 등</td></tr>
</table>

37) http://www.lonelyplanet.com; http://en.wikipedia.org

38) 강정효(2008), 제주세계자연유산의 생태관광 자원화방안 연구, 제주대학교 대학원 석사학위논문.

39) http://en.wikipedia.org

〈표 6-8〉 국가별 관광경쟁력 비교[41)]

국가명	2013년도 순위	점 수	2011년도 순위
스위스	1	5.66	1
독일	2	5.39	2
오스트리아	3	5.39	4
스페인	4	5.38	8
영국	5	5.38	7
미국	6	5.32	6
프랑스	7	5.31	3
캐나다	8	5.28	9
스웨덴	9	5.24	5
싱가포르	10	5.23	10
호주	11	5.17	13
뉴질랜드	12	5.17	19
네덜란드	13	5.14	14
일본	14	5.13	22
홍콩	15	5.11	12
아이슬란드	16	5.10	11
핀란드	17	5.10	17
벨기에	18	5.04	23
아일랜드	19	5.01	21
포르투갈	20	5.01	18
덴마크	21	4.98	16
노르웨이	22	4.96	20
룩셈부르크	23	4.93	15
마카오	24	4.92	26
한국	25	4.91	32
이탈리아	26	4.90	27
바바도스	27	4.88	28
아랍에미레이트	28	4.86	30
사이프러스	29	4.84	24
에스토니아	30	4.82	25

40) HSC.csu.edu.au

41) World Economic Forum(2013), The Travel and Tourism Competitiveness Report.
한국은 2015년도에도 예전과 같은 순위로 평가되고 있다.

〈표 6-9〉 주요 국가별 자연자원 및 문화자원 순위 비교

국가명	자연자원	문화자원
호주	2	20
스위스	49	12
바바도스	133	50
브라질	1	23
브루나이공화국	53	95
캐나다	10	16
사이프러스	96	48
핀란드	54	26
감비아	114	121
독일	31	4
그리스	40	25
홍콩	84	42
아이슬란드	63	57
이란	74	45
이탈리아	34	7
카자흐스탄	120	117
한국	89	10
레바논	136	68
뉴질랜드	26	52
싱가포르	92	35
스페인	29	1
스웨덴	45	2
아랍에미레이트	71	33
영국	15	3
미국	3	5
세이셸	65	64
모리셔스	134	110

[그림 6-14] 론리 플래닛(Lonely Planet) 선정 2013 세계적으로 유명한 도시관광지 10선42)

사 진	순 위
 샌프란시스코	1. San Francisco
	2. Amsterdam
	3. Hyderabad
	4. Londonderry/Derry
	5. Běijīng
	6. Christchurch
	7. Hobart
	8. Montréal
	9. Addis Ababa
	10. Puerto Iguazú

[그림 6-15] U.S. News Travel 선정 세계 최고 관광지 25선43)

사 진	순 위
 파리	1. Paris
	2. Barcelona
	3. London
	4. Maui
	5. New York City
	6. San Francisco
	7. Puerto Rico
	8. Sydney
	9. The U.S. Virgin Islands
	10. Vancouver
	11. Rio de Janeiro
	12. Zurich
 베이징	13. Edinburgh
	14. Montreal
	15. Prague
	16. Crete
	17. Bora Bora
	18. Washington D.C.
	19. Budapest
	20. Maldives
	21. Cape Town
	22. Bahamas
	23. Las Vegas
	24. Los Angeles
	25. Beijing

42) http://www.lonelyplanet.com
43) http://travel.usnews.com

THINK ABOUT IT

유네스코 세계문화유산과 세계자연유산 중 가장 고유하고 진정성 있는 문화유산과 자연유산에 대하여 생각해 봅시다.

Chapter 7

유네스코 세계유산자원

1. 유네스코 세계유산

유네스코는 교육, 과학, 문화 등 지적 활동분야에서의 국제협력을 촉진함으로써 세계평화와 인류 발전을 증진시키기 위해 만들어진 유엔전문기구이다. 그 이름은 '국제연합교육. 과학. 문화 기구(United Nations Educational, Scientific and Cultural Organization)'의 영문 머리 글자를 따서 만든 것이다. 인류는 두 차례 세계대전의 참화를 겪으면서 항구적인 평화는 정치, 경제, 군사 등 물리적 힘만으로는 이룩할 수 없으며 인류의 지적, 도덕적 연대에 기초해야 할 필요성을 공감하게 되었다.

제2차 세계대전 중인 1942년부터 1944년까지 연합국 교육장관들이 영국 런던에 모여 전쟁으로 황폐해진 교육을 재건하고, 교육으로 세계평화에 기여할 수 있는 방안을 여러 차례 논의한 끝에 교육, 과학, 문화 분야에서 국제협력을 증진함으로써 세계평화에 기여하는 국제기구를 창설하기로 뜻을 모았다. 그 결과, 1945년 11월 16일 열린 유네스코창설준비위원회에서 37개국 대표들이 영국 런던에 모여 [유네스코 헌장]을 채택함에 따라 유네스코가 창설되었다.

유네스코 헌장은 1946년 11월 4일 20개국의 비준을 얻어 발효되었으며 제1차 유네스코 총회가 1946년 11월 20일 프랑스 파리에서 열리게 되었다. 유네스코는 지난 1945년 창설된 이래 지금까지 교육, 과학, 문화 분야에서의 국제규범(협약, 권고, 선언 등) 제정자, 지식과 정보의 보급자, 그리고 국제협력의 조정자로서 역할을 수행해왔으며 모든 이를 위한 평생교육, 인류의 번영에 기여하는 과학, 세계유산 보호와 창의성을 바탕으로 하는 문화발전, 정보와 지식의 공유를 통한 정보 격차 해소를 위해 노력해오고 있다.

[그림 7-1] 유네스코 상징 도안

세계유산 상징 도안은 세계유산협약에 의해 보호를 받고 있는 유산이나 세계유산목록에 등재된 유산, 세계유산협약이 지향하는 보편적 가치를 표현하기 위해 사용된다. 벨기에 예술가 미쉘 올리프(Michel Olyff)가 만든 작품으로 1978년 채택되었다.

가운데 사각형은 인간의 기술 및 영감의 결과물을 상징하며, 바깥의 원은 자연을 나타낸다. 사각형과 원은 이어져 있어, 인간과 자연이 서로 연결된 존재라는 것을 표시한다. 도안의 둥근 형태는 세계를 나타내며, 인류가 함께 세계유산을 보호하자는 뜻이 담겨 있다.

자료: 유네스코(http://www.unesco.or.kr).

유네스코는 여러 갈등으로 1984년에 미국이 탈퇴하는 등 위기를 겪었으나 2003년에 미국이 복귀하고 2007년에는 싱가포르가 재가입하는 등 제 모습을 되찾아가고 있다. 현재 유네스코에는 195개 정회원국과 8개 준회원국이 가입되어 있으며, 프랑스 파리에 본부가 있고 전 세계에 걸쳐 53개의 지역사무소와 11개의 산하 기구를 두고 있다.[1)]

세계유산은 그 특성에 따라 자연유산, 문화유산, 복합유산으로 분류한다(〈표 7-1〉 참조).

〈표 7-1〉 세계유산 정의

구 분	내 용
문화유산	• 기념물: 기념물, 건축물, 기념조각 및 회화, 고고유물 및 구조물, 금석문, 혈거 유적지 및 혼합유적지 가운데 역사, 예술, 학문적으로 탁월한 보편적 가치가 있는 유산 • 건조물군: 독립되었거나 또는 이어져 있는 구조물들로서 역사상, 미술상 탁월한 보편적 가치가 있는 유산 • 유적지: 인공의 소산 또는 인공과 자연의 결합의 소산 및 고고 유적을 포함한 구역에서 역사상, 관상상, 민족학상 또는 인류학상 탁월한 보편적 가치가 있는 유산
자연유산	• 무기적 또는 생물학적 생성물들로부터 이룩된 자연의 기념물로서 관상상 또는 과학상 탁월한 보편적 가치가 있는 것 • 지질학적 및 지문학(地文學)적 생성물과 함께 위협에 처해 있는 동물 및 생물의 종의 생식지 및 자생지로서 특히 일정구역에서 과학상, 보존상, 미관상 탁월한 보편적 가치가 있는 것 • 과학, 보존, 자연미의 시각에서 볼 때 탁월한 보편적 가치를 주는 정확히 드러난 자연지역이나 자연유적지
복합유산	문화유산과 자연유산의 특징을 동시에 충족하는 유산

자료: 유네스코(http://www.unesco.or.kr).

1) http://www.unesco.or.kr

유네스코(UNESCO)는 특정 소재지와 상관없이 모든 인류에게 속하는 보편적 가치를 지닌 자연유산 및 문화유산들을 발굴 및 보호, 보존하고자 1972년 세계 문화 및 자연유산보호협약(Convention concerning the Protection of the World Cultural and Natural Heritage)을 채택하였으며,2) 유네스코 세계유산위원회(World Heritage Committee)가 인류 전체를 위해 보호할 탁월한 보편적 가치(Outstanding Universal Value, OUV)를 인정하여 유네스코 세계유산목록(World Heritage List)에 등재한 유산을 지칭한다. 따라서 세계유산은 단지 리스트가 아닌 '인류의 유산'이기에 유네스코만의 책임이 있는 것이 아니라 협력을 통한 국제사회 전체가 보존 및 관리를 위한 의무를 갖고 있는 유산을 의미한다. 이러한 세계유산의 체계적인 보존 및 관리를 위해 1972년 세계유산협약이 채택되었으며, 세계유산협약의 이행을 촉진시키기 위해 운영지침이 세계유산위원회에 의해 1977년 최초로 채택되었다.3)

〈표 7-2〉 보편적 가치 개념

구 분	개 념
보편적 가치	보편적 가치(Universal value)란 국가별 경계를 넘어서서 현재와 미래세대를 포함하는 모든 인류에게 공히 중요한 문화적 및 자연적인 것을 의미한다. 세계유산목록에 등재하기 위해서는 신청유산이 갖고 있는 탁월한 보편적 가치 평가가 필수적이며, 평가기준은 10개의 등재기준(World Heritage Criteria)이 있으며, 조건(three pillars)은 완전성, 진정성, 보호 및 관리로 구분되고 있다.

세계유산협약 운영기구로는 협약 가입국들로 구성된 총회, 총회에서 선출한 21개 위원국으로 구성된 세계유산위원회, 세계유산위원회 업무를 자문하는 3개 자문기구로 구성되어 있다.

2) http://www.unesco.or.kr; http://www.nps.gov
미국의 경우에 1872년 옐로우스톤 국립공원(Yellowstone National Park)이 지정되면서, 국가의 보물을 보전하기 위한 계기가 마련되면서 국립공원관리는 내무부 산하의 국립공원관리청(NPS: National Park Service)에서 담당하고 있으며 야외휴양 기능의 제공보다는 자연경관의 보존과 야생생태계 보호에 주안점을 두고 있다. 옐로우스톤 국립공원 최초 지정된 100년 후 1972년에 국립공원관리청의 제안으로 국제적인 보호협약, the World Heritage Convention, 이 결성되면서 주도적인 역할을 수행하고 있으며, 특히 NPS OIA(the National Park Service's Office of International Affairs)는 국내외 세계유산 프로그램을 포괄하는 주요 정책개발에 주도적 역할수행을 하고 있다.

3) 문경오・김준・김희태(2011), 유네스코 세계유산의 현황과 전남지역 유산 등재를 위한 전략, 전남발전연구원 리전인포 266호.

① 국제기념물유적협의회 (ICOMOS ; International Council on Monuments and Sites / 문화유산 분야)

② 세계자연보전연맹(IUCN ; International Union for the Conservation of Nature and Natural Resources / 자연유산 분야)

③ 국제문화재보존복구연구센터(ICCROM ; International Centre for the Study of the Preservation and Restoration of Cultural Property / 문화재 보존과 복원 분야)로 운영된다. 이밖에 세계유산 행정업무를 처리하기 위해 유네스코 내에 설치된 세계유산센터가 있다.

[그림 7-2] 유네스코 세계유산위원회 공식 자문기구

구 분	내 용
IUCN	세계자연보전연맹(IUCN)은 1948년 유네스코와 프랑스 정부가 주최한 퐁텐블로 회의에서 설립되었다. 유네스코 사무총장인 저명한 생물학자 줄리안 헉슬리 경은 자연보전에 많은 관심을 갖고 IUCN 창립을 위해 노력했다. 이 기구에서 현재 정부기관, 비정부기구 등 1,000개가 넘는 단체들이 가입되어 있다. 더욱이 1만명이 넘는 전문가들이 6개 위원회에서 활동하고 있고 스위스 본부와 더불어 전 세계 40곳의 지부를 둔 전문사무국이 있다. 이 기구는 전 세계 모든 사회가 자연의 원래 모습과 다양성을 보전하고 천연자원의 공평하고 지속가능한 사용을 장려하고 지원하며 영향을 미치는 것을 목적으로 한다(www.iucn.org).
ICCROM	국제문화보존복구연구센터는 1956년 뉴델리에서 열린 제8차 유네스코 총회에서 설립이 의결되었고, 1959년 설립되었다. 동산, 부동산 등 제반 형태의 문화재보존과 사명을 띠고 있으며 보존 활동과 문화재 보존의 중요성에 대한 인식제고를 목적으로 하고 있다. 훈련, 연구, 정보, 인식제도 등 다섯 가지가 본 조직의 주요 기능이다(www.iccrom.org).
	국제기념물유적협의회는 비정부기구로서 1965년 유네스코의 권고와 1964년 베네치아에서 열린 전문가회의의 결정에 따라 설립되었다. 전 세계 역사기념물과 유적의 보존을 위한 단체로서 전문가 대화와 보존 원리, 기술, 정책 등의 수집, 평가, 보급을 위한 장이 되고 있다(www.icomos.org).

자료: 유네스코 한국위원회(2010), 세계유산: 새천년을 향한 도전(한국어판).

최근에는 다양한 목표에 준하여 청소년 대상 사업을 수행하고 있다.

첫째, 교실수업과 학교 교육과정에 세계유산교육 도입

둘째, 세계유산 청소년 포럼, 여름캠프, 현장 보존 과정 등에 청소년들의 참여 촉진

셋째, 전통적 정보통신기술과 새로운 정보통신기술을 활용하여 최우수 유산교육 실천 사례를 공유하는 정보경로 조성

넷째, 학교 간 연계와 교류를 가능하게 하는 세계유산학교 네트워크 창설

다섯째, 교육자, 정책결정자, 유산전문가(박물관종사자, 유산지역 관리자, 보존전문가, ICOMOS, ICOM, IUCN) 간의 새로운 결합효과 증진 등에 주안점을 두고서 사업을 수행하고 있다.[4)]

2. 등재기준과 절차

2012년 기준 지정된 세계유산은 전 세계 157개국이 보유하고 있는 962점(2012년 8월 기준)에 이른다. 이 가운데 문화유산이 745점, 자연유산 188점, 복합유산이 29점에 이르고 있으며, 현재 세계유산협약 가입국은 188개국이다. 한국은 1988년 협약에 가입하고 1995년 석굴암과 불국사, 종묘, 해인사 장경판전 3개소가 등재된 이래 자연유산 1점 외 문화유산 9점을 보유하고 있다.[5)]

1972년 세계유산협약이 채택된 이후, 각국의 관심이 증대하면서 세계유산목록에 포함된 유산의 성격 및 지역간 불균형 문제가 대두되었다. 1987년부터 1993년에 걸쳐 국제기념물유적회의(ICOMOS)가 수행한 연구에 따르면, 유럽의 역사 유적지 및 종교 기념비, 기독교 유물, '엘리트주의'적 건축물들은 세계유산목록에 과도하게 등재되어 있는 반면, 현존하는 문화, 특히 '전통문화'와 관련 있는 유적들은 거의 등재되어 있지 않았다. 국가별, 지역별 편중 역시 심각한 문제로서, 이탈리아, 스페인, 독일, 프랑스, 중국 등 상위 5개국이 전체 유산의 약 20%를 차지하고 있다. 이 가운데 4개국이 유럽국가이다.

이에 1994년, 세계유산위원회는 신뢰할 수 있고, 대표성 있으며, 균형 잡힌 세계유산목록 작성을 위한 국제전략을 발표한다. 국제전략의 목표는 기존의 제한된 유산 개념을 넘어서, 자연과 인간의 공존, 서로 다른 문명 간의 조화와 교류, 인류의 창의성이 담긴 유산들의 가치를 좀더 폭넓게 인정하려는 것이었다. 구체적으로는 특히 아프리카, 아시아 지역에서 아직 협약에 가입하지 않은 국가들이 협약에 가입하도록 권유하였으며, 세계유산을 보유하지 못한 국가들의 관심유도, 잠정목록 및 등재신청서 준비과정을 지원하는 일 등이 포함되었다.

국제전략 수립 이후, 태평양 지역 섬국가, 동유럽, 아프리카 및 아랍 지역 국가들이 세

4) http://whc.unesco.org/en/education
5) http://www.unesco.or.kr

계유산협약에 새로 가입해 지난 10년간 세계유산협약 회원국 수는 155개국에서 187개국으로 늘었다. 당사국 대부분이 잠정 목록을 제출했다. 문화경관, 산업유산, 사막, 해양, 도서지역 등 새로운 성격의 유산들이 세계유산에 추가되기도 하였다. 세계자연보전연맹은 최근 세계유산목록에 등재된 자연 및 복합유산들은 대체로 세계 여러 지역에 고루 분표하고 있음을 발견했다. 하지만 열대/온대 초원, 대초원, 호수, 툰드라 및 극지방, 냉대사막 등의 세계유산목록에는 아직도 큰 불균형이 존재한다. 새로운 유산을 발굴하고 기존 유산보존 업무를 충실히 수행하기 위해 세계유산위원회는 각 당사국들이 신청하는 유산의 수량을 매년 2점으로 제한하고 있으며, 위원회가 매년 검토하는 전체 유산의 수량 역시 45점으로 제한하고 있다.6)

세계유산은 '탁월한 보편적 가치'(OUV ; Outstanding Universal Value)를 갖고 있는 부동산 유산을 대상으로 한다. 따라서 세계유산 지역내 소재한 박물관에 보관한 조각상, 공예품, 회화 등 동산문화재나 식물, 동물 등은 세계유산의 보호 대상에 포함되지 않는다. 어떤 유산이 세계유산으로 등재되기 위해서는 한 나라에 머물지 않고 탁월한 보편적 가치가 있어야 한다.

〈표 7-3〉 세계유산 등재기준

구 분	등재기준(10가지)	사 례
문화유산	(i) 인간의 창조적 재능을 나타내는 걸작	호주 오페라 하우스
	(ii) 인류가치의 중요한 교류를 보여주는 것	러시아 콜로멘스코이 성당
	(iii) 문화적 전통이나 문명에 관한 예외적 증거가 있는 것	태국 아유타야 유적
	(iv) 인류역사에 있어 중요한 단계를 보여주는 건축물 또는 경관의 뛰어난 사례	종묘
	(v) 한 문화 혹은 인간과 자연의 상호작용을 대표하는 인류의 전통적 정주지, 토지이용 또는 바다의 이용을 나타내는 뛰어난 사례 (* 문화경관을 의미)	리비아 가다메스 옛도시
	(vi) 사건이나 현존하는 전통, 사상, 신앙 또는 뛰어난 보편적 중요성을 갖는 예술 및 문학작품과 직접적 또는 실체적으로 관련된 것 (* 본 기준은 다른 기준과 함께 사용되는 것이 선호됨)	일본 히로시마 원폭돔

6) http://www.unesco.or.kr/heritage/wh/reg.asp

구 분	등재기준(10가지)	사 례
자연유산	(vii) 최고의 자연현상이나 뛰어난 자연의 아름다움과 미적 중요성을 포함하는 곳	케냐 국립공원, 제주 용암동굴·화산섬
	(viii) 지구의 역사를 나타내는 뛰어난 사례	제주 용암동굴·화산섬
	(ix) 진행중인 중요한 생태학적, 생물학적 과정을 나타내는 뛰어난 사례	케냐 국립공원
	(x) 생물다양성의 현지 내 보존을 위한 가장 중요한 자연 서식지를 포함하는 것	중국 쓰촨 자이언트펜터 보호구역
공통	• 완전성(intergrity): 유산의 가치를 충분히 보여줄 수 있는 충분한 제반요소 보유 • 보호 및 관리체계: 법적, 행정적 보호제도, 완충지역 설정 등	

자료: 문경오·김준·김희태(2011), 유네스코 세계유산의 현황과 전남지역 유산 등재를 위한 전략, 전남발전연구원 리전인포 266호; http://www.unesco.or.kr/heritage/wh/reg_criterion.asp 참조하여 재작성.

세계유산 운영지침은 유산의 탁월한 가치를 평가하기 위한 기준으로 다음 10가지 가치평가기준을 제시하고 있다. 기준 Ⅰ부터 Ⅵ까지는 문화유산에 해당되며, Ⅶ부터 Ⅹ까지는 자연유산에 해당된다. 가치평가기준 이외에도 문화유산은 기본적으로 재질이나 기법 등에서 유산이 진정성(authenticity)을 보유하고 있어야 한다. 또한, 문화유산과 자연유산 모두 유산의 가치를 보여줄 수 있는 제반 요소를 포함해야 하며, 법적, 제도적 관리 정책이 수립되어 있어야 세계유산으로 등재할 수 있다.

〈표 7-4〉 문화유산 등재기준 사례지역[7)]

구 분	(i)	(ii)	(iii)
문화유산	 호주 시드니 오페라하우스	 러시아 콜로멘스코이 성당	 태국 아유타야 유적

7) http://www.australia.com; http://www.visitthailand.or.kr; http://www.russia-travel.com; http://www.unesco.or.kr; http://search.yahoo.com; http://www.welcometojapan.or.kr

구 분	(iv)	(v)	(vi)
문화유산	 종묘	 리비아 가다메스 옛도시	 일본 히로시마 원폭돔

세계유산 등재절차는 세계유산협약에 가입한 각국 정부가 유네스코 세계유산센터에 잠정목록 등재신청서를 제출하면서 시작된다. 단계별 절차는 다음과 같다.

[그림 7-3] 세계유산 등재절차[8)]

제1단계		제2단계		제3단계		제4단계
- 세계유산 등록신청 위한 예비단계 - 잠정목록 유네스코 제출	➡	유네스코 자문기구인 국제적 전문기관의 현지조사 및 평가 (ICOMOS, IUCN)	➡	세계유산위원회 집행이사회의 등록대상 검토 및 세계유산목록 등재여부 권고	➡	세계유산위원회 정기총회의 등록 여부 최종 심의 및 확정·공표

세계유산으로 신청하려면 먼저 해당 유산을 잠정목록(tentative list)에 가급적 1년 전에 등재해야 하며, 잠정목록에 등재되어 있지 않은 유산은 세계유산으로 신청이 불가능 하다. 신청기간은 연중이고 특별한 심사절차도 없다. 잠정목록은 당사국이 앞으로 세계유산목록에 등재할 유산의 예비목록이기에 수시로 갱신 가능하다.

매년 9월 30일에 예비신청서가 접수되며, 본 신청서는 매년 2월 1일 접수가 이루어지며, 신청은 연중 가능하지만 2월 1일을 넘겨 접수되는 신청서는 차기연도로 이월된다. 특히 2월 1일까지 접수된 신청서에 한해 세계유산센터가 자문기구에 현지실사 의뢰 이후 자문기구의 현지 실사 및 평가가 이루어진다. 문화유산은 국제기념물유적협의회(ICOMOS), 자연유산은 세계자연보전연맹(IUCN), 복합유산은 ICOMOS, IUCN 공동 조사가

8) 문창현(2003), 백령도지역의 유네스코 세계자연유산 등록을 위한 시론적 연구, 관광정책학연구, 9(1), p.103. 재인용.

이루어진다. 현지실사는 통상 당해연도 하반기에 자문기구의 전문가가 신청국을 방문, 유산의 보존 현황 및 가치 현지 조사가 이루어지며, 자문기구는 현지조사결과 및 서류 검토 등 논의결과를 바탕으로, 세계유산위원회에 신청유산의 세계유산 등재 여부에 대한 권고의견를 제출하게 된다.

3. 등재효과[9] 및 보호활동

세계유산에 등재되는 것은 해당 유산이 어느 특정 국가 또는 민족의 유산을 떠나 인류가 공동으로 보호해야 할 가치가 있는 중요한 유산임을 증명하는 것이다. 저개발국의 경우, 세계유산에 등재되면 세계유산기금 및 세계유산센터, 국제기념물유적협의회 등 관련 기구를 통해 유산보호에 필요한 재정 및 기술 지원을 받을 수 있다. 또한, 국제적인 지명도가 높아지면서 관광객 증가와 이에 따른 고용기회, 수입 증가 등을 기대할 수 있다. 세계유산으로 등재되면 정부의 추가적인 관심과 지원을 받을 수 있으므로 지역 발전에도 도움이 된다. 무엇보다 중요한 것은 세계유산으로 등재되면 세계유산이 소재한 지역 공동체 및 국가의 자긍심이 고취되고, 자신들이 보유한 유산의 가치를 재인식함으로써, 더 이상 유산이 훼손되는 것을 막고, 가능한 원 상태로 보존하는 데 크게 기여할 수 있다는 점이다.

우리나라를 비롯해 선진국들은 세계유산으로 등재되어도, 해당 유산 보존을 위해 세계유산위원회로부터 재정지원을 받는 경우는 거의 없다. 오히려 유네스코 신탁기금 등을 통해 저개발국 유산보존에 기여할 수 있는 계기로 삼는 것이 보편적이다.

세계유산으로 선정되어도 해당 유산의 소유권이나 관리는 이전과 변화가 없으며, 당사국 국내법의 적용을 받는다. 다만, 세계유산위원회는 당사국이 세계유산을 적정하게 보호 및 관리하고 있는지 주기적으로 보고서 제출을 요구할 수 있으며, 필요한 경우 현지 조사를 실시하기도 한다.

세계유산협약은 문화유산과 자연유산 지역을 보호하기 위해 국제지원을 해야 한다고 강조한다. 이를 위해 협약 제15조와 제18조에 따라 '세계 문화 및 자연유산 보호기금'이 만들어졌다. 이 기금은 당사국의 의무적 또는 자원에 따른 기부금으로 조성된 것이다. 이 기금을 바탕으로 국제적 지원이 이루어지며 이 기금은 세계유산지역의 보호를 위한 당사국 활동을 보완한다. 세계유산기금에 기부금을 납부한 당사국은 다양한 형태의 국

9) http://www.unesco.or.kr/heritage/wh/reg_effect.asp

제적 지원을 받을 수 있는 자격을 얻게 된다.

세계유산협약 운영지침은 긴급지원, 예비지원, 기술협력, 훈련 및 연구지원, 교육·정보·인식제고 지원 등 다섯 가지 지원형태를 규정하고 있다.

〈표 7-5〉 세계유산협약 운영지침

구 분	운영지침
긴급지원	갑작스럽고 예기치 못한 자연적·인위적 현상 때문에 피해 위험이 임박한 지역을 대상
예비지원	① 잠정목록을 준비 내지 갱신하거나 잠정목록 작성을 위한 회의 개최 ② 세계유산목록 신청 준비 ③ 훈련과정의 개최와 관련된 신청을 포함해 기술협력 준비(세계유산 국제전략, 대표성 강화, 유산지역 다양성 증가 필요성 등으로 인해 예비지원이 매우 중요하다)
기술협력	세계유산지역의 보존과 관리를 위한 전문가와 장비 파견 지원 수요와 배분액 면에서 국제적 지원 가운데 가장 큰 몫을 차지
훈련 및 연구 지원	세계유산의 확인, 보호, 보존, 홍보, 기능회복 등의 분야에서 모든 수준의 담당자 훈련 또는 세계유산지역에 필요한 연구와 과학적 조사 등을 목적으로 한 훈련 및 연구 지원
교육·정보·인식제고	세계유산협약에 대한 인식제고 목표. 인쇄물 발간, 번역, 정보자료 보급 등

〈표 7-6〉 세계유산 보호활동[10)]

구 분	활동내용
세계유산 현황 정기보고	세계유산협약 당사국들은 자국 내 세계유산 보존상태와 보호활동에 관하여 정기적으로 세계유산위원회에 보고할 의무가 있다. 이 보고를 통해 세계유산위원회는 유적지들의 상태를 평가하고 문제가 있을 경우 어떤 조치를 취할 것인지 결정한다. 그 조치 가운데 하나가 위험에 처한 해당 유산을 세계유산목록에 포함시키는 것이다. 위험에 처한 세계유산의 경우 매년 보존현황에 대해 보고해야 한다. 정기보고는 당사국들이 직접 제출하며, 6년을 주기로 대륙별로 나누어 준비한다.
대응 모니터링	대응 모니터링은 위험에 처한 세계유산들의 보호실태를 조사하는 것으로 정기보고와 별개로 위급한 상황이나 특별히 필요하다고 인정할 때 실시한다. 세계유산위원회와 유네스코 다른 부서, 세계유산위원회 자문기구들이 협력해 실시한다. 대응모니터링을 받는 당사국들은 세계유산센터를 통해 유산의 현황에 대해 세계유산위원회에 구체적으로 보고해야 한다.

10) http://www.unesco.or.kr/heritage/wh/activity.asp

구 분	활동내용
세계유산기금	재정지원 없이는 세계유산지역을 제대로 보호할 수 없을 것이다. 세계유산기금은 대표적인 재정적 지원의 출처 중 하나로서 당사국들의 의무분담금과 자발적인 기부금이 주를 이룬다. 다른 출처에는 세계유산 발행물의 판매수익 및 특정한 목적을 이루기 위해 각국에서 기부하는 신탁기금 등이 있다. 세계유산기금은 국제적으로 도움이 필요한 회원국들의 각종 활동들을 지원하려는 목적으로 연간 약 미화 400만 불을 제공한다. 여기에는 회원국의 의무적, 자발적 기부금 및 개인적인 기부금도 포함된다.
신탁기금 (Funds-in-Trust)	신탁기금은 일정한 목표와 대상에만 국한된 특정 활동을 지원하기 위해 각국에서 유네스코에 기부하는 기금을 말한다. 대표사례: 세계문화유산 보호를 위한 일본 신탁기금(Japanese FIT) 이 기금의 목적은 높은 가치를 지닌 역사적 기념물이나 고고학 유적지와 같은 유형문화유산을 보호하기 위함이다. 주로 지원하는 분야는 유산 복구, 보호 및 유산 관련 연구활동, 조사(고고학적 발굴활동 포함) 등이다. 필요한 경우 국제 전문가의 조언이나 첨단 장비들도 지원하며, 국제전문가 양성의 중요성을 인식하여 매 사업마다 관련 분야의 전문가 연수사업을 실시하고 있다. 반대로, 박물관 설립 및 개발, 문화관광사업 발달을 위한 새로운 시설 마련 등 앞에서 언급된 목적과 직접적인 관련이 없는 활동들은 기금의 수혜대상에서 제외된다. 일본은 누비아의 아부 심벨 사원, 인도네시아 보로부드르 사원, 파키스탄의 모헨조다로 유적지의 보호를 위해 일본 정부 차원에서 재정적, 기술적 지원을 하였고 그 규모는 유네스코 사업에 활발한 지원활동을 하는 세계유산협약 가입국 중 상위권이다.

4. 한국의 세계유산

세계유산이란 「세계유산협약」(1972)에 의거하여 유네스코 세계유산위원회가 인류 전체를 위해 보호되어야 할 뛰어난 보편적 가치(Outstanding Universal Value)가 있다고 인정하여 세계유산목록에 등재한 유산으로 문화유산, 자연유산 그리고 문화와 자연의 가치를 함께 담고 있는 복합유산으로 분류된다.

우리나라의 세계유산 등재현황을 살펴보면 2018년 11월 말 현재 13건의 세계문화유산이 등재되었고, 20건(2018.11.26. 씨름이 추가 등재)의 무형문화유산이 등재되었으며, 16건의 기록유산을 등재하고 있다.

〈표 7-7〉 유네스코 등재 세계유산자원

구분	연도	유산자원
문화유산 (13)	1995	종묘, 해인사 장경판전, 불국사 · 석굴암
	1997	창덕궁, 수원산성
	2000	경주역사유적지구, 고창 · 화순 · 강화 고인돌 유적
	2009	조선왕릉40기
	2010	하회마을, 양동마을
	2014	남한산성
	2015	백제역사유적지구
	2018	산사, 한국의 산지승원
무형문화유산 (20)	2001	종묘제례와 종묘제례악
	2003	판소리
	2005	강릉단오제
	2009	강강술래, 남사당놀이, 영산재, 제주칠머리당 영등굿, 처용무
	2010	가곡, 대목장, 매사냥
	2011	줄타기, 택견, 한산모시짜기
	2012	아리랑
	2013	김장문화
	2014	농악
	2015	줄다리기
	2016	제주해녀문화
	2018	씨름
기록유산 (16)	1997	훈민정음, 조선왕조실록
	2001	승정원일기, 직지심체요절
	2007	조선왕조의궤, 해인사 고려대장경판 및 제경판
	2009	동의보감
	2011	일성록, 5 · 18광주민주화운동기록물
	2013	난중일기, 새마을운동기록물
	2015	KBS이산가족찾기 생방송자료, 한국의 유교책판
	2017	조선왕실어보와 어책, 국채보상운동기록물, 조선통신사기록물
잠정목록	북한산성, 전남 강진도요지, 서남해안갯벌, 경남 울산대곡천 암각화군, 설악산 천연보호구역, 남해안 공룡화석지대, 중북내륙 산성군, 충남 아산 외암마을, 낙안읍성, 우포늪, 서원, 한양도성, 염전 등	

자료 : 유네스코 한국위원회(2018)

[그림 7-4] 한국의 유네스코 세계유산[11)]

석굴암과 불국사(1995년)

• 석굴암(石窟庵)과 불국사(佛國寺)는 신라 시대에 만들어진 고대 불교 유적이다. 석굴암은 불상을 모신 석굴이며, 불국사는 사찰 건축물이다. 두 유산은 모두 경주시 동남쪽의 토함산(吐含山)에 있으며, 약간의 거리를 두고 있다. 두 유산은 8세기 후반에 같은 인물이 계획해 조영하였으며 비슷한 시기에 완공되었다. 석굴암은 화강암을 이용해 인위적으로 쌓아 만든 석굴로 원형의 주실 중앙에 본존불(本尊佛)을 안치하고 그 주위 벽면에 보살상, 나한상, 신장상 등을 조화롭게 배치하였다. 불국사는 인공적으로 쌓은 석조 기단 위에 지은 목조건축물로 고대 불교 건축의 정수를 보여 준다. 특히 석굴암 조각과 불국사의 석조 기단 및 두 개의 석탑은 동북아시아 고대 불교예술의 최고 걸작 중 하나로 꼽힌다.

• 등재기준: (i) 석굴암과 불국사는 신라인들의 창조적 예술 감각과 뛰어난 기술로 조영한 불교 건축과 조각으로 경주 토함산의 아름다운 자연환경과 어우러져, 한국 고대 불교예술의 정수를 보여 주는 걸작이다.

• (iv) 석굴암과 불국사는 8세기 전후의 통일신라 시대 불교문화를 대표하는 건축과 조각으로, 석굴암은 인공적으로 축조된 석굴과 불상 조각에 나타난 뛰어난 기술과 예술성, 불국사는 석조 기단과 목조건축이 잘 조화된 고대 한국 사찰 건축의 특출한 예로서 그 가치가 두드러진다.

종묘(1995년)

• 서울시 종로구에 있는 종묘(宗廟)는 조선 시대 역대 왕과 왕비의 신위를 봉안한 사당이다. 왕이 국가와 백성의 안위를 기원하기 위해 문무백관(文武百官)과 함께 정기적으로 제사에 참여한 공간으로 왕실의 상징성과 정통성을 보여 준다. 동아시아의 유교적 왕실 제례 건축으로서 공간계획 방식이 매우 독특하고 그 보존 상태가 우수하다. 14세기 말에 창건되어 유지되다가 임진왜란 때 소실된 것을 17세기 초에 중건하였고 이후에도 필요에 따라 증축되어 현재의 모습을 갖추었다.

• 등재기준: (iv) 종묘는 유교 예제에 따라 왕과 왕비의 신위를 모시고 제사를 지내는 국가 기반시설이다. 한국인의 전통적인 가치관과 유교의 조상숭배관이 독특하게 결합된 한국의 사묘 건축 유형에 속한다. 죽은 자들을 위한 혼령의 세계를 조영한 건축답게 건물의 배치, 공간구성, 건축 형식과 재료에서 절제, 단아함, 신성함, 엄숙함, 영속성을 느낄 수 있다. 건축물과 함께 제사, 음악, 무용, 음식 등 무형유산이 함께 보존되고 있으며 오늘날까지 정기적으로 제례가 행해진다는 점에서 종묘의 문화유산 가치는 더욱 높아진다.

11) http://www.unesco.or.kr

해인사 장경판전(1995년)

• 경상남도 합천군 가야산에 있는 해인사(海印寺) 장경판전(藏經板殿)은 13세기에 제작된 팔만대장경(八萬大藏經)을 봉안하기 위해 지어진 목판 보관용 건축물이다. 주불전 뒤 언덕 위에 세워진 단층 목조건물로 15세기에 건립된 것으로 추정된다. 처음부터 대장경을 보관하기 위한 건물로 지어졌고 창건 당시의 원형이 그대로 보존되어 있다. 대장경 자체도 인류의 중요한 기록유산이지만 판전 또한 매우 아름답고 건축사적 가치가 높은 유산이다. 장경판전은 두 개의 긴 중심 건물 사이에 작은 두 개의 건물이 하나의 마당을 가운데 두고 마주보도록 배치되어 있다. 건물 자체는 장식적 의장이 적어 간결, 소박하며 조선 초기의 목구조 형식을 보여 준다.

• 등재기준: (iv) 해인사 장경판전은 15세기에 건립되었으며 대장경 목판 보관을 목적으로 지어진 세계에서 유일한 건축물이다. 효과적인 건물 배치와 창호 계획을 고려하는 동시에 경험을 통해 얻은 다양한 방식을 활용함으로써 대장경판을 오랜 기간 효과적으로 보존하는데 필요한 자연통풍과 적절한 온도 및 습도 조절이 가능한 구조를 갖추었다. 건물 안에 있는 판가 역시 실내온도와 습도가 균일하게 유지되도록 배열되어 있으며, 이러한 과학적 방법은 600년이 넘도록 변형되지 않고 온전하게 보관되어 있는 대장경판의 보존 상태에서 그 효과가 입증된다.

• (vi) : 고려 시대의 국가사업으로 제작된 팔만대장경은 그 내용의 완전성과 정확성, 판각 기술의 예술성과 기술성의 관점에서 볼 때 전 세계 불교 역사에서 독보적인 위치를 갖는다. 장경판전은 팔만대장경과 연관해 이해해야 하며 건축적, 과학적 측면에서 목판의 장기적 보존을 위해 15세기에 고안된 탁월한 유산으로 평가된다.

창덕궁(1997년)

• 창덕궁(昌德宮)은 서울시 종로구에 위치한 조선 시대의 궁궐이다. 건축과 조경이 잘 조화된 종합 환경디자인 사례이면서 동시에 한국적인 공간 분위기를 읽게 하는 중요한 문화유산이다. 15세기 초에 정궁인 경복궁 동쪽에 이궁으로 조성되었으며, 그에 따라 애초의 건립 목적이나 도성 내에 자리한 입지도 경복궁과 차이가 있었다.

• 등재기준: (ii) 창덕궁은 유교 예제에 입각한 궁궐 건축의 기본 양식을 따르면서도 건물의 배치나 진입 방식에서는 우리나라 궁궐 건축의 다양한 특성을 보여 준다. 궁궐의 정문인 돈화문은 서남쪽 모퉁이에 위치해 있으며, 정문의 진입로에서 직각으로 두 차례 방향을 틀어야 정전에 도달할 수 있는 구조이다. 지형지세에 따라 조성된 이러한 진입로의 배치는 남북 방향의 일직선 중심축을 따르는 경복궁이나 중국의 궁궐과는 차이가 있다. 건물과 주변 환경이 잘 조화된 창덕궁의 궁궐 배치는 우리나라와 중국의 궁궐 건축양식의 상호 교류를 통해 이루어졌으며, 우리나라 궁궐 건축의 창의성을 보여 준다.

- (iii) 창덕궁은 전통 풍수지리 사상과 조선왕조가 정치적 이념으로 삼은 유교가 적절히 조화된 대표적인 건축물이다. 전통 풍수에 입각하여 선정된 입지와 유교 이념에 따라 상징적, 기능적으로 배치된 창덕궁의 건물들은 조선 시대 고유의 독특한 유교적 세계관을 보여 준다.
- (iv) 창덕궁은 원래의 자연 지형을 존중하기 위해 궁궐 건축의 전통을 이탈하지 않으면서도 창조적 변형을 가해서 지어졌다는 점에서 탁월하다. 자연적인 산세와 지형을 그대로 살리기 위해 정형성을 벗어나 자유롭게 건물을 배치해 건축과 조경을 하나의 환경적 전체로 통일시킨 훌륭한 사례이다.

화성(1997년)

- 화성(華城)은 경기도 수원에 있는 조선 시대의 성곽이다. 정조(正祖)가 자신의 부친인 장헌세자의 묘를 옮기면서 읍치소를 이전하고 주민을 이주시킬 수 있는 신도시를 건설하기 위해 방어 목적으로 조성하였다. 1794년 2월에 착공하여 2년 반에 걸친 공사 후 완공되었다. 성곽 전체 길이는 5.74Km이며, 높이 4~6m의 성벽이 130ha의 면적을 에워싸고 있다.
- 등재기준: (ii) 화성은 그 이전 시대에 조성된 우리나라 성곽과 구별되는 새로운 양식의 성곽이다. 화성은 기존 성곽의 문제점을 개선하였을 뿐만 아니라 외국의 사례를 참고해 포루, 공심돈 등 새로운 방어 시설을 도입하고 이를 우리의 군사적 환경과 지형에 맞게 설치하였다. 특히 이 시기에 발달한 실학사상은 화성의 축조에 큰 영향을 끼쳤다. 실학자들은 우리나라와 중국, 일본, 유럽의 성곽을 면밀히 연구하고 우리나라에 가장 적합한 독특한 성곽의 양식을 결정하였다. 화성 축조에 사용된 새로운 장비와 재료의 발달은 동서양 과학기술의 교류를 보여 주는 중요한 증거이다.
- (iii) 화성은 분지로 이루어진 터를 둘러싸고 산마루에 축조된 기존의 우리나라 성곽과는 달리 평탄하고 넓은 땅에 조성되었다. 전통적인 성곽 축조 기법을 전승하면서 군사, 행정, 상업적 기능을 담당하는 신도시의 구조를 갖추고 있다. 화성은 18세기 조선 사회의 상업적 번영과 급속한 사회 변화, 기술 발달을 보여 주는 새로운 양식의 성곽이다.

경주 역사 지구(2000년)

- 경주 역사 지구에는 조각, 탑, 사지, 궁궐지, 왕릉, 산성을 비롯해 신라 시대의 여러 뛰어난 불교 유적과 생활 유적이 집중적으로 분포되어 있다. 특히 7세기부터 10세기 사이의 유적이 많으며 이들 유적을 통해 신라 고유의 탁월한 예술성을 확인할 수 있다. 경주는 신라의 수도로 신라의 1,000년 역사를 간직하고 있으며, 신라인의 생활 문화와 예술 감각을 잘 보여 주는 곳이다. 경주 역사 지구는 총 5개 지구로 이루어져 있다. 다양한 불교 유적을 포함하고 있는 남산지구, 옛 왕궁 터였던 월성지구, 많은 고분이 모여 있는 대릉원지구, 불교 사찰 유적지인 황룡사지구, 방어용 산성이 위치한 산성지구가 이에 해당한다.

- 등재기준: (ii) 경주 역사 지구에는 불교건축 및 생활 문화와 관련된 뛰어난 기념물과 유적지가 다수 분포해 있다.
- (iii) 신라 왕실의 역사는 1,000년에 이르며, 남산을 비롯해 수도 경주와 그 인근 지역에서 발견된 유물과 유적은 신라 문화의 탁월함을 보여 준다.

고창, 화순, 강화의 고인돌 유적(2000년)

- 한국의 고인돌은 거대한 바위를 이용해 만들어진 선사시대 거석기념물로 무덤의 일종이며, 고창, 화순, 강화 세 지역에 나뉘어 분포하고 있다. 한 지역에 수백 기 이상의 고인돌이 집중 분포하고 있으며, 형식의 다양성과 밀집도 면에서 세계적으로 유례를 찾기 어렵다. 이 세 지역의 고인돌은 고인돌 문화의 형성 과정과 함께 한국 청동기시대의 사회구조 및 동북아시아 선사시대의 문화 교류를 연구하는 데 매우 중요한 유산이다.
- 등재기준: (iii) 고창, 화순, 강화의 고인돌 유적은 기원전 1000년에 만들어진 것으로, 장례 및 제례를 위한 거석문화 유산이다. 이 세 지역의 고인돌은 세계의 다른 어떤 유적보다 선사시대의 기술과 사회상을 생생하게 보여 준다.

제주 화산섬과 용암 동굴(2007년)

- 총 면적 18,846ha 규모의 제주 화산섬과 용암 동굴(Jeju Volcanic Island and Lava Tubes)은 천장과 바닥이 다양한 색의 탄산염 동굴생성물로 이루어지고 어두운 용암 벽으로 둘러싸여 세계에서 가장 아름다운 동굴계로 손꼽히는 거문오름용암동굴계, 바다에서 솟아올라 극적인 장관을 연출하는 요새 모양의 성산일출봉 응회구(tuff cone), 그리고 폭포와 다양한 모양의 암석, 물이 고인 분화구가 있는 한국에서 가장 높은 한라산의 세 구역으로 구성된다. 빼어난 아름다움을 자랑하는 이 유산은 지질학적 특성과 발전 과정 등 지구의 역사를 잘 보여 준다.
- 등재기준: (vii) 전 세계에서 이와 유사한 동굴계 중 가장 우수한 것으로 평가되는 거문오름 용암 동굴계는 이런 종류의 용암 동굴을 이미 본 적 있는 사람조차 빼어난 시각적 효과에 감탄한다. 동굴 천장과 바닥에는 형형색색의 탄산염 생성물이 장식되어 있으며, 탄산염 침전물은 어두운 용암 벽에 벽화를 그린 것처럼 군데군데 덮여 있어 독특한 볼거리를 연출한다. 요새 형태의 성산일출봉 응회암은 벽면이 바다 밖으로 솟아나와 경관이 극적이다. 또한 계절에 따라 색과 모습이 달라지는 한라산은 폭포, 갖가지 모양으로 형성된 암석, 그리고 주상 절리(柱狀節理) 절벽, 분화구에 호수가 있는 우뚝 솟은 정상 등이 경관과 미적 매력을 더해 준다.
- (viii) 제주도는 세계에서 보기 드물게 움직이지 않는 대륙 지각판 위 열점(熱點, hot spot)에 생성된 대규모 순상 화산으로 특별한 가치를 지닌다. 거문오름 용암 동굴계는 전 세계적으로 보호받는 용암 동굴계 중 가장 인상적이고 중요한 동굴로 동굴생성물(speleothem)이 다양한

형태로 장관을 이루며 늘어서 있다. 이는 다른 용암 동굴 안에서는 흔히 볼 수 없는, 종유석 같이 부수적으로 생겨난 탄산염 동굴생성물이다. 성산일출봉 응회암은 구조적인 특성과 퇴적 특성이 드러나는 이례적인 곳으로서 얕은 바다에서 수중 폭발한 서치형(Surtseyan-type) 화산 폭발 과정을 알 수 있게 해 주기 때문에 세계적으로 가치를 평가받는다.

조선왕릉(2009년)

- 조선왕릉(朝鮮王陵)은 18개 지역에 흩어져 있고 총 40기에 달한다. 1408년부터 1966년까지 5세기에 걸쳐 만들어진 왕릉은 선조와 그 업적을 기리고 존경을 표하며, 왕실의 권위를 다지는 한편 선조의 넋을 사기(邪氣)로부터 보호하고 능묘의 훼손을 막는 역할을 했다. 왕릉은 뛰어난 자연경관 속에 자리 잡고 있으며, 보통 남쪽에 물이 있고 뒤로는 언덕에 의해 보호되는 배산임수(背山臨水)의 터이며, 멀리 산들로 둘러싸인 이상적인 자리를 선택해 마련되었다. 왕릉에는 매장지만 있는 것이 아니라 의례를 위한 장소와 출입문도 있다. 봉분뿐만 아니라 T자형의 목조 제실, 비각, 왕실 주방, 수호군(守護軍)의 집, 홍살문, 무덤지기인 보인(保人)의 집을 포함한 필수적인 부속 건물이 있다. 왕릉 주변은 다양한 인물과 동물을 조각한 석물로 장식되어 있다. 조선왕릉은 5,000년에 걸친 한반도 왕실 무덤 건축의 완성이다.
- 등재기준: (iii) 유교 문화의 맥락에서, 조선왕릉은 자연 및 우주와의 통일이라는 독특하고 의미 있는 장례 전통에 입각해 있다. 풍수지리의 원리를 적용하고 자연경관을 유지함으로서 제례를 위한 기억에 남을 만한 경건한 장소가 창조되었다.
- (iv) 조선왕릉은 건축의 조화로운 총체를 보여주는 탁월한 사례로, 한국과 동아시아 무덤 발전의 중요한 단계를 보여 준다. 왕릉은 특별한 (또한 규범화된) 건축물, 구조물 요소들의 배치를 보여 준다. 그리고 몇 세기에 걸친 전통을 표현하는 동시에 보강한다. 또한 미리 정해진 일련의 예식을 통한 제례의 생생한 실천을 보여 준다.
- (vi) 조선왕릉은 규범화된 의식을 통한 제례의 살아 있는 전통과 직접 관련된다. 조선 시대에 국가의 제사는 정기적으로 행해졌으며, 지난 세기의 정치적 혼란기를 제외하고 오늘날까지 왕실 및 제례 단체에 의해 매년 행해져 왔다.

한국의 역사마을: 하회와 양동(2010년)

- 14세기~15세기에 조성된 하회(河回)마을과 양동(良洞)마을은 한국을 대표하는 역사적인 씨족 마을이다. 숲이 우거진 산을 뒤로 하고, 강과 탁 트인 농경지를 바라보는 마을의 입지와 배치는 조선 시대(1392~1919) 초기의 유교적 양반 문화를 잘 반영하고 있다. 옛 마을은 주변 경관으로부터 물질적, 정신적 자양분을 함께 얻을 수 있는 곳에 자리하고 있다. 마을에는 종가와 양반들의 기거했던 목조 가옥, 정자와 정사, 서원과 사당, 옛 평민들이 살던 흙집과 초가집 등이 있다. 17세기~18세기의 시인들은

정자와 쉼터에서 마을을 둘러싼 강과 산과 나무의 경치를 바라보며 아름다운 시를 지어 노래했다.

- 등재기준: (iii) 하회마을과 양동마을은 가장 잘 보존되어 있고 대표적인 씨족 마을의 예로서, 조선 시대 초기의 특징인 촌락의 형태를 유지하고 있다. 마을의 입지와 배치와 가옥의 전통에서 두 마을은 500여 년 동안 엄격한 유교의 이상을 따라 촌락이 형성되었던 조선 시대의 유교 문화를 가장 잘 보여 주고 있다.
- (iv) 하회와 양동 두 마을은 한반도의 발전에 가장 큰 영향을 끼친 조선왕조의 영향이 반영되어 있다. 특히 양반과 평민 가옥들의 전체적인 배치와 개별적 배치의 조화는 조선왕조의 힘과 영향력이 문학과 철학적 전통뿐만 아니라 사회 구조와 문화적 전통에도 배어 있음을 의미한다.

남한산성(2014년)

- 서울에서 남동쪽으로 25km 떨어진 산지에 축성된 남한산성(南漢山城)은 조선시대(1392~1910)에 유사시를 대비하여 임시 수도로서 역할을 담당하도록 건설된 산성이다. 남한산성의 초기 유적에는 7세기의 것들도 있지만 이후 수차례 축성되었으며 그중에서도 특히 17세기 초, 중국 만주족이 건설한 청(淸)나라의 위협에 맞서기 위해 여러 차례 개축되었다. 남한산성은 승군(僧軍)이 동원되어 축성되었으며 이들이 산성을 지켰다. 남한산성은 중국과 일본으로부터 전해온 성제(城制)의 영향과 서구의 화기(火器) 도입에 따라 변화된 축성 기술의 양상을 반영하면서 당시의 방어적 군사 공학 개념의 총체를 구현한 성채이다. 오랜 세월 동안 지방의 도성이었으면서 아직도 대를 이어 주민들이 거주하고 있는 도시인 남한산성의 성곽 안쪽에는 당시에 만들어진 다양한 형태의 군사·민간·종교 시설 건축물의 증거가 남아 있다. 남한산성은 한민족의 독립성과 자주성을 나타내는 상징이기도 하다.
- 등재기준: (ii) 남한산성의 산성 체계는 17세기에 극동지역에서 발달한 방어적 군사 공학 기술의 총체를 구현하고 있다. 남한산성은 중국과 한국의 성제를 재검토한 결과이자 서구로부터 유입된 새로운 화기의 위협을 방어하기 위해 축성된 산성이다. 남한산성은 한국의 산성 설계에 있어 중요한 분기점을 이루었으며 축성된 이후에는 한국의 산성 건설에 지속적으로 영향을 미쳤다.
- (iv): 남한산성은 요새화된 도시를 보여주는 탁월한 사례이다. 17세기 조선시대에 비상시 임시 수도의 기능을 하도록 계획·건설된 남한산성은 이전부터 존경받아온 전통인 승군에 의해 축성되었으며 산성의 방어 역시 승군이 담당하였다.

- 대한민국 중서부 산지에 위치한 백제의 옛 수도였던 3개 도시에 남아 있는 유적은 이웃한 지역과의 빈번한 교류를 통하여 문화적 전성기를 구가하였던 고대 백제 왕국의 후기 시대를 대표한다. 백제는 기원전 18년에 건국되어 660년에 멸망할 때까지 700년 동안 존속했던 고대 왕국으로, 한반도에서 형성된 초기 삼국 중 하나였다. 백제역사유적지구는 공주시, 부여군, 익산시 3개 지역에 분포된 8개 고고학 유적지로 이루어져 있다.

백제역사유적지구(2015년)

- 등재기준: (ii) 백제역사유적지구의 고고학 유적과 건축물은 한국과 중국 및 일본의 고대 왕국들 사이에 있었던 상호교류를 통해 이룩된 백제의 건축 기술의 발전과 불교 확산에 대한 증거를 보여준다. (iii): 백제역사유적지구에서 볼 수 있는 수도의 입지, 불교 사찰과 고분, 건축학적 특징과 석탑 등은 백제 왕국의 고유한 문화, 종교, 예술미를 보여주는 탁월한 증거이다.

〈표 7-8〉 세계자연유산 제주유산지구 천연기념물 지정현황[12]과 소재지

구 분		천연기념물 지정현황(지정연도)
한라산 천연보호구역		제182호(1966년)
성산일출봉		제420호(2000년)
거문오름 용암동굴계	거문오름	제444호(2006년)
	김녕굴 및 만장굴	제98호(1962년)
	벵뒤굴	제480호(2008년)
	당처물동굴	제384호(1996년)
	용천동굴	제466호(2006년)

〈표 7-9〉 한국의 인류무형문화유산

구 분	등재연도
종묘제례(宗廟祭禮) 및 종묘제례악(宗廟祭禮樂)	2001년
판소리	2003년
강릉단오제	2005년
강강술래	2009년
남사당놀이	2009년
영산제	2009년
제주 칠머리당 영등굿	2009년
처용무	2009년
가곡(歌曲), 국악 관현반주로 부르는 서정적 노래	2010년

12) 제주발전연구원(2010), 제주지역 녹색관광 실태 및 활성화 방안; 제주특별자치도(2012), 유네스코 3관왕·세계 7대 자연경관 제주 생태관광 기본 및 실시계획.

구 분	등재연도
대목장(大木匠), 한국의 전통 목조 건축	2010년
매사냥, 살아있는 인류 유산	2010년
줄타기	2011년
택견, 한국의 전통 무술	2011년
한산(韓山) 모시짜기	2011년
아리랑, 한국의 서정민요	2012년
김장, 김치를 담그고 나누는 문화	2013년
농악(農樂)	2014년
줄다리기	2015년
제주해녀문화	2016년
씨름	2018년

자료: 유네스코 한국위원회(2018)

〈표 7-10〉 한국의 세계기록유산

구 분	등재연도
조선왕조실록(朝鮮王朝實錄)	1997년
훈민정음(訓民正音) 해례본	1997년
불조직지심체요절(佛祖直指心體要節), 하권(下卷)	2001년
승정원일기(承政院日記)	2001년
고려대장경판 및 제경판(高麗大藏經板-諸經板)	2007년
조선왕조 의궤(儀軌)	2007년
동의보감(東醫寶鑑)	2009년
1980년 인권기록유산 5·18 광주 민주화운동 기록물	2011년
일성록(日省錄)	2011년
난중일기(亂中日記): 이순신 장군의 진중일기(陣中日記)	2013년
새마을운동 기록물	2013년
KBS특별생방송 '이산가족을 찾습니다' 기록물	2015년
한국의 유교책판	2015년
조선왕실어보와 어책	2017년
국채보상운동기록물	2017년
조선통신사기록물	2017년

자료: 유네스코 한국위원회(2018)

[그림 7-5] 제주 세계자연유산

5. 세계유산목록

〈표 7-11〉 세계유산목록(국가별)

국 가	총 건수	유산종류	협약가입일
가나(GHANA)	2	문화 2	1975. 7. 4
가봉(GABON)	1	복합 1	1986.12.30
감비아(GAMBIA)	2	문화 2	1987. 7. 1
과테말라(GUATEMALA)	3	문화 2, 복합 1	1979. 1.16
그루지야(GEORGIA)	3	문화 3	1992.11. 4
그리스(GREECE)	17	문화 15, 복합 2	1981. 7.17
기니(GUINEA)	1	자연 1	1979. 3.18
나미비아(NAMIBIA)	1	문화 1	2000. 4. 6
나이지리아(NIGERIA)	2	문화 2	1974.10.23
남아프리카공화국(SOUTH AFRICA)	8	문화 4, 자연 3, 복합 1	1997. 7.10
네덜란드(NETHERLANDS)	9	문화 8, 자연 1	1992. 8.26
네팔(NEPAL)	4	문화 2, 자연 2	1978. 6.20
노르웨이(NORWAY)	7	문화 6, 자연 1	1977. 5.12
뉴질랜드(NEW ZEALAND)	3	자연 2, 복합 1	1984.11.22
니제르(NIGER)	2	자연 2	1974.12.23

국 가	총 건수	유산종류	협약가입일
니카라과(NICARAGUA)	2	문화 2	1979.12.17
덴마크(DENMARK)	4	문화 3, 자연1	1995. 5. 5
도미니카공화국(DOMINICAN REPUBLIC)	1	자연 1	1985. 2.12
도미니카연방(DOMINICA)	1	자연 1	1995. 4. 4
독일(GERMANY)	39	문화 36, 자연 3	1976. 8.23
라오스(LAO PEOPLE'S DEMOCRATIC REPUBLIC)	2	문화 2	1987. 3.20
라트비아(LATVIA)	2	문화 2	1995. 1.10
러시아(RUSSIAN FEDERATION)	25	문화 15, 자연 10	1988.10.12
레바논(LEBANON)	5	문화 5	1983. 2. 3
루마니아(ROMANIA)	7	문화 6, 자연 1	1990. 5.16
룩셈부르크(LUXEMBOURG)	1	문화 1	1983. 9.28
리비아(LIBYA)	5	문화 5	1978.10.13
리투아니아(LITHUANIA)	4	문화 4	1992. 3.31
마다가스카르(MADAGASCAR)	3	문화 1, 자연 2	1983. 7.19
마케도니아공화국(REPUBLIC OF MACEDONIA)	1	복합 1	1997. 4.30
말라위(MALAWI)	2	문화 1, 자연 1	1982. 1. 5
말레이시아(MALAYSIA)	4	문화 2, 자연 2	1988.12. 7
말리(MALI)	4	문화 3, 복합 1	1977. 4. 5
멕시코(MEXICO)	31	문화 27, 자연 4	1984. 2.23
모로코(MOROCCO)	9	문화 9	1975.10.28
모리셔스(MAURITIUS)	2	문화 2	1995. 9.19
모리타니(MAURITANIA)	2	문화 1, 자연 1	1981. 3. 2
모잠비크(MOZAMBIQUE)	1	문화 1	1982.11.27
몬테네그로(MONTENEGRO)	2	문화 1, 자연 1	2006. 6. 3
몰도바(MOLDOVA, REPUBLIC OF)	1	문화 1	1978.11.14
몰타(MALTA)	3	문화 3	1978.11.14
몽골(MONGOLIA)	3	문화 2, 자연 1	1990. 2. 2
미국(UNITED STATES OF AMERICA)	21	문화 8, 자연 12, 복합1	1973.12. 7
바누아투(REPUBLIC OF VANUATU)	1	문화 1	2003. 6.13
바레인(BAHRAIN)	2	문화 2	1991. 5.28
바베이도스(BARBADOS)	1	문화 1	2002. 4. 9

국 가	총 건수	유산종류	협약가입일
바티칸 시국(Vatican City State)	4	문화 4	1982.10. 7
방글라데시(BANGLADESH)	3	문화 2, 자연 1	1983. 8. 3
베냉(BENIN)	1	문화 1	1982. 6.14
베네수엘라(VENEZUELA)	3	문화 2, 자연 1	1990.10.30
베트남(VIETNAM)	7	문화 5, 자연 2	1987.10.19
벨기에(BELGIUM)	11	문화 11	1996. 7.24
벨라루스(BELARUS)	4	문화 3, 자연 1	1988.10.12
벨리즈(BELIZE)	1	자연 1	1990.11. 6
보스니아-헤르체고비나(BOSNIA AND HERZEGOVINA)	1	문화 1	1993. 7.12
보츠와나(BOTSWANA)	1	문화 1	1998.11.23
볼리비아(BOLIVIA)	6	문화 5, 자연 1	1976.10. 4
부르키나파소(BURKINA FASO)	1	문화 1	1987. 4. 2
북한(DEMOCRATIC PEOPLES'S REPUBLIC OF KOREA)	1	문화 1	1998. 7.21
불가리아(BULGARIA)	9	문화 7, 자연 2	1974. 3. 7
브라질(BRAZIL)	19	문화 12, 자연 7	1977. 9. 1
사우디아라비아(SAUDI ARABIA)	2	문화 2	1978. 8. 7
산마리노(SAN MARINO)	1	문화 1	1991.10.18
세네갈(SENEGAL)	7	문화 5, 자연 2	1976. 2.13
세르비아(REPUBLIC OF SERBIA)	4	문화 4	2001. 9.11
세이셸(SEYCHELLES)	2	자연 2	1980. 4. 9
세인트루시아(SAINT LUCIA)	1	자연 1	1991.10.14
세인트키츠네비스(SAINT KITTS AND NEVIS)	1	문화 1	1986. 7.10
솔로몬제도(SOLOMON ISLANDS)	1	자연 1	1992. 6.10
수단(SUDAN)	2	문화 2	1974. 6. 6
수리남(SURINAME)	2	문화 1, 자연 1	1997.10.23
스리랑카(SRI LANKA)	8	문화 6, 자연 2	1980. 6. 6
스웨덴(SWEDEN)	15	문화 13, 자연 1, 복합 1	1985. 1.22
스위스(SWITZERLAND)	12	문화 8, 자연 4	1975. 9.17
스페인(SPAIN)	43	문화 38, 자연 3, 복합 2	1982. 5. 4
슬로바키아(SLOVAK REPUBLIC)	7	문화 5, 자연 2	1993. 3.31
슬로베니아(SLOVENIA)	3	문화 2, 자연 1	1992.11. 5

국 가	총 건수	유산종류	협약가입일
시리아(SYRIAN ARAB REPUBLIC)	6	문화 6	1975. 8.13
아랍에미리트연합(Arab)	1	문화 1	1982.10. 7
아르메니아(ARMENIA)	3	문화 3	1993. 9. 5
아르헨티나(ARGENTINA)	8	문화 4, 자연 4	1978. 8.23
아이슬란드(ICELAND)	2	문화 1, 자연 1	1995.12.19
아일랜드(IRELAND)	2	문화 2	1991. 9.16
아제르바이잔(AZERBAIJAN)	2	문화 2	1993.12.16
아프가니스탄(AFGHANISTAN)	2	문화 2	1979. 3.17
안도라(ANDORRA)	1	문화 1	1997. 1. 3
알바니아(ALBANIA)	2	문화 2	1989. 7.10
알제리(ALGERIA)	7	문화 6, 복합 1	1974. 6.24
에스토니아(ESTONIA)	2	문화 2	1995.10.27
에콰도르(ECUADOR)	4	문화 2, 자연 2	1975. 6.16
에티오피아(ETHIOPIA)	9	문화 8, 자연 1	1977. 7. 6
엘살바도르(EL SALVADOR)	1	문화 1	1991.10. 8
영국(UNITED KINGDOM of GREAT BRITAIN AND NORTHERN IRELAND)	29	문화 24, 자연 4, 복합 1	1984. 5.29
예루살렘(요르단 신청)(JERUSALEM)	1	문화 1	1975. 5. 5
예멘(YEMEN)	4	문화 3, 자연 1	1980.10. 7
오만(OMAN)	5	문화 5	1981.10. 6
오스트레일리아(AUSTRALIA)	19	문화 2, 자연 13, 복합 4	1974. 8.22
오스트리아(AUSTRIA)	9	문화 9	1992.12.18
온두라스(HONDURAS)	2	문화 1, 자연 1	1979. 6. 8
요르단(JORDAN)	4	문화 3, 복합 1	1975. 5. 5
우간다(UGANDA)	3	문화 1, 자연 2	1987.11.20
우루과이(URUGUAY)	1	문화 1	1989. 3. 9
우즈베키스탄(UZBEKISTAN)	4	문화 4	1993. 1.13
우크라이나(UKRAINE)	5	문화 4, 자연 1	1988.10.12
이라크(IRAQ)	3	문화 3	1974. 3. 5
이란(IRAN)	15	문화 15	1975. 2.26
이스라엘(ISRAEL)	7	문화 7	1999.10. 6

국 가	총 건수	유산종류	협약가입일
이집트(EGYPT)	7	문화 6, 자연 1	1974. 2. 7
이탈리아(ITALY)	49	문화 45, 자연 4	1978. 6.23
인도(INDIA)	29	문화 23, 자연 6	1977.11.14
인도네시아(INDONESIA)	8	문화 4, 자연 4	1989. 7. 6
일본(JAPAN)	16	문화 12, 자연 4	1992. 6.30
잠비아(ZAMBIA)	1	자연 1	1984. 6.14
조지아(GEORGIA)	3	문화 3	1992.11. 4
중국(CHINA)	44	문화 31, 자연 9, 복합 4	1985.12.12
중앙아프리카공화국(CENTRAL AFRICAN REPUBLIC)	1	자연 1	1980.12.22
짐바브웨(ZIMBABWE)	5	문화 3, 자연 2	1982. 8.16
차드(CHAD)	1	자연 1	1999. 6.23
체코(CZECH REPUBLIC)	12	문화 12	1993. 3.26
칠레(CHILE)	5	문화 5	1980. 2.20
카메룬(CAMEROON)	1	자연 1	1982.12. 7
카보베르데(CAPE VERDE)	1	문화 1	1988. 4.28
카자흐스탄(KAZAKHSTAN)	3	문화 2, 자연 1	1994. 4.29
캄보디아(CAMBODIA)	2	문화 2	1991.11.28
캐나다(CANADA)	16	문화 7, 자연 9	1976. 7.23
케냐(KENYA)	6	문화 3, 자연 3	1991. 6. 5
코스타리카(COSTA RICA)	3	자연 3	1977. 8.23
코트디부아르(COTE D'IVOIRE)	4	문화 1, 자연 3	1981. 1. 9
콜롬비아(COLOMBIA)	7	문화 5, 자연 2	1983. 5.24
콩고(DEMOCRATIC REPUBLIC OF THE CONGO)	6	자연 6	1974. 9.23
쿠바(CUBA)	9	문화 7, 자연 2	1981. 3.24
크로아티아(CROATIA)	7	문화 6, 자연 1	1992. 7. 6
키르기스스탄(KYRGYZSTAN)	1	문화 1	1995. 7. 3
키리바시(KIRIBATI)	1	자연 1	2000. 5.12
키프로스(CYPRUS)	3	문화 3	1975. 8.14
타지키스탄(TAJIKISTAN)	1	문화 1	1979. 1.16
탄자니아(UNITED REPUBLIC OF TANZANIA)	7	문화 3, 자연 4	1977. 8. 2
태국(THAILAND)	5	문화 3, 자연 2	1987. 9.17

국 가	총 건수	유산종류	협약가입일
터키(TURKEY)	11	문화 9, 복합 2	1983. 3.16
토고(TOGO)	1	문화 1	1998. 4.15
투르크메니스탄(TURKMENISTAN)	3	문화 3	1994. 9.30
튀니지(TUNISIA)	8	문화 7, 자연 1	1975. 3.10
파나마(PANAMA)	5	문화 2, 자연 3	1978. 3. 3
파라과이(PARAGUAY)	1	문화 1	1988. 4.27
파키스탄(PAKISTAN)	6	문화 6	1976. 7.23
파푸아뉴기니(PAPUA NEW GUINEA)	1	문화 1	1997. 7.28
팔라우(Palau)	1	복합 1	2002. 6.11
팔레스타인(Palestine)	1	문화 1	2011.12. 8
페루(PERU)	11	문화 7, 자연 2, 복합 2	1982. 2.24
포르투갈(PORTUGAL)	15	문화 14, 자연 1	1980. 9.30
폴란드(POLAND)	11	문화 11	1976. 6.29
프랑스(FRANCE)	38	문화 34, 자연 3, 복합 1	1975. 6.27
핀란드(FINLAND)	7	문화 6, 자연 1	1987. 3. 4
필리핀(PHILIPPINES)	5	문화 3, 자연 2	1985. 9.19
한국(REPUBLIC OF KOREA)	10	문화 9, 자연 1	1988. 9.14
헝가리(HUNGARY)	8	문화 7, 자연 1	1985. 7.15

세계유산 성공사례: 캄보디아 앙코르와트[13)]

앙코르와트는 이곳을 통치했던 크메르(앙코르) 왕국이 세운 사원으로서, 12세기 크메르왕 수르야바르만 2세 때 앙코르와트가 지어졌으며 앙코르 시대 예술과 문화의 최고 전성기가 녹아 있는 건축물이라고 평가받는다. 즉 앙코르 건축을 대표하는 걸작으로 조각과 돔 등 모든 것이 최고이자 불가사의한 것으로 꼽힌다.

앙코르와트의 전체적인 구성을 살펴보면 중앙에 높은 중앙사당탑이 솟아 있고 동서남북으로 익랑이 뻗어 있다. 삼중 회랑이 이것들을 둘러싸고 있으며 입체적이면서도 웅장한 자태를 자랑한다. 사원의 외벽 길이가 총 5.5㎞에 이르며 중앙탑 높이는 65m에 달한다. 사원 벽에 새겨진 조각의 표정은 아직도 살아 있는 듯 섬세하고 또 아름답다. 그 시대에 얼마나 정성 들여 사원을 만들었는지 대단하다는 말로는 부족할 만큼 웅장하고 경이롭다. 거대한 유적지가 1860년에 발견되기 전까지 밀림 속에 조용히 자리를 지키고 있었다는 사실도 믿기 어렵다.

앙코르와트는 동남아시아 최대의 고고학 유적지 중 하나로서 9세기에서 15세기까지에 번성했던 크메르 왕조의 웅장한 건축물들로 구성되어 있다. 1993년, 유네스코는 문화유산 부서(the Division of Cultural Heritage)가 주도하고 세계유산센터의 협력 하에 앙코르와트 보호사업에 착수했다. 불법 발굴, 고고학 유적 약탈 및 지뢰 등이 주요 문제점으로 밝혀졌다.

세계유산위원회는 위와 같은 위험요소들이 사라졌고 유네스코의 유산보호 및 복구 활동들이 성공적으로 진행되었다고 판단하여 2004년 앙코르와트를 위험에 처한 세계유산목록에서 제외시켰다.

자료: http://www.unesco.or.kr/heritage/wh/act_success.asp

13) http://en.wikipedia.org/wiki/Angkor_wat

6. 지질공원(Geoparks)

1999년 유네스코 운영 프로그램으로 시작된 글로벌 지오파크Global Geoparks)는 보전, 지속가능한 개발과 지역사회 참여 등을 표방하며 전 세계적인 관심과 참여를 이끌게 되었으며, 2001년 이후 유네스코 Geoparks 프로그램 개발에서 벗어나서 적합한 개별회원들의 노력을 지원하는 차원으로 위상을 설정하였다.[14] 2012년 10월 기준 27개국 90개 회원들이 참여하고 있으며, European Geoparks Networks와 Asia-Pacific Geoparks Networks가 운영되고 있다.

〈표 7-12〉 세계지질공원 가이드라인[15]

구 분	내 용
크기와 장소	• 지역의 경제 및 문화발전에 기여할 수 있을 충분한 면적과 분명한 경계 • 세계적으로 중요한 지질유산, 과학적 중요장소, 희소성, 경관미 • 지질학적 중요성만 강조해서는 안되고 해당 지역의 전체적인 지리적 환경 감안 • 경관이나 지질 요소와 관련된 비지질적 주제(생태, 고고, 역사, 문화 등)도 포함
관리와 지역의 참여	• 관리계획과 조직구성이 필수 • 공원운영의 주체는 관리인프라, 전문인력, 재정능력을 갖춘 공공기관이나 지역단체 • 지방정부, 지역사회, 민간기업, 교육기관, 연구기관 등으로 협의체를 구성하여 공원계획과 운영에 지역사회 구성원의 의견을 반영하고 관심유도 • 지질공원 내의 관광과 경제활동은 지역여건 및 자연·문화적 특성과 조화되도록 계획하고 지역의 전통중시
경제적 이득	• 지질공원의 주목적은 환경과 문화를 유지하면서 사회·경제적 개발도모(생활여건과 지역환경 개선) • 지질공원의 경제적 파급효과(주민수입 증대 및 외부자본 유치)
교육	• 일반대중의 환경의식과 지구과학 지식을 고양 • 교육시설, 교육프로그램, 교육매체, 실험실습 도구, 학술조사 및 기타 지원 • 프로그램 내용, 인력, 물자자원과 함께 지역주민, 언론인, 정책결정자들과의 의견교환도 중요 • 학생, 교사, 환경과 문화에 관심있는 방문객, 관광안내를 원하는 주민에 대한 교육
보호와 보존	• 지역대표 암석, 광물자원, 광물, 화석, 지형, 경관등 보호 대상 • 공원내 지질유산의 보호수준과 방법은 전적으로 해당 국가에서 결정 • 관리당국은 관련 법정기관(예; 환경청, 문화재청)의 자문을 받아 적절하고 확실한 보호 방안과 수단(시설)을 강구해야 함
세계 네트워크	• 네트워크 가입통한 국제적 인증과 관리정보 및 인력교류 • 주요활동(지질유산 보호, 교육, 지속가능한 사회, 경제, 문화발달, 다문화 교류창구 제공통한 지질-문화 다양성 보존, 유지, 학술연구 촉진, 상호협력 통한 네트워크 활동 적극 기여 등)

14) http://www.globalgeopark.org
15) 윤석훈(2009), 세계지질공원의 특성과 우수사례, 지질공원워크숍 발표자료 재인용.

제주 지질공원

지질공원은 1972년 세계유산에 견줄 만한 개념으로 지질유산(geoheritage)이 언급됨에 따라 파생되었고, 1989년 국제지질과학연맹(IUGS)이 지질명소(geosite)를 도입하여 지질목록을 작성한 이래, 1992년 브라질 리우데자네이루에서 열린 국제연합환경개발회의(UNCED)에서 지질유산의 보호를 천명했으나, 2000년에 와서야 비로소 4개 지질공원이 유럽지질공원 네트워크를 결성하게 되었으며, 이후 2001년 UNESCO 과학분야와 유럽지질공원 네트워크가 협정을 맺으면서 UNESCO의 공식활동이 시작하게 되었다.

지질공원의 위계는 세계지질공원 네트워크, 권역별 지질공원 네트워크, 국가지질공원, 지역지질공원 등으로 나뉜다. UNESCO의 세계지질공원 네트워크에 가입된 지질공원은 2009년 12월 현재 19개국 64개이며, 한국은 유일하게 2010년 10월 1일 한라산, 성산일출봉, 만장굴, 서귀포층, 산방산과 용머리해안, 수월봉, 중문대포해안 주상절리대, 천지연폭포가 지질공원으로 등재되었다.

세계지질공원과 인접한 마을은 7개 읍・면・동과 성산리, 중문동, 서귀동, 사계리, 고산리 등이다. 제주도 지질공원 중 한라산 국립공원, 성산일출봉, 만장굴은 유네스코 세계자연유산이기도 하다.[16)]

[그림 7-6] 제주 지질공원 현황

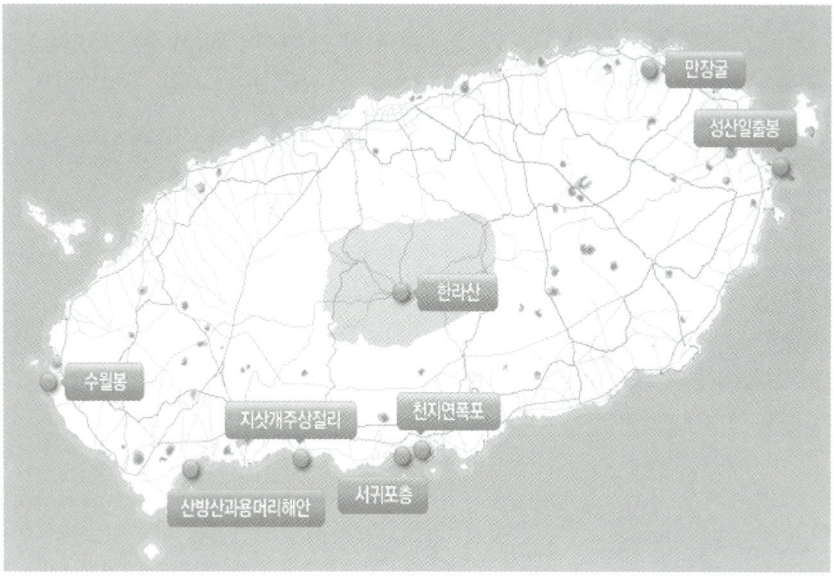

16) 제주특별자치도(2012), 유네스코 3관왕・세계 7대 자연경관 제주 생태관광 기본 및 실시계획.

[그림 7-7] 주요 지질공원 네트워크[17)]

조직명	주요내용
	- 글로벌 Geoparks 네트워크에 소속된 회원국은 27개국 90개 회원이 소속되어 운영 중(2012.10월 기준)에 있으며, 2000년에 설립된 European Geopark Network(2000년 설립)와 Asia-Pacific Geoparks Network(2007년에 설립)에 회원이 소속되어 운영 중에 있음 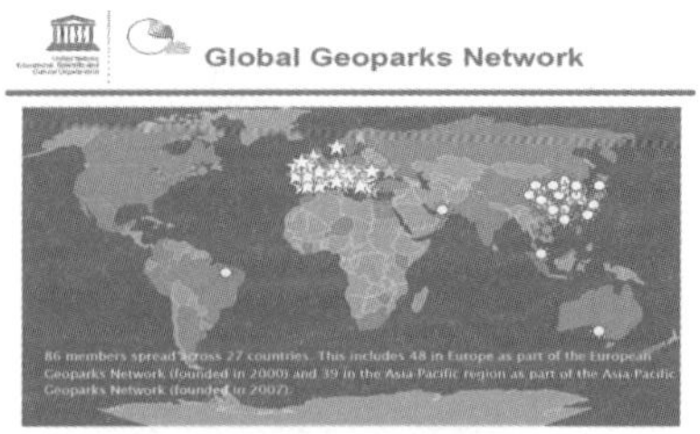 자료: UNESCO[18)]
European Geopark Network[19)]	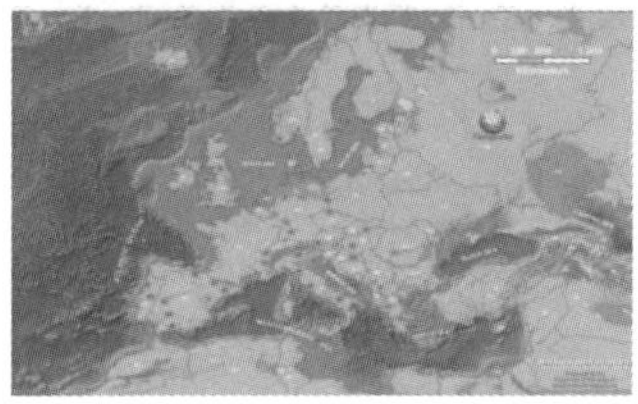 - 18개국 52개 회원이 소속되어 있으며, 관광과 지질관광(Geo Tourism)투어리즘의 목적지로서 지질공원을 운영하고 있음
Asia-Pacific Geoparks Network[20)]	- 지질공원 유산의 보전과 지질공원 지정에 따른 전략적 발전에 기여할 수 있는 협력지원을 제공하기 위한 목적으로 운영되고 있음 - 두 개의 위원회가 본 조직체를 지원하고 있음 (Advisory committee and Coordination committee)
Geoparks Japan[21)]	- 일본 국가지질공원(Geological History of Dinosaur Valley Fukui Katsuyama Geo Park) - 공룡화석지대이며 1989년부터 지질연구와 조사가 진행중이며, 공룡주제하에 지질공원을 구성하고 있음

17) 제주특별자치도(2012), 유네스코 3관왕 · 세계 7대 자연경관 제주 생태관광 기본 및 실시계획 보고서.

7. 생물권보전지역(Biosphere Reserve)[22]

생물권보전지역(biosphere reserve)은 생물다양성의 보전과 이의 지속가능한 이용을 조화시킬 수 있는 방안을 모색하기 위해 전 세계적으로 뛰어난 생태계를 대상으로 유네스코가 지정한 육상・연안 또는 해양생태계를 의미한다. 생물권보전지역은 인간과 생물권계획(MAB: Man and the biosphere programme)의 틀 안에서 국제적으로 인정되는 육상・해안・해양 생태계 또는 이들이 조합된 지역으로 유네스코 MAB/ICC(인간과 생물권계획 국제조정이사회)에서 지정하는 것이다.

전 세계적으로 114개국 580개 지역이 지정되어 있다(2012년 3월 기준). 국내에는 설악산(1982), 제주도(2002), 신안다도해(2009), 광릉숲(2010)의 4곳이 지정되어 있다. 제주생물권보전지역 구역은 2002년 지정, 한국의 경우 1982년 지정된 설악산에 이은 2번째이며, 해당권역은 한라산 국립공원을 중심으로 해발 200m 이상의 중산간 지역과 영천 및 효돈천의 하천생태통로 및 문섬, 섶섬, 범섬을 포함하는 서귀포 해양생태공원(전체면적 : 830.94km^2)에 해당된다. 제주의 경우 생물권 보전지역이 '세계자연유산'으로 이중 지정(세계적으로 70개)되었다.

〈표 7-13〉 제주 생물권보전지역의 구분

구 분	내 용
핵심지역(core area) : 151.58km^2	• 육상 : 한라산 국립공원, 영천・효돈천 천연보호구역 • 해양 : 섶섬, 문섬, 범섬 천연보호구역, 서귀포 시립해양공원
완충지역(buffer area) : 146.01km^2	• 육상 : 한라산 국립공원 인접 국유림 및 국립공원 북측 일부 • 해양 : 서귀포 시립해양공원 일부
전이지역(transition area) : 522.25km^2	중산간 지역(개략 고도 200-600m, 도시계획구역 제외)과 서귀포 시립해양공원(완충지역 제외) 및 효돈천 하구 앞 해상

18) http://www.unesco.org/new/fileadmin/MULTIMEDIA/HQ/SC/pdf/IGCP40_Geoparks_Patzak.pd(2012).
19) http://www.europeangeoparks.org
20) http://asiapacificgeoparks.org
21) http://www.city.katsuyama.fukui.jp
22) 제주특별자치도(2012), 유네스코 3관왕・세계 7대 자연경관 제주 생태관광 기본 및 실시계획 보고서.

[그림 7-8] 제주 생물권보전지역

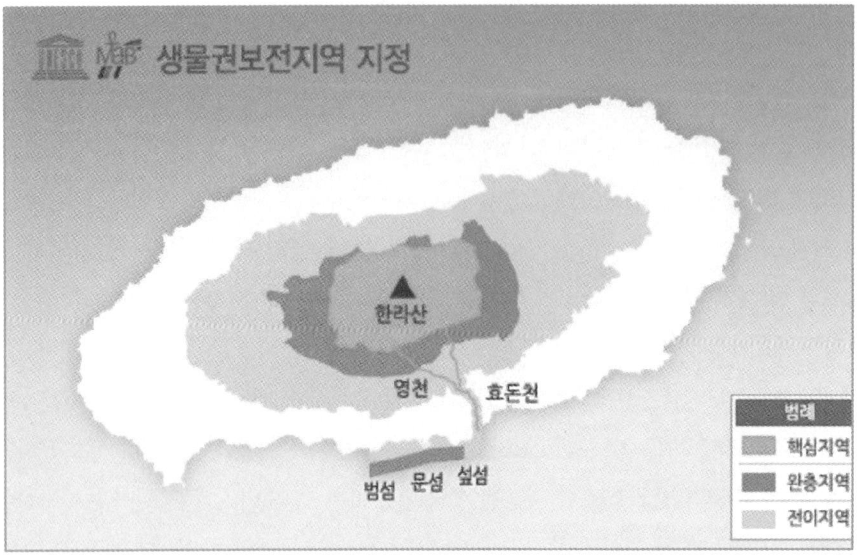

THINK ABOUT IT

유네스코 세계유산으로 지정된 자연유산과 문화유산 중 관광상품화된 유산의 긍정적인 측면과 부정적인 측면에 대하여 생각해 봅시다.

PART 3 관광자원의 개발

Chapter **8**

관광지 수용력

1. 수용력의 개념 및 유형

1) 수용력의 개념

수용력(carrying capacity)이란 최초 방목학에서 발생된 개념으로 일정한 범위의 지역이 수용할 수 있는 동물의 개체수를 의미하는 개체군성장 이론에서 시작되었다.[1] 이는 자연과학 생물학분야에서 일정한 규모의 서식환경에서 동·식물의 개체군이 속한 생태계 또는 서식지가 회복 불가능한 상태로 훼손되지 않는 가운데 그 동·식물이 생존할 수 있는 최대 개체군 밀도(maximum population density)를 의미한다.[2] 이러한 수용력은 그 범위를 생태적·물리적·사회문화적 제반 영역 등을 포함하면서 관광분야에서도 관광지 개발이나 방문자 수에 의한 자연환경과 역사문화적 자원이 가지는 변화의 한계를 제시하고 있다. 관광관련 분야에서 수용력 개념을 도입한 것은 1950년대 휴양자원의 수용능력에 대한 관심에서 시작되었다고 볼 수 있다. 이후 최근까지도 휴양·관광분야에서 수용력의 개념은 관리수단으로서 중요한 논의의 대상이 되고 있다.

일반적으로 관광분야에서 논의되는 관광수용력(tourism carrying capacity)은 일정한 관광지내에 수용할 수 있는 관광객의 최대 인원수로 정의하고 있지만, 학자들 간에 두 가지 견해가 상존하고 있다. 그 중 하나는 관광지 지역주민이 관광의 부정적인 영향을 느끼지 않고 관광을 수용할 수 있는 관광목적지의 능력이고 다른 하나의 견해는 관광지의 훼손 또는 쇠퇴 없이 관광객을 계속 만족시키고 유인할 수 있는 수준으로서의 능력을 말

1) 신원섭(1999), 산림휴양 관리의 새로운 패러다임, 한국산림휴양학회, 3(1·2), pp.53-62.
2) 박석희(2014), 신관광자원론(제4판), 대왕사.

한다.3) 이는 해당 관광목적지 지역주민의 사생활 보호와 갈등을 최소화 하여 삶의 질을 유지하거나 향상시킬 수 있는 방문자 수의 제한이나 관광관련 시설관리 그리고 생태적 변화가 동시에 고려된다.4) 결국, 관광수용력은 관광목적지의 지속가능성과 지역주민의 삶에 대한 질적 향상은 물론 방문자들에게도 질적인 관광경험을 제공하는데 영향력을 갖는다고 볼 수 있다.

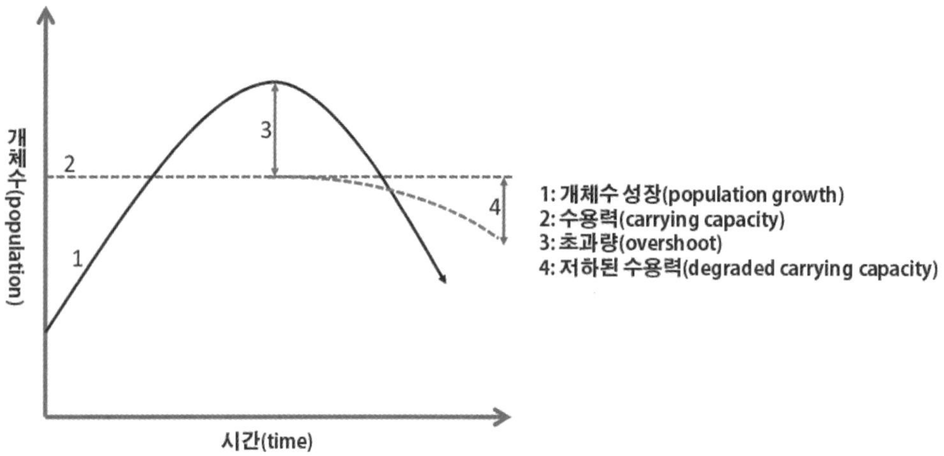

[그림 8-1] 시간적 흐름과 개체수로 살펴 본 수용력의 개념 및 분석 그래프

이와 같이 관광목적지 적정 수용력이란 관광자원을 적절하게 보호하면서 동시에 관광객을 만족시키는 가운데 일정기간 동안 관광자원이 감당할 수 있는 관광이용량을 말한다. 즉 관광수용력은 관광객의 관광경험에 대한 질적 수준을 최적의 수준으로 유지시키고 지역주민이 관광에 대하여 긍정적인 인식을 가지는 범위 내에서 관광지의 자연환경이나 역사문화적 자원을 훼손시키지 않으면서 관광목적지가 수용 가능한 최대 이용자 수를 의미한다.5) 이러한 수용력은 단순히 숫자로 표시되는 기술적인 산물이 아니며, 오히려 가치 판단의 산물로 보아야 한다. 그 지역의 최적 이용수준 목표선정에 있어서 생물적 · 물리적 영향의 고려뿐만 아니라 사회적 요인, 관리적 요인까지 조사되어야 한다.6)

---

3) O'Reilly, A.M.(1986), Tourism carrying capacity: Concept and issues, Tourism Management, 7(4), pp.254-258.
4) 김지혜 · 류도암 · 윤성일 · 이혁우(2014), 관광지로서의 궁궐 공간의 관람객 수용력에 관한 연구: 경복궁을 중심으로, 관광연구, 29(3), pp.83-104.
5) 김창수 · 김의근(1995), 관광지의 적정 수용력 측정에 관한 연구, 관광품질시스템연구, 1(2), pp.41-58.
6) 국립공원연구원(2008), 국립공원 수용력 조사 연구: 북한산 및 지리산 국립공원(노고단), 국립공원연구원 연구보고 2008-03.

그렇기에 Wagar(1964)의 표현대로 수용력이라는 '마의 숫자(magical figure)'[7]가 도출되면 관광목적지 관리는 물론 해당 지역의 자연환경과 역사적 자원 그리고 사회문화적인 환경도 질적으로 관리될 수 있다.

[그림 8-2] 수용력 개념의 패러다임 변화

기술적 산물
이 지역의 수용력은 얼마인가?

↓

생태적 수용력	⇔	**물리적 수용력**
⇕		⇕
사회적 수용력	⇔	**관리적 수용력**

↓

가치판단 산물
자원・이용경험의 훼손이 발생하지 않는 수준인가?

자료: 국립공원연구원(2008), 국립공원 수용력 조사 연구: 북한산 및 지리산 국립공원(노고단), 국립공원연구원 연구보고 2008-03에서 p.13.

2) 수용력의 유형

수용력의 개념은 학자마다 다양하게 정의되고 있지만 그 기본 개념은 유사하며, 이러한 이용력의 유형은 크게 생태적 수용력(ecological carrying capacity), 물리적 수용력(physical carrying capacity), 사회적 수용력(social carrying capacity)으로 구분되어 설명되고 있다.[8] 첫째, 생태적 수용력은 특정 지역에서 환경의 질이 저하되지 않고 유지될 수 있는 최대 개체군의 밀도로서 식생, 토양, 수자원, 야생동물 등이 심각하게 훼손 또는 감소되어 자기회복능력을 상실하는 정도 이내의 이용수준을 말한다. 둘째, 물리적 수용력은 인공적인 구조물이나 시설물의 최적 공간규모, 즉 시설이 수용할 수 있는 능력으로서 도시 및 지역계획상의 옥내 공간 규모설정에 많이 적용되며 장소나 건물 내에서 특정 활동에 참여할 수 있는 이용객의 최대 허용수준을 의미한다. 끝으로 사회적 수용력은 보유하고 있는 경험의 질을 제공하는 동안에 만족도를 떨어뜨리지 않으면서 지속시킬 수 있는 수준, 즉 이용객 만족이 극대화되는 밀도, 이용객이 타 대체지역으로 회피하지 않을 정도의 혼잡한 수준을 의미한다. 이에 이전의 환경적 수용력과 생태적 수용력이 생태학자나 환경학자, 식물학자 등의 기술적인 영역이라 하면, 사회적 수용력은 이용자 중심의 관광

7) Wagar, J.(1964), The carrying capacity of wild lands for recreation. Forest Science Monograph 7. Washington, DC: Society of American Foresters.
8) 김사헌(2003), 관광경제학, 백산출판사.

〈표 8-1〉 수용력(carrying capacity)의 유형

연구자	유 형
O'Reilly (1986)	• 물리적 수용력(physical carrying capacity): 해변, 역사적 건축물, 관광명소 등이 훼손되기 시작하거나, 환경오염문제가 제기되기 시작하는 시점의 한계 • 사회적 수용력(social carrying capacity): 관광지의 지역주민들의 허용 수준 • 경제적 수용력(economic carrying capacity): 지역의 경제활동을 위축시키지 않으면서 관광기능을 흡수할 수 있는 능력
Penfold (1983)	• 물리적 수용력(physical carrying capacity): 생물서식지의 비생물적 측면을 강조하는 것으로 주로 인공구조물이나 인간 활동의 공간량적 한계를 나타내는 수용력 • 생태적 수용력(ecological carrying capacity): 자연환경생태계를 훼손시키지 않는 범위 내에서 인간의 활동을 흡수 지탱해 낼 수 있는 능력 • 심리적 수용력(psychological carrying capacity): 인간이 어떠한 요구된 활동을 행함에 있어서 바라는 일정 수준의 질을 유지하고 만족을 느끼기 위해 필요로 하는 환경조건
Godschalk & Axler (1977)	• 환경적 수용력(environmental carrying capacity): 토양, 경사, 식생, 습지, 경관자원, 자연재해, 수질, 수자원공급, 대기의 질, 에너지이용가능성 등의 요소를 대상으로 하는 수용력 • 제도・서비스 수용력(institution/service carrying capacity): 자본집약시설과 하부구조시설로서 교통, 하수처리, 오수처리, 학교 및 휴양시설과 일반 행정서비스, 계획 및 토지이용규제법규 등의 요소를 대상으로 하는 수용력 • 경제적 수용력(economic carrying capacity): 시장, 고용, 주택, 농업생산성, 어업 및 임업생산성, 기타 지방자원중심산업의 생산성을 대상으로 하는 수용력 • 지각・행태적 수용력(perceptual/behavioral carrying capacity): 다른 형태의 수용능력을 조절함에 있어 나타나는 태도의 중요성 정도를 대상으로 하는 수용력
Shelby & Herberlein (1987)	• 생태적 수용력(ecological carrying capacity): 식물, 동물, 토양, 물, 공기 등의 환경체계 질에 영향을 미치는 이용수준 결정에 관한 수용력 • 물리적 수용력(physical carrying capacity): 미개발 지역의 공간 총량에 관한 수용력 • 시설 수용력(facility carrying capacity): 관광객의 욕구를 충족시켜주기 위해 인위적으로 만들어 놓은 관광시설물에 관한 수용력 • 사회적 수용력(social carrying capacity): 인간의 경험에 변화에 관한 수용력
WTO (1983)	• 물리적 수용력(physical carrying capacity): 자연 및 인공 환경의 보전에 관한 수용력 • 사회적 수용력(social carrying capacity): 전통문화의 파괴 없이 방문자를 받아들이는데 관한 수용력 • 경제적 수용력(economic carrying capacity): 지역사회에 대한 편익과 방문자의 비용에 관한 수용력 • 하부시설 수용력(infrastructure carrying capacity): 주민이나 방문자 모두에게 불편을 주지 않는 수용력

자료: 김창수・김의근(1995), 관광지의 적정 수용력 측정에 관한 연구, 관광품질시스템연구, 1(2), pp.45-46.

학적 연구에서 주된 관심분야라 할 수 있다.

다시 말하면, 생태적 수용력은 자연과학적 입장을 견지한 것으로 객관적 장비를 통해 측정이 가능한 반면 사회적 수용력은 장소의 유형이나 특성 그리고 이용객의 동기 측면에 따라 달라질 수 있다. 그렇기에 사회적 수용력은 정확히 측정하는데 어려움이 있으며, 일반적으로 방문객을 중심으로 설문조사나 인터뷰 등을 통해서 한정적인 공간에서 대다수의 사람들이 만족할 수 있는 범위를 찾아서 이를 사회적 수용력의 중요한 지표로 삼는 경향이 강하다.[9] 특히, 관광에서 사회적 수용력은 관광지내에서 관광객 수에 의한 혼잡한 정도와 무질서로 이는 관광객의 경험의 질과도 관련이 있으며, 한정적인 공간에서 지나치게 많은 사람들이 동시에 활동하면서 불쾌감을 느낄 수 있다. 즉 관광활동을 하는 데 있어 만족도를 저해하지 않을 정도의 활동용량을 가리키는 것으로 이해할 수 있다. 이러한 수용력은 단순히 물리적 공간에 대한 수용력이라기보다는 많은 이용객들로 인해 불쾌감을 느끼지 않도록 사회·심리적인 수용력의 개념을 도입한 것으로 볼 수 있다.

정리하면, 관광수용력은 생태적·물리적·사회적 환경에 파괴나 훼손 없이 관광객 만족의 질을 떨어뜨리지 않으면서 동일한 시간대에 관광목적지를 방문할 수 있는 관광객 수의 최대치를 의미한다. 따라서 일반적으로 관광에서의 수용력은 생태계가 파괴되지 않는 범위에서 최대의 관광객 수용능력에 대한 생태적 수용력, 일정 지역에서 수용할 수 있는 관광객의 최소한의 수 그리고 인공구조물이나 시설물의 최적 공간규모에 대한 물리적 수용력, 관광객이 일정수준 이상이 이용하게 되면 혼잡과 치안, 쓰레기 등의 사회적인 문제에 대한 사회적 수용력으로 구성된다. 이외에 고려되는 수용력에는 환경의 특성에 대해 인간이 환경을 감지할 때 이전과 다르다고 느끼지 못할 정도의 변화나 활동량을 분석하는 것으로 환경보호 관점에서의 수용력, 관광자원의 활용을 통해 해당 지역의 경제에 미치는 영향, 혹은 해당 지역의 경제를 지지할 수 있는 범주를 분석한다는 의미를 가지는 경제적 수용력 그리고 제도·서비스 수용력 등이 있다(〈표 8-1〉 참조).

2. 수용력의 추정기준 및 접근방법

1) 수용력의 추정기준

수용력은 부정적인 영향이 발생하기 시작할 때의 임계 수준으로 관광자원이 가진 매

9) 김지혜·류도암·윤성일·이혁우(2014), 관광지로서의 궁궐 공간의 관람객 수용력에 관한 연구: 경복궁을 중심으로, 관광연구, 29(3), pp.83-104.

력을 감소시키거나 환경을 훼손시키지 않으면서 일정기간 동안 일정 지역을 이용할 수 있는 이용자의 수를 의미한다.[10] 이러한 수용력을 추정할 수 있는 기준은 시간과 공간, 이용자 비율, 임계 용량 등으로 계량화할 수 있다.[11] 먼저, 시간적인 기준은 특정 시간대에 동시에 수용 가능한 최대 이용자의 수, 일일 또는 주간에 수용할 수 있는 최대 이용자의 수 그리고 계절성이나 수요패턴의 변화를 고려한 연간 수용 가능한 이용자의 수를 들 수 있다. 다음 공간적 측면에서의 기준(공간 계수 = 1 / 1인당 요구면적)은 일반적으로 관련 시설의 규모나 교통량 등의 절대단위와 면적당 수용 가능한 사람의 수를 나타내는 밀도단위 그리고 설비비율은 1인당 차지하는 면적으로 표시된다.

밀도단위에 의한 수용력 = 단위 면적당 수용가능한 사람 수 × 전체 면적

이어서 관광객 비율과 임계용량에 의한 수용력 추정을 살펴보면, 먼저 관광객 비율은 지역의 인구, 교통량, 경제적 편익 등의 요인들을 고려하여 분석되고 있다. 이는 특정 지역에 상주하는 전체 인구수에 대한 숙박하는 관광객 수의 비율로 설명될 수 있다. 그리고 임계용량(임계용량 = 가용용량 / 1인당 1일 소비량)은 경제적인 수용력이나 관련 시설에 대한 수용력을 추정하는 기준으로 이에 관광자원의 경제성은 최소 이용자의 수에 결정되고, 또한 새로운 조치를 취하지 않고도 수요에 대한 공급을 할 수 있는 최대 이용자의 수도 해당된다.

이와 같이 적정 수용력을 추정하는 기준은 다양한 측면에서 고려되고 있으며, 자원의 성격에 따라 다소 차이가 있다. 그 중 유형자원에 대한 한계는 대부분 극복할 수 있으며, 통제도구에 의해 조정이 가능하지만 무형자원에 대한 수용력은 추정하는 기준이나 관리하는 측면에서 어려움이 있으므로 관련 요인들을 포괄적으로 살펴보아야 한다. 그리고 관광수용력에서 중요한 요인인 지역주민의 인식 및 태도, 관광자원의 질이나 혼잡한 정도, 지역주민의 태도에 영향을 받는 관광객의 만족, 관광개발의 규모와 범위, 관광지의 비용과 편익 등에 근거한 기준들이 수용력을 추정하는데 중요한 역할을 한다. 이외에 UNWTO가 관광지와 관광객의 측면에서 제시한 수용력의 추정기준들을 살펴보면 다음 〈표 8-2〉와 같다.

10) 박석희(2014), 신관광자원론(제4판), 대왕사.

11) UNWTO(1983), Risks of saturation or tourist carrying capacity overload in holiday destinations.

〈표 8-2〉 UNWTO가 제시한 수용력의 추정기준

기 준	관광지의 환경적 측면	관광지 이미지 및 관광객 만족도 측면
물리적 환경	• 혼잡과 가시적 환경에 대한 영향 • 생태계가 유지되는 수준 • 육지 · 해양의 야생동물과 식물보호 • 대기, 수질, 소음공해의 허용치	• 관광지의 청결과 무공해 • 혼잡하지 않은 관광환경 • 아름다운 경관 및 건축 환경 • 생태계와 동 · 식물계의 보존
경제적 환경	• 적정한 경제적 이익 창출의 규모 • 지역사회에 적합한 고용규모	• 관광객의 비용 및 대가
사회문화적 환경	• 생활양식과 활동에 해가 되지 않는 관광개발 규모 • 지역문화 보존에 도움이 되는 관광 수준	• 지역사회 및 문화에 대한 관심 • 예술, 공예품, 요리, 민속축제, 문화행사의 질 • 지역주민의 친절
기반시설 환경	• 교통시설 및 서비스의 적정 유용치 • 상 · 하수도, 전력, 폐기물, 통신시설의 적정 규모 • 공공안전과 관련된 지역사회의 시설 및 서비스 적정 유용량	• 교통시설 및 서비스의 적정 수준 • 상 · 하수도, 전기, 통신시설 등의 서비스 적정 수준 • 기타시설 및 서비스의 적정 수준

자료: Inskeep, E.(1991), Tourism Planning, Van Nostrand Reinhold, pp.146-148.

2) 수용력의 접근방법[12]

수용력을 추정하는 접근방법은 공급대상의 원상회복과 평균적 이용률에 기초하며, 먼저 자연자원이 주가 되는 생태적 수용력에 대한 접근방법은 변화하는 생태계의 특성 및 진화율을 추정하는 것이 가장 중요하다. 그 중 일정기간 동안 이용수준에 따른 생태계의 변화과정을 단기간 및 장기간에 걸쳐 관찰하는 방법이 있다. 그리고 일정한 이용이 이루어진 지역과 그와 유사한 환경을 가졌지만 이용되지 않은 지역을 비교함으로써 수용력을 추정하는 방법이 있다. 이외에 다양한 분야의 기존 자료들을 분석함으로써 상호관련성을 찾아내는 접근방법으로 다음과 같은 다중회귀방정식을 제시하며, 수용력을 추정하고 있다.

$$GCI = 81.28 - 0.71A + 0.21B - 11.73C - 0.24D + 0.82E$$

GCI = 지피지수(ground-cover index, %)
A = 잠재적 보행자 영향지수(potential pedestrian impact, %)
B = B층 토양의 깊이(인치)

12) 박석희(2014), 신관광자원론(제4판), 대왕사; 조현길(1986), 산악형 국립공원 야영장의 수용력 추정에 관한 연구, 서울대학교 환경대학원 석사학위논문.

C = 지표암석의 비율(%)
D = C층 토양의 미사(silt)에 대한 비율(%)
E = 경사도(%)

이어서 물리적 수용력은 일정한 지역 내에 관련 시설들이 최대한 수용할 수 있는 능력으로 이는 설계용량, 이용시간, 이용률 등을 고려하여 추정하고, 설계용량은 이용자 수의 기준으로 분석되며 다음의 수식으로 이해할 수 있다.

TV = (DC × dl × d) + (DC × el × e)
TV = 연간 전체 이용자 수
DC = 설계용량
dl = 평일의 이용률(%)
d = 전체 이용기간 중 평일의 수
el = 주말의 이용률(%)
e = 전체 이용기간 중 주말의 수

끝으로 초기에 언급된 사회적 수용력에 추정은 일정 공간에서의 이용밀도와 이용자의 만족은 역(-)의 관계가 성립된다는 이변수적 접근방법(two-variable approach)을 적용하였다. 이는 이용자 수 증가에 따라 전반적으로 고려되는 이용자의 만족도는 증가하나, 개인의 한계 만족도는 점차 감소하게 된다는 경제학적 이론에 근거하고 있다. 즉 일정한 공간에서의 이용밀도 증가가 개인의 동기 또는 목적을 제한하거나 방해할 수준이 되면, 이용자는 혼잡을 느끼게 되고 이러한 혼잡이 불만족의 원인이 된다는 것이다([그림 8-3] 참조).[13] 이러한 사회적 수용력은 혼잡과 밀접한 관련이 있으며, 방문객들의 만족을 저하시키지 않는 이용수준을 찾고자 하는 사회적 수용력의 개념이 중시되는 관광분야에서 더욱 강조되고 있다.[14]

[그림 8-3] 가상의 상황에서 이용밀도에 의한 이용자의 만족도 모형

고밀도 ➔ 혼잡지각 ➔ 불만족

자료: Manning, R.E. & Ciali, C.P.(1980), Recreation density and user satisfaction: a further exploration of the satisfaction model, Journal of Leisure Research, 12(4), pp.329-345.

13) 김사헌(2003), 관광경제학, 백산출판사; Manning, R.E. & Ciali, C.P.(1980), Recreation density and user satisfaction: a further exploration of the satisfaction model. Journal of Leisure Research, 12(4), pp. 329-345.
14) 서태양 · 배만규(2001), 메가이벤트의 사회적 수용력에 의한 원단위 연구: 2000 경주세계문화엑스포 주제전시관을 중심으로, 관광연구, 16(1), pp.7-23.

관광에서 사회적 수용력을 결정하는 중요한 인자인 관광경험의 질(quality of experience), 즉 만족도는 관광학 분야에서의 사회적 수용력 추정을 위한 주요 접근방법으로 혼잡지각과 만족에 영향을 미치는 요인들과의 관계를 규명함으로써, 적정 수용력을 추정하는 것이 사회적 수용력 추정의 대표적인 접근방법이다.[15] 이에 사회적 수용력의 추정방법은 설문조사나 면담을 통하여 이용자의 의견을 종합하는 것이 지금까지 유용하게 사용되고 있다. 그 중 최초로 연구한 Stankey(1973)의 설문내용을 살펴보면 대상지를 이용하는 동안 다른 이용자들과의 조우횟수와 해당 장소, 이용유형 그리고 다른 이용자의 행태 등을 중심으로 구성되었다. 이외에도 관광에서의 사회적 수용력은 대상지의 물리적 조건이나 과거의 경험, 이용자의 동기나 가치 등의 다양한 요인들을 고려하여 추정되고 있으며, 이를 위해 이용자의 만족도 지수와 혼잡도 지수를 산출하면 다음과 같다.

- **만족도 지수 = Pij / Eij × 100**
  - Pij = j집단에서 i행위에 만족도한 이용자의 수
  - Eij = j집단에서 i행위에 참가한 이용자의 수
  - i = 일련의 관광행위
  - j = 사회·경제적 특성에 따라 구분된 집단

- **혼잡도 지수 = TC / TV × 100**
  - TC = 특정 지역에서 불만족한 이용자의 수
  - TV = 특정 지역에서 응답한 전체 이용자의 수

이상과 같은 수용력에 대한 개념이 지금까지는 일반적으로 인정되고 있지만, 이를 측정하고 계량화 하는데 따르는 어려움은 수용 가능한 혼잡도의 수준이 지역에 따라 다를 수 있고 물리적 수용력은 관리기술에 따라 상이하기 때문에 수용력 측정을 제한하는 요인이 된다. 따라서 자원이 훼손되지 않는 범위 내에서 양질의 이용경험을 제공하기 위해서는 명확한 관리목표 설정과 이를 모니터링 할 수 있는 영향지표와 평가기준을 마련하여 적정 수용력이 초과되었을 시 단계별 수용력 관리 정책을 시행해야 할 것이다.

15) 김남조·정철·박상현·김진선(2000), 사회적 수용력의 혼잡기대, 혼잡지각, 만족의 관계에 관한 연구: 99 강원국제관광엑스포를 중심으로, 관광학연구, 24(1), pp.243-257.

3. 수용력 관리모델

1980년대 후반 기존의 수용력을 기반으로 한계와 약점을 보완하면서 다양한 관리모델이 개발되기 시작하였는데, 대표적으로 Getz의 수용력 관리모델, 허용 가능한 변화의 한계(limits of acceptable change; LAC) 관리모델, 방문객 영향관리(visitor impact management; VIM) 관리모델, 방문객 경험과 자원보호(visitor experience and resource protection; VERP) 관리모델 등이 있다.[16] 이러한 수용력 관리모델들은 기본적인 수용력의 개념 하에 휴양지역이나 관광목적지에 대한 수용력을 결정하는 분석과정과 관리적 단계를 체계적으로 제시하고 있다. 또한 수용력 개념의 패러다임 변화에 따라 실질적인 적용 시 다양하게 고려하여 문제점을 최소화하고 있다.

먼저, Getz(1983)의 관리모델은 관광지 개발을 위한 수용력의 개념으로 유형자원의 한계, 지역주민의 용인, 방문자의 만족도, 과도한 성장률 또는 변화율, 비용편익 평가를 기반으로 한 수용력, 시스템 접근에서의 수용력 역할 등의 기준으로 총 여덟 단계로 제안하였다.[17] 첫 번째 단계에서는 시스템에 대한 설명 및 환경에 대한 이해, 두 번째 단계는 미래에 대한 예측과 목표 및 범위 선택, 세 번째 단계에서는 계획 중인 개발에 대한 평가이다. 다음은 목표에 대한 우선순위를 결정하고 현실 가능한 관리 및 운영 전략을 선택하여 위험요소를 최소화하면서 개발이 이루어지는 단계이다. 이어서 일곱 번째 단계는 정책검토, 영향평가, 한계 수용력 등을 평가하고 끝으로 검토단계로 한계 수용력을 검토한 후 개발이나 성장에 대한 지속여부를 결정하게 된다. 이러한 Getz의 수용력 관리모델은 점진적인 개발 후에 발생하는 문제들을 평가하고 수정하여 제한하는 단계를 제시하는 특성을 가지며, 현상과 영향에 대한 인과관계의 이해를 통해 정확한 예측을 도모하고 있다.[18]

다음 허용 가능한 변화의 한계(이하 LAC) 관리모델은 수용력에 대한 기본적인 이해를 다른 방향으로 접근한 모델로 이용으로 인한 변화를 방지할 수 있는 것이 아닌 얼마만큼의 변화를 허용할 것인가에 초점을 맞추고 있으며, 수치가 아닌 바람직한 조건을 중시하

---

16) 박홍철 · 오충현(2014), 생태관광지역 자연자원 관리를 위한 수용력 기반 관리모델 개선방향: Getz, LAC, VIM, VERP 관리모델을 중심으로, 환경정책연구, 13(4), pp.107-133; 국립공원연구원(2008), 국립공원 수용력 조사 연구: 북한산 및 지리산 국립공원(노고단), 국립공원연구원 연구보고 2008-03.

17) Getz, D.(1983), A rational and methodology for assessing capacity to absorb tourism, Ontario Geography, 19, pp.92-102.

18) 박홍철 · 오충현(2014), 생태관광지역 자연자원 관리를 위한 수용력 기반 관리모델 개선방향: Getz, LAC, VIM, VERP 관리모델을 중심으로, 환경정책연구, 13(4), pp.107-133.

는 모델이다.[19] 즉 '얼마만큼의 이용이 적절한 수준인가'란 관점이 아니라 '얼마만큼의 변화가 적절한 수준인가'란 관점이다. 이와 같이 LAC 수용력 관리모델은 이용객 수가 중요한 고려사항이 아니라 이용 후 자원에 미치는 영향의 변화에 초점을 두고 있다. 이러한 LAC 모델의 기본적인 구조는 총 아홉 단계로 구성되어 있으면, 다음 〈표 8-3〉과 같다.

〈표 8-3〉 허용 가능한 변화의 한계(LAC) 관리모델의 구조 및 단계별 고려 요소

기본구조		단계별 고려요소
• 1단계 - 휴양지역의 문제점과 이슈 파악		• 지역과 자원의 특성, 가치규명, 관리목표 등
• 2단계 - 휴양지역이 제공할 수 있는 휴양기회 설정		• 제공 가능한 휴양기회 분포 결정
• 3단계 - 지원 및 사회인자에 대한 영향지표 선정		• 신뢰성, 민감성, 용이성, 경제성 고려
• 4단계 - 현재 자원 및 사회적 상태 조사		• 3단계 지표인자의 객관적 자료 수집
• 5단계 - 휴양기회분류를 위한 영향지표 기준 구체화	⇨	• 모니터링을 근거로 한 관리자의 가치판단
기본구조		**단계별 고려요소**
• 6단계 - 대안적 휴양기회 분류안 마련		• 자원, 사회적 조건 유지수준 결정
• 7단계 - 각 대안들에 대한 관리방안 설정		• 이용객 여론, 예산, 인력, 정책효율성 고려
• 8단계 - 효율적인 관리방안 평가 및 선택		• 비용편익분석, 의견수렴, 가치판단 필요
• 9단계 - 관리방안 시행 및 모니터링		• 모니터링을 통한 정책효율성 평가

자료: 국립공원연구원(2008), 국립공원 수용력 조사 연구: 북한산 및 지리산 국립공원(노고단), 국립공원연구원 연구보고 2008-03, pp.15-17.

첫 번째 단계에서는 지역의 자원현황을 확인하고 현재 직면한 문제점과 관련된 이슈들을 파악하게 된다. 다음 단계에서는 휴양기회분류(recreation opportunity spectrum, ROS)에 대하여 등급화 하는 단계로 자원의 종류와 현황, 특성 등에 따라 휴양자원을 공간적으로 등급화 하는 단계이다. 다시 말하면, 지역의 자원이 가진 특성에 의해 제공할 수 있는 또는 관리자가 제공하고자 하는 휴양기회를 분류하는 것이다. 각 휴양기회의 분류에 따라 허용할 수 있는 자원의 상태를 고려하기 위해서 관리자는 영향의 종류와 심각성, 영향의 확대범위, 영향의 구분정도를 살펴야 한다. 세 번째 단계에서는 대상 지역의 자원 및 특성, 사회적 상태에 대한 정량화적 측정 및 평가지표를 설정하는 단계이다. 이어

19) 김진선 · 정성태(2003), 공간 집약적 관광지에서 사회적 수용력 연구, 한국조경학회, 31(2), pp.28-35.

서 다음 단계에서는 현재의 자원 및 사회적 상태에 대한 현장 및 대면 조사가 이루어지는 단계이며, 관리자에게 측정지표에 대한 상태를 제공하여 어떠한 관리가 필요한지 알 수 있도록 한다. 다섯 번째 단계에서는 휴양기회분류를 적용하기 위하여 네 번째 단계에서 조사·분석된 내용을 바탕으로 자원 및 사회적 지표를 계량화하고 표준화하는 단계이다. 여섯 번째 단계에서는 대상 지역의 이슈와 현 자원 및 사회적 상태를 반영하는 대안적 휴양기회등급(alternative opportunity class allocations)을 분류하게 된다. 다음 일곱 번째 단계에서는 각 휴양기회등급별 대안들에 대한 관리 방안을 규명(identify management actions for each alternative)하는 단계로 각 대안들을 실행하기 위한 비용 평가와 구체적인 관리 프로그램을 선정하게 된다. 여덟 번째 단계에서는 효율적인 관리 방안의 평가 및 선택의 단계로 자원, 사회, 관리부분에 대한 비용편익분석 과정을 통해 휴양기회의 분류와 관리 프로그램을 선택하는 단계이다. 마지막 아홉 번째 단계에서는 선택된 최적의 관리 방안의 시행 및 모니터링 단계로 선택된 대안과 이와 관련된 관리 프로그램을 통해 실행 및 평가가 체계적으로 수행되어야 한다.

방문객 영향관리(이하 VIM) 모델은 실제의 적용 가능성을 높이고자 생태적·사회적 수용력에 관한 연구의 한계점들을 고려하여 이용객의 영향과 상호작용에 적용하려는 수용력 관리모델이라 할 수 있다(〈표 8-4〉 참조). VIM 수용력 관리모델은 문제가 되는 상황에 대한 인식, 바람직하지 않은 영향을 발생시키는 잠재적 요인들의 결정, 바람직하지 않은 영향을 개선하기 위한 관리전략의 선정 등 세 가지 주요한 쟁점들을 해결하고자 한다. 이는 여덟 단계로 구성되어 있으며, 먼저 첫 번째 단계는 관련된 기존 자료들의 검토를 통해 지역의 현재 상황을 확인하고 직면한 문제점을 도출하기 위한 단계이다. 두 번째 단계는 설정한 관리목표를 검토하는 단계로 대상 지역의 관리·운영 방향의 적절성을 살펴보는 과정이다. 세 번째 단계는 타당한 관리목표를 위해 대상 지역에 영향을 미치는 측정도구 및 평가지표를 선정하는 과정으로 측정도구는 상황적 특성과 영향형태를 기초로 하여 결정되어 진다. 이어서 네 번째 단계에서는 이전 단계에서 선정한 주요 측정도구 및 평가지표를 적용하기 위한 기준을 선정하는데, 계량적 측면에서 관리목표와 운영의 방향성을 재확인하는 단계이다. 다섯 번째 단계에서는 관리목표의 기준과 현재 상태를 비교하는 단계로 목표의 기준과 일치하면 대상 지역은 적절한 관리·운영이 되고 있다고 볼 수 있다. 여섯 번째 단계는 대상 지역에 미치는 영향의 원인을 규명하는 단계로 목표기준을 초과한 영향지표 간의 관계를 검토하는데 이용시각, 기간, 그룹크기, 이용 집중도, 성수기 빈도, 전반적인 이용비율 그리고 이용객의 행동 등에 영향을 미치는 구체적인 측면들을 고려하는 것이 중요하다. 이러한 이용과 영향 간의 관계는 휴양지역의 특성에 의해 영향을 받으며, 시간과 장소에 따라서도 다양하게 나타날 수 있다. 일곱 번째 단계는 영향에 대한 원인을 해결하기 위한 관리전략 탐구 단계로 영향상태 자체보다는 영향을 야기하는 원인들에 초점을 맞춘다. 이는 특정 지역의 이용량, 이용형태와 이용분포에 미치는 영향요인들에 대한 이해를 통해 관리전략의 범위를 정의할 수 있다. 마지막 여덟 번째 단계에서는 관리전략의 실행 단계로 선택된 관리전략이 목표기준을 초과한 대상 지역에 가능한 빨리 실행될 수 있도록 한다. 그리고 이용으로 인한 다양한 영향의 특성과 원인들에 대하여 관리프로그램들이 탄력적으로 반응하는지 지속적인 모니터링이 중요하다.

〈표 8-4〉 방문객 영향관리(VIM) 관리모델의 기본 구조

기본구조
• 1단계 - 사전 자료 검토
• 2단계 - 관리 목표 검토
• 3단계 - 주요 영향 측정 척도 선정
• 4단계 - 주요 측정 척도 기준 설정
• 5단계 - 해당 기준들과 현재 상태 비교
• 6단계 - 발생 가능한 영향의 원인 규명
• 7단계 - 관리전략 마련
• 8단계 - 야외 휴양지 적용

자료: 국립공원연구원(2008), 국립공원 수용력 조사 연구: 북한산 및 지리산 국립공원(노고단), 국립공원연구원 연구보고 2008-03, p.20.

방문객 경험과 자원보호(이하 VERP) 관리모델은 VIM 모델의 기본 틀에 LAC의 휴양기회분류(ROS) 개념을 포함한 모델이며, 이용자 경험의 질과 자원에 미치는 영향에 초점을 둔 관리구조로 이용객의 행동과 그 수준, 시・공간별 이용집중도 등을 포함한다. VERP 수용력 관리모델은 발생하는 문제점을 초기에 보완하고 자원의 보전상태를 지속적인 모니터링을 통해 관리하는 시스템으로 총 아홉 단계로 구성되어 있다(〈표 8-5〉 참조).

첫 번째 단계는 관련 전문가와 관리자를 포함한 프로젝트팀을 구성하는 단계이며, 두 번째 단계에서는 대상 지역의 관리・운영목적, 우선 사항 등을 설정하게 된다. 다음 세 번째 단계에서는 자연자원 현황과 이용자 행태 등을 분석한다. 네 번째 단계에서는 자연자원과 사회적 수요의 범주를 설정하고 다섯 번째 단계에서는 대상 지역의 관리계획과 미래의 자원 및 수요를 예측하여 대응 방안을 마련하고 이에 적합한 지역의 구역화, 구

획설정을 하게 된다. 여섯 번째 단계에서는 구역별 영향지표와 평가기준 그리고 모니터링 기법을 개발하고 세분화하게 된다. 일곱 번째 단계에서는 평가지표 및 기준을 중심으로 관리목표의 상태와 현재 상태를 비교 및 분석한 후 여덟 번째 단계에서는 관리목표의 상태와 현재 상태 사이의 인과관계에 따른 원인을 규명한다. 마지막 아홉 번째 단계에서는 지속적인 모니터링을 통해 인과관계에 따른 관리 전략과 대안을 수립하고 적용한다. 이러한 VERP 수용력 관리모델은 자원 중심의 휴양지역을 대상으로 구상된 LAC나 VIM 관리 모델보다 자연자원을 비롯한 역사문화적인 자원 등의 다양한 관광자원을 포함하는 지역에 적용하기에 용이한 모델로 볼 수 있다.

〈표 8-5〉 방문객 경험과 자원보호(VERP) 관리모델의 기본 구조

기본구조
• 1단계 - 관리자 및 전문가가 포함된 TFT 구성
• 2단계 - 방문객 참여유도 전략 개발
• 3단계 - 관리목표, 중요성 등 명확한 개념 정립
• 4단계 - 자원 및 현재 이용량/특성 분석
• 5단계 - 미래의 자원 및 수요 예측
• 6단계 - 예측 결과에 따라 구역화
• 7단계 - 구역별 지표와 평가기준, 모니터링 기법 개발
• 8단계 - 지표 및 평가기준의 지속적인 모니터링
• 9단계 - 원인분석 및 관리대안 적용

자료: 국립공원연구원(2008), 국립공원 수용력 조사 연구: 북한산 및 지리산 국립공원(노고단), 국립공원연구원 연구보고 2008-03, p.21.

지금까지 살펴 본 수용력 관리모델인 허용 가능한 변화의 한계(LAC), 방문객 영향관리(VIM), 방문객 경험과 자원보호(VERP) 모델의 주요 개념을 정리하면 〈표 8-6〉과 같으며, 각 모델의 장·단점을 고려하여 지역적 특성과 자원의 성격 그리고 이용목적이나 이용행태에 따라 각각 다르게 적용될 수 있다. 이러한 수용력 관리모델들의 공통적이고 기본적인 요소들을 요약하면, 첫째 관리목표 수립과 이를 측정하고 계량화 할 수 있는 영향지표와 평가기준이 마련되어야 하고, 이들 영향지표에는 자원, 이용객의 경험, 관리적 분야가 포함되어야 한다. 둘째, 관리목표에 의해 결정된 영향지표 및 평가기준을 바탕으로 현장 조사를 통해 지속적으로 측정하고 모니터링되어야 한다. 셋째, 각 영향지표에 대한 평가기준이 지속적으로 유지될 수 있도록 관리대안을 마련하고 시행해야 한다.

〈표 8-6〉 수용력 관리모델의 주요 개념

허용 가능한 변화의 한계(LAC)
이용의 양과 수준보다는 이용에 의한 얼마만큼의 변화가 적절한 수준인가에 초점을 둔 개념

방문객 영향관리(VIM)
관리목표 달성을 위해 얼마만큼의 변화가 적절한 수준인가에 초점을 둔 개념이며 과다이용, 사회환경에 대한 접근법 제시

방문객 경험과 자원보호(VERP)
방문객의 경험과 자원에 대하여 방문객의 이용영향에 초점을 둔 관리/계획 모델 (구역화 시스템으로 관리)

자료: 국립공원연구원(2008), 국립공원 수용력 조사 연구: 북한산 및 지리산 국립공원(노고단), 국립공원연구원 연구보고 2008-03, p.22.

이와 같이 수용력은 의사결정에 대한 판단 기준이 아니며, 관리목표와 이용자의 의식 수준, 대상 지역의 현 상태에 따라 유동적으로 변화하게 된다. 즉 수용력은 관리목표와의 상호의존적인 연계성을 통해 상태의 변화를 파악하고 관리할 수 있는 개념이 핵심이라 할 수 있다. 그리고 수용력은 관리모델에 따라 단계별 기능과 수행 내용은 다르지만 관리목표의 영향력 향상, 보전기회와 이용기회를 동시에 고려해야 한다.[20] 끝으로 수용력 관리모델별 주요 차이점을 비교하여 살펴보면 다음 〈표 8-7〉과 같다.

〈표 8-7〉 수용력 관리모델별 주요 차이점

구 분	Getz	LAC	VIM	VERP
수용력 개념 적용	O	O	O	O
기초 자료 수집 및 조사 과정		O	O	O
관리목표 연계 적용	O		O	O
휴양기회분류(ROS)개념 적용		O		O
관리목표의 기준과 현재 상태의 비교 과정			O	O
변화 관리 시스템 적용				O
유・무형 자원의 통합 관리 적용		O		
개발 및 성장 수요에 대한 고려	O			
방문객 및 지역주민 만족도 고려			O	O
개발기획 과정 고려	O			
관리기획 중심		O	O	O

자료: 박홍철・오충현(2014), 생태관광지역 자연자원 관리를 위한 수용력 기반 관리모델 개선방향: Getz, LAC, VIM, VERP 관리모델을 중심으로, 환경정책연구, 13(4), p.118.

20) 박홍철・오충현(2014), 생태관광지역 자연자원 관리를 위한 수용력 기반 관리모델 개선방향: Getz, LAC, VIM, VERP 관리모델을 중심으로, 환경정책연구, 13(4), pp.107-133.

끝으로 LAC 수용력 관리모델에서 제시한 기존의 휴양기회분류(ROS)에 생물권보전지역 공간 구획 시스템을 통합한 새로운 휴양기회분류를 살펴보면 총 6개의 등급(Ⅰ-Ⅵ)으로 분류된다. 먼저, Ⅰ-Ⅱ등급은 최소한의 인위적 간섭을 통해 원생지를 관리하는 보호지역에 속하고, Ⅲ-Ⅴ등급은 적당한 관리를 통해 이용이 이루어질 수 있는 관리지역이다. 마지막 Ⅵ등급은 수용력을 벗어나거나 지나치게 이용이 집중될 경우 발생하는 문제점을 극복하기 위해 인위적으로 조성된 대안지역에 해당한다.[21] 이와 같은 휴양·관광기회분류 등급에 따른 세부 공간별 유형 구분은 〈표 8-8〉과 같으며, 각 공간별 휴양 및 관광기회와 그 특성은 〈표 8-9〉를 통해 확인할 수 있다.

〈표 8-8〉과 같이 새로운 휴양·관광기회분류에서 Ⅰ등급은 기존의 분류에서 원시지역과 유사하며, Ⅱ등급과 Ⅲ등급의 지역은 준원시지역, Ⅳ등급은 자연지역, Ⅴ등급은 농촌지역과 유사하다. 생물권보전지역과 비교할 경우, Ⅰ등급과 Ⅱ등급의 지역은 핵심지역이고, Ⅲ등급과 Ⅳ등급의 지역은 완충지역, Ⅴ등급의 지역은 전이지역과 유사성을 가진다. Ⅵ등급의 지역인 대체체험지역은 기존의 분류에서는 없었던 개념으로 성수기와 같은 시기에 이용이 집중될 경우 이용밀도를 분산하기 위한 대안지역이며, 이용객의 만족 향상을 위한 인위적 조성공간으로서의 역할을 할 수 있다. 이와 같은 분류는 등급지역에 따라 목적과 기능이 다르므로 이용 및 관리에 있어서 우선순위를 다르게 설정하여 고려할 수 있다.

〈표 8-8〉 휴양·관광기회분류 등급에 따른 지역의 유형 구분

구 분	Ⅰ	Ⅱ	Ⅲ	Ⅳ	Ⅴ	Ⅵ
개선된 휴양·관광기회 등급	핵심 보호지역	일반 보호지역	완충 관리지역	탐방 관리지역	전이 관리지역	대체 체험지역
기존의 휴양·관광기회 등급	원시지역	자동차가 다닐 수 없는 준원시지역	자동차가 다닐 수 있는 준원시지역	자연지역	농촌지역	-
생물권 보전지역	핵심지역		완충지역		전이지역	-

자료: 박홍철·오충현(2014), 생태관광지역 자연자원 관리를 위한 수용력 기반 관리모델 개선방향: Getz, LAC, VIM, VERP 관리모델을 중심으로, 환경정책연구, 13(4), p.122.

21) 박홍철·오충현(2014), 생태관광지역 자연자원 관리를 위한 수용력 기반 관리모델 개선방향: Getz, LAC, VIM, VERP 관리모델을 중심으로, 환경정책연구, 13(4), pp.107-133.

〈표 8-9〉 개선된 휴양·관광기회분류 등급별 휴양·관광기회 및 특성

구 분	휴양·관광기회	특 성
Ⅰ등급 핵심보호 지역	• 자연의 일부가 된 느낌 • 다른 사람의 시야나 소리로부터 이격되어 고적감을 느낌 • 위험과 도전의 기회가 큼	• 큰 규모의 변형되지 않은 자연환경 보유 • 원생지 보호·보전을 목적으로 한 출입금지 • 철저한 행위 제한 및 감시·감독 • 연구목적 외 일체 인위적 행위 및 시설도입 금지 • 비 파괴적 연구행위 조사연구(간섭 최소화)
Ⅱ등급 일반보호 지역	• 자연과의 교감이 높음 • 어느 정도의 고적감을 느낌 • 적당한 수준의 위험과 도전의 기회	• 변형되지 않은 자연환경이 많은 부분 차지 • 사전 출입허가(안내자 동반)에 의한 출입통제 • 인위적 간섭을 취소화한 프로그램 진행 • 연구목적 외 일체 시설도입 금지 • 최소한의 인위적 행위만 허용
Ⅲ등급 완충관리 지역	• 자연과의 교감이 보통 • 다른 사람의 이용이 적당히 감지됨 • 위험과 도전의 기회가 보통	• 외부의 인위적 간섭으로부터 Ⅰ-Ⅱ 등급지역 보호 • 변형되지 않은 자연환경이 많은 부분 차지 • 자유로운 출입 및 최소한의 규제 적용 • 트레킹, 각종 프로그램 진행, 여가활동 등 • 기초 편의 및 휴게시설, 연구동 도입
Ⅳ등급 탐방관리 지역	• 자연과의 교감이 낮음 • 다른 사람과의 조우빈도가 높음 • 위험과 도전의 기회가 낮음	• 변형되지 않은 자연환경과 개발환경이 조화를 이룸 • 연구시설, 방문자 센터 등 시설 도입 • 트레킹, 각종 프로그램 진행, 여가활동 등 • 최소한의 규제를 통한 이용성 증진 • 지속가능한 이용 및 지역발전 촉진
Ⅴ등급 전이관리 지역	• 자연과의 교감보다 다른 사람과의 교류가 주요함 • 다른 사람과의 교류가 빈번함 (문화적 교류) • 위험과 도전의 기회가 없음	• 변형되지 않은 자연환경보다 개발환경이 눈에 띔 • 숙박, 주차장, 쇼핑, 도로 등 관광기발시설 도입 • 지역주민을 위한 주요 거주지 • 접근성 및 편의성 높음 • 경제활동 및 지역발전 촉진
Ⅵ등급 대체체험 지역	• 자연과의 교감과 다른 사람과의 문화적 교류가 모두 이루어짐 • 위험과 도전의 기회가 없음 • 다양한 콘텐츠를 접할 수 있는 기회가 높음	• 체험교육을 위한 인위적 자연조성지역 • 이용집중 및 초과되는 수용력 해소 • 체계적인 체험 및 교육 프로그램 운영 • 지역발전을 위한 마케팅 활동 • 각종 편의시설 및 소규모 기반시설 도입

자료: 박홍철·오충현(2014), 생태관광지역 자연자원 관리를 위한 수용력 기반 관리모델 개선방향: Getz, LAC, VIM, VERP 관리모델을 중심으로, 환경정책연구, 13(4), p.123.

〈표 8-9〉와 같이 자연환경에 대한 우수성은 생태적 보호 및 보전을 중요시하는 Ⅰ등급과 Ⅱ등급의 지역이 높은 편이며, Ⅴ등급과 Ⅵ등급의 지역은 기반시설의 도입으로 접근성이 좋다. 관리에 대한 강도는 인위적인 간섭이 높을수록 높아지며, 해당 지역은 Ⅳ등급과 Ⅴ등급, Ⅵ등급의 지역이며, 이들 지역은 시설도입에 의한 편의성이 우수하고 지역 경제의 도모 및 활성화를 가져온다. 이외에 다양한 우선순위를 제안하고 있지만, 이는 고려할 사항일 뿐 대상 지역별 특성과 목적에 따라 달라질 수 있다. 이를 고려하여 휴양・관광기회분류 등급별 주요 기능에 대한 우선순위를 정리하면 〈표 8-10〉과 같으며, 해당 등급별 기능들은 대상지와 이용자의 특성과 기타 다양한 요인들에 의해 달라질 수 있다.

〈표 8-10〉 휴양・관광기회분류 등급별 주요 기능에 따른 우선순위

구 분	Ⅰ	Ⅱ	Ⅲ	Ⅳ	Ⅴ	Ⅵ
원생지 보호	1	2	3	3	3	3
생물의 다양성 보전	1	1	2	3	3	3
생태계 서비스 유지	1	1	2	3	3	3
조사연구	3	3	2	1	2	2
체험 및 교육	×	×	1	2	2	1
휴양 및 관광	×	×	1	1	2	1
지역발전	×	×	×	2	1	1
지역적 특성 유지	×	×	3	2	1	3

자료: 박홍철・오충현(2014), 생태관광지역 자연자원 관리를 위한 수용력 기반 관리모델 개선방향: Getz, LAC, VIM, VERP 관리모델을 중심으로, 환경정책연구, 13(4), p.124.

* 1=1차 우선순위, 2=2차 우선순위, 3=3차 우선순위, ×=적용불가

4. 국내외 수용력에 관한 연구사례[22)]

1) 국내 수용력에 관한 연구사례

국내에서 이루어진 수용력 연구는 우리나라 국립공원별 특성을 고려하여 2000년, 2004년, 2005년 3차에 걸쳐 진행되었다. 2000년 1차 연구에서는 북한산 국립공원, 설악산 국립공원, 내장산 국립공원, 가야산 국립공원, 태안해안 국립공원, 한려해상 국립공원을 중심으로 생태적 수용력을 추정하였다. 추정 방법은 탐방로의 환경피해도(정도의 등급)와 통행패턴 및 통행량을 조사하여 두 변수들 간의 상관관계를 분석하고, 영향관계를 살펴

22) 국립공원연구원(2008), 국립공원 수용력 조사 연구: 북한산 및 지리산 국립공원(노고단), 국립공원연구원 연구보고 2008-03.

보는 회귀분석을 통해 탐방로 노폭을 기준으로 피해등급이 없는 수준에서의 1일 구간 최대 통행량과 1시간 구간 최대 통행량의 수용력을 파악하였다. 그 중 북한산 국립공원의 경우, 탐방로 노폭을 1.8m 기준으로 할 경우, 1일 구간 최대 통행량을 이용하면 환경피해도 5~6등급의 기준에서 추정된 최대 수용력은 하루 24,139명, 연간 1,448,141명이고, 노폭을 2.5m기준으로 할 경우 연간 4,696,753명으로 추정되었다. 다음 2차 연구에서는 국립공원의 물리·생태적 수용력 외에 사회적 수용력, 관리적 수용력에 대하여 현장 조사와 관리자 설문조사 및 인터뷰, 전 국민 조사를 진행하였다. 주요 연구 결과는 소백산 국립공원의 경우, 겨울철 적정 수용력은 2,996명/일, 단위 구간별 적정 수용력 78명/(일, ㎞)로 확인되었다. 2005년 3차 연구에서는 환경생태 수용력 등급과 관리지수 등급을 이용하여 초과시설 수용력을 구역별로 살펴보았고, 계절별 환경생태 보전의 필요성과 기준 환경생태 보전의 필요성 간의 표준편차를 이용해 수용력을 확인하였다. 주요 연구 결과 지리산 국립공원의 경우, 구역별 관리방안은 바래봉, 성삼재, 백무동 등 총 16개 구역은 '유도'로 추정되었으며, 화엄사, 쌍계사 구역은 '분산'으로 추정되었다. 그리고 계절별 환경생태 보전의 필요성은 산덕임도-부운치갈림길 구간을 제외한 모든 지역에 '부분적인 일시통제'가 필요한 것으로 나타났다.

먼저, 물리적 수용력은 소백산 국립공원이 9,215명(소백산), 한라산 국립공원이 5,297명, 사회적 수용력은 소백산 국립공원이 25,841명, 한라산 국립공원이 6,085명으로 확인되었다. 또한 적정 수용력 초과 여부를 판단할 수 있는 영향지표로는 계곡수질, 혼잡구간, 탐방집중도 등 총 9개 지표(한라산 8개 지표)와 이들 지표를 관리할 수 있는 GIS 기반 지표관리 프로그램을 개발하였으며 단계별 수용력 관리전략을 제시하였다.

이어서 사회적 수용력 관련 연구 사례로 지리산 국립공원 이용객의 야영 후 만족도를 파악하여 사회·심리적 수용력을 추정한 조현길(1986)의 연구에서[23] 1인당 야영면적이 증가할수록 혼잡도는 당연히 감소하는 것으로 나타났다. 그리고 화엄사지구 야영장을 대상으로 자원의 지력 저하를 막는 동시에 이용객 경험의 질을 유지하기 위한 적정 수용력을 추정하였는데, 생태적 수용력의 경우 100㎡/인, 사회·심리적 수용력의 경우 38.3㎡/인으로 확인되었다. 그 밖에 연구를 통해 치악산 국립공원내 야영장 이용객의 최대 만족도를 위한 수용력 75㎡/인, 경주보문단지내 공원잔디공간의 60㎡/인 이하의 수용력 등이 추정되었다. 이러한 사회적 수용력은 상황적 조건에 따라 부분적으로 수용이 가능하며, 실제 혼잡지각의 정도는 이용객의 행동조정을 거치기 때문에 예상 혼잡지각보다 낮게

23) 조현길(1986), 산악형 국립공원 야영장의 수용력 추정에 관한 연구, 서울대학교 환경대학원 석사학위논문.

나타나고 예상 혼잡지각의 정도가 높을수록 이용객은 타 지역으로 이동하게 된다.[24] 끝으로 국립수목원에서는 2004년 1일 이용객이 최대 2만 명까지 급증하자, 자원보호 및 양질의 이용경험을 제공하기 위하여 광릉숲 보존대책(국립수목원 휴원 및 예약제: 1일 5,000명 제한)을 마련하여 시행하고 있다. 적정 수용력 관리를 위해 일요일, 월요일, 공휴일은 휴원하고 사전예약에 한해 화요일부터 금요일은 5,000명, 토요일은 3,000명을 입장시키고 있으며, 지속적으로 모니터링하여 적정한 수준으로 관리되고 있다.

2) 국외 수용력에 관한 연구사례

1930년대 중반 Sumner(1936)에 의해 제안되고, Wagar(1964)와 Lucas(1964)의 연구이후 야외휴양지역의 수용력 연구가 가속화 되어 많은 연구자들의 연구 활동이 활발히 전개되어 오고 있다. 이들 중 휴양자원에 수용력을 적용시키는데 중요한 이론을 제시한 몇몇 연구자들의 수용력 연구현황을 살펴보면 다음과 같다. 1960년 초 Wagar(1964)와 Lucas(1964)에 의해 야외 휴양지역에 수용력을 적용하기 위한 연구가 시작되었다. Wagar(1964)는 물리적·생태적·사회적 측면을 포함한 '환경적 영향'에 초점을 맞추어 수용력 이론을 적용시켰다.[25] 또한 야외 휴양지역의 '이용객 수의 증가'가 환경과 이용경험의 질에 영향을 미친다고 주장하면서 혼잡도가 높으면 만족도에 영향을 미친다는 가설을 제기하였으나, 1968년 이전의 수용력에 관한 개념-혼잡과 만족도의 상관성을 수정하면서 수용력은 이용객의 활동 종류의 다양성과 관리활동에 따라 달라지며, 이용경험의 질과 이용수준을 증가시키기 위해서는 관리활동 즉, 이용객의 특성 분석, 분산 및 규제 방안, 교육프로그램, 시설물 관리를 중요시해야 한다고 주장하였다. Lucas(1964)는 야외 휴양지역을 이용하는 다양한 이용객의 활동 종류에 따라 '혼잡지각'을 수용력에 적용시키려는 시도를 하였는데, 수용력의 범위는 이용객들의 '가치기준'에 따라 차이가 있다고 주장하였다. 이러한 맥락에서 Alldredge(1973)는 야외 휴양지역에 수용력을 적용시킬 수 있는 유형을 자연자원, 이용객, 시설물로 보다 구체적으로 정의하면서, 야외 휴양지역의 수용력을 파악하기 위해 혼잡모형을 제시하였다. 이는 경제학적인 시각에서 혼잡모형을 조명하고 있으며, 이용집중이 가중될수록 이용활동으로 인한 만족감이 감소된다고 설명하였다. Stankey(1974) 역시 혼잡지각과 이용객의 만족을 강조하며 이용경험은 이용수준과 관련되어 있지만 이용객의 경험은 이용객 수보다는 환경영향지각에 의해 더 영향을

---

24) 한범수(1988), 관광위락지 이용자의 혼합지각이 수용력 수준에 미치는 영향에 관한 연구, 경기대학교 일반대학원 석사학위논문.

25) Wagar, J.(1964), The carrying capacity of wild lands for recreation. Forest Science Monograph 7. Washington, DC: Society of American Foresters.

받는다고 주장하였다. 이에 Shelby와 Heberlein(1984)은 수용력의 관리변수를 중요하게 부각시키면서, 관리변수는 이용객들의 행태와 환경영향지각으로 객관적인 측정이 가능하며 사람들의 '접촉 횟수'를 평가기준으로 제시하였다.26)

실질적인 수용력 관리 사례로 앨커트래즈 섬(Alcatraz Island)은 미국 샌프란시스코 골든 게이트 국립휴양지에 위치한 역사적인 장소로 연간 수백만 명에 이르는 방문객이 찾고 있으며 지속적으로 증가하는 추세이다. 앨커트래즈 섬 관리자들은 적정 수용력 관리를 위해 방문객 설문조사를 통해 영향지표 및 평가기준을 설정한 후 컴퓨터 시뮬레이션 모델을 통해 적정 이용수준을 결정하였다. 연구결과, 방문객의 평균 체류 시간은 2시간으로 나타났으며, 일정 지역에 머무르는 방문객의 규모는 25명을 가장 선호하였고, 최대 44명까지 허용할 수 있는 것으로 확인되었다(〈표 8-11〉 참조). 그리고 그랜드 캐년 국립공원도 적정 수용력 관리를 위해 허용 가능한 변화의 한계(LAC) 관리모델을 적용하고 있으며, 요세미티 국립공원도 적정 수용력 관리를 위해 2004년부터 방문객 경험과 자원보호(VERP) 관리모델을 이용하여 모니터링을 진행하였고, 2007년부터 8개의 영향지표 및 평가기준을 마련하여 수용력 관리를 하고 있다.

〈표 8-11〉 앨커트래즈 섬(Alcatraz Island) 적정 수용력 추정 결과

기준량 (standard quality)	수용력 (일일 이용자)
선호 수준 (동시간대에 25명)	2,560명
수용가능 수준 (동시간대에 44명)	4,800명
관리 수준 (동시간대에 44명)	4,800명

이어서 일본의 후지 하꼬네 이즈국립공원은 연간 약 1억명이 방문하는 최대 국립공원으로 특히, 후지산 지역은 탐방집중 현상과 그에 따른 혼잡, 주차문제, 탐방로 답압(踏壓) 등 다양한 문제점이 발생하고 있다. 이러한 훼손 및 혼잡문제 해결을 위해 공원관리소에서는 이용객 규제정책(7-8월에만 정상 탐방), 이용행위제한 정책(수영, 모터보트 등), 활동제한 정책(5합목 지역 주차장 수용력 초과 시 셔틀버스 운행 등), 저지대 분산정책(다양한 트레일, 탐방객 센터 등) 등을 실시하고 있다. 그리고 탐방집중으로 인해 야기된 훼손지역에 대한 모니터링은 자원뿐만 아니라 적외선 센서를 이용한 탐방객 계수, 탐방행태 및 만족도 등에 대한 설문조사 등 탐방객 여론 또한 지속적으로 수렴하고 있다. 그러나 탐방집중으로 인해 야기되는 훼손문제 해결을 위한 탐방예약제 등 탐방객 제한정책

26) Shelby, B. & Heberlein, T.A.(1984), A conceptual framework for carrying capacity determination, Leisure Sciences, 6(4): 433-451.

도입에 대한 검토는 아직 이루어지지 않고 있다.

이외에 방문객 경험과 자원보호(VERP) 관리모델을 적용한 사례로는 1990년대 이후 북미지역에서 수행된 수용력 관련 대부분의 연구들은 국립공원의 생태적 수용력 관리를 위한 모델개발로 주로 방문객 경험과 자원보호(VERP) 모델을 적용하기 위한 연구들이 주를 이루었다(〈표 8-12〉 참조). 방문객 경험과 자원보호(VERP) 관리모델 운영에 필요한 영향지표는 주로 이용객 및 전문가를 대상으로 한 설문조사를 통해 수집되었으며, 평가기준은 지속적인 모니터링 후 결정되었다. 이들 연구들은 이용객을 대상으로 이용경험에 영향을 주는 지표와 기준을 설정하고 이들 지표와 기준이 지켜질 수 있는 관리적 대안을 제시함으로써 수용력을 추정하여 관리하도록 제안하였다.

〈표 8-12〉 방문객 경험과 자원보호(VERP) 관리모델을 적용한 연구 사례

연구자	연구지역	영향지표
Shindler & Shelby (1992)	Wilderness Camp Site	• 나지 면적
		• 다른 캠프사이트로부터 차단 여부
		• 야영장의 배수 정도
		• 쓰레기의 흔적
		• 식수와의 거리
Whittaker (1992)	Five Alaska Rivers	• 강에서의 조우 횟수
		• 야영장의 혼잡도
		• 쓰레기 양
		• 타 방문객의 이용 흔적
		• 래프팅/카누 이용률
Roggenbuck (1993)	Four Wilderness Areas	• 목격한 쓰레기의 양
		• 야영장 주변 훼손된 수목의 수
		• 원생지 내에서 방문객에 의한 소음
		• 탐방로에서 조우한 대규모 방문객 수
		• 목격한 야생동물 횟수
Manning (2004)	Zion National Park	• 방문객 그룹의 크기
		• 탐방로 및 야영장 내 이용영향 정도
		• 1일 조우한 방문객 수
		• 야영장 및 탐방로 개발 수
		• 일정 장소에 동시간대에 머문 방문객 수

자료: 국립공원연구원(2008), 국립공원 수용력 조사 연구: 북한산 및 지리산 국립공원(노고단), 국립공원연구원 연구보고 2008-03, p.36.

* 각 연구 사례별 5개의 영향지표만을 작성함.

올해 '보령머드 축제'… 편의시설 · 환대서비스 부족

올해 문화체육관광부로부터 전국 축제 가운데 유일하게 '글로벌육성 축제'로 선정된 보령머드축제가 편의시설 수용력과 맞춤형 환대서비스가 부족했던 것으로 조사됐다. 단순 안전사고도 늘고 시민을 위한 체험시설 할인 혜택도 부족했던 것으로 지적됐다.

중략

이에 따라 위원회는 ▲ 머드광장 편의시설 확충 ▲ 찾아가는 안내서비스 운영 ▲ 안전관련 사전공지와 안전요원 증원 ▲ 조례를 개정해 보령시민 유료시설 할인혜택 등을 마련하기로 했다.

중략

체험공간 확대로 대기시간이 줄었으며 야간 공연과 머드몹신이 관광객 볼거리를 높였다는 평가를 내렸다.

중략

김동일 축제조직위 이사장은 "문제점과 부족했던 부분은 자세히 살펴 시민과 관광객이 축제를 즐기는데 불편함이 없도록 개선하겠다"고 말했다.

자료: 연합뉴스(2015.09.23.)

제주 송악산 정상 자연휴식년제 시행…5년간 통제

최근 몇 년 동안 사람들의 발길로 심각하게 훼손된 제주 송악산 정상부에 대한 자연휴식년제가 시행돼 출입이 통제된다.

중략

자연휴식년제 대상 면적은 송악산 정상부와 정상 탐방로 2개소이고, 휴식년 기간은 오는 8월 1일부터 오는 2020년 7월 31일까지 5년이다. 이 기간 정상부로의 통행이 엄격히 금지되고, 보호책을 설치해 방목하는 말과 소의 접근도 막는다. 서귀포시는 식생복원 계획을 마련해 연차적으로 사업을 추진하고, 도는 5년 뒤 식생복원 상태를 점검해 계속 통제 여부를 결정할 예정이다.

중략

휴식년제 시행 근거는 자연공원법과 자연환경보전법, 제주도자연환경관리조례다. 자연공원법 등은 환경 보전과 생태계 복원 등을 위해 일정한 구역의 출입을 전면 통제하거나 나무 벌채, 취사와 야영 등의 행위를 제한하도록 하고 있다. 이를 어기면 자연환경보전법에 따라 200만원의 과태료가 부과된다.

중략

임상인 제주도 환경자산보전과장은 “송악산 정상부가 올레꾼과 도민 오름동우회 회원 등이 급증하면서 훼손이 가속돼 자연휴식년제를 시행하게 됐다”며 “정상부는 통제되지만 약 3㎞의 송악산 둘레길은 계속 이용할 수 있다”고 설명했다. 현재 제주에서 자연휴식년제 시행으로 출입이 통제되는 곳은 물찻오름과 도너리오름이 있다.

자료: 연합뉴스, 2015.07.10.

'북새통' 성산일출봉 탐방객 제한 추진!

유커 제주관광 필수 코스… 혼잡도 가중

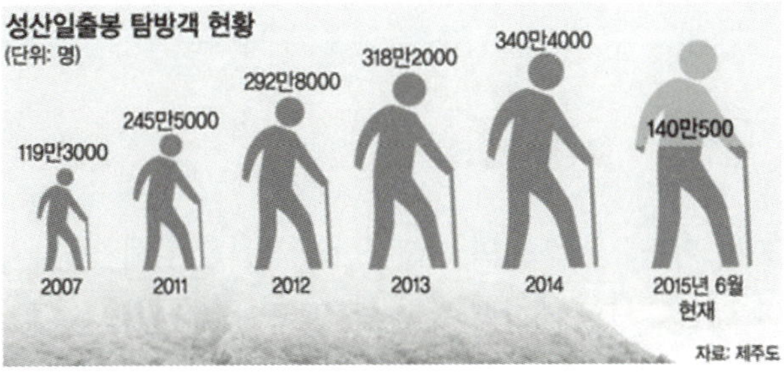

제주의 대표 관광지인 성산일출봉을 찾는 관광객이 급증하면서 탐방객 제한 방안이 검토되고 있다. 탐방객은 늘고 있지만 관람 만족도는 떨어지고, 차량 급증으로 주민 불편은 가중되고 있다는 지적 때문이다. '성산일출봉 장기적 탐방객 수용 방안 용역' 중간보고서에 따르면 탐방객 통제를 묻는 설문조사에서 내국인 48.4~57.8%와 중국인 39.3~62.8%가 각각 '찬성' 의견을 보였다. 내국인 관광객의 67.4%는 성수기에 '혼잡하다'고 답했다. 입장료 인상에 대해 내국인 관광객은 54.1~67.9%, 중국인 관광객은 17.6~48.8%가 각각 '필요하다'고 응답했다.

지난해 성산일출봉을 찾은 탐방객은 340만 4000명에 달했고, 올해도 지난 1일 현재 140만 500명이 방문해 지난해 같은 기간에 비해 10만명 이상 증가했다. 특히 성산일출봉은 유커(중국인 관광객)들의 제주 여행 필수코스로 자리 잡아 외국인 방문이 급증하고 있다. 외국인 탐방객은 지난해 178만 5000명으로 내국인 탐방객 162만명을 앞질렀다. 내국인 방문객은 2012년 181만 6000명으로 최대를 기록한 이후 해마다 소폭 감소하고 있다.

이번 용역을 맡은 한국자치경제연구원 김학모 원장은 "이전보다 만족도가 떨어진 내국인 관광객은 많은 사람과 인공시설물 증가에 불만을 느끼고 있다"며 "성산일출봉 방문객 수를 줄여야 한다는 의견이 많았다"고 말했다. 김 원장은 "등산로의 여건을 감안하면 1일 최대 이용 가능한 인원은 1만 9800명이지만 탐방객의 만족도를 고려한 적정 수용력은 9600명"이라고 탐방객 수용 관리의 필요성을 강조했다.

이를 위한 방안으로는 입장료 인상 및 주차요금 징수, 계절·요인·시간대 별 탐방객 수 제한 등을 주문했다. 주차장 이전을 통한 이동거리 분산과 주변 부대사업을 통한 이용 분산 등도 대책으로 제시했다. 지역 주민들은 탐방객 증가로 인해 주민 불편이 가중되고 있다며 주차장 확대를 요구하고 있다. 강경용 성산리장은 "일출봉 인근에 주차장을 별도로 만들고 지역 내 또 다른 자연경관을 활용해 관광객들이 걸어서 둘러볼 수 있도록 하면 지역경제 활성화에도 도움이 될 것"이라고 말했다.

제주도는 세계자연유산이자 천연기념물 제 420호인 성산일출봉의 지속 가능한 보존 및 활용 방안 마련을 위해 이번 용역을 실시하고 있다. 설문조사는 내국인(356명)과 중국인(332명) 등 총 688명을 대상으로 실시했다.

자료: 세계일보, 2015.06.04.

성장보다 환경수용력을 생각할 때

'지속 가능한 섬'으로의 미래비전의 전환을 위해
제주관광, 다시 생각하고 미래를 위해 혁신해야

2009년 세계는 의미심장한 경고의 목소리를 듣는다. "우리는 언젠가 석유고갈을 경험하게 될 것이다. 그날이 오늘이나 내일은 아닐 수도 있다. 하지만 석유가 우리를 버리기 전에 우리가 먼저 석유를 떠날 준비를 해야 한다. 시작은 빠르면 빠를수록 좋다."

중략

그동안 석유매장량에 관해 침묵과 비밀주의로 일관하던 국제에너지기구(IEA)는 공식적으로 "석유의 고갈 속도가 예상보다 빨라지고 있으며, 석유 생산량은 향후 10년 이내에 최고치를 기록한 후 점차 감소할 것"으로 예상하고 있다. 원하든 원하지 않든, 값싼 석유시대가 저물어가는 것은 기정사실이다. 설사 그 시기가 늦추어진다 해도 온실효과에 의한 지구온난화의 위기 역시 코앞에 다가와 있다.

중략

그리고 극적인 전환의 시대를 준비해야 한다. 그것은 제주섬을 '지속 가능한 문명의 섬'으로 수정해야 하는 당위인 것이다. 현재 1,000만 명을 돌파한 제주관광은 엄밀하게 말하면 값싼 석유시대의 마지막 기록이 될 것이다. ≪성장의 한계≫에서 밝힌, 이미 진입한 한계초과의 시대에 얻어낸 수치이기 때문이다. 1000만 명 돌파에 잔뜩 고무된 도정과 관광업계에서는 벌써 2018년까지 2000만 명의 관광객 유치를 목표치로 내걸고 있다. 과연 이것이 가능한 목표 설정일까? 물론 더 많은 관광객을 유치하고자 하는 업계와 도정의 입장을 모르는 바는 아니나, 여기에는 고려해야 할 너무 많은 변수들이 존재한다. 그중에서 다른 것은 차치하고 '값싼 석유시대의 종말'을 앞둔(이미 시작된) 시기이며, 제주섬의 환경수용능력에 대해서만 따져 보아도 이는 가능하지 않은 것임을 알 수 있다.

중략

섬의 성장보다 섬의 환경수용력을 생각할 때

▲ 세계 석유생산량 예측 시나리오. 2000년까지의 석유생산량은 실선으로 표시되어 있다. 그 이후의 석유생산량은 킹 허버트의 방법을 사용해 예측, 점선은 향후 새로 석유가 발견될 수 있는 총량을 1조 8000억 배럴이라고 예상할 때 예상되는 연간 생산량이다.(≪성장의 한계≫)

≪성장의 한계≫에 근거할 때, 값싼 석유시대는 이제 거의 목전에 다다랐다. 석유가가 오르기 시작하면, 우선적으로 항공료와 선박료 등 관광객이 이동하는 데 드는 비용이 증가한다. 또한 그와 더불어 그들이 제주도 내에서 누리는 다양한 서비스(도내 체류 시 이동에 소요되는 비용, 도내 체류 기간 발생하는 에너지, 물, 환경오염에 대한 비용 등) 비용이 증가한다. 결국, 이 섬에서 나지 않는 모든 자원이 섬 내로 반입되는 데 드는 비용 역시 증가한다. 이런 이유로 제주관광은 고비용 관광으로 전환될 것이다. 이는 결국, 현재 형성되어 있는 또는 향후 감당 가능한 비용부담의 한계를 초과하게 되고, 그 결과는 결국 관광객 수의 감소로 이어질 것이며, 그에 따라 도내 관광업계 전반의 침체를 가져올 것으로 예측할 수 있다. 또한 최근 포화된 봉개동 쓰레기처리장 문제에서 보듯 인구 증가와 관광객 수의 증가는 결국 쓰레기 처리의 수용량을 증대시킬 것이며, 이에 대한 처리비용 및 수용능력은 기하급수적 증가세로 돌아설 수 있다(이미 12%의 증가율을 보인다고 나온다). 따라서 2,000만 명을 목표치를 잡는다는 것은 지극히 비현실적이며, 제주환경의 흡수량을 감안하지 않은 무책임한 발언일 수밖에 없다. 다음의 그래프는 ≪성장의 한계≫에 나오는 자료인데, 여기에서 보면 2000년에서 2025년 사이 석유는 정점을 지나 감소세로 돌아선다. 값싼 석유시대의 총아인 관광산업이 이제 그리 미래가 밝지만은 않은 시대에 진입할 수도 있음을 보여주고 있다.

관광객은 석유가 에너지원인 교통수단을 이용해 이동하는 회귀형 노마드들이다. 그러므로 그들의 여행에 따른 궤적에는 반드시 탄소발자국이 생겨난다. 그러므로 관광은 또한 대표적인 탄소발자국산업이기도 하다. 관광객은 모두 탄소발자국 제조기다. 그러므로 숙명적으로 관광산업으로 먹고살려는 제주의 산업구조는 반환경적이며, 반생태적 속성을 지닌다. 청정제주를 팔아먹는 제주가 그에 가장 반하는 반생태환경적 산업을 중추로 경제를 운용한다는 것은 아이러니이기도 하며, 문제는 전 지구적 차원에서, 지속 가능성이라는 측면에서 그에 반하는 본질적 속성을 지닌다는 사실이다. 관광은 지속 불가능한 산업이다. 그렇다고 제주가 관광을 버리면 당장에 먹고살 길이 막막해진다. 그렇다면 어떻게 해야 할 것인가? 과정은 어렵고 더디지만 답은 간단하다. 관광을 지구의 수용력내의 범위로, 지역적으로는 제주섬의 한계용량 이내로 묶는 것이다. 또한 그에따라 비게 되는 공간을 지속가능한 산업으로 탈바꿈시키는 일이다.

중략

"인구 100만 명, 관광객 2000만 명의 시대를 열자?" 아니되옵니다!!!

생략

자료: 제주의 소리, 2014.05.21.

THINK ABOUT IT

관광에서 고려되는 다양한 수용력의 유형(생태적 수용력, 물리적 수용력, 사회적 수용력)들과 관광객의 만족 간의 관계에 대하여 생각해 봅시다.

Chapter 9

관광자원 조사

1. 관광자원 조사목적

관광자원조사는 관광객의 욕구를 충족시켜 주는 관광대상에 대한 조사를 의미하는 것으로 자기가 목적하는 지역에 대한 자료조사와 일정한 관광지에 대한 연구와 개발, 보호의 목적으로 그 실태를 조사하는 것이다. 이는 주로 관광계획 작성, 관광지개발계획, 관광 중·장기계획 등에 적용되는 조사로 자연자원과 인공자원인 관광객체의 조사이며, 이것은 관광조사 중에서 큰 비중을 차지한다.

[그림 9-1] 관광자원 조사목적

관광자원 조사목적	
	1. 국토공간의 보전과 합리적인 이용을 위한 기본구상의 일환으로서 관광자원의 보전 및 개발을 학술적·과학적 근거 위에서 가능케 할 기본자료의 수집과 계획작성을 위한 목적이 있다.
	2. 문헌이나 통계자료를 통한 관광자원의 조사와 병행하여 현지조사를 함으로써 구체적인 최근의 관광자원 현황 및 자료를 수집할 수 있다.
	3. 실제조사를 통하여 조사연구방법과 문제지향적 해결능력을 배양하는 데 있다.

자료: 김정옥(2011), 관광자원관리론, 대왕사, pp.353-354.

관광자원 조사목적을 탐색, 기술, 설명 등으로 구분하여 제시하기로 한다.

[그림 9-2] 관광자원 조사목적

관광자원 조사목적	구분	내용
	탐색 (exploration)	관광현상을 파악하기 위해 연구하는데 사전에 특별한 지식이 없거나 선행연구가 없는 경우 주로 탐색을 목적으로 조사한다.
	기술 (description)	상황이나 사건·현상을 기술하기 위한 목적으로 조사를 실시한다. 기술적 목적의 조사연구는 현상의 원인보다 현상 자체에 더 관심을 갖고, 있는 그대로의 현상을 표현한다.
	설명 (explanation)	이는 기술에서 벗어나 현상을 구체적으로 설명하기 위한 목적으로 조사하는 경우이다. 설명은 단순한 기술과 달리 현상발생과 그 원인에 대한 해답을 규명해 주는 것이다.

자료: 이봉석 외(2001), 관광자원론, 대왕사, p.97.

대중관광시대 도래와 더불어 다양한 관광현상을 대상으로 전반적인 관광조사연구가 다방면에서 진행되고 있다. 관광현상의 변화를 파악 또는 예측하기 위하여 많은 나라에서 조사를 실시하여 필요로 하는 관광통계자료를 수집하거나 마련하여 실제 관광산업에 활용할 목적으로 수행되고 있다.

관광통계자료 수집의 기본적인 목적은 여가를 즐기기 위해서 또는 관광목적을 가지고 이동하는 사람들의 행태와 성질 등을 측정하는 데 있다. 그리고 이러한 측정은 이동자들이 요구하는 관광서비스의 양과 수준을 파악하기 위한 것이며, 이들 관광서비스가 여행수요의 요구조건과 사회경제적 위치에 어떻게 부응할 수 있는가에 대한 정보를 마련하기 위한 것이다.

〈표 9-1〉 관광통계자료 활용목적

구 분	내 용
관광정책 수립	관광객 이동에 관한 숫자와 그들이 지출한 비용에 대한 통계자료는 국가적 차원에서뿐만 아니라 지역적 차원에서의 관광개발정책을 수립하는 데 기본요건이 된다.
관광계획 수립	관광통계자료를 기초로 하여 관광동향 파악, 저이용관광지의 이용촉진 및 활성화대책 모색, 지역관광 마케팅전략 수립 그리고 관광정보 서비스체계를 구축하는 등에 관한 계획을 수립하게 된다.
관광지 관리	관광지 방문객에게 양질의 관광서비스 제공과 쾌적한 분위기 조성, 인적자원과 시설물·폐기물·안전·물품 등을 효과적으로 관리가능, 관광자원의 훼손방지 등을 막을 수 있는 중요한 근거자료를 제시한다.
지역발전 기여	지역발전책의 일환으로 관광지개발과 지역소득 증대, 고용증대 등의 효과분석이 체계적인 수치로 제시되어 신뢰성 있는 의사결정과 계획추진, 그리고 지역발전에 기여하게 된다.

자료: 박석희(2010), 관광조사연구기법, 대왕사, pp.35-36.

관광자원조사는 각지에 분포하고 있는 관광자원의 실제 조사를 수행함으로써 관광수급균형을 위한 관광자원의 개발・보호・정책・학문 등의 기본자료를 수집할 수 있고, 전국토의 관광자원화와 합리적 이용을 위한 관광계획 수립을 가능케 한다. 따라서 관광자원조사의 궁극적인 목적은 관광자원 개발을 위한 기초적 자료제공 및 정책목표달성을 위한 하나의 과정으로서 관광자원의 효율적인 관리와 활용을 촉진하기 위해서라고 볼 수 있다.1)

주어진 계획이나 정책의 목적을 달성하기 위한 필수적인 과정인 관광자원조사는 몇 차례 반복되는 과정을 거치면서 좀더 합리적인 계획을 수립하는 데 기여하게 되고, 경우에 따라서는 조사 및 분석결과에 따라 계획이나 정책 자체의 목적이 수정될 수도 있다.

조사의 필요성을 확인하기 위해서는 다음 항목에 대한 심도 있는 고려가 요구된다.

① 어떤 목적을 달성하기 위하여 조사가 필요한가?
② 어떤 자료가 필요한가?
③ 필요한 통계 내지 정보를 얻어내기 위해서는 어떤 자료가 있어야 하나?
④ 기존 자료를 이용할 수는 없나?
⑤ 자료수집에 어떤 제약점이 없는가? 있다면 그 대안은 무엇인가?

만약 기존의 자료를 이용하여 필요한 통계나 정보를 얻을 수 없는 경우에는 자료수집을 위해 조사를 실시해야 한다.2)

만약 기존의 자료를 이용하여 필요한 모든 통계자료를 얻을 수 있다면 통계이용단계로 넘어갈 수 있지만, 그렇지 못한 경우에는 목적달성을 위한 자료수집, 즉 조사를 실시해야 한다. 조사를 실시하기 전에 시간과 인력과 비용을 고려해 보고, 만약 이 가운에서 어느 한 가지라도 제약을 받게 되면 조사방법을 신중하게 선택해야 하며, 아울러 원래의 조사목적을 재검토해 보고 필요하다면 수정해야 한다. 예를 들면, 시간・인력・비용이 허용되는 범위로 조사범위를 줄인다거나 또는 장기간에 걸쳐서 필요한 자료를 수집할 수 있다.3)

일반적인 조사절차로는 통계학이나 사회조사법에서도 그 조사절차는 대개 비슷하지만 일반적인 조사절차와 순서는 다음과 같다.4)

1) 이봉석 외(2001), 관광자원론, 대왕사.
2) 박석희(2012), 신관광자원론, 대왕사.
3) 박석희(2010), 관광조사연구기법, 대왕사.
4) 김재민(2001), 관광자원개발론, 대왕사.

[그림 9-3] 조사절차와 조사계획

조사절차	① 조사할 문제의 정립(조사목적, 조사대상) ② 조사계획의 수립(조사지, 표본수, 참고문헌, 준비물, 일상계획) ③ 조사항목의 설정 ④ 조사의 방법(관찰, 측정, 실험, 면접질문지) ⑤ 통계처리분석 ⑥ 보고서 작성
조사계획	① 조사목적과 조사대상 선정 (예: 관광자원 분포상황이 조사목적인지, 관광자원특성의 관광가치가 목적인지, 개발가능성 등 조사의 목적이 뚜렷해야 하겠음) ② 조사대상과 범위 (조사대상은 자료수집의 범위와 조사시기 등을 고려하여 결정함) ③ 조사항목의 설정 (조사항목은 조사내용이 반영되도록 구체적이며, 조사에 필요한 항목을 문항으로 설정하는 것이 중요함) ④ 설문지 · 조사통계표 · 조사표 등을 준비

자료: 김재민(2001), 관광자원개발론, 대왕사, p.79.

2. 관광자원 조사항목

조사항목은 조사목적에 따라 다양하게 나타날 수 있으나 관광자원의 가치성이나 매력성을 충분히 검토하기 위해서는 가치성이나 매력성 요인이 될 수 있는 것은 모두 조사항목에 포함시키는 것이 바람직하다고 할 수 있다. 그러나 조사의 목적과 개발방침 · 예산규모 · 조사기간 등에 따라 달라질 수 있기 때문에 모든 항목을 조사하는 것은 어려운 상황이 될 수도 있다. 조사항목의 선정은 환경적 여건에 따라, 그리고 조사대상지역의 특수성을 감안하여 신축성 있게 조정될 수도 있는 것이다.

〈표 9-2〉 조사항목-지역개황

구 분		조 사 항 목
사회적 조건	인구구조	연령별, 남녀별, 세대수, 인구추이 등
	경제구조	직업별 인구, 각종 산업통계, 직업별 소득, 국민소득, 물가지수 등
	교통망	기존도로, 도로계획, 교통수단, 교통시설 등
	문화	생활양식, 향토역사 등

구 분		조사항목
자연적 조건	지세	지형, 지질, 식생, 수자원(하천, 강 등)
	지표	토지이용 현황, 토지이용 관계법령, 기타
	기상	기온, 풍향, 강우량, 기타
기타	주변관광지	이용상황, 이용형태 등

자료: 김재민(2001), 관광자원개발론, 대왕사, p.84.

〈표 9-3〉 조사항목 – 관광자원

조사항목		조사내용
관광자원	자연관광 자원	종류, 규모(면적, 표고, 경사도, 우세요소와 수량 등), 질적측면(종의 빈도, 밀도, 다양성, 야생동물 서식환경, 관람대상 분포상태, 흥미대상, 학습가치 등), 이용상태(이용자수, 이용밀도, 변동성, 성수기, 비수기 등), 개발내용(기존시설, 요구시설, 접근성, 쾌적성, 만족수준, 관리상태, 보전상태 등), 기타(소유권, 토지가격, 개발제약 조건, 인근소재 자원존재 여부 등)
	인문관광 자원	종류, 규모, 질적측면(시대구분, 역사성, 향토성, 특이성, 학습가치, 흥미대상 등), 이용상태(이용자수, 이용밀도, 변동성, 성수기, 비수기 등), 개발내용(기존시설, 요구시설, 접근성, 쾌적성, 만족수준, 관리상태, 보전상태 등), 기타(소유권, 토지가격, 개발제약 조건, 인근소재 자원존재 여부 등)
	관광시설 자원	종류, 규모(수용능력), 질적측면(주제, 특이성, 흥미대상 등), 이용상태(이용자수, 이용밀도, 변동성, 성수기, 비수기 등), 개발내용(기존시설, 요구시설, 접근성, 쾌적성, 만족수준, 관리상태, 보전상태 등), 기타(소유권, 토지가격, 개발제약 조건, 인근소재 자원존재 여부 등)

자료: 박석희(2012), 신관광자원론, 대왕사, pp.141-142.

〈표 9-4〉 조사항목 – 공급처리 및 편의시설

조사항목	조사내용
공급처리 및 편의시설	여기에 대해서는 각 시설의 종류・규모・이용상태・시설내용・개설시기・경영주체・문제점 등을 조사한다.
	① 교통시설: 교통편 개설 여부, 터미널, 노선의 길이와 폭, 노선의 시계상태, 운행시간, 수송능력, 요금 등 ② 주차시설 ③ 상가시설 ④ 상・하수시설 ⑤ 전기・통신시설 ⑥ 쓰레기 처리시설 ⑦ 정보・안내시설: 여행사, 여행안내소, 홍보비용, 전문 안내원 유무 등 ⑧ 기타 시설

자료: 박석희(2012), 신관광자원론, 대왕사, p.142.

기존의 계획(관광에 관한 기존계획과 지역개발 일반에 관한 기존계획) 검토 외에 관광계획 관련정보가 요구된다.

[그림 9-4] 관광계획 관련정보

관광계획 관련정보	구분	내용
	관광발생 정보	참가횟수, 참가일수, 숙박일수, 희망참가 횟수, 경유관광지, 체류관광지 등
	관광이동 정보	교통량, 교통시설 용량, 여행시간, 여행거리, 이용 교통수단, 루트, 코스 등
	관광방문 정보	방문빈도, 방문시기, 방문목적, 방문지역 및 이용시설, 동반자수, 이용숙박시설, 소비단가, 소비총액, 활동유형, 재방문의사, 방문자수 등
	관광이용 정보	이용자수, 이용횟수, 이용시간, 최대일률, 이용률, 회전율, 숙박일수, 평균숙박일수, 숙박률, 관광지점 및 시설별 이용자분포, 즐거움, 만족도, 개선요망 사항 등

자료: 박석희(2012), 신관광자원론, 대왕사, p.143.

기타 사항으로 자원개발에 관련되는 관광관련 상위계획 및 법규의 검토로서, 상위계획과의 연관성을 파악할 수 있고, 기존계획의 자료를 확보함으로써 개발계획시 발생될 수 있는 문제점을 보완・개선시킬 수 있다. 주요 계획은 국토종합개발계획, 관광진흥 중・장기계획, 전국관광장기종합개발계획, 권역별 관광개발계획 등이 있으며, 관련법규와 관습, 풍속, 지역사회의 개발시책 등을 조사한다. 기존의 계획을 위한 관련법규로는 「국토의 계획 및 이용에 관한 법률」, 자연공원법, 산림법, 광업법, 「도시공원 및 녹지 등에 관한 법률」, 문화재보호법, 관광진흥법, 온천법, 건축법, 「환경정책기본법」 등이 있는데, 이들 법규에 의해 자원의 개발이 규제되는가를 파악한다.

3. 관광자원의 조사방법과 과정

관광자원의 조사방법에는 현지조사방법(survey method), 관찰방법(observational method)과 실험적 방법(experimental method)이 있는데, 조사의 목적과 대상에 따라서 적합한 방법을 적용하면 된다.

[그림 9-5] 관광자원 조사방법

예비조사[5]	질문지조사	관찰조사[6]	면접조사[7]
전자메일[8]	전화조사[9]	우편조사[10]	실험조사[11]

기타 표적집단면접법이 있다. 이 방법은 조사가 소수의 응답자 집단에게 특정의 주제에 대하여 토론을 벌이게 하여 자유롭게 토론하는 가운데서 필요한 정보를 얻고자 하는 것이다. 즉 가설을 설정하거나, 설문지 작성에 필요한 정보를 얻거나, 또는 새로운 제품의 아이디어를 찾고자 할 때 이 방법을 사용한다. 이 때 응답자 집단은 나이·성별·특성 등을 비슷하게 선정하여야 하고, 토론주제에 대하여 이해관계나 사전지식이 없는 가운데 인원수는 10명에서 12명이 적당하다.

이 방법의 장점은 넓은 영역의 정보와 통찰력을 얻을 수 있다는 점, 토론자들의 자발적인 의사표시를 통하여 타당성이 있는 정보를 얻을 수 있다는 점이다. 단점으로는 응답자의 모집단에 대한 대표성이 문제될 수 있고, 조사자의 토론진행능력에 따라 조사결과가 크게 좌우될 수 있다는 점이 있다.[12]

기타 새로운 방법으로는 전자장치조사가 있다. 고객의 질문에 컴퓨터시스템의 전자장치를 이용하여 즉시 기록되고 그 결과를 기록해 내는 방법이다. 이러한 전자장치는 호텔로비나 사람들이 많이 왕래하는 도로상에 설치하여 조사대상에 관한 고객의 응답을 기록하게 할 수 있다. 즉 이 방법은 기계를 사용하여 질문사항이 기계장치에 의해 조정되고, 그 결과도 자동적으로 처리되어 나오게 하는 고객의 정보수집방법이다.[13] 조사과정

5) 예비조사(pilot study)는 기술적으로 제한을 받지 않고 조사를 할 수 있는 것으로서 본조사 시행에 앞서서 행해진다. 예비조사는 미개척분야에 대한 개척도구로서, 그리고 조사를 좀더 충실하게 하기 위하여 조사에 관련된 여러 가지 필요한 정보를 얻기 위하여 시행된다. 여기에는 문헌조사, 전문가의견조사, 특례분석(사례분석) 등이 있다.
6) 과학적 조사에서 필요로 하는 사실이나 자료를 직접 질문하여 수집하는 것이 아니라, 직접적으로 보거나 들어서 얻어내는 방법의 조사로서, 여기서 관찰은 우연히 이루어지는 관찰이 아니라 체계적으로 이루어지는 관찰을 가리킨다.
7) 관찰조사와는 달리 일정한 조건하에서 언어를 매개체로 하여 질문을 가하고 응답을 얻어냄으로써 조사대상자가 내적으로 가지고 있는 바를 알아내는 조사를 가리킨다.
8) 응답자에게 설문지를 전자메일로 전송하고 다시 받는 방법이다.
9) 응답자를 직접 만나는 대신에 전화를 이용하여 면접하는 방법.
10) 응답자에게 설문지를 우편으로 발송하여 응답자가 이를 완성하여 조사자에게 발송하게 하는 방법이다.
11) 연구자가 실험조건에 준하여 조작하고 통제하여 일정한 가설을 검정하려는 조사.
12) 박석희(2010), 관광조사연구기법, 대왕사.

은 다음 [그림 9-6]과 같다.

[그림 9-6] 관광자원 조사과정[14)]

구 분	내 용
문제의 제기[15)]	관광자원 개발・보존・이용・관리 등 우선순위 선정과 관광정책과 관광계획 수립에 필요한 부분 고려하여 확정
조사대상 관광자원 선정	조사대상지역, 관광자원성격, 구체적인 자원조사에 중점을 둔 목적정립, 대상범위 결정
조사설계[16)]	모집단 설정과 조사에 필요한 조사표 작성 등
자료수집[17)]	조사대상에 대한 문헌자료 조사 및 수집하고 고찰, 그리고 문헌자료 통한 예비지식 축적 등
자료분석[18)]	문헌자료, 기존자료, 면담자료, 설문자료 등 조사목적에 따라 검토하고 파악 및 정리 -통계처리방법이 적용됨(예: SPSS, SAS 등)
정리(보고서화)[19)]	이상에서 얻은 각종 자료를 정리하고 해석단계를 거쳐 최종적으로 보고서 작성하여 완결

13) 김정옥(2011), 관광자원관리론, 대왕사.
14) 이봉석 외(2001), 관광자원론, 대왕사; 표성수(2004), 관광사업투자론, 백산출판사; 박석희(2010), 관광조사연구기법, 대왕사.
15) 이 단계에서는 조사연구에서 취급하고자 하는 주제를 선정하고, 조사연구의 목적 및 그 문제의 실제적 주요성과 이론적 의의 등에 관하여 명백한 구상을 가지고 이를 논리적으로 정립하는 단계이다. 만약 조사문제가 제대로 규정되지 못하였다면, 완벽하게 조사를 수행하더라도 얻어진 결과는 아무런 도움을 주지 못하게 된다.
16) 조사설계는 네 가지의 주요활동 및 과제로 이루어진다. 첫째, 규정된 문제에 대해 종합적인 검토를 하는 일로서 조사연구의 목적과 조사연구의 문제를 검토한다. 둘째, 조사연구의 골격을 형성하는 일로서 조사연구의 대상, 기간, 장소를 확정하고, 표본크기를 결정한다. 셋째, 예산을 편성하고 조사일정을 작성하는 것이다. 넷째, 조사설계를 평가하는 과정으로서 조사설계의 신뢰성과 타당성 그리고 결과의 일반화 가능성을 평가하는 일이 여기에 해당된다.
17) 자료수집방법은 관찰조사, 면접조사, 전화조사, 우편조사, 이메일, 현장조사 등 여러 가지 있으므로 문제의 성격과 연구범위를 고려하여 결정해야 하는데, 때로는 동시에 병행할 수도 있다. 해당되는 방법을 적용함에 있어서 그 방법이 지니고 있는 주의사항에 유의하면서 조사를 시행하되, 가능한 한 객관성을 높이도록 노력해야 한다.
18) 자료가 수집되면 기계적인 절차를 걸치고, 그 다음에는 논리정연한 분석 및 해석이 따르게 되는데, 기계적인 절차라고 하더라도 논리적 훈련과 이론적 통찰력이 필요하다. 동일한 과정을 거쳐서 실시된 연구에 의해 얻어진 동일한 자료도 이 단계에서 분석자의 해석의 차이에 의해 서로 다른 결론이 유도될 수도 있기 때문에 자료의 해석단계에서 신중을 기하여야 한다. 특히 분석자

4. 관광자원 조사사례 및 권역별 관광개발계획

1) 관광지식정보시스템 : 관광자원 DB

[그림 9-7] 관광지식정보시스템[20]

- 한국문화관광연구원 관광지식정보시스템은 지식기반 사회로의 이양 및 정보기술 발전 추세에 따라 관광부문의 정보화사업 추진전략을 제시한 국가관광정보와 추진전략계획(문화관광부, 2002년)에 근거하여 연차사업으로 운영되고 있다.
- 현재 관광DB 서비스 중 자원DB를 통하여 관광관련 서비스를 제공하고 있다.

지역선택, 분류(문화, 자연 및 생태환경, 관광장소 및 시설), 명칭 등으로 구분하여 자원을 소개하고 있음

의 통계기법에 대한 이해와 이론적 통찰력이 요구되는 단계이다.

19) 조사연구의 마지막 단계로서 조사연구의 결과를 다른 사람에게 전달하기 위하여 보고서를 작성하게 된다. 여기서 주의할 사항은 조사연구자와 자료이용자 간의 의사가 원활하게 소통되어야 한다는 점이다. 조사내용과 결과가 아무리 좋더라도 정보의 이용자가 제대로 이해하지 못한다면 그 연구내용은 아무런 효과가 없어지므로, 보고서는 이용자의 이해도와 조사에 관한 지식의 정도에 맞추어서 작성해야 한다.

20) http://www.tour.go.kr

〈표 9-5〉 관광지식정보시스템에서 제공되는 지역별 문화자원 현황[21)]

자 원		서울	부산	대구	인천	광주	대전	울산	경기	강원	충북	충남	전북	전남	경북	경남	제주
문화	인물	386	147	98	95	52	120	15	955	255	505	388	195	493	576	490	30
	축제·의식	90	109	26	31	10	46	19	207	202	84	218	92	329	137	214	58
	민속·풍속	196	124	88	80	77	75	57	484	809	471	556	155	649	700	1,299	74
	마을	15	2	4	1	2	0	0	9	5	13	4	8	6	41	19	0
	유적지·사적지	211	61	61	85	28	27	35	386	196	243	313	155	1,452	376	470	282
	건축	411	248	230	173	105	132	61	695	393	748	645	484	1,122	1,781	1,244	95
	조각	77	30	56	31	18	23	18	240	169	201	245	134	395	401	211	44
	회화·서예	39	14	10	30	5	6	1	36	22	20	21	17	86	53	28	0
	서적·활자·기기	55	11	9	7	12	21	2	46	26	3	44	27	160	95	105	3
	공예·자기	62	11	5	10	5	6	4	28	12	5	28	28	26	44	30	5
	소계	1,542	757	587	543	314	456	212	3,086	2,089	2,293	2,462	1,295	4,718	4,204	4,110	591
자연 및 생태 환경	동·식물	16	13	6	9	2	1	1	44	53	22	26	40	88	62	81	55
	보호구역	4	3	0	1	0	0	2	2	6	0	3	4	5	2	4	7
	산악 및 평지자원	173	101	39	43	18	12	45	369	283	188	155	121	230	240	290	137
	수변 및 해양자원	27	53	15	64	11	9	15	189	129	77	84	77	247	186	144	42
	경승지	14	21	3	9	1	3	2	20	42	24	51	54	76	24	33	20
	소계	234	191	63	126	32	25	65	624	513	311	319	296	646	514	552	261
관광 장소 및 시설	관광지구	3	3	0	15	0	1	1	18	52	25	26	22	24	44	29	21
	공원	74	23	21	13	13	15	6	64	30	25	10	40	47	44	83	16
	전시·관람시설	338	137	58	85	66	82	24	329	205	118	142	140	183	196	207	61
	스포츠·체육시설	125	36	30	54	10	22	18	420	218	97	124	63	117	126	142	76
	숙박·식음시설	531	269	59	136	114	42	41	652	391	171	206	153	358	447	263	135
	쇼핑시설	138	117	50	42	32	31	12	168	105	91	70	121	144	237	191	30
	교통시설	112	67	32	27	6	12	18	154	128	59	65	61	105	157	113	24
	유원·휴양·수련시설	36	49	32	75	13	18	15	225	406	115	152	124	229	215	200	85
	부대시설	83	42	18	20	11	13	10	56	27	19	21	25	42	42	30	6
	소계	1,440	743	300	467	265	236	145	2,086	1,562	720	816	749	1,249	1,508	1,258	454
총계		3,216	1,691	950	1,136	611	717	422	5,796	4,164	3,324	3,597	2,340	6,613	6,226	5,920	1,306

21) http://www.tour.go.kr

2) UNWTO 관광자원 조사항목

〈표 9-6〉 UNWTO 관광자원 조사항목[22)]

구 분		내 용
잠재적 자원	문화적 자원	① 취미: 자원의 발견, 진귀한 사물의 탐색
		② 습관, 풍습, 전통, 민속 등
		③ 종교: 순례, 종교적 행사, 예술 등
		④ 고고학: 유물, 유적, 역사
		⑤ 현대문명: 건축물, 박물관, 문화센터, 축제 등
	자연적 자원	① 풍경(전망): 특이한 형태의 풍경
		② 산악: 아름다운 산악, 유적
		③ 바다, 호수, 운하: 해안, 강변, 갯벌, 만, 섬의 군도, 깨끗한 물, 온도, 조류
		④ 식물군, 동물군: 식생, 산림, 야생동물
		⑤ 기후: 기후상의 최적의 조건(온도, 바람, 비, 눈, 구름, 안개) 등 기상의 영향
	관광객 활동	① 해변활동: 수상경기
		② 등산활동: 겨울철 스포츠, 등산, 하이킹
		③ 기후와 온천수의 치료: 물의 성질에 의한 치료법
		④ 사냥과 사진촬영: 낚시의 가능성, 수렵장의 존재와 보유
		⑤ 스포츠와 여가활동: 승마, 카지노, 경기연맹
		⑥ 미식가의 원정여행: 지방 특유 음식의 시식명물
현존 자원	접근성	① 대륙간, 지역간, 국가 간에 연결된 조직: 해상, 항공, 육상
		② 통신기관: 도로, 철도수단, 국제공항
		③ 주요 관광 공급국 간의 거리
		④ 지역간 거리: 관광객의 유입에 관한 도시와 외과지역과의 거리
		⑤ 운송수요와 가격탄력성
		⑥ 전세여행: 국제간, 지역간 항공노선
		⑦ 여행의 제반시설: 출입국수속, 비자의 폐지, 국제협약
	시설	① 해안휴양지: 국제수준에 따르는 휴양지의 존재 유무, 유람선 항구
		② 산악휴양지: 겨울철 스포츠 존재와 여름철 휴양지 존재, 설비의 기계화 등
		③ 온천수: 수료법의 설비, 염수와 담수의 수영장 및 일반적인 휴양시설
		④ 국내수송: 현존수송시설, 운영회사
		⑤ 숙박시설: 호텔과 유사한 시설, 보조숙박시설
		⑥ 인력의 유용성: 관광부문에 고용된 사람의 숫자, 훈련의 수준
		⑦ 문화행사: 축제, 구경거리, 전시회 등
		⑧ 사냥과 낚시: 사냥과 낚시가 포함된 프로그램의 존재 유무

22) 이장춘(1998), 관광자원학, 대왕사, pp.178-180. 재인용.
UNWTO에서는 관광계획의 전 단계로서 관광자원의 범주를 크게 잠재적 자원(potential supply), 현존자원(existing supply), 기술자원(technical resources)으로 제시하였다.

구 분		내 용
현존 자원	국가 이미지	① 문화: 문화의 해외전파(문학, 예술)
		② 국제관계: 무역, 정치, 재정
		③ 특수관계: 국가의 특출한 자원
		④ 진흥책: 국제기구에 의한 해외진흥과 외국인경영자(호텔연합, 항공노선, 관광서비스 등)
기술적 자원	행위 가능성	① 전국단위관광계획: 전국단위관광계획의 존재 유무
		② 지역관광계획: 지역단위관광계획의 존재 유무
		③ 지방적 관광계획: 해양, 산악, 휴양지, 기후와 온도, 온천 개발계획의 존재성
		④ 국가관광조직: 구조와 기능
		⑤ 해외선전사무소: 해외선전사무소의 존재 유무
		⑥ 해외선전망: 규모와 구조
		⑦ 국제호텔체인망: 국가적, 국제적
		⑧ 운송정책: 국가적인 정책으로서의 항공, 해상, 육상정책
	수단	① 관광사업에 관계되는 공무원: 자격, 자질의 향상
		② 호텔과 관광서비스의 참모기능: 능력과 자격의 요건
		③ 직업상의 훈련: 관광업소의 요식업소에서 근무하는 실습요원의 숫자와 학교와 관계연구소에서 연구하는 학생의 숫자파악
		④ 계획의 우선순위와 구조: 국가개발계획에 포함된 관광의 중요성과 관광개발계획조직의 적정성
		⑤ 공공 및 민간부문투자재원: 기반시설과 서비스분야의 공공투자와 숙박시설과 보조시설에 대한 민간투자
		⑥ 국제적인 재정: 관광분야에 있어서 자본투자와 기술적 원조
	국가간 지역 잠재력	① 기후의 일치성: 기후의 유사성
		② 일반적인 역사학과 고고학: 유물, 유적, 산악 등
		③ 경관의 일치성: 경관의 공통적 특징
		④ 지역 전체의 특수한 자원
		⑤ 언어의 유사성: 통신용 지역 특유의 언어와 공통 언어
		⑥ 역내 교통: 다른 나라와의 지역간 항공, 도로, 철도망 등
		⑦ 지역간의 협정: 역내 및 역간협정

3) 국립공원 자연자원조사보고서 사례[23]

지리산국립공원 내에 소재하는 문화자원[24]

구 분	지정문화재													
명칭	총계	국보	보물	사적	명승	중요무형문화재	중요민속자료	천연기념물	시·도유형문화재	시·도무형문화재	시·도기념물	구분	문화재자료	등록문화재
지리산	88	7	34	2	1	–	1	9	24	–	3	–	7	–

23) http://www.knps.or.kr
24) 고계성(2013), 경남 서북부의 문화관광자원 분석과 활용방안(경남 산청군·하동군·함양군 문화관광자원 활성화방안-맞춤형 현지방문교육), 안전행정부 지방행정연수원, p.9.

4) 캐나다 토론토 관광자원 조사사례[25)]

캐나다 토론토에서는 현재의 관광산업 동향을 파악하기 위하여 관광자원조사를 시행하고 있다. 해당 자료는 교통부, 웹사이트와 설문조사, 리포트, 2차자료 등에서 취합되어 정리된 후 관광계획과 전략안 마련이 활용되고 있다. 토론토 내에 소재하는 다양한 관광자원을 10개의 유형으로 구분하여 조사를 하고 있다.

[그림 9-8] 토론토의 관광자원 조사분야

1. Food and Beverage	6. Marinas
2. Retail	7. Parks and Recreation
3. Festivals and Events	8. Spas
4. Attractions	9. Wineries and Breweries
5. Accommodation	10. Meeting and Planners and Venues

관광자원조사의 목적은 토론토 전체 지역 대상의 활성화를 꾀하기보다는 관광객들에게 다양한 서비스를 제공할 수 있는 방안을 도출하는 데 목적을 두고 있다. 비록 전체 조사대상 자원의 유형 모두가 관광객들에게 적절한 서비스와 만족을 제공하고 있지만, 그 반대의 경우도 발생하고 있기 때문이다.

[그림 9-9] 토론토의 조사 실행단계

STEP 1	⇨	STEP 2-4	⇨	STEP 5-7
설문지 완성과 조사영역 확정과 설문 조사		자료분석에 준한 범주 분류와 1차 보고서 작성		해석과 전략도출
도출된 결과에 따른 자료분석		상품범주 성과범주 후속조치범주		- 관광시장 확대를 위한 다각적인 전략 도출과 제시 - 이해당사자, 관계당국, 연구원, 컨설턴트 등이 참여하여 최종보고서 작성

25) www.toronto.ca/tourismstudy/pdf/report-2008-methodology.pdf

10개 범주로 구분되어 조사에 참여하고 자료를 수집하게 될 주요 범주별 조직과 협회, 그리고 매거진, 신문매체, 웹사이트는 다음 〈표 9-7〉과 같다.

〈표 9-7〉 캐나다 토론토 관광자원 조사대행 기구와 협회

구 분	관련협회	해당자원 정보취득 순위
Accommodation	• Tourism Toronto • GTHA • Ontario Accommodation Association • Federation of Ontario B & B Association	• Toronto Visitior Guide • Michelin Guide • WHERE • Toronto Life • Conde Nast • Bed and Breakfast
Attraction	• Tourism Toronto • TAPA • Attractions Ontario	• Fodor's Guide • Michelin Guide • WHERE • Toronto Life • Toronto Visitor Guide • Toronto City Guide
Parks and Recreation		• Toronto's Golf Guide • Toronto LIfe • City of Toronto-Fun Guide • www.toronto.ca
Retail	• Tourism Toronto	• WHERE • Toronto Life • Conde Nast
Festivals and Events	• Tourism Toronto • Festivals and Events Ontario	• Toronto Visitor Guide • New York Times • Michelin Guide
Wineries and Breweries	• Tourism Toronto	• Fodor's Guide • www.bartowel.com
Food and Beverage	• Tourism Toronto	• Zagat Guide • Fodor's Guide • Michelin Guide • WHERE • Toronto Life • NOW-City Guide • www.dineto.
Meeting Planners and Venues	• Tourism Toronto	
Spas	• Tourism Toronto • Premier Spas of Ontario • Ontario's Finest Spas	• WHERE • Toronto Life • Canadian Spa
Marines	• Tourism Toronto • Ontario Marine Operators Association	

관련 설문지는 해당지역 시장의 친필사인과 안내서가 동봉되어 이메일로 응답자들에게 발송되며, 동시에 이메일, 팩스, 전화 등 다양한 방법으로 조사가 진행된다. 특히 설문지 회수율을 높이기 위하여 조사위원회가 직접 전화와 이메일로 잠재 응답자들에게 독려 안내문을 발송하기도 한다. 설문지 언어는 통일된 영어로 수행되고 있다.

STEP 2-4단계에서는 제시된 전체 10개 자원범주별 해당 질문항목(A~K)에 동의하면 "예", 반대이면 "아니오"라고 응답한 후, "아니오"라고 응답할 때 그 이유에 대해서 기대하도록 하고 있다. 제시된 다양한 이유는 보고서 작성시 활용되고 있다. 실행되는 범주 분류는 다음과 같다(〈표 9-8〉 참조).

〈표 9-8〉 질문범주 분류

상품 범주	A: 독특한 핵심 매력물들 B: 혼잡정도 조절 C: 만족도와 가치정도 D: 접근성 E: 숙박시설
성과 범주	F: 방문율 G: 이용률과 수익률 H: 불평불만율
후속조치 범주	I: 관광지 마케팅 J: 상품 재생산 K: 수용력과 관광지 관리

STEP 5-7단계에서는 관광산업 이해당사자, 관련 행정당국, 연구원, 컨설턴트 등이 참여하여 제시된 결과를 검토한 후 다각적인 전략과 방안을 제시하고 최종보고서를 작성하게 된다.

5) 충북 유교문화자원 조사[26]

〈표 9-9〉 유교문화자원 조사 분류표

구 분	분 야	종 류	자 원
유형	교육	공립 교육기관	성균관, 향교
		사립 교육기관	서원, 서제, 강당, 서당, 정사, 서사
	제례	국가 제사기관	종묘, 사직, 선농단, 여단, 관왕묘
		개인 제사기관	사당, 영당, 재실
		묘소	왕릉, 명현묘소, 묘비, 신도비
	윤리	정려	충신비, 효자비, 열녀문
	자연	명승	구곡, 팔경
	생활	의 문화	한복, 의례복
		식 문화	제사음식, 통과의례 음식
		주 문화	종가, 고택, 누각, 정자
		기록문서류	전적, 고문서, 서화류
		기타	유물(문방사우, 악기. 제기 등)
	사회		유교인물, 족보, 집성촌, 생가, 유허지, 향약(동약, 동계, 족계)
	기타		바위글씨, 금석문
무형	4례	국조례(國朝禮)	대사례(大射禮) 등
		향례(饗禮)	석전례, 사상견례(士相見禮), 향사례, 향음주례, 투호(投壺), 강학례
		학례(學禮)	학제(學制) 등
		가례(家禮)	사관례(士冠禮) 등
	통과의례	관례	성년례, 字
		혼례	전통혼례(의혼(議婚))·납채(納采)·납폐(納幣)·친영(親迎)
		상례	장례식
		제례	시제(時祭)·차례(茶禮)·묘제(墓祭)
	구비		전설, 민담, 일화
	지명		유교 관련 지명
	예술		다도, 서예, 꽃꽂이 등

유교문화자원은 문화유적별, 자료형태별, 주요 테마별 등으로 조사대상과 범위 등에 따라 다양한 자원이 개발되고 활용되고 있다.

26) 김양식(2009), 충북지역 유교문화자원과 활용방안 연구, 충북개발연구원.

THINK ABOUT IT

조사방법 중 조사의 목적에 따라 탐색(exploration), 기술(description), 설명(explanation)으로 구분되는데, 이들의 차이점에 대하여 생각해 봅시다.

Chapter **10**

관광자원 개발계획

1. 관광자원 개발과 계획

관광자원개발이란 일반적으로 관광자원의 특성을 살려 관광상의 편의를 증진시키고, 관광객의 유치와 관광소비의 증대를 목적으로 하는 개발사업을 가리킨다. 관광개발사업의 목적으로는 첫째, 관광자원의 가치상실을 최대한 줄이고 관광자원이 가지고 있는 고유한 특성을 보호하고 보전하기 위한 것이며, 둘째, 관광자원을 합리적이고 효과적인 방법으로 활용함으로써 정서함양과 함께 문화의 발전을 도모하기 위한 것이며, 셋째, 이러한 결과는 관광객의 증가를 초래함과 동시에 관광수입을 높이는 결과를 가져 오게 됨으로써 관광개발효과와 지역개발의 효과를 나타내게 된다.

계획(plan)[1]이란 일반적으로 현재의 상태에서 장래를 위해 설정된 목표를 달성하기 위한 방법과 수단을 마련하는 일련의 행위 및 사전에 미리 장래의 행동안을 가다듬어 두는 것이라 정의된다.[2] 따라서 모든 시간과 공간적인 계획여건에 제약을 받으며, 객관적인 정보와 계획수립자의 창의적인 노력을 동반하면서 여기에 여러 가지 과학적인 기법이 적용되어 계획이 수립된다.

기획(planning)은 장래를 전망하여 대체적인 행동코스를 발견하는 과정이라 할 수 있다. 따라서 계획화란 미리 무엇을, 어떻게, 언제, 그리고 누가 할 것인가를 결정하는 것이

---

1) 김신복(1986), 기획과 정책개발, 서울대 행정대학원, p.3.
계획(plan)의 유사개념으로 기획(planning), 사업계획(program), 단위사업계획(project)이 있는데, 이들간의 상·하위관계를 표시하면 최상위개념인 기획을 필두로 기획〉계획〉사업계획〉단위사업계획으로 표시된다. 기획은 계획을 수립하는 절차와 과정을 말하고, 계획은 기획을 통하여 산출되는 결과, 즉 기획의 소산을 말하지만, 일상용어에서는 이들 양자를 구분하지 않고 계획이라 부르는 경우가 많다.

2) 박석희(2012), 신관광자원론, 대왕사; 경영학대사전(2000), 계획화, 박영사.

다.3) 특히 계획을 세우는 것(plan)은 planning 이외에 혁신하는 innovation을 가하는 것이 좋다는 견해도 있다.4)

[그림 10-1] 관광자원개발 절차5)

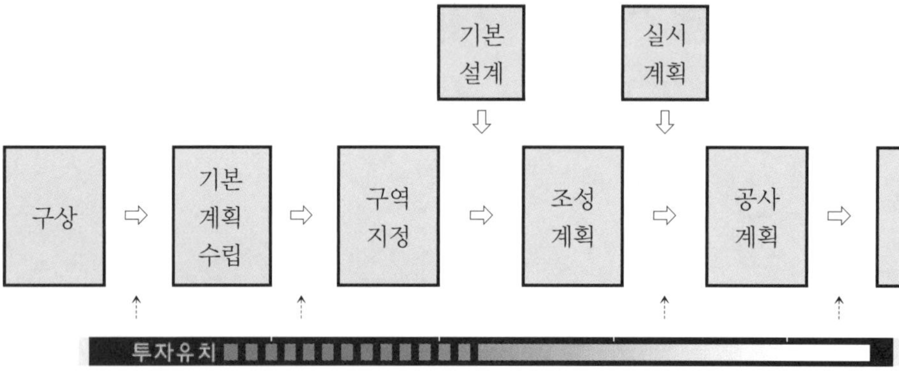

• 구상: 개발가능한 관광자원의 발굴과 개발 아이디어를 수집 분석, 기초적인 방향을 설정, 개략구상 및 개념설정
• 기본계획수립: 관련계획 및 법규의 각종 개발여건을 분석하여 개발기본방향 설정 및 사업계획을 수립

현재 계획은 정치적, 경제적, 사회적, 문화적, 환경적 등 다양한 분야와 접목되어 있으며, 토지사용, 하부구조, 공원, 보호구역, 축제와 이벤트, 인력운영, 관광활동 영역 운영 등과 밀접하게 연관되어 있다.6) 계획으로서의 관광계획은 목적의 달성을 위해 가장 필요한 것이라고 판단되면서 장래에 취할 수 있는 수단을 의미하고, 기획으로서의 관광계획은 계획안을 수립하기 위한 선택과 결정의 과정을 거친다. 따라서 관광계획은 관광과 관련된 사항을 대상으로 하여 기획을 수립하고 또한 그 결과 수렴된 계획안이라는 두 가지 의미가 포함된 것으로 설명될 수 있다.7)

관광자원 개발계획은 관광이란 욕구를 요인으로 한 추상적 요소와 관광자원이란 구체적 형태를 갖는 자연적·물리적 실체와 공간이라는 요소로 구성된다. 따라서 관광자원 개발계획은 사회적·경제적·물리적·자연적 계획 모두를 포함하는 복합적 성격을 갖게

3) 경영학대사전(2000), 계획화, 박영사.
4) 경영학대사전(2000), 매니지먼트 사이클, 박영사.
5) 한국관광공사(2010), 관광자원개발 매뉴얼, p.14.
6) Encyclopedia of Tourism(2000), NY: Routledge, p.439.
7) 박석희(2012), 신관광자원론, 대왕사.

된다.[8)]

관광자원 개발계획의 기본방향은 관광현상이 인간생활 가운데 얼마만큼 중요한 의미를 가지고 있는가를 인식하고, 생활수준 향상에 따른 가치관의 변화로 관광의 양과 질이 크게 달라지고 있음을 인식하여 협소한 국토공간의 효율적인 개발방법을 모색하고, 개발과 보존이라는 양면성의 과제를 해결할 수 있는 방안을 모색하는 데 주안점을 두고 있다.

관광자원 개발의 목적이 하나의 지방, 하나의 지구를 대상으로 개발하느냐, 또는 개발의 주체・대상・수단이 국가적 입장인가, 지역적 입장인가, 또는 개인적 입장인가에 따라 다양한 내용을 지니게 되므로 그 개념을 하나의 의미로 규정하기란 어렵다고 할 수 있다. 그러나 관광자원의 개발은 다음과 같은 조건하에서 이루어져야 한다.

〈표 10-1〉 관광자원 개발계획의 목적

관광계획목적	⇨	목적
		국가 및 지역, 지역주민에게 다양한 긍정적 파급효과를 제공한다.
		지역경제 활성화 초래 및 건강하고 쾌적한 환경을 초래한다.
		지역 고유문화 보전과 주민의 삶의 생활환경 토대 구축과 관광공간 창출에 이바지한다.

자료: 장성수(2009), 관광자원개발계획, 관광학총론, 백산출판사, p.692.

첫째, 국토의 자연조건을 종합적으로 이용・개발・보전하며, 산업입지와 생활환경의 적정화를 고려하여야 한다.

둘째, 관광자원의 개발은 국가 또는 지방자치단체인 시・도・군계획에 의한 적극적인 법적 뒷받침이 있어야 한다.

셋째, 국가 또는 지방자치단체가 지역종합개발의 모형을 제시해 주어야 한다.

이상과 같은 전제조건에서 볼 때 관광자원의 개발은 그 계획을 수립함에 있어서 관광지역범위에만 국한되는 것이 아니라 국토 전반의 종합적인 개발의 관점에서 거시적이며 공공재라는 사고의 틀 속에서 이루어져야 한다고 할 수 있고, 관광자원의 개발계획은 그것의 개발을 준비하는 일련의 과정이다. 이러한 계획은 관광의 목적과 목표에 대한 성취를 용이하게 해주며, 관광의 편익과 비용을 종합적인 안목에서 평가할 수 있도록 해준다.[9)]

8) 이봉석(2001), 관광자원론, 대왕사.

관광자원의 가치증대와 보존의 양목적하에 관광자원 개발의 개념적 구성요소를 살펴보면 다음과 같다.10)

첫째, 형태·여가·활동 등의 인적 조건에 기인되는 요소로서 크게는 관광객이 거주하고 있는 사회적·경제적·문화적 배경과 좁게는 관광객 개체가 갖는 성별·연령별·소득수준별 등의 특성에 따라서 노출되는 관광활동의 욕구와 동기 그리고 의식결과에 의한 행태의 표현에 관한 것이다.

둘째, 지리적 구역에 따라 달리하는 관광유인적 환경으로서 문화유산 등의 무형적인 것도 있겠지만, 여기서 의미하는 것은 사람들에게 관광환경을 제공해주는 자연적·물리적 환경으로서의 토지와 이에 부수되는 형태적 요소를 말하며, 이러한 자원들의 존재와 조합에 의하여 특정 관광욕구의 유발과 관광환경의 제공에 있어 자원적 배경에 따른 특성과 안정성을 결정하는 인자이다.

셋째, 공간, 곧 계획단위로서의 기획에 대하여 도입기능의 배분·조화를 통한 시설의 형태적 표현, 곧 설계인 것이다. 이는 인간적 요소와 자원요소 간에 조화를 시키는 매체이다. 한편으로는 사람들의 관광욕구를 최대한으로 충족시키는 물리적 공간제공과 다른 일면으로는 사람들이 관광목적으로 활용함에 따른 자원의 점진적 기능상실 등의 악영향을 최소화시키는 양면적인 기술요소로 구성되고 있다.

이러한 구성요소적 개념을 갖는 관광자원 개발은 다른 개발에 비하여 다음과 같은 속성을 지니고 있다.

첫째, 관광자원 계획·개발은 부존관광자원에 적합하고도 지역민들의 관광욕구를 충족시키는 사회적·경제적 목표의 한 표현이다.

둘째, 관광자원 개발은 무형적 인간욕구를 공간상에 형태화하는 과정이며, 여기에서 계획기준의 도입이 필연적으로 요구되어지고, 이에 도입되는 기준은 심리적 욕구변화와 물리적 환경여건에 따라 다양한 형태를 가질 수 있는 종속변수로서 동적인 성질을 갖고 있다.

셋째, 관광지개발에의 공간질서를 부여하고, 아울러 개발방침에 대한 의사결정을 위해 합리성을 추구하는 하나의 방편이며 수단인 것이다.

넷째, 계획된 환경은 현존 환경체계에 긍정적·부정적 영향을 미친다. 현재 환경에 대한 변화 정도를 감지하고 새로운 관광자원개발에 따른 새로운 관광활동욕구와 동기를 부여하여 더 높은 위계로의 관광행위를 일으키게 하는 것이다.

---

9) 김정옥(2011), 관광자원관리론, 대왕사.
10) 이봉석·정석중·심인보·이미혜·김창수·송재호(2001), 관광자원론, 대왕사, pp.166-167.

2. 관광자원 개발계획의 유형

관광계획은 대상의 지역적 범위에 따라 전국계획, 광역계획, 지역계획, 지구계획, 그리고 시설계획 등으로 나누어지며, 시간적 범위는 장기, 중기, 단계에 따라 계획연도가 구분된다. 그리고 단계 및 성격에 따라 구상계획, 기본계획, 실시계획, 관리운영계획으로 구분된다. 지역적 범위, 시간적 범위, 단계 및 성격에 따른 유형은 다음과 같다(〈표 10-2〉 참조).

〈표 10-2〉 관광자원 개발계획 유형

유 형	내 용
지역적 범위	전국계획, 광역계획, 지역계획, 지구계획, 시설계획 등으로 나누어지고 있다
시간적 범위	절대적인 것이 아니라 계획의 편의를 위하여 장기계획(10~20년간), 중기계획(5~10년간), 단기계획(1~5년간) 등으로 나누고 있다.
단계 및 성격	구상계획: 계획의 초기에는 세부사항보다도 계획의 방향, 지역설정, 계획안의 성격결정 등에 치중하는 것이 보통인데, 이러한 것을 개념계획 또는 구상계획이라고 한다.
	기본계획: 계획을 구체화하는 데 고려해야 할 여러 가지 중요 항목을 명시하고, 이들의 시행이 가능하도록 구체적인 내용의 기본방향이 제시되어야 한다.
	실시계획: 이는 집행계획이라고도 하며 기본계획을 현지조건에 맞게 구체화, 현실화하기 위한 계획인데, 여기에는 세부계획과 설계가 포함된다.
	관리운영계획: 계획안이 현실화된 다음 시설·인원·자금·기타 모든 재산관리를 대상으로 하는 계획으로서 종합관광위락단지의 경우 이 부분의 계획이 매우 중요하다.

자료: 박석희(2012), 신관광자원론, 대왕사, pp.200-201.

계획의 체계는 크게 네 가지로 요약·체계화하면 다음 〈표 10-3〉과 같다.

〈표 10-3〉 계획의 체계

체 계	내 용
프로그램	계획은 목표달성을 위하여 설정되며, 목표달성을 위하여 필요한 연결된 여러 가지 활동 내지 연속되는 행동시스템을 프로그램이라 한다. 프로그램은 일(업무)의 흐름, 행동의 순서를 설정한 것이며, 일정한 행동방침을 실행하는 데에 필요한 요소의 복합체라고 할 수 있다.
스케줄	목표달성을 지향하여 노력할 경우, 어떠한 일을 연속해서 실행해야만 하는지에 대해 필요한 시간적 순서를 스케줄이라 한다.

체 계	내 용
절 차	절차는 장래시점에서 발생하는 활동의 관습적 처리방법을 설정한다는 점에서 작업의 기준으로서의 계획이다. 가장 합리적이면서도 효율적으로 일을 추진하는 방법을 규정하기 때문에 일의 수행이 확실하게 되며, 계획을 달성하는 데에 도움이 될 뿐만 아니라 표준시간, 표준동작, 표준작업량, 품질관리, 원가관리, 통제기법, 교육훈련에도 크게 공헌하게 된다.
예 산	예산은 계획화의 주요한 목적으로서 통제수단의 확보에 불가결한 것이며, 예산편성은 관광사업의 여러 가지 계획을 통합하기 위한 중요한 수단이기도 하다.

자료: 경영학대사전(2000), 계획화, 박영사, p.166.

3. 관광자원 개발계획의 수립과정

관광자원 개발계획의 단계는 학자와 계획가들에 따라 다소 다르게 구분되고 있다. 일반적으로 3~8가지 단계별로 국내외권에서 단계를 제시하고 있다. 그 중 미주리대 연구팀은 관광자원이 지역사회와 조화롭게 발전하기 위해서는 자원조사, 목표 및 방침설정과 대안모색(대안연구 및 대안선택), 시행준비와 평가단계에서 각각 이용자 및 주민의 의견이 반영되어야 한다고 주장하고 있다.

[그림 10-2] 미주리대 연구팀의 관광자원 개발계획 과정

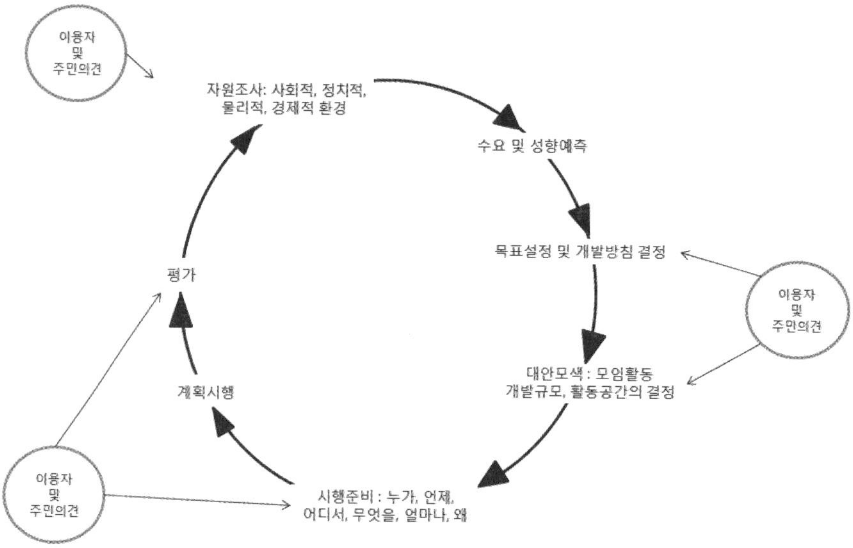

자료: 장성수(2009), 관광자원개발계획(관광학총론 제26장), 백산출판사, p.698. 재인용.

국내외 선행연구를 기초로 수립과정의 주요 내용을 요약하면 다음 [그림 10-4]와 같다.

[그림 10-3] 관광자원 개발계획 수립과정의 단계[11]

목표설정단계	개발방침설정단계로 예비적 타당성 검토하여 계획의 기본구상에 따른 개발방침 설정하는 단계
현황조사 및 분석단계	계획환경 · 여건분석, 관광여건분석, 관련 상위계획 · 법규의 검토 3가지로 구분
개발계획단계	설정된 목표 및 개발방침과 현황조사를 통해 계획의 개념을 정립하고 이에 따라 개발기본계획과 설계를 추진하는 단계
개발집행단계	접근수단이나 보호자원과 개발자원의 선정, 주변 관광지의 확인, 독립시설의 확인, 주요 장소의 잠재이용 확인 등 주요 요소의 확인
개발결과 평가단계	개발결과에 대한 적절한 모니터링과 이의 환류(feedback)가 이루어지는 등 계획목표의 달성을 위한 수정과 보완이 지속적으로 순환

[그림 10-4] 관광자원 개발계획의 단계별 주요 내용[12]

목표설정단계	그 내용으로는 개발계획 팀의 구성, 사회 · 경제적 타당성 검토, 부지선정 및 토지매입, 운영방법 결정, 개략적 건설비용 추정 및 개략적 구상과 개념설계, 재원조달 및 계획 등 관광자원개발 전개방침이 마련되는 단계이다.
현황조사 및 분석단계	• 계획환경 · 여건분석에는 광역환경 · 여건분석 및 부지환경 · 여건분석이 이루어지고, 관광여건분석에서는 자원현황분석 및 관광행태분석, 관광시장 여건분석이 행해진다. 또한 자원의 개발과 관련된 상위계획 및 법규의 검토가 이루어진다. • 주요 현황조사로는 장소, 시장, 사회 · 경제적 구조와 정책, 관련계획 및 법제도의 분석 등이 행해진다. 특히 장소조사로는 개발목적과 적합한 장소, 기본적인 지역정보, 접근성, 지역의 물리적 특징, 토지소유현황, 사회간접시설의 이용가능성, 주변의 토지이용현황 등의 조사가 이루어진다. 시장조사로는 관광객의 특징, 방문특성, 필요시설, 미래 관광자원 개발에 영향을 주는 요인 등이 조사된다.

11) 장성수(2009), 관광자원개발계획(관광학총론 제26장), 백산출판사, pp.699-700.
12) 장성수(2009), 관광자원개발계획(관광학총론 제26장), 백산출판사, pp.699-700.

개발계획단계	이 단계에서는 재원조달방안의 구체적 실행대책과 실시계획・시방서 등이 작성된다. 개발계획단계는 모든 개발대안을 제시하고, 이에 따른 개발 가능성과 규제의 범위를 파악하며, 규제요인을 해결할 수 있는 선택가능한 대안을 제시한다. 또한 대안의 종합적인 조사・분석을 통하여 개발목적과 일치하거나 근접하는 몇 개의 대안을 검토해 최종안을 선택하게 된다.
⇩	
개발집행단계	이를 위한 전략으로서 개발관련 부문과의 상호 협력전략이 필요하며, 실행을 위한 재정과 경영, 종사원교육, 시설의 통제, 접근성의 확보, 관광상품화에 따른 촉진(promotion), 토지와 개발에 대한 각종 규제 등이 고려되어야 한다.
⇩	
개발결과 평가단계	• 모니터링에는 관광활동에 대한 결과를 기록하고, 이들의 결과와 개발계획의 목적이 일치되고 있는지를 비교하며, 차이점이 발생했다면 이에 대해 내생적 원인과 외생적 원인을 분석한다. 이렇게 분석된 자료는 개발계획의 각 단계별로 수용가능 여부를 검토하여 반영하게 된다. 또한 개발도중이나 개발 후 관광경쟁환경이 변하였다면 이것을 고려하여 재기획절차에 따라 개발계획을 수정 또는 보완한다. • 오늘날 세계 각국은 환경의 보전과 보호를 위하여 각종 규제를 실시하고 있으며, 관광자원개발 이전과 이후에 별도의 환경영향평가를 시행하고 있다. 이를 위한 주요 환경영향평가 항목에 대기오염, 상수도오염, 소음공해, 동식물군 등의 생태계 파괴, 개발지역 내 토지이용과 순환, 경관미의 훼손문제 등이 포함된다.

상기 제시된 주요 내용을 도식화하면 다음 [그림 10-5]와 같다.

[그림 10-5] 관광자원 개발계획의 과정

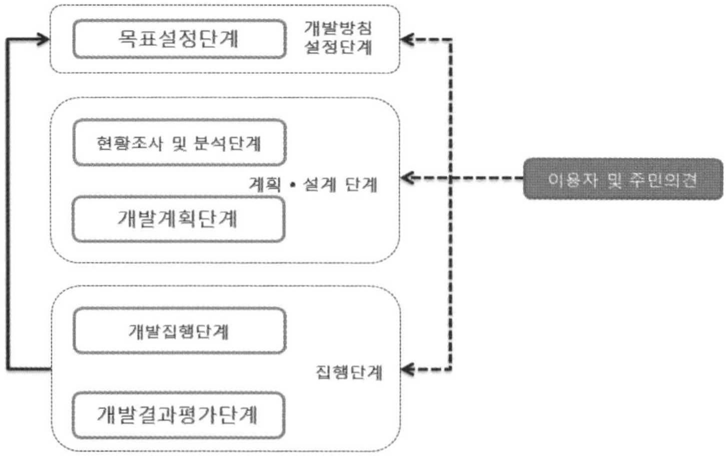

자료: 장성수(2009), 관광자원개발계획(관광학총론 제26장), 백산출판사, p.699. 재인용.

[그림 10-6] 환경부, 2017년까지 국가생태탐방로 2,500km 조성

- 정부가 2017년까지 총 길이 2,500km에 달하는 국가생태탐방로 조성사업에 본격적으로 나선다.
- 환경부는 그간 지역별로 조성된 국가생태탐방로를 전국적으로 연결해 탐방로 간 연계성 확보와 국토 생태축의 복원에 2017년까지 생태탐방로 2,500km 조성을 목표로 사업을 추진할 계획이다. 국가생태탐방로는 아름다운 자연자원과 역사·문화 자원을 남녀노소 누구나 보다 쉽게 찾고, 즐기고, 체험할 수 있도록 지원하는 도보 중심의 길로, 지난해까지 전국 1,084km에 걸쳐 국가생태탐방로가 조성돼 있다.
- 환경부는 이에 따라 올해 약 336km의 구간에 50억원을 지방자치단체에 지원하고, 내년부터 2017년까지 매년 약 400km, 55억원 규모로 지원해나갈 계획이다.[13]

관광자원 개발계획의 대상은 크게 지역적 범위, 시간적 범위, 단계 및 성격에 따라 세 가지로 구분되고, 관광자원 개발사업에 직접적으로 적용되는 법령으로는 「관광진흥법」이 있으며, 내용은 다음과 같다(〈표 10-4〉 참조).

〈표 10-4〉 관광자원개발사업 관련법규

유 형	법적개념	관련법규	소관부처
관광지	자연적 또는 문화적 관광자원을 갖추고 관광객을 위한 기본적인 편의시설을 설치하는 지역으로서 「관광진흥법」에 따라 지정된 곳	관광진흥법	문화체육관광부
관광단지	관광객의 다양한 관광 및 휴양을 위하여 각종 관광시설을 종합적으로 개발하는 관광거점지역으로서 「관광진흥법」에 따라 지정된 곳		
관광특구	외국인 관광객의 유치 촉진 등을 위하여 관광활동과 관련된 관계법령의 적용이 배제되거나 완화되고, 관광활동과 관련된 서비스·안내체계 및 홍보 등 관광여건을 집중적으로 조성할 필요가 있는 지역으로서 「관광진흥법」에 따라 지정된 곳		
전문휴양업	관광객의 휴양이나 여가선용을 위하여 숙박업시설이나 휴게음식점영업, 일반음식점영업 또는 제과점영업의 신고에 필요한 시설을 갖추고 전문휴양시설 중 한 종류의 시설을 갖추어 관광객에게 이용하게 하는 업		

13) http://sbscnbc.sbs.co.kr(환경부, 2017년까지 국가생태탐방로 2500km 조성), 2013.02. http://www.yonhapnews.co.kr; http://news.sbs.co.kr

유 형	법적개념	관련법규	소관부처
종합휴양업 (1종)	관광객의 휴양이나 여가선용을 위하여 숙박시설 또는 음식점시설을 갖추고 전문휴양시설 중 두 종류 이상의 시설을 갖추어 관광객에게 이용하게 하는 업이나, 숙박시설 또는 음식점시설을 갖추고 전문휴양시설 중 한 종류 이상의 시설과 종합유원시설업의 시설을 갖추어 관광객에게 이용하게 하는 업		
종합휴양업 (2종)	관광객의 휴양이나 여가선용을 위하여 관광숙박업의 등록에 필요한 시설과 제1종 종합휴양업의 등록에 필요한 전문휴양시설 중 두 종류 이상의 시설 또는 전문휴양시설 중 한 종류 이상의 시설 및 종합유원시설업의 시설을 함께 갖추어 관광객에게 이용하게 하는 업		
자동차 야영장업	자동차를 이용하는 여행자의 야영·취사 및 주차에 적합한 시설을 갖추어 관광객에게 이용하게 하는 업		
체육시설	체육활동에 지속적으로 이용되는 시설과 그 부대시설(골프장·스키장·테니스장·수영장 등)	체육시설의 설치·이용에 관한 법률	문화체육관광부
청소년 활동시설	수련활동·교류활동·문화활동 등 청소년활동에 제공되는 시설(청소년수련원·청소년야영장·유스호스텔 등)	청소년활동진흥법	여성가족부
자연공원	우리나라의 수려한 자연풍경지(국립공원·도립공원·군립공원)	자연공원법	환경부
도시공원	도시지역에서 도시자연경관을 보호하고 시민의 건강·휴양 및 정서생활을 향상시키는 데 이바지하기 위하여 설치 또는 지정된 곳	도시공원 및 녹지 등에 관한 법률	국토교통부
유원지	주민의 복지향상에 기여하기 위하여 설치하는 오락과 휴양을 위한 시설	도시계획 시설의 결정·구조 및 설치기준에 관한 규칙	
온천	지하로부터 솟아나는 25℃ 이상의 온수로서 그 성분이 대통령령으로 정하는 기준에 적합한 것	온천법	안전행정부
농어촌 관광휴양단지	농어촌의 쾌적한 자연환경과 농어촌 특산물 등을 활용하여 전시관, 학습관, 지역특산물 판매시설, 체육시설, 청소년 수련시설, 휴양시설 등을 갖추고 이용하게 하거나 휴양 콘도미니엄 등 숙박시설과 음식 등을 제공하는 곳	농어촌정비법	농림축산식품부
자연휴양림	국민의 정서함양·보건휴양 및 산림교육 등을 위하여 조성한 산림(휴양시설과 그 토지를 포함)	산림문화·휴양에 관한 법률	산림청

자료: 박석희(2012), 신관광자원론, 대왕사, pp.203-204. 재인용.

〈표 10-5〉 관광자원개발 수행절차

<table>
<tr><th>업무구분</th><th>내 용</th></tr>
<tr><td>전담조직 구성</td><td>관광자원 개발에는 여러 가지 일들이 얽혀 있기에, 해법을 찾아 나설 전담조직 구성이 필수이다. 전담조직은 사안의 특성에 따라 1인에서 팀, 부서, 실, 과 등 다양하게 설정할 수 있다.</td></tr>
</table>

⇩

<table>
<tr><td rowspan="2">관광자원 발굴</td><td>전담조직은 기존 관광자원에 대한 조사와 분석, 신규자원에 대한 조사를 통하여 새로운 관광자원을 발굴할 수 있다.</td></tr>
<tr><td>조사·분석활동 3단계
(정보의 수집-정보의 분석-정보의 창출)
<table>
<tr><td rowspan="4">정보수집</td><td>사례조사</td><td>인터넷검색, 현장방문, 신문스크랩, 통계자료 등</td></tr>
<tr><td>의견청취</td><td>설문조사, 아이디어 공모, 사업자제안모집 등</td></tr>
<tr><td>문헌조사</td><td>각종 개발계획보고서, 지역 역사·전설 등</td></tr>
<tr><td>현장조사</td><td>지형, 생태, 경관, 교통 등</td></tr>
</table>
• 정보분석은 수집된 정보를 다각적인 방법으로 가공·편집함으로써 시사점을 도출한다.
• 도출된 시사점에 대한 대응방안을 제시한다(콘텐츠 개발, 기존시설의 개선, 신규사업의 추진 등의 개발방향에 따라 지역의 관광특성과 효과 등을 고려하여 사업추진 대안을 수립한다.</td></tr>
</table>

⇩

<table>
<tr><td rowspan="2">개발대상지 선정</td><td>발굴된 관광자원의 개발방향 중 신규추진의 경우에는 관광자원의 특성과 개발사업의 목적에 맞는 적절한 후보지를 선정한다.</td></tr>
<tr><td>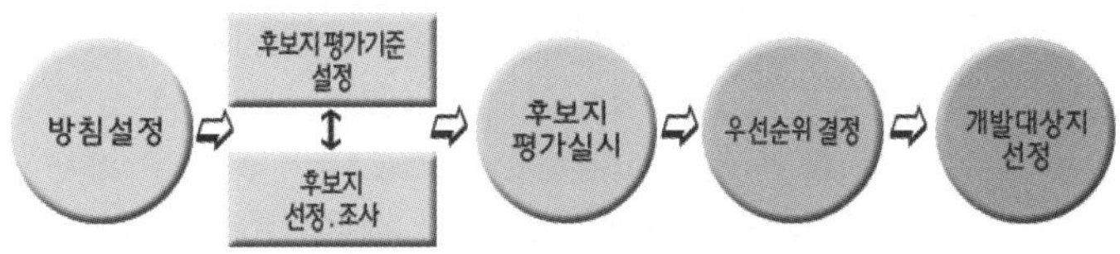

• 평가기준은 관광자원의 특성에 따라 객관적인 평가항목을 설정하고 정량적 평가[14]와 정성적 평가[15]를 실시한다.
• 기본적인 선정기준으로는 경제성, 개발용이성, 접근성, 지역성, 공공성, 환경성 등을 종합적으로 고려하되, 관광자원의 특성에 따라 평가항목 및 방법을 조정한다.
• 사업구역은 원활한 진출입을 위하여 교통영향검토 등을 통한 소요 진입도로 폭원(최소 8m 이상)을 확보할 수 있는 지역을 선정하고, 사업의 추진방향과 가장 부합되는 대상지를 선정토록 한다.</td></tr>
</table>

---

14) 정량적 평가: 각 지표의 중요도에 따라 가중치를 부여하고, 각각의 후보지를 기준에 따라 분석·비교함으로써 합리적인 개발대상지가 될 수 있도록 평가하는 방식임.

업무구분	내 용
기초토지분석	• 사전토지분석은 기초적인 토지활용 제한사항에 대하여 미리 살펴봄으로써 현실적 여건을 반영한 개발대상지 선정과 개발구상의 실현성을 높이는데 목적이 있다. - 토지입지, 용도, 구조, 권리분석이 끝나면, 분석된 내용을 도면화·목록화하고 계획수립과정에서 개발 가능한 부지와 불가능한 부지를 구분하여 개발방향 설정시 참고할 수 있는 자료로 활용한다. 자료분석과 개발방향을 토대로 사업화방안을 강구한다.

⇩

사업화방안 및 대책수립	• 관광자원개발 대상지가 정해지면 초기단계이지만 가능한 한 정확한 수요파악과 달성 가능한 목표를 설정하고, 설정된 목표를 달성하기 위한 내용 구성, 시기, 규모상의 전제조건을 정리한다. - 계획전제조건(사업목적, 목표연도, 시행주체, 수단, 계획의 수준과 정도, 기타(재원확보, 용지확보방안 등) - 활용방안 구상(아이디어 수집, 기초컨셉 설정) - 사업화방안 수립(사업추진구도를 결정하는 단계로서, 공공주도형, 민간주도형, 민간·공공 협력형으로 구분하여 볼 수 있다)

⇩

기획 타당성 검토	• 기획타당성 검토단계에서는 일반적으로 경제적 타당성, 기술적 타당성, 정책적 타당성 분석을 실시하는데, 이 단계에서는 경제적 타당성과 기술적 타당성보다는 정책적 타당성의 확보가 중요하다. • 개발대상지에 대한 현황분석과 활용방안 구상, 사업화를 토대로 사업의 장점들을 열거하고 비교 분석함으로써 지역개발정책과 부합하고, 높은 기획안을 채택하여 사업이 원활하게 진행될 수 있도록 한다.

⇩

토지확보	• 관광자원개발에 필요한 일단의 용지를 적정가격으로 신속하게 확보하는 것은 개발사업의 성패를 좌우하는 중요한 사안이다. 통상적으로 토지확보가 늦어질 경우 그에 따른 금융비용, 기회비용부담, 각종 환경여건의 변화에 따른 추가비용의 발생 등으로 사업 자체가 무산되는 경우가 있다. 따라서 토지확보부분은 매우 신중하고 빠르게 진행하여야 한다. • 일반적으로 공공사업의 시행자는 토지소유자와 협의하여 필요한 용지를 매수하게 되며, 협의매수[16]가 용이하지 않을 경우 강제매수(토지수용)의 방법을 사용한다.

자료: 한국관광공사(2010), 관광자원개발 매뉴얼, pp.39-49.

---

15) 정성적 평가: 각 후보지에 대하여 다수가 동의할 수 있는 내용으로 가급적 동일조건에 대하여 평가를 하고, 차별이 되는 요소는 특기란에 부기하는 등의 평가방식임.

16) 협의매수는 토지소유자와 협의에 의하여 적정한 보상을 치르고 재산권을 취득하여 각종 권리사항을 소멸시키는 데 있다.
강제매수는 토지소유자의 협의에 의한 토지매수가 곤란한 경우 법에 의한 강제적 절차에 따라 토지협의·매수절차를 이행하게 된다. 강제매수는 공익사업을 위한 토지 등의 취득 및 보상에 관한 법률에 해당되는 사업에 한하여 적용 가능한 데, 절차이행에도 많은 시간이 소요되고 민원이 발생될 소지가 많아 세밀한 검토가 요구된다.

4. 관광개발기본계획 및 권역별 관광개발계획[17)]

1) 관광개발기본계획의 수립

문화체육관광부장관은 관광자원을 효율적으로 개발하고 관리하기 위하여 전국을 대상으로 하여 관광개발기본계획(이하 "기본계획"이라 한다)을 수립하여야 한다(관광진흥법 제49조 제1항).

이 규정에 따른 '기본계획'으로는 1990년 7월에 수립된 제1차 관광개발기본계획(1992~2001년)과 2001년 8월에 수립된 제2차 관광개발기본계획(2002~2011년)은 이미 완료되었고, 현재는 2011년 12월 26일 수립 · 공고한 제3차 관광개발기본계획(2012~2021년)을 시행하고 있다.

제1차 '기본계획'에서는 전국을 5대 관광권, 24개 소관광권으로 권역화하여 각각의 권역별 개발구상을 제시하였던 것이나, 이 계획을 집행함에 있어서 관광권역과 집행권역(즉 시 · 도)의 불일치로 인해 '기본계획'과 '권역계획'의 실천성 미흡 등의 문제점이 노출되었다. 이에 따라 제2차 '기본계획'에서는 이를 시정 · 개선하기 위하여 행정권중심의 관광권역인 16개 광역지방자치단체를 기준으로 관광권역을 단순화하고, 각 시 · 도별 특성에 맞는 권역별 관광개발기본방향을 설정 · 제시하였던 것이다.

그러나 이번에 수립한 제3차 '기본계획(2012~2021년)'은 제2차 '기본계획(2002~2011년)' 수립 이후 급변하는 환경변화에 대응하는 새로운 비전과 전략을 제시하며, 국제경쟁력을 갖춘 관광발전 기반을 구축하고 국민 삶의 질과 지역발전에 기여하기 위해 전국 관광개발의 기본방향을 미래지향적으로 제시하는 계획이라고 하겠다.

따라서 제3차 '기본계획(2012~2021년)'에서는 향후 관광개발의 기본방향과 추진전략 등을 반영하여 수도관광권(서울 · 경기 · 인천), 강원관광권, 충청관광권, 호남관광권, 대구 · 경북관광권, 부 · 울 · 경관광권(부산 · 울산 · 경남) 및 제주관광권 등 7개 광역경제권을 계획관광권역으로 설정하였으며, 또한 해안을 중심으로 한 동 · 서 · 남해안 관광벨트 등 6개 초광역 관광벨트도 설정하여 7개 계획권역을 연계 · 보완하였다. 여기서 초광역 관광벨트란 백두대간 생태문화 관광벨트, 한반도 평화생태 관광벨트, 동해안 관광벨트, 서해안 관광벨트, 남해안 관광벨트, 강변생태문화 관광벨트 등을 말한다.

17) 조진호 · 우상철 · 박영숙 공저, 최신관광법규론(서울: 백산출판사, 2020), pp.286~291.

◆ 우리나라 7개 광역관광권 ◆

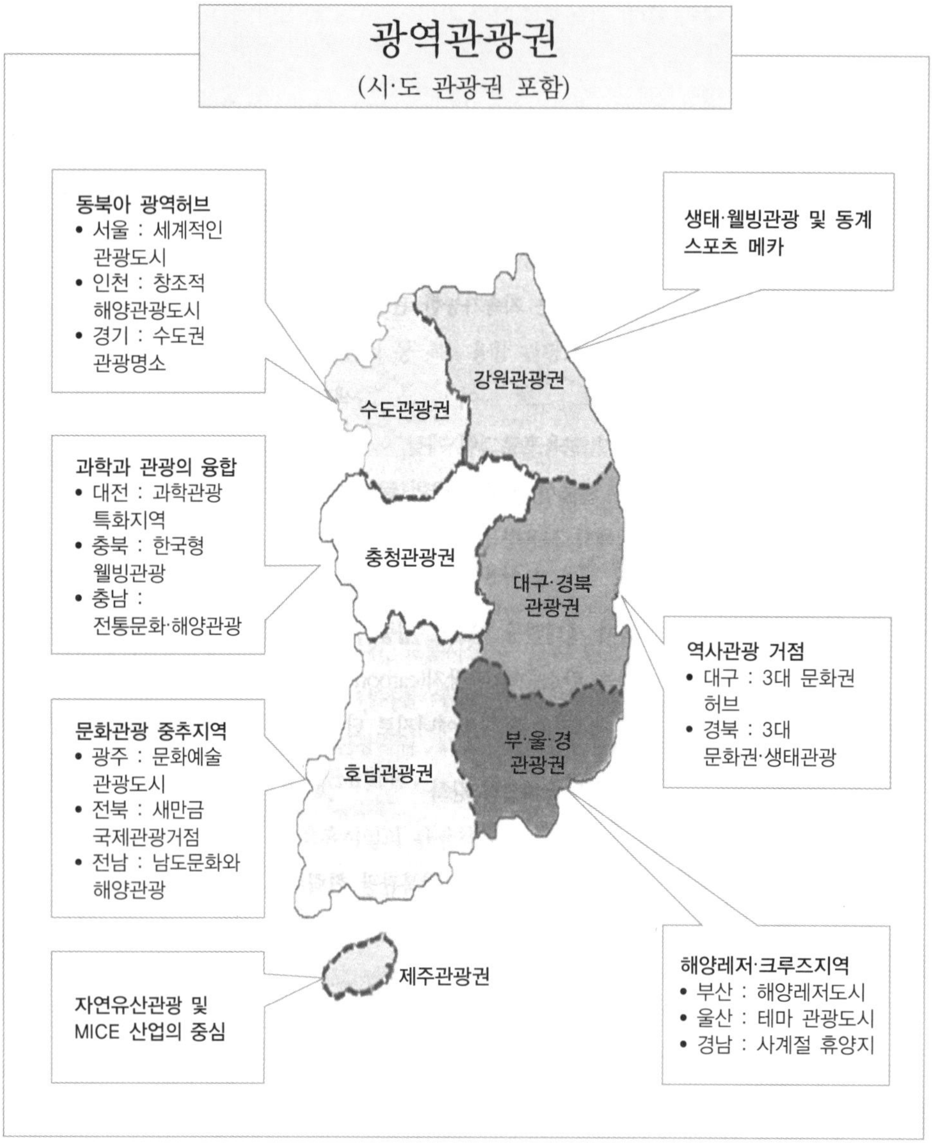

◆ 우리나라 6개 초광역관광벨트 ◆

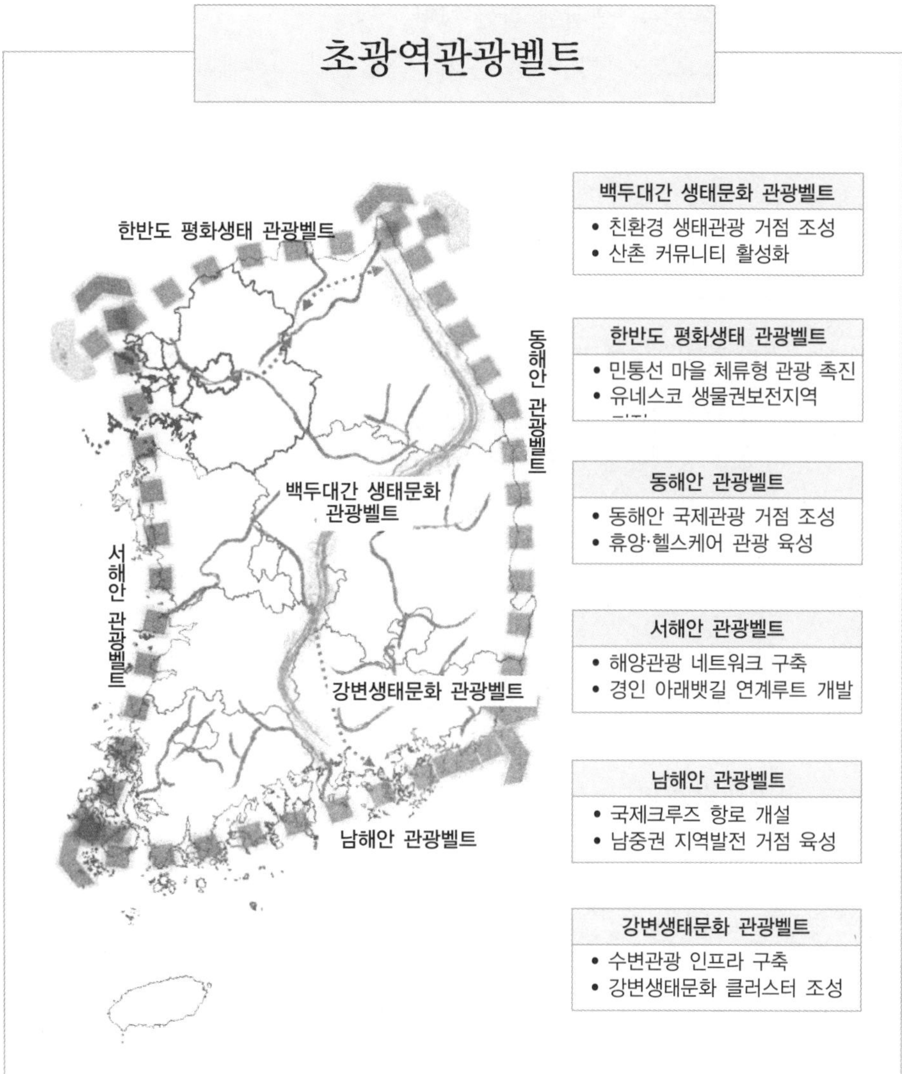

(1) '기본계획'의 수립권자 및 수립시기

기본계획은 문화체육관광부장관이 매 10년마다 수립한다(동법시행령 제42조).

(2) '기본계획'에 포함되어야 할 내용

1. 전국의 관광여건과 관광 동향(動向)에 관한 사항
2. 전국의 관광수요와 공급에 관한 사항
3. 관광자원의 보호 · 개발 · 이용 · 관리 등에 관한 기본적인 사항
4. 관광권역(觀光圈域)의 설정에 관한 사항
5. 관광권역별 관광개발의 기본방향에 관한 사항
6. 그 밖에 관광개발에 관한 사항

(3) '기본계획'의 수립 및 변경절차

기본계획의 수립은 시 · 도지사가 기본계획의 수립에 필요한 관광개발사업에 관한 요구서를 문화체육관광부장관에게 제출하면 문화체육관광부장관은 이를 종합 · 조정하여 기본계획을 수립하고 공고하여야 한다(동법 제50조 제1항). 또 문화체육관광부장관은 수립된 기본계획을 확정하여 공고하려면 관계부처의 장과 협의하여야 한다. 확정된 기본계획을 변경하는 절차도 같다(동법 제50조 제2항 · 제3항).

문화체육관광부장관은 관계기관의 장에게 기본계획의 수립에 필요한 자료를 요구하거나 협조를 요청할 수 있고, 그 요구 또는 협조요청을 받은 관계기관의 장은 정당한 사유가 없으면 요청에 따라야 한다.

2) 권역별 관광개발계획의 수립

시 · 도지사(특별자치도지사는 제외)는 '기본계획'에 따라 구분된 권역을 대상으로 하여 권역별 관광개발계획(이하 "권역계획"이라 한다)을 수립하여야 한다. 다만, 둘 이상의 시 · 도에 걸치는 지역이 하나의 권역계획에 포함되는 경우에는 관계되는 시 · 도지사와의 협의에 따라 수립하되, 협의가 성립되지 아니한 경우에는 문화체육관광부장관이 지정하는 시 · 도지사가 수립하여야 한다(동법 제49조 제2항 및 제51조 제1항).

이 규정에 의한 '권역계획'으로는 제1차 관광개발기본계획(1992~2001년)에 따른 제1차 권역계획(1992~1996년)과 제2차권역계획(1997~2001년) 및 제2차 관광개발기본계획(2002~2011년)에 따른 제3차권역계획(2002~2006년)과 제4차권역계획(2007~2011년) 및 제3차 관광개발기본계획(2012~2021년)에 따른 제5차권역계획(2012~2016년)은 이미 완료되었

고, 현재는 제6차 권역계획(2017~2021년)이 수립 시행 중에 있다.

한편, 제주특별자치도의 경우 도지사가 도의회의 동의를 얻어 수립하는 '국제자유도시의 개발에 관한 종합계획'에는 "관광산업의 육성 및 관광자원의 이용·개발 및 보전에 관한 사항"을 포함시키고 있는데, 이 종합계획에 따라 제주권역의 관광개발사업을 시행하고 있기 때문에, 제주자치도에서는 "권역계획"을 따로 수립하지 아니한다.

(1) 권역계획의 수립권자 및 수립시기

권역계획은 시·도지사(특별자치도지사는 제외)가 매 5년마다 수립한다.

(2) 권역계획에 포함되어야 할 내용

1. 권역의 관광여건과 관광동향에 관한 사항
2. 권역의 관광 수요와 공급에 관한 사항
3. 관광자원의 보호·개발·이용·관리 등에 관한 사항
4. 관광지 및 관광단지의 조성·정비·보완 등에 관한 사항
5. 관광지 및 관광단지의 실적 평가에 관한 사항
6. 관광지 연계에 관한 사항
7. 관광사업의 추진에 관한 사항
8. 환경보전에 관한 사항
9. 그 밖에 그 권역의 관광자원의 개발, 관리 및 평가를 위하여 필요한 사항

(3) 권역계획의 수립 및 변경절차

① 권역계획은 그 지역을 관할하는 시·도지사(특별자치도지사는 제외)가 수립하여야 한다.

② 시·도지사(특별자치도지사는 제외)는 수립한 권역계획을 문화체육관광부장관의 조정과 관계 행정기관의 장과의 협의를 거쳐 확정하여야 한다. 이 경우 협의요청을 받은 관계 행정기관의 장은 특별한 사유가 없는 한 그 요청을 받은 날부터 30일 이내에 의견을 제시하여야 한다.

③ 이상의 절차는 확정된 권역계획을 변경하는 경우에 준용한다. 다만, 대통령령으로 정하는 경미한 사항의 변경에 대하여는 관계부처의 장과의 협의를 갈음하여 문화체육관광부장관의 승인을 받아야 한다.

그 외 관광지, 관광단지, 관광특구, 광역권 관광개발, 관광레저형 기업도시 개발, 문화관광자원 개발, 생태·녹색 관광자원 개발, 관광자원 개발 프로그램 지원, 문화관광상품 개발 등이 지속적으로 시행되고 있다.

독일 뒤스부르크 공장의 변신

버려진 제철소를 환경공원으로 바꾼 독일의 뒤스브르크 환경공원은 현재 유럽의 대표적 수학여행지로, 매년 70만 명이 방문하고 있다. 독일정부에서 가스공장이 폐쇄된 후 유명 건축가의 설계로 탈바꿈 시킨 곳이다.

이곳의 경우 옛 제철소의 가스저장탱크에 물을 채워 다이빙 센터를 만들고, 광석저장벙커에 140여 개의 암벽 시설을 설치해 만든 암벽 등반코스, 공장 사무실을 개조한 유스호스텔, 가스엔진이 있었던 공장을 개조한 컨벤션센터 등 관광객들에게 인기를 끌고 있다.

컴프레서가 남아 있는 공장 건물에선 턱시도를 입은 신사들이 칵테일파티를 즐기고, 땅거미가 지면 공장엔 때 아닌 횃불 부대가 등장해 화려한 야경을 자랑한다. 영국 조명 디자이너인 조너선 파크가 작업한 화려한 야간 조명은 시민들은 물론 관광객들이 찾을 수 있는 공간으로 활용되고 있다.

자료: 목포투데이(www.mokpotoday.com)온라인(2008.11.12), 제468호 4면(버려진 공장에서 문화공간으로 외국의 사례-일본, 독일/방직공장, 제철소).

THINK ABOUT IT

관광자원 개발계획 시 고려되는 주요 목적과 개발계획의 유형별 차이점에 대하여 생각해 봅시다.

Chapter 11

관광자원 이용촉진과 활용

1. 관광자원 이용촉진

경제발전과 생활수준의 향상 등으로 여가·휴양에 대한 인식의 변화가 초래되었고, 동시에 폭발적인 수요를 창출하게 되었다. 한편, 이러한 수요에 대응하는 공급측면에서 다양한 관광자원이 개발되고 활용되고 있는 실정이다.[1] 관광자원 이용촉진은 궁극적으로 관광객에는 다양한 관광활동, 즉 관광활동을 하고자 하는 관광객의 욕구 충족이 실현되고, 동시에 방문지역 자원의 가치를 이해하고 지역애(愛)를 얻게 되는 등 긍정적 영향을 초래한다. 특히 관광자원이 소재한 지역들에게는 지역에 경제적, 환경적, 사회·문화적 영향 등 다변화를 초래하게 된다.[2]

경제발전과 생활수준의 향상 등으로 관광수요는 급증하고 있으며, 현재도 진행형이다. 관광수요 급증에는 다양한 원인이 제시되고 있지만, 일반적으로 다음과 같은 생성요소들이 제시되고 있다(〈표 11-1〉 참조).

〈표 11-1〉 관광수요 생성요소[3]

여 가	교통발달과 이동성	경제적 풍요	도 시 화
태도변화	직업패턴 변화	정보·지식	여성의 사회적 참여
사회경제적 압박	노동력의 변화	인구의 이동	기타

1) 관광수요·공급연구는 관광사업수행에 필수적인 과정이며, 관광자원의 이용촉진을 위한 전략수립에 있어서 중요한 사항이다.
2) 이봉석 외(2001), 관광자원론, 대왕사.
3) 박시사(2001), 관광소비자행동론, 대왕사.

관광지에 소재하는 관광자원이 아무리 매력적이라고 할지라도 관광행동을 실질적으로 결정하는 것은 관광객 자신이므로, 다양한 동기가 관광을 유발하도록 작용하게 된다.4) 관광수요의 Push-Pull 모델(추진요인과 유인요인)을 살펴보면 다음 [그림 11-1]과 같다.

[그림 11-1] 관광수요의 Push-Pull모델5)

일상세계		관광지(관광세계)
Push Factors	관광객	Pull Factors
동기	⇔	관광지 특성
사회경제적 · 인구통계적 요인		관광지 이미지
시장지식		접근성

관광수요는 제시된 사회경제적 · 인구통계적 요인 외에도 경제적 거리, 문화적 거리, 관광서비스 비용, 서비스품질, 그리고 계절성 등에 영향을 받는다.

일반적으로 정보는 관광객수요를 창출하는 촉진요인으로 작용한다. 또한 정보는 관광수요을 억제하는 장애요인으로 작용하는 경우도 있다. 관광수요를 창출하는 관광정보원(sources of information)에 대한 정보 매트릭스를 살펴보면 다음 〈표 11-2〉와 같다.

〈표 11-2〉 관광수요창출 매트릭스6)

구 분	인적 영리정보원 (Personal)	물적 영리정보원 (Impersonal)
영리 (commercial)	• 여행사/도매업자/가이드 • 관광정보센터 안내원 • 전화판매요원 • 관광사업체종사원 • 기타	• 광고 • 관광안내책자 및 안내서 • 판촉 영상자료 • 인터넷 • 기타
비영리 (non-commercial)	• 친구 및 친척 • 동료집단 • 친교클럽 • 준거집단 • 구전 및 기타	• 방송매체 여행 프로그램 • 신문여행란 • 영화 및 TV 드라마 등 • 소설 • 기타

4) 정철 · 김완수(2009), 해양관광객의 관광동기, 관광학연구, 33(6), pp.131-149.
5) 박시사(2001), 관광소비자행동론, 대왕사.
6) 박시사(2001), 관광소비자행동론, 대왕사.

관광공급은 관광관련 이용시설 설치와 각종 기반시설 확충 등을 통하여 관광객으로 하여금 관광동기를 유발시켜 그 지역을 방문하도록 작용하는 유인요인이라 할 수 있다. 주요 요소들은 크게 관광매력물, 교통시설, 숙박시설, 관광관련 이용시설, 기반시설 등 5가지로 제시되고 있다.[7)]

〈표 11-3〉 관광공급 주요 요소[8)]

구 분	내 용
매력물	• 자연적 매력(자연자원, 희귀한 동・식물군) • 인공적 매력(사원, 기념물, 건축물, 카지노, 주제공원) • 인적・문화적 미력(언어, 음악, 민속, 무용, 요리 등)
교통시설	역사적으로 새로운 운송수단의 등장으로 편리성・경제성・접근성 향상에 따른 관광의 질적성장이 초래됨
숙박시설	영리시설(서비스 제공과 셀프 케이터링형의 숙소형) 비영리시설(공공과 정부측의 숙소유형)
기타시설과 서비스	기념품판매점, 토산품, 레스토랑, 바, 오락 및 유흥시설 등
기반시설	사회간접자본(SOC)으로 이루어지는 도로, 상・하수도, 철도, 항만, 오수정화 시설 등

2. 관광자원 이용촉진 수단

관광자원의 이용촉진에 활용되는 수단은 다양하며, 일반적으로 활용되는 수단은 다음과 같다(〈표 11-4〉 참조).

〈표 11-4〉 관광자원 이용촉진 수단[9)]

구 분	내 용	사 례
관광광고	광고는 프린시펄이 관광객에게, 지방자치단체나 정부가 관광객에게, 각종 여행관련 단체가 관광객에게 실시하는 것이다(출판물, TV・라디오, 포스터 등).	 한국관광공사 대한민국 구석구석 광고[10)]

7) 김상무(2005), 관광개발 이론과 실제, 백산출판사, p.59. 재인용.
8) 이봉석 외(2001), 관광자원론, 대왕사; 김상무(2005), 관광개발 이론과 실제, 백산출판사.
9) 이봉석 외(2001), 관광자원론, 대왕사.

<table>
<tr><th>구 분</th><th>내 용</th><th>사 례</th></tr>
<tr><td>브로슈어</td><td>• 관광자원의 이용촉진과 관련하여 브로슈어는 소비자의 관심을 끌기 위한 유력한 수단이다.
• 호텔(안내책자), 휴양지(안내서), 항공사(간이시간표), 여행사(브로슈어) 발간이 이루어진다.
• 토종 비즈니스 호텔체인 '베니키아'의 글로벌판 브로슈어가 나왔다. 베니키아를 운영하는 한국관광공사는 10일 보도자료를 통해 전 세계 글로벌 홍보 및 마케팅을 위한 2013 신규 베니키아 4개 언어 홍보물을 발간했다고 전했다. 이번 브로슈어는 현재 전국 57개 베니키아 호텔체인의 특징 소개, 호텔전경・객실・부대시설 사진, 약도 등으로 내용이 구성되어 있으며 특히 그 동안 공사가 외국인 관광객 대상으로 만들어온 각종 외국어 홍보물과는 다르게 한권에 4개 언어 통합권으로(한국어, 영어, 일본어, 중국어 간체) 제작되었다. 또한 한류에 대한 관심을 반영하여, 지난 3월 한국관광 명예 홍보대사로 위촉된 한국과 싱가포르 합작 5인조 걸그룹 스카프(SKARF)를 브로슈어 모델로 활용했다.</td><td>

한국관광공사 베니키아 브로슈어11)</td></tr>
<tr><td>판매촉진</td><td>촉진활동이란 즉각적인 판매를 목표로 한다는 점에서 '관심을 모으는 것'이라 할 수 있다.</td><td>

제주특별자치도관광협회
관광지할인권12)</td></tr>
<tr><td>DB를
이용한
직접
마케팅13)</td><td>이용자 개인정보를 통하여 DB 구축한 후 추후 관광자원 이용촉진에 활용하는 기법으로서, 개인정보를 세부적으로 자세하게 수집할수록 활용도가 높다.</td><td>DB 시스템 ⇨ 구축 ⇨ 관리 ⇨ 활용</td></tr>
</table>

10) http://summer.visitkorea.or.kr

구 분	내 용	사 례
PR	PR이란 이용촉진을 위한 공급자와 수요자 사이에 호의적인 관계를 만들고 유지하기 위한 교신기법으로서, 특집기사, 언론인 관광시설 시찰, 후원, 팸투어 실시 등이 그 예라 할 수 있다	 경남 진주시 팸투어 현장[14]

3. 관광자원 활용

관광자원 활용은 자원 자체의 가치를 높이고 이용할 수 있는 대상을 확대하는 것이라 정의할 수 있다. 기존 해당 자원에 대한 이해력을 갖춘 기존 소수의 대상자를 위해 관리・운영 해오던 것을 그 의미와 가치를 잘 모르는 일반인 또는 관광객도 이해하고 즐길 수 있도록 대상자를 확대하는 것이라 할 수 있다.

관광수요자들의 구체적인 구매대상인 방문지 관광자원 모두를 활용 가능할 것으로 보이지만 사실 전체가 활용가능한 것은 아니다. 그 자원의 가치와 성격을 정확하게 분석하여 관광자원의 개발・보호・이용・관리함으로써 그 자원의 효용을 극대화시키는 작업과

---

11) http://tournews21.com

12) http://www.hijeju.or.kr

13) 기존에는 제품을 구매할 가능성이 있는 고객만을 골라 생일과 기념일에 맞춰 제품안내 메일이나 쿠폰을 보냈으나, 이제는 구매고객에 대한 패턴 분석 등을 통하여 세분화된 고객을 대상으로 평소 갖고 싶거나 필요로 하는 제품 아이템을 골라서 고객 맞춤형 구매를 유도하고 있음.

14) http://www.gndomin.com
진주시는 지속적으로 국내외 관광객 유치를 위하여 한국여행업협회 회원과 언론사 기자를 초청해 진주관광 상품개발을 위한 팸투어를 실시했다. 수도권 대형 여행사를 대상으로 개최한 10월 축제 관광객 유치 설명회에 참석했던 여행업체와 언론사 관계자를 대상으로 진주시의 매력적인 관광자원에 대해 현지 답사의 일환으로 추진하고 있다. 일반적으로 팸투어 첫째날에는 임진왜란 당시 불과 3800명의 군사로 3만명의 왜군을 격멸시킨 진주대첩의 역사적 현장을 체험하고, 임진왜란 전문박물관인 국립진주박물관, 우리나라 유일의 청동기 시대 전문박물관인 청동기 문화박물관을 탐방, 저녁에는 동방호텔에서 진주관광홍보와 진주남강유등축제 홍보 동영상을 통해 진주관광의 매력을 홍보하고 한국여행업협회의 관광상품에 대해 소개하고 있으며, 이어 둘째날에는 진양호 호반의 물안개를 감상하고, 소원계단을 오르며 소원성취를 기원하는 마음을 담아 소원을 적어 소원함에 넣었다. 그리고 양마산 편백숲을 산책하면서 맑은 공기와 아름다운 경치에 흠뻑 젖어보고 마지막으로 LG, GS 그룹의 창업주 생가를 탐방해 기(氣)를 체험하는 코스로 진행하고 있다.

정이 요구된다. 따라서 어떠한 형태의 관광자원 활용은 관광자원의 중요성과 한계를 명심하면서 개발대상이 지니고 있는 잠재력을 파악하고 유한한 자원의 이용가치를 유효·적절하게 평가할 필요성이 있다.

현재 자원의 활용 유형으로는 자연관광자원, 인문관광자원, 교통편, 지명도, 관광대상, 지역산업 등으로 설명이 가능하며, 활용방안의 대표적 예로는 관광지도 제작, 관광지리정보시스템 구축, 관광자원의 보호와 관리, 프로그램 제작, 관광상품 개발, 인터넷매체 활용한 홍보 등으로 설명될 수 있다. 본 장에서는 자연자원과 역사문화자원을 중심으로 설명하고자 한다.

〈표 11-5〉 자연자원 활용

구 분	자연 공간 활용 현황	비 고
자연생태	• 토지이용(생태네트워크, 보전지역) • 자연생태 우수자원(프로그램 등)	관광객과 관광지 지역 주민 욕구 충족이 가능한 인간지향적·환경지향적 원리 적용이 요구되는 자원이다.
자연경관	경관우수자원(경관권역 및 경관축 계획)	
연안, 도서	해양생태 우수지역(관리 및 정비, 복원과 보전)	
수(水) 환경	수환경 우수지역 및 보호지역(수변개선계획 등)	

자료: 최희선·박주현(2011), 공간화를 통한 지방자치단체 환경보전계획의 효용성 확보 방안, 환경포럼, 15(5), 한국환경정책·평가연구원.

관광자원의 활용은 사회문화적·경제적·환경적 여러 현상을 파악하여 관광객과 관광지 주민의 욕구를 동시에 충족시킬 수 있는 방향에서 이루어져야 한다. 동시에 관광자원 활용은 관광객과 지역주민의 요구를 균형있게 고려하면서 관광자원을 둘러 싼 자연·인문환경과 최적화시키고, 관광자원 내의 적정기능이 상호 조화될 수 있도록 하는 방향에서 실행되어야 한다. 특히 관광자원 활용을 위한 환경분석도 필수이다. 관광자원 활용에 미치는 영향 요소는 크게 다음 〈표 11-6〉과 같이 구분된다.

〈표 11-6〉 관광자원 활용에 미치는 영향요소[15]

구 분	요 소
영향요소	기후, 환경(경제적,[16] 자연적, 문화적, 정치적, 기술적 등), 물리적 조건, 매력, 접근성, 기존시설, 자원보유권 및 사용, 자원개발장려책 등

15) 김상무(2005), 관광개발 이론과 실제, 백산출판사, p.221. 재구성.

이와 같은 요소들은 상호 밀접한 관계를 가지고 있기 때문에 각각의 범주는 전적으로 배타적이 될 수 없다. 예컨대 기후, 물리적 조건, 매력, 접근성 등이 구속요인이자 매력요인으로 작용하는 대표적 공간이 섬이다. 섬은 지리적으로 고립된 장소[17]이기에, 섬 특유의 자연생태계와 독특한 생활문화가 고스란히 원형을 유지하게 된다. 따라서 고립성, 상이함, 소규모성, 고유문화, 야생생태계, 삶의 여유, 원시적인 환경들이 곧잘 섬의 특성이자 자산으로 활용되고 있다.[18]

섬은 그 자체가 관광자원이자 매력물로서 투자를 유도할 수 있는 유인력이 높다. 그러나 이러한 섬 관광자원의 잠재력을 구체적으로 실제화하는 것은 시설개발을 가시화할 수 있는 투자이다. 그렇다면 관광자원활용은 관광자원이 지닌 본래의 물리적 잠재력과 시설개발의 투자유인력을 동시에 고려해야 한다. 따라서 관광자원의 활용이란 관광자원이 지닌 잠재력과 유인력이 동시에 접목된 개념이라 할 수 있다.

[그림 11-2] 성산포 해양관광단지[19]

16) 경제적 환경은 소비자의 구매력과 소비패턴에 영향을 미치는 많은 요소들로 구성되어 있으며, 문화적 환경은 사회의 기본적 가치, 지각, 선호도, 그리고 행동에 미치는 영향을 의미하고 있다. 최근 기술적 환경의 변화는 관광자원 활용에 따른 근본 틀을 변화시키고 있다.

17) Tracy Berno & Ngaire Douglas(1998), "Tourism in the South Pacific: A Polynesia/Melanesia Discussion", Asia Pacific Journal of Tourism Research, 2(2), pp.65-73.

18) Michael V. Conlin & Tom Baum(1995), Island Tourism: An Introduction, Chichester: John Wiley & Sons, p.5.

19) http://news.hankooki.com

2006년 1월 사면이 바다로 둘러싸인 제주도의 해양관광거점을 조성하고자 성산일출봉, 섭지코지, 성산포항 등 관광자원 및 해양 관광인프라를 갖추고 있는 서귀포시 성산읍 일대 4,177km^{2}중 0.748km^{2}를 관광단지로 지정하여 해양관광단지 개발사업(보광휘닉스아일랜드, 제주해양과학관)이 추진되었다. 특히 비교적 많은 강우일수, 강한 바람 등 섬 특성을 극복할 수 있는 전천후 관광인프라 시설 구축으로 새로운 해양관광지 및 자원개발을 통하여 제주관광의 중추적 역할을 수행하려고 준비하고 있다.20)

우리나라의 바다와 바닷가는 3,170개의 섬, 11,542km의 해안선, 2,393km^{2}의 갯벌, 354개의 해수욕장, 2,339개의 어항, 3개의 해상국립공원, 세계 주요 항로에 위치한 항만, 해양생태가치 등은 해양국가로서 천혜의 지리적 요건을 갖추고 있다. 그리고 남한의 육지면적은 99천km^2, 해양면적(200해리 기준)은 499천km^{2}이며, 육지면적 대비 해안선길이는 약 129배로 일본 87, 영국 52, 미국 6배 등과 비교할 때 세계 최고 수준이며, 우리나라 관할해역의 해양생태계 생산력은 연간 약 100조원에 이르는 것으로 추정되고 있다.

〈표 11-7〉 우리나라 해양공간자원 개발의 사회적 배경과 개발현황

구 분			사회적 배경	개발현황
해양공간자원	생산	공업	경제발전 도상으로서의 산업개발	임해산업단지 건설
		농업	농경지의 대량확보	서해안 대단위 매립간척사업
		어업	수산물 양식의 증대	남해안 청정해역 양식기지 건설, 해양목장화
	물류통신	항만	해상·육상 교통의 접점으로서의 필요성	항만 및 어항 개발(광역화 및 신규개발)
		항로	교역량 증대에 따른 해상교통 안전	전자해도 정비, 항로표지시설 확충
		도로	국토의 종합개발과 지역의 활성화	서해안 고속도로 건설과 연륙·연도교 건설
		통신	국제통신 수요 증대와 해상안보	한·일간 및 태평양 연안국가 해저 케이블 건설
	해양 레크리에이션		국민생활수준의 향상과 여가시간의 증대	해중공원, 해수욕장 개발, 해양레저시설 개발
	비축기지		석유위기에 따른 가격상승, 공급불안	석유, 액화천연가스 비축시설
	발전소		입지 기능장소의 어려움	원자력, 화력 임해발전소
	폐기물 처리		최종 처분장소 확보의 곤란성	심해방류 및 처분지 물색
	재해방지		연안보전과 광역방제	침식방지 대책과 해난 재해예보 및 구조시스템의 개발

자료: 조상필·신동훈(2011), 전남 해양공간 자원의 효율적 활용방안, 전남발전연구원, p.124.

20) 문화체육관광부(2012), 2011년 기준 관광동향에 관한 연차보고서.

다양한 해양관광의 자원을 토대로 활용도를 높이기 위하여 다각적인 해양관광 발전계획을 수립하여 실행하고 있다.[21] 현재 이러한 해양공간은 내륙지역 문화를 전파하는 특수한 공간(Walton, 2000)이자, 관광개발의 대상으로서 경제적 측면에서 활용의 가치가 높기 때문에 자원개발의 주요 활용 대상으로 인식되고 있다.[22]

남해안권 중 전라남도 지역의 수산자원은 특산품 및 지역축제를 통해 볼 수 있다. 전라남도 지역축제 중 금일다시마축제, 노화전복축제, 참장어축제, 갯벌세발낙지축제, 갯장어음식대축제 등은 지역을 대표하는 어종을 대상으로 축제가 개최되기 때문에 수산 자원의 가치가 있다.

〈표 11-8〉 전라남도 지역축제 현황

시군별	축 제	특산품
완도군	금일다시마축제, 노화전복축제, 소안고기잡이바다체험	다시마, 전복, 톳, 김, 광어, 돔, 우럭, 굴
여수시	남해안생선요리축제, 참장어축제	돌김, 쥐치어, 학꽁치, 문어, 멸치
목포시	목포수산물 축제	김, 세발낙지, 홍어
광양시	전어축제	전어
진도군	진도 참전복 축제	돌미역, 돌김, 멸치, 전복
무안군	갯벌세발낙지큰잔치, 도리포해맞이	갯벌낙지, 숭어
신안군	가거도 바다낚시체험, 게르마늄 갯벌축제, 천일염 축제	갯풍 참민어, 흑산홍어, 병어, 새우젓, 우럭, 가리비, 굴, 전복, 대하, 낚지, 돔, 돌미역, 김
장흥군	장흥키조개큰잔치, 정남진 석화구이, 갯장어음식대축제	바지락, 키조개, 김, 미역, 매생이
강진군		짱뚱이, 참고막, 바지락, 대합, 전어
영광군	영광굴비 만들기체험, 염전체험	영광굴비, 보리새우, 백합, 건새우, 설도 젓갈
해남군		김
보성군	고막축제, 대포 갯귀신제	꼬막, 바지락, 전어
고흥군	나로도 수산물 축제	돔, 삼치
함평군		세발낙지, 석화, 보리새우(오도리), 뱀장어, 돌김, 염삭젓, 토하젓

자료: 최상덕(2012), 해양수산자원 활용 및 육성방안, 전남발전연구원, pp.14-15.

21) 국토해양부(2009), 해양관광자원개발사업 추진현황 조사 및 개선방안에 관한 연구.
22) Walton, J.(2000), The British Seaside: Holidays and Resorts in the Twentieth Century, Manchester: Manchester University Press.

〈표 11-9〉 신안군 수산물 축제[23)]

수산물 축제	개최 일자	장소
간재미	4월 6,7일	도초도
홍어	5월 4, 5일	흑산도
강달어	5월 24, 25일	임자도
병어	6월 5~9일	지도
바다송어(밴댕이)	6월 21, 22일	증도
민어	8월 3, 4일	임자도
불볼락	9월 7, 8일	홍도
왕새우	10월 11, 12일	장산도
신안뻘낙지	10월 26, 27일	압해도
새우젓	11월 2, 3일	지도
김	12월 7, 8일	압해도
굴	2014년 1월 4일	〃
바다토하	2014년 2월 21, 22일	〃

신안군은 매월 지역에서 나는 수산물을 소재로 축제를 열고 있다. 신안군이 개최하는 수산물 축제에는 '과학'이 담겨 있다. 관광, 문화, 예술 등 일반 축제와는 달리 수산물 축제 일정을 정할 때에는 어느 어종이 어느 물때에 많이 잡히는지를 예측해야 한다. 신안군은 그동안 김, 간재미, 홍어, 우럭, 병어, 전복, 민어, 농어, 세발낙지, 대하, 젓새우, 숭어 등 12가지를 '이달의 수산물'로 지정하고 어민들의 판촉 활동을 지원해왔다. 가장 때깔 곱고 맛 좋은 시기가 널리 알려지면서 이들 수산물을 맛보려는 관광객까지 모여드는 효과 외에 이런 성과를 바탕으로 자신 있게 '별미축제'로 발전시키고 있다.

섬 관광지의 자원조건에 비해 기존에 구비된 기존시설로 인하여 큰 유인력을 발휘하는 공간, 즉 도시가 존재하고 있다. 1980년대부터 도시관광 도입을 통한 도시경기의 부양, 경제활성화, 그리고 물리적인 경관 쇄신 등 관광산업의 도입 추진으로 도시를 중심으로 관광개발이 접목되면서 1990년대에 도시관광은 중요하고 차별적인 분야로 자리매김하게 되었다.[24)]

도시는 문화적 매력물 및 이벤트 등이 주요한 유인력으로 작용하면서 관광객들에게 매력을 제공하고 있다.[25)] 따라서 도시관광이란 특정도시가 갖고 있는 매력물, 자연 및 인문자원, 도시의 시설물, 기반시설, 서비스 등 모든 공간적 유인요소들이 매력대상으로 작용하면서 관광자원의 잠재력 상호작용이 지속적으로 발생되면서 총체적 관광활동 현상이 일어나는 공간이다.

---

23) http://news.donga.com

24) Dougla G. Pearce(2001), An Integrative Framework for Urban Tourism Research, Annals of Tourism Research, 28(4), pp.926-946.

25) Greg Richards(1996), Cultural Tourism in Europe, Oxon: CAB International, p.175.

[그림 11-3] 도시관광자원[26)]

광화문광장

관악산

〈표 11-10〉 도시 관광자원으로 활용 가능한 매력시설

매력 요소들			
활동장소		여 가	
문화 시설	• 극장, 콘서트홀, 영화관 • 전람회관, 박물관과 미술관	주변의 특성들	• 역사적인 거리유형, 흥미 있는 건물 • 고대의 기념비와 동상, 종교적인 건물 • 공원과 녹색지대, 바다, 운하와 강변지대, 항구
스포츠 시설	• 실내외 오락시설, 카지노 • 빙고홀, 나이트클럽, 조직화된 이벤트, 축제와 행사	사회·문화적 특징들	장소의 활기참, 언어, 지역의 풍습과 의상, 민속, 다정함, 안전함
2차적인 요소들	호텔·쇼핑시설·마켓		
부수적 요소들	접근성과 주차시설, 관광시설, 정보시설		

자료: 이후석 역(1999), Christopher M. Law 저, 도시관광, 백산출판사, p.21.

효용 측면의 도시관광은 정치적 측면에서 도시의 민주화와 국제화를 들 수 있고, 경제적 측면에서는 기업활동의 자극, 세수의 증대, 도시의 현금흐름 창출 등을 들 수 있다.[27)] 도시에서 관광으로 인해 발생하는 경제적인 보상과 고용, 활발한 시장 활동, 도시경제의

26) http://www.visitseoul.net
27) Blank Uel(1994), "Research on Urban Tourism Destination Travel", Tourism and Hospitality Research, 16, pp.181-193.

활성화 등은 경제적 측면에서 매우 중요한 역할을 한다는 것이다.[28] 사회 · 문화적 측면에서도 도시관광은 기반시설의 확충 및 정비, 도시민의 삶의 질 향상, 도시의 활력 부여라는 측면을 생각할 수 있다. 도시는 독특한 문화와 서비스를 관광객에게 제공해주고, 경제적인 수입을 통하여 지역발전에 이바지하고 있다. 환경적인 측면에서 계절적인 요인에 영향을 받지 않으므로 시설과 자원의 효과적인 활용을 통해 긍정적인 효용을 기대할 수 있다.

대도시에 비해 상대적 낙후지역인 농어촌지역은 차별화된 지역자원을 통해 경제적 활력을 확충하기 위한 방안의 하나로 자원활용을 통한 산업화를 추진하고 있다. 향토자원을 특화자원으로 개발하여 새로운 산업분야를 개척함으로써, 고용증가, 기업유치, 방문객 유치 등의 효과를 창출하는 것이다.

〈표 11-11〉 자연자원 활용사업

주요 정책 및 사업	주요내용	주요사례
농촌활력증진계획 (2008~2010)	• 지역의 경제적 활력을 확충하기 위하여 체계적인 사업추진 • 신활력사업과 향토산업 육성사업, 특화품목 육성사업 • 향토자원을 활용한 1 · 2 · 3차 산업 융복합화 추구(지역활성화 목표 및 향토자원 산업화, 신산업분야 발전을 위한 S/W, H/W 프로그램 등)	무안(백련축제, 가공산업) 문경(오미자, 체험관광) 신안(천일염, 체험관광) 등
한국형 생태관광 10대 모델사업 (2010~2017)	• DMZ 등 우수 생태자원 및 문화 · 역사자원 보유지역을 대상으로 우리나라 고유의 생태관광 세계화 모델 창출 추진 • DMZ, 습지 등 자원의 특성을 고려하여 모델 사업지를 8개 유형으로 구분 • 자원가치, 지역참여, 지속가능성 등으로 구성된 6개 지표 및 15개 세부지표 개발	우포늪(내륙습지) 순천만(해안습지) 평창(화석 · 동굴) 파주 · 화천(DMZ) 등
녹색도시 시범 조성 (2010~2020)	• 저탄소 녹색 시범도시로 지정 • 녹색생활 체험센터, 녹색광장 및 거리, 녹색교통 시스템과 100% 신재생에너지를 이용한 그린하우스 단지 등 조성	강원 강릉시

자료: 박창성 외(2011), 국토자연자원의 현명한 이용전략 수립 3, 한국환경정책 평가연구원, p.26.

28) T. C. Chang(1996), "Urban Heritage Tourism", Annals of Tourism Research, 23(2), pp.284-305.

〈표 11-12〉 자연자원 잠재력(지역 · 사업 · 자원) 현황

유 형	지 역	사 업	자연자원
향토자원	전북 고창군	• 선운산 복분자 생산밸리 조성 • 복분자 경관도로 조성 • 고창 복분자 브랜드 세계화 사업 • 복분자 축제, 복분자 와인축제 개최	복분자
	경남 산청군	• 약초연구소 및 한약재 개발교육장 설치로 체계적인 약초 연구개발 • 약초 전시장 및 약초 판매장 설치 · 운영 • 약초 시범재배단지 및 묘포장 조성	약초
	전북 남원시	• 허브 농업단지 조성, 허브 밸리지구 조성 • 자생식물 환경공원 조성 • 허브제품 가공생산단지 조성 • 관리동, 주차장 확장, 도로개설 등 기반시설 확대	허브
	충북 옥천군	• 옻나무 재배사업 지원, 옻칠랜드 건립 • 전통 옻처리시설 보전, 옻염색, 옻칠 등 관광자원화	옻나무
	경남 하동군	• 녹차 공동가공시설 조성, 녹차 과학연구소 건립 • 하동 야생차 문화축제, 녹차 체험마을 조성	녹차
	인천 강화군	• 약쑥 연구개발 및 생산가공 밸리 조성 • 강화 약쑥 브랜드파워 세계화 사업 • 강화 약쑥 농촌체험단지 조성 • 약쑥 문화축제 및 이벤트사업	약쑥
	경북 문경시	• 오미자 생산단지 조성 • 오미자 가공산업 육성 • 오미자 브랜드 명품화 사업 • 오미자 농촌체험마을 사업	오미자
	전북 부안군	• 누에타운 클러스터 구축 및 운영 • 오디뽕 인프라 구축 • 농어촌 관광휴양단지 조성	누에
	전남 보성군	• 녹차 가공시설 및 유통법인 설립 • 녹차 체험단지, 녹차타운, 녹차연구소 조성 • 녹차 전통식품 개발단지조성 • 녹차 홍보 및 지역축제 기반 조성 • 계단식 차밭 경관관광자원 조성	녹차
	전남 신안군	• 천일염 생산기반 확충 • 인력양성 및 R&D 기반 구축: 아토피 치유 프로그램 개발 등 • 유통시설 확충 및 마케팅 • 품질관리 강화: 이력관리, 등급화, 지리적 표시 등	천일염
	경북 예천군	• 곤충생태 관찰 체험지구 조성 • 산업곤충 R&D 역량 강화 • 산업곤충 소득자원화, 곤충 관광자원화	곤충

자료: 박창성 외(2011), 국토자연자원의 현명한 이용전략 수립 3, 한국환경정책평가연구원, p.31. 재인용.

유 형	지 역	사 업	자연자원
관광과 레프츠	전북 고창군	• 경관농업지구 조성사업, 청정농산물 브랜드화 사업 • 관광안내시설물 사업 • 경관지구 축제활성화 사업	경관농업
	제주 서귀포시	• 자동차운행 제한의 법적 근거 마련 • 지속가능한 자연환경 보전 통한 마라도 청정이미지 유지 및 관광자원 보호효과 기대	섬
	부산 해운대구	• 수영강변 계류장 조성사업 • 송정 해수욕장 해양레저거점 조성사업 • 동백섬 주변 해양레저기지 조성사업	해양
	경북 영양군	• 반딧불이 생태마을 조성사업 • 곤충마을 조성사업 • 반딧불이 축제를 통한 도시민의 농촌체험 유도	반딧불이
	강원 태백시	• 고원 스포츠타운 조성, 고지대 훈련장타운 조성 • 오토레저 스포츠타운 조성 • 멀티스포츠타운 조성	고지대
	전남 곡성군	• 섬진강 생태체험공간 조성 • 농촌체험공간 조성 • 중앙광장구역 조성 • 상가 및 관리시설구역 조성	섬진강
	전남 함평군	• 나비, 곤충산업 연구개발체계 구축: 곤충생태연구센터 설치 등 • Bug's life 문화산업단지 조성 • 친환경 농산물 연구, 판매장 설치	나비
	경북 봉화군	• 춘양목 산림자원 기반조성 • 춘양목 산림자원 관광 · 체험단지 조성 • 특산품 공동브랜드 · 명품화 사업	춘양목
	울산 남구	• 고래체험관광 사업, 고래박물관, 돌고래수족관 등 • 고래문화 거리조성사업: 고래테마거리, 고래조각공원 등 • 고래축제 활성화 및 고래자원 보존 · 육성 • 고래도시 홍보 및 고래연구 사업	고래

자료: 박창성 외(2011), 국토자연자원의 현명한 이용전략 수립 3, 한국환경정책평가연구원, pp.32-33. 재인용.

최근에는 많은 시 · 군이 전략과제를 지정하여 기존의 단위사업들을 종합한 1 · 2 · 3차 산업의 융복합화를 추구하고 있다. 자연자원 융복합화의 시너지 효과를 지역 내로 확산하는 전략을 통해 경제활성화를 도모하는 것이다.

〈표 11-13〉 자연자원을 활용한 1·2·3차 융복합산업 추진사례

융복합 유형	사 례	자연자원
1차산업을 중심으로 2·3차산업 견인	• 신안(천일염-가공-체험관광) • 산청(약초-한방·식품-체험관광)	• 갯벌 • 약용식물
2차산업을 중심으로 1·3차산업 견인	• 제천(약초-약초가공산업-체험관광) • 부안(오디뽕-가공산업-체험관광) • 보성(녹차-가공식품-경관산업) • 무안(백련-백련가공식품-백련축제) • 하동(녹차-명차가공-체험관광-경관산업)	• 약용식물 • 약용식물 • 약용식물 • 백련 • 약용식물
3차산업을 중심으로 1·2차산업 견인	• 진안(생약초-한방·아토피-치유·체험마을) • 문경(오미자-오미자가공식품-체험관광)	• 약용식물 • 약용식물
1·2차 융복합 유형	• 영천(약초-한방산업)	• 약용식물
1·3차 융복합 유형	• 평창(친환경농산물-Happy700브랜드) • 봉화(은어-축제)	• 고도 • 은어
2·3차 융복합 유형	• 담양(대나무산업-경관-체험관광) • 울릉(해양심층수-관광)	• 대나무 • 해양심층수

자료: 박창석 외(2011), 국토자연자원의 현명한 이용전략 수립 Ⅲ, p.38.

[그림 11-4] 융·복합 활용현황29)

보성녹차

산청한방약초축제

담양 대나무축제

화천산천어축제30)

29) http://media.daum.net; http://jiriherb.net; http://article.joins.com; http://www.bonghwafestival.com

30) http://www.narafestival.com/01_icenara

〈표 11-14〉 자연자원의 기능별 활용전략

구 분	전 략
현명한 활용	원칙: 환경 · 사회 · 문화적으로 지속가능한 자원 이용과 지역활성화 촉진
	• 활용잠재력을 평가할 수 있는 자원 발굴 시스템 구축 - 지역의 상징성 · 차별성을 도출할 수 있는 비물리적 특성에 대한 신규 조사항목 개발 - 자원(하천, 마을숲 등)에 대한 조사체계 마련 - 활용잠재력의 정성적 또는 정량적 평가체계 마련 • 다양한 지역자원 발굴을 위한 지역구성원 의견 수렴 • 토지이용을 고려한 공간계획으로서의 관리방안 마련 - 자연자원의 현명한 이용모델 구축 - 자연자원의 지역유형화를 반영한 지역발전계획 수립 • 산업 클러스터 및 상품화 - 기업, 연구기관, 제약회사 등 다양한 기관과의 산업 클러스터 형성 - 전통지식, 약용식물 재배, 자연물질 추출 등을 활용한 경제적 부가가치 창출 - 6차 이상의 산업복합화로의 확대 • 지역 마케팅 및 브랜드화 - 로고 및 인증제 도입에 따른 지역생산품의 우수성 과시 - 지역 상징화, 주민참여, 소득창추을 위한 로고 개발 및 활용 • 지역 가이드(생태해설사 등) 양성 및 활용 - 생태관광객의 이해와 활동을 지원할 수 있는 지역 가이드 시스템 마련 - 지역주민, 사회적 기업 등을 활용한 생태해설사, 문화해설사 등 양성 • 자원이용으로 창출된 수익의 분배 및 재투자 시스템 마련 - 지역주민의 소득과 경제자원 활성화를 위한 지원시스템 마련 - 자원활용으로 얻어진 수익의 합리적 배분과 지역으로의 환원시스템 구축

자료: 박창석 외(2011), 국토자연자원의 현명한 이용전략 수립 III, p.145.

〈표 11-15〉 자연자원의 가치별 활용전략

구분	활용전략		세부 추진전략	대표사례
직접이용가치	전략 1	자원 자체의 상품화	• 자연자원 상태 그대로의 거래 및 상품화 - 자연물 소재의 수공예품 판매 등 그린마켓 운영 - 주민토착산업 발굴	담양군 대나무숲
	전략 2	자원활용 산업화	• 웰빙 및 자연상품의 생산요소로의 투입 - 자연자원을 기본재료로 활용하여 다양한 연계상품으로 개발, 지역기념품 활용 - 자원활용 원칙에 기반한 기업과의 협력체계 구축 및 지원	무안군 백련산업 클러스터
			• 신재생에너지 단지 조성 - 태양력, 풍력, 소수력등 신재생에너지에 대한 교육 및 홍보(체험)시설 조성 - 연구기관 및 기업유치에 따른 기술개발	부안 신재생 에너지 단지

<table>
<tr><th>구분</th><th colspan="2">활용전략</th><th>세부 추진전략</th><th>대표사례</th></tr>
<tr><td rowspan="8">직접이용가치</td><td>전략 3</td><td>축제 및 이벤트</td><td>• 차별화된 자원의 시간성과 공간성을 고려한 축제 및 이벤트 개최
- 지역 고유의 자원을 강조하는 장소마케팅 및 이미지 개발
- 잠재적 이용자에 대한 인센티브 제공 및 홍보
- 축제 및 이벤트에 대한 객관적·과학적 평가와 피드백 시스템 마련</td><td>순천시 순천만 갈대축제</td></tr>
<tr><td rowspan="3">전략 4</td><td rowspan="3">생태 관광</td><td>• 체험 프로그램 등을 도입한 관광자원화
- 환경인식 증진 도모를 위한 관찰·교육·체험 프로그램 개발 및 교육자원화
- 하루 한 가지 이상의 지속적인 체험과 사계절 체험프로그램 보강
- 외국인 관광객 모객을 위한 차별화 방안 마련</td><td>서산시 세계철새 기행전</td></tr>
<tr><td>• 자원활용축을 고려한 생태관광벨트 조성
- 산재되어 있는 자원을 연결하는 연계방안 마련
- 체류형 생태관광을 통한 지역활성화</td><td>평창군 동강</td></tr>
<tr><td>• IT 기술 기반 생태관광 DB 구축 및 융복합 상품개발
- 생태관광지의 효율적 정보제공 및 실시간 관리
- 위치서비스, 가상현실 등이 반영된 서비스 제공</td><td>환경부 생태관광</td></tr>
<tr><td rowspan="2">전략 5</td><td rowspan="2">문화 콘텐츠화</td><td>• 중장기적인 스토리텔링 개발 및 표준화
- 유·무형의 스토리 채집·발굴 및 목록작성
- 수요자, 이용자 중심의 콘텐츠(영상, 소설, SNS 등) 개발</td><td>진도군 신비의 바닷길</td></tr>
<tr><td>• 청각·경관자원 등의 문화상품화
- 모바일 및 방송 음원, 달력 및 영상 등</td><td>남원시 천년송 바람소리</td></tr>
<tr><td rowspan="2">전략 6</td><td rowspan="2">복원 및 창출</td><td>• 자연생태계 및 생물종 복원을 통한 이용
- 자생종, 멸종위기 종의 증식 및 복원을 위한 연구·관리센터 조성</td><td>지리산 반달 가슴곰 복원생태 학습장</td></tr>
<tr><td>• 자연자원의 새로운 조성 및 도입
- 자연자원관리 대학·연구시설 조성</td><td>국립생물 자원관</td></tr>
<tr><td></td><td>전략 7</td><td>창조적 공간화</td><td>• 자원활용을 통한 지역 재창조
- 유·무형의 자원을 새틀라이트(satellite)로 전시하는 방식의 에코뮤지엄 조성
- 생태마을, 지역 자연공원 등 생태관광의 거점공간 조성
- 기존의 훼손된 자원이라도 그대로 보전하여 활용</td><td>진안군 에코 뮤지엄</td></tr>
</table>

구분	활용전략		세부 추진전략	대표사례
직접이용가치	전략 8	자원 자체의 이용	• 자연자원의 존재나 유지 자체로의 이용 - 생물다양성, 도시숲 등 생태 인프라와 생태계 서비스를 제공하는 자원 그대로의 효과 창출	장성군 편백숲
	전략 9	경관 관리	• 우수한 자연경관 관리 - 경관 조망지 및 인접지역의 상품가치 제고	보성군 녹차밭
			• 문화적 경관 관리 - 자연자원과 그로 인해 형성된 경관, 문화 등을 종합적으로 관리 - 건축물의 자연소재 이용 등 주변지역과의 조화 형성 방안 마련	남해군 다랭이논
	전략 10	브랜드화	• 지역의 상징성을 대표하는 브랜드 이미지 형성 및 표시제 도입 - 지역이 차별적인 환경이미지를 지역에 부과	평창군 해피 700
			• 국제적 인정을 받을 수 있는 보호지역 등재 - 국가적 차원의 관리계획 수립	제주도 환경4관왕
			• 지역 생산물의 로고(라벨링) 및 인증제 - 지역 로고 개발·활용 및 브랜드화 계획 - 엄격한 사후 평가시스템 구축	신안군 천일염

자료: 박창석 외(2011), 국토자연자원의 현명한 이용전략 수립 Ⅲ, pp.146-148.

우리 국토의 64%를 차지하고 있는 산림은 환경관리기능은 물론 휴양과 관광, 생산 등 다양한 측면에서 그 잠재력을 인정받아 왔다. 최근 산림의 치유기능이 각광받으면서 산림을 이용하는 이용객이 꾸준히 증가하고 있다.

[그림 11-5] 산림자원의 공익적 가치[31)]

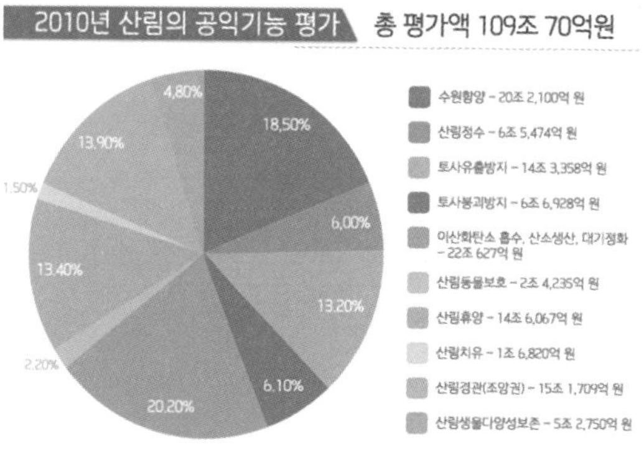

31) http://kofpi.tistory.com/63

올레길, 둘레길 등 다양한 테마길과 탐방길32)이 개설되면서 산림의 이용은 최고조에 달하고 있으며, 이와 더불어 산림자원에 대한 관심이 더욱 높아지고 있다. 산림자원의 경우 예전에는 대부분 단풍림, 철쭉군락지 등 집단적인 식생으로 형성되는 지역이 주로 이뤘지만 인식이 변화하여 이제는 노거수, 희귀수종 등 섬세한 자원까지도 주목받고 있다. 따라서 숲에 대한 교육, 체험, 휴양 등의 생태체험 장소로 활용되고 있는 사례로서 미래자원으로서의 숲에 대한 활용 가능성이 무척 높은 영역이다.

[그림 11-6] 제주 올레길33)

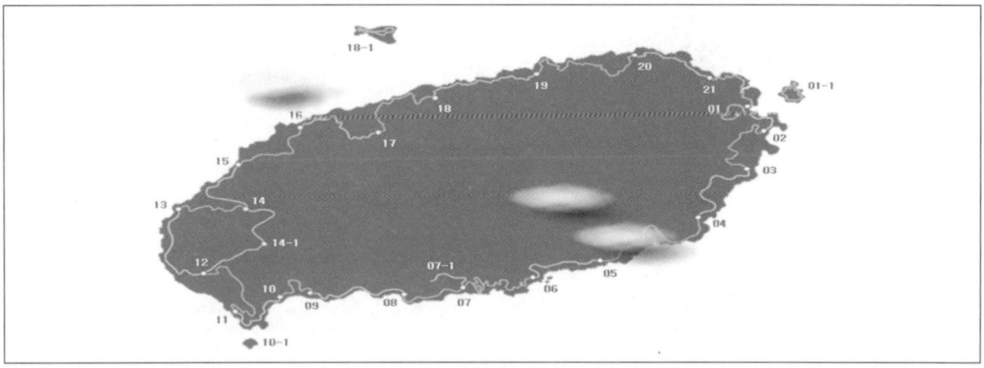

32) http://www.korea.kr/policy
문화체육관광부는 국내외 관광객들이 편안하게 걸으면서 우수한 자연경관을 감상하고, 지역의 역사와 문화도 체험할 수 있는 '2013년도 이야기가 있는 문화생태탐방로' 8곳을 선정, 발표하였다.
- 역사문화길(3) : 성주 가야길, 진주 비단길, 진도 아리랑길
- 종교문화길(1) : 아름다운 순례길 6~7코스
- 테마여행길(4) : 마포 난지생명길, 백령 구경길, 포천 한탄강 어울길, 가거도 샛개제길

이야기가 있는 문화생태탐방로는 문화체육관광부가 지난 '99년부터 자연경관이나 역사 · 문화 자원이 뛰어난 길 중, 특히 도보 여행객들이 가볼 만한 곳을 지정, 지원하는 사업이다. 현재 서울 한양도성, 해남 땅끝길, 섬진강을 따라가는 박경리의 토지길, 안동 유교문화길, 해파랑길 등 전국에 39곳이 선정돼 운영되고 있으며, 탐방로별 상세 노선은 녹색관광홈페이지(www.녹색관광.kr)나 '두발로' 앱에서 찾아볼 수 있다.
문화생태탐방로 선정에는 걷기여행 작가, 생태전문가, 탐방로 및 관광 전문가 등 다양한 인사를 중심으로 서면심사와 현지답사를 거쳐 탐방로 주변 자연환경 및 역사 · 문화자원의 우수성, 편의성 및 안전성, 향후 지역의 발전 가능성 등을 종합적으로 평가하여 문화생태탐방로를 선정한다.
문화체육관광부는 이번에 선정된 문화생태탐방로에 대하여 탐방로 조성 및 안내 체계 구축, 홍보 등의 사업을 지원하되, 시설물 설치 등은 최소화하도록 하고, 탐방로 주변의 역사 · 문화 · 관광 자원을 연계하여 재미있는 이야기를 발굴, 제공하도록 해 문화적 · 친환경적인 탐방로를 만들 수 있도록 할 예정이다. 또한 탐방로 관계 전문가로 '탐방로 자문단'을 구성, 운영하여 탐방로 조성 유지 관리에 필요한 가이드라인을 제시하고, 탐방로별로 특화된 주제들을 발굴, 제공하는 등 다양한 활동들을 지원하여 해당 탐방로가 명품 도보 탐방로로 자리매김할 수 있도록 적극적으로 육성해 나갈 계획이다.

33) http://www.jejuolle.org

4. 역사문화자원 활용

최근 지역에 소재하는 역사문화자원을 활용하여 농촌문화권을 변모, 즉 농촌마을 만들기에 접목되어 운영되고 있다. 이러한 이유로는 소득향상의 가능성과 주거환경의 개선이 가능하기 때문에 적극적으로 접목되고 있다.

[그림 11-7] 역사문화자원 활용의 특징

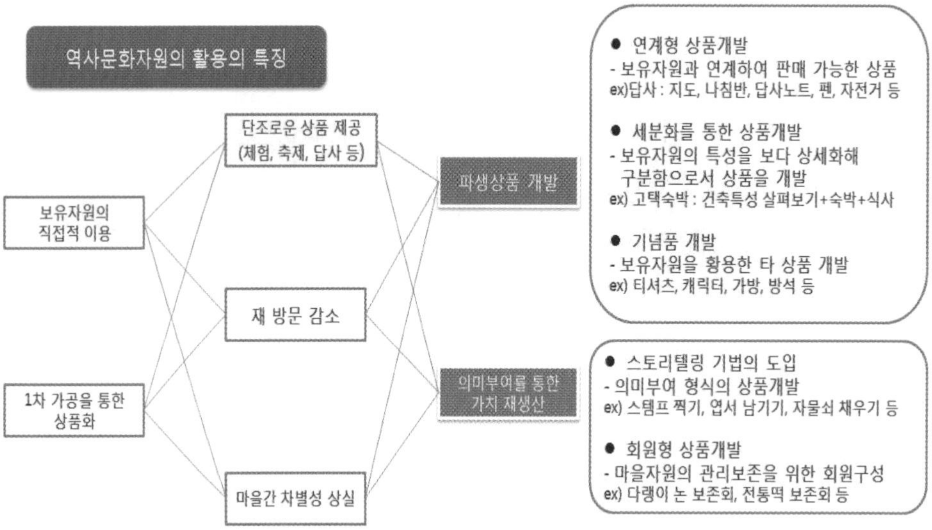

〈표 11-16〉 역사문화자원의 활용과 농촌마을 만들기

구 분	내 용
소득창출	• 체험프로그램 운영을 통한 소득창출 - 지역자원에 대한 지속적 정비와 관리가 요구되므로 자원의 보전이 가능하다. - 체험을 통하여 지역자원의 가치와 지역의 생활을 체감할 수 있다. - 지역자원과 마을의 홍보효과가 발생한다. - 프로그램 운영에 참여하는 주민과 생산물 판매를 통한 수익창출이 가능하고 지역경제 활성화 효과를 초래한다. - 공동체가 강화되고 지속적 마을만들기의 기반이 된다.
주거환경 개선	• 관리보존의 소홀로 마을경관 저해요소에서 발전 견인 요소로 변모 - 역사문화자원의 관리보전이 가능하고 정비효과가 있다. - 지속관리 가능성이 있다.

자료: 배기택(2012), 역사문화자원을 활용한 농촌만들기, 성균관대학교 대학원 석사학위논문.

지리산 초입에 자리잡은 남사예담촌은 안동하회마을과 더불어 경상도의 대표적인 전통한옥마을이다. 경남하면 산청남사 마을이라고 할 정도로 옛날부터 그 명성이 자자했던 이 마을은 양반마을로 또한 전통한옥마을로 유명하다.

농촌전통 테마마을로 지정된 "남사 예담촌"은 고즈넉한 담장 너머 우리 전통 한옥의 아름다움을 엿볼 수 있어 표면적으로는 옛 담 마을 이라는 의미를 담고 있으며, 내면적으로는 담장 너머 그 옛날 선비들의 기상과 예절을 닮아가자는 뜻을 가지고 있다.

[그림 11-8] 경남 산청 문화역사 마을 남사예담촌

자료: http://almove.tistory.com

〈표 11-17〉 문화역사 마을의 주요현황

마을명	주요지역	운영목표	주요내용
안동 군자	경북 안동시 와룡면 오천리 군자마을	600년 전통의 사대부촌 한옥 고택마을 자원을 통해 전통생활 문화체험장으로 활용	• 고문서, 전적 중 마을역사자료 조사 및 보존 • 군자고와 건축, 고택정비 등 마을환경 조성 • 서당체험, 제사체험, 농사체험 등 다양한 체험프로그램 운영
영광 효동	전남 영광군 묘량면 삼효리 효동마을	효와 같은 전통예절을 익히고, 농촌마을의 탐방을 통하여, 방문객들이 지역주민과 함께 효동마을의 문화를 공유	• 효동문화관, 사랑관 등 기본인프라 시설구축, 화산댁 안채 등 고택의 보존 • 마을경관(돌담, 조명, 하천 등) 정비 조성 • 농촌마을에 연관된 체험프로그램의 개발

마을명	주요지역	운영목표	주요내용
서귀포 법환	제주 서귀포시 법환동 법환마을	해녀와 해당지역 문화역사적 환경조성 통하여 법환마을의 지역경제 활성화시키고, 지역자원에 대한 중요성 부각	• 테마가 있는 해녀 거리가꾸기: 탐방로 조성 • 본향당 복원, 해녀체험장, 막숙포구 공원화사업, 살아 숨쉬는 해녀 문화가꾸기 등
원주 회촌	강원 원주시 흥업면 매지리 회촌마을	회촌마을의 매지농악, 달맞이 축제 등 문화역사자원의 발굴·계승·발전을 모색하고, 이를 활용하여 주민들의 소득증진 및 삶의 질 향상 도모	• 문화역사자료 수집 및 DB구축 • 회촌민속문화전승학교 운영, 대보름 달맞이행사 및 단오성황제 활성화 • 체험프로그램 및 민속전승 프로그램 운영 • 기원체험 등 월별체험프로그램 운영
강릉 학산	강원 강릉시 구정면 학산마을	신라시대 향가에서 유래된 오독떼기 노동요와 마을의 문화역사자원을 활용 역사문화마을 조성	• 굴산사와 오독떼기 및 단오를 테마로 하는 역사 문화탐방로 조성 • 왕고개 진입공간 조성, 오독떼기 체험을 위한 건축물 리모델링 • 농촌경관 시범구역지정 및 정비
의령 입산 마을	경남 의령군 부림면 입산마을	입산마을 소재 문화유산을 효율적으로 보존 및 관리하여 관광자원화하고, 백산 안희제선생의 정신을 계승하고, 청소년 교육장 및 체험장 조성	• 백산 안희제가 문맹퇴치를 위해 설립한 창남학교의 복원 및 활용 • 문화마을 정비(전통고택정비, 담장정비, 진입로 정비 등)
고창 사등 마을	전북 고창군 심원면 월산리 사등마을	선운사 창건과 염정지 복원과 제염 제조과정 등 다양한 체험프로그램 체험 및 테마형 관광을 통하여 역사문화적 자원의 가치를 계승 및 보전하고자 함	• 염정지 복원, 소금체험관 조성 • 소금연계 상품개발 • 소금 테마프로그램 등
충주 목계 마을	충북 충주시 엄정면 목계마을	조선시대 최대 내륙포구이며, 장시였던 목계마을의 문화적인 요소를 보존 계승하여 문화역사마을 조성	• 마을의 근대건축유산 복원 및 활용 • 목계포구, 목계 별신제 관련 체험프로그램 개발 및 운영
안성 덕봉 마을	경기 안성시 양성면 덕봉마을	3.1 운동의 충·효·예 정신이 살아 숨쉬는 문화역사마을의 조성	• 문화역사자원 보존 및 발굴, 계승 • 충효예의인의 분야별 체험프로그램 • 전통마을정비 및 공간, 시설 환경조성

자료: 배기택(2012), 역사문화자원을 활용한 농촌만들기, 성균관대학교 대학원 석사학위논문, pp.112-113.

+0.5차 산업화의 활용 사례

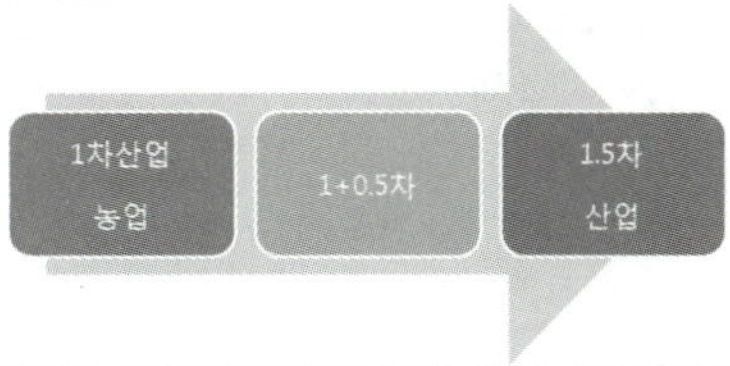

▶ 관광농원 : 농산물 + 체험관광
▶ 축제 : 농산물 + 각종 프로그램
▶ 농촌관광 : 특정 농산물 + 관련 관광프로그램

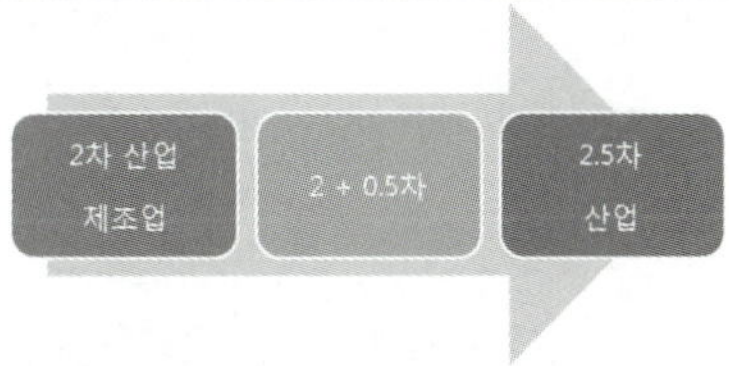

▶ Food Trail : 지역특산물 + 관광 Attractions
▶ 엑스포 : H/S 상품 + 각종 프로그램
▶ 산업관광 : 조선관광자원 + 관광 Attractions

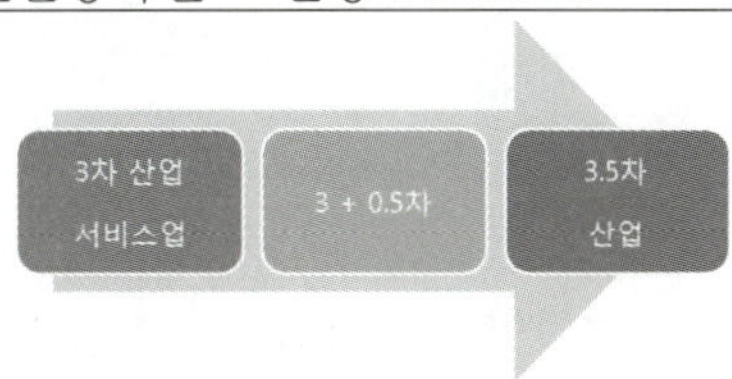

▶ 웰빙관광 : 웰빙산업 + 관광
▶ 해양관광 : 해양레저 + 관광
▶ 특별관광 : 1+2+3차 산업별 자원 + 관광

국외권 영국과 프랑스는 농촌인구 유출로 인한 지역쇠퇴를 막고 농촌에 남아 있는 건축물과 문화를 보존하기 위해 정책적으로 농촌민박 육성 및 다양한 농촌관광상품 개발을 지원하기 시작했다. 그리고 이러한 정책이 1960년대 장기휴가 확산과 맞물려 농촌의 저비용 숙박시설에 대한 수요 증대 등으로 나타남에 따라 농촌관광 사업은 큰 결실을 거둘 수 있었다.[34]

34) http://media.daum.net

'히말라야 스파' 같은 역발상 상품, 창의적 인재 길러야 가능[35)]

인도 북부 해발 1000m의 히말라야 산자락에는 특별한 리조트가 있다. 인도 전통의학인 '아유르베다'를 응용한 의료관광 상품을 제공하는 '아난다 스파'다. 히말라야의 자연경관과 인도 전통 의술을 접목해 세계에서 유일한 독특한 의료관광 상품을 만든 것이다. 하룻밤에 80만 원 이상을 내야 하는 고가 상품이지만 전 세계에서 관광객이 몰려든다. 이들을 맞이하기 위해 리조트에는 의사는 물론이고 인도 전통의학 전문가, 고객의 체형과 건강에 맞는 음식과 요가 방법을 처방하는 치료사와 같이 신종 직업을 가진 직원들이 일하고 있다.

뉴델리에서 차로 8시간 걸리는 히말라야 산속으로 세계 각국의 관광객을 끌어모으는 아난다 스파는 생각만 바꾸면 질 좋은 의료관광 일자리를 얼마든지 만들 수 있다는 점을 보여 준다. 의료관광 산업은 의료, 관광 같은 서비스 업종과 의료기기, 제약 같은 정보기술(IT), 생명공학기술(BT)이 융합한 창조경제의 대표적인 모델이다. '의료한류'를 전파할 창조적인 인재를 키워야 'K-메디컬' 브랜드를 세계에 각인시키고 새로운 일자리를 만들어 낼 수 있다.

35) http://news.donga.com(2013.7.24).

■ 창조적 도전에서 일자리 나온다

의료관광은 저임금 서비스 업종이 아니라 질 좋은 일자리를 많이 만드는 분야다. 이 때문에 세계 각국은 창조적인 아이디어가 융합될 수 있도록 규제를 풀고 세금 부담을 덜어 주는 등 의료관광 산업을 적극 키우고 있다. 대만, 일본처럼 의료관광 비자를 신설하고 발급절차를 간소화하는 것은 기본이다.

인도는 세계 의료관광 시장의 다크호스. 저렴한 의료비와 영어에 능통한 숙련된 의료진, 풍부한 관광자원이 강점이다. 인도정부는 의료관광을 수출산업으로 육성하기 위해 의료서비스에 서비스세도 부과하지 않고 있다. 아시아 의료관광 시장의 40%, 20%를 각각 차지하고 있는 태국과 싱가포르는 일자리를 지키기 위해 끊임없는 혁신으로 의료관광산업을 업그레이드하고 있다. 태국은 저가 의료관광을 탈피하기 위해 의료와 미용산업을 융합한 '뷰티상품' 개발에 박차를 가하고 있다. 싱가포르의 래플스 병원은 중국 전통 의학까지 도입해 중국인 환자 유치에 나섰다.

싱가포르와 인도는 영어가 통하고 대만은 중국인 환자를 유치하기에 유리한 중국어 문화권이라는 강점이 있다. 2009년 의료관광 시장에 뛰어든 한국의 가장 큰 약점이 글로벌 감각을 갖춘 전문인력이 많지 않다는 점이다. 제대로 된 의료관광 인력을 키우지 못하면 늘어난 일자리는 내국인보다 외국인 코디네이터 몫이 될 개연성이 크다.

정부는 의료 산업의 경쟁력을 끌어올리기 위해 간호사 의료통역사 등 글로벌 의료인력 1만 1000명을 육성할 계획이다. 하지만 급성장할 의료관광 규모를 생각하면 턱없이 부족하다는 지적이 나온다. 김세만 한국관광공사 의료관광사업단장은 "2020년 의료관광객을 100만명 유치하려면 1만 1000개 일자리로는 부족하니 의료, 관광이 융합된 전문인력을 더 많이 양성해야 한다"고 강조했다.

9월에는 국제의료관광 코디네이터 국가자격 시험이 처음으로 실시된다. 하지만 이론 중심의 교육이나 필기시험 중심으로 코디네이터를 선발할 예정이어서 벌써부터 실무에는 별 도움이 되지 않는 '장롱 자격증'으로 전락할 수 있다는 우려가 나온다. 의료컨설팅 전문업체인 고려의료관광개발 김재희 대표는 "코디네이터 교육을 받았다고 하는데 호텔 예약이나 고객 식사관리 같은 단순 서비스도 못하는 지원자가 많다"고 말했다.

인도 북부 히말라야 산자락에 자리 잡은 스파 리조트 '아난다 스파'는 수도인 뉴델리에서 차로 5~8시간 이동해야 하지만, 인도 전통 의학과 요가 등을 접목한 창의적인 의료관광 상품으로 세계 각국의 관광객을 끌어들이고 있다. 2년 전 해외 환자 유치 사업을 시작한 휴케어는 얼마 전 채용공고를 냈지만 직원을 뽑는 데 몇 달이 걸렸다. 정태성 휴케어 이사는 "어학과 의료관광에 대한 전문 지식을 제대로 갖춘 인재를 찾는 게 하늘의 별 따기"라고 하소연했다.

의료관광 관련 자격증을 대비하는 사설 학원은 늘고 있지만 현업에서는 채용할 만한 인재를 찾지 못하는 '미스매치'가 일어나고 있다. 전문가들은 교육기관과 의료기관이 손잡고 산학연계 프로그램을 마련해 현장에 실질적으로 도움이 되는 인력을 키워야 한다고 강조한다. 대학 의료 관련 학과의 커리큘럼도 실무에 맞게 융합형으로 바꿔야 한다는 의견도 많다. 주원 현대경제연구원 수석연구위원은 "의대에도 바이오헬스, 생물학, 관광컨설팅, 마케팅 등의 의료관광 지식을 쌓을 수 있는 융합 교육과정이 많아져야 한다"고 말했다.

의료관광 관련 일자리의 높은 문턱을 낮춰 다문화가정 여성 등을 활용하자는 제안도 나온다. 의료관광 코디네이터 시험은 관련 분야가 아닌 학과를 나오면 유관 분야 실무를 2~4년 경험해야 응시할 수 있다. 고졸자는 아예 응시하지 못한다. 송용주 한국경제연구원 연구원은 "다문화 여성들은 어학 실력이 뛰어나 교육만 제대로 받으면 양질의 인력이 될 수 있는데 규제 때문에 도전하지 못한다"고 지적했다.

THINK ABOUT IT

새로운 관광자원으로 개발할 수 있는 한국 고유의 역사·문화적 자원들에 대하여 생각해 봅시다.

Chapter 12

관광자원 연출

1. 연출의 개념과 중요성

관광이 점차 대중화되면서 관광에 참여하는 사람은 급격히 증가하고 있는 반면에, 관광객이 제공받는 관광서비스는 그 질적 수준이 낮거나 불만족 수준이다. 따라서 관광객은 그들의 기대에 못미치는 관광서비스로 인하여 실망하거나 재방문을 포기하기에 이른다. 자원발굴과 관광지개발, 사업추진 등에는 관심도가 높은 반면에, 자원의 이용과 연출 정도, 그리고 파급효과 및 욕구충족 등 관광객에게 제공할 수 있는 질적 관광경험에 대한 진지한 고민은 없는 상황이다.1)

과거와 달리 관광객들은 독특한 관광경험을 원하고 있다. 방문한 관광지가 제공하는 독특한 분위기, 이벤트, 꿈과 환상, 스토리텔링 등이 절묘하게 어우러진 감동의 드라마에 몰입되기를 바라고 있다. 따라서 감동의 드라마를 구성할 수 있는 다양한 기법과 주제, 일련의 작업이 수행되는 공연과 같은 연출이 중요하게 부각되고 있다.2)

연출은 감동이라는 매력물을 생산해 낸다. 연출은 느낌만 있을 뿐 보이지 않는, 그러나 상당히 매력적인 결과물을 얻어낼 수 있는 창조적인 힘이다. 연출은 지성과 감성사이를 오가며 사람의 마음을 사로잡는 마력이 있다. 주제부각 능력의 바탕위에다 관객들이 몰입할 수 있도록 감동적 요소를 포장할 수 있는 감성적 능력이 연출이며 선택된 주제를 가지고 관객들이 보다 흥미있게 접근할 수 있는 무기는 바로 그들의 감성적 시각과 느낌을 자극하는 연출력이다.3)

연출은 본래 연극에서 연기뿐 아니라 의상 · 조명 · 장치 · 음향 등 종합적 통제로 기획

1) 박석희(2012), 신관광자원론, 대왕사.
2) 이봉석 외(2001), 관광자원론, 대왕사.
3) 송정일(2000), 지금은 관광연출시대, 백산출판사.

가가 목적한 효과를 창출해내는 활동으로서,[4] 극이나 이벤트를 예술적으로 종합하여 하나의 총체적인 효과를 창출한다. 그러므로 연출은 극이나 이벤트를 예술적으로 정리하며 책임지는 역할을 한다. 이벤트의 연출은 상품의 속성과 기업의 이미지 또는 지역의 고유한 유·무형 자원의 소재에 예술적 가치를 극대화시켜 이벤트 참가자들이 정서적 감동과 매력을 느끼게 하는 행위이다.[5] 반면에 관광에서 연출은 관광자원, 계획가, 연출가 그리고 관광객 모두가 함께 감동적인 관광서비스 다시 말해, 볼거리와 놀거리인 일종의 '극(劇)'을 연출해내는 사건이나 행사를 의미한다. 다만, 관광지에서의 관광 연출에는 일반연극 등의 구성에 비하여 속도감이 적고 공간이 개방적이라 관객의 집중도가 낮고 호응도가 적다는 점이 상이할 뿐이다.[6]

관광자원의 연출은 자원에서 일정한 주제를 찾아내고, 이것을 방문자에게 효과적으로 전달하기 위하여 연출의 구성요소를 일정한 주제와 유기적으로 결합시키는 일련의 작업을 수행하는 것을 의미한다. 따라서 연출은 관광지의 볼거리·놀거리를 창출하기 때문에 다음 [그림 12-1]과 같이 나타날 수 있다.

여기서 'α'에 해당하는 것으로는 놀이시설, 숙박시설, 식음시설, 휴게시설 등의 공급처리 및 편의시설 등을 가리킨다. 그리고 +α를 하는 사람이 계획가에 해당한다. 그런데 '관광자원+α'가 된 곳에서 일정한 주제를 찾아내고, 찾아낸 주제에 연출 구성요소인 연기, 장치, 조명, 음향, 의상에 해당하는 것을 유기적으로 결합하는 사람이 곧 관광지의 연출가이다. 여기서 계획가와 연출가가 일치할 수도 있으나 항상 그러한 관계가 성립되지

[그림 12-1] 관광지 연출

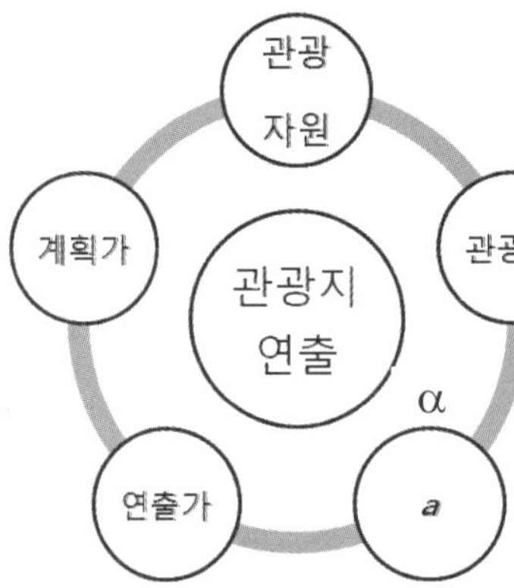

4) 조현호(2004), 문화이벤트기획론, 대왕사.
5) 장성수·김종기(2011), MICE 기획과 전략, 새미출판.
6) 원융희·이미혜(2004), 관광이벤트 연출전략에 관한 연구, 산업경영논총, 제10집, pp.195-205.

는 않는다. 이러한 작업을 통하여 비로소 관광서비스인 볼거리와 놀거리가 생산된다. 이와 같이 연출과 관련지어 볼 때, 관광지란 관광자원, 계획가, 연출가, 그리고 관광객이 어우러져 감동적인 관광서비스, 즉 볼거리와 놀거리인 일종의 극(劇)을 연출해 내는 장소, 곧 극장에 해당한다.

관광지 연출이 접목되면 관광객이 그들의 주의를 집중하고, 탄성을 발하거나, 환상에 젖거나, 호기심이 충족되거나, 사진을 찍거나, 매료될 수 있다. 관광자원을 이용하여 관광객에게 최대한 만족을 줄 수 있는 방법이 곧 연출이기 때문에, 연출 이전에 자원의 가치, 잠재력, 매력창출 가능성 등 해당 자원의 가치평가가 우선이다. 물론 지역내 자원 활용은 당연하겠지만, 변형된 자원 및 원형자원 유지 등에 대한 심도 있는 고려도 필요하다.7)

관광자원의 가치평가 외에 중요한 점은 연출의 고객, 즉 다음 [그림 12-2]와 같은 관광객의 심리적 특성을 고려하여 연출이 구성되어야 하겠다.

첫째, 일상생활권에서 즐길 수 없는 만족감을 제공해 줘야 한다.

둘째, 환대성에 각별한 서비스방법을 강구해야 한다.

셋째, 법적・도덕적 범위내에서 개인적 성향노출 분위기를 제공해야 한다.

넷째, 연출되는 자원과의 접촉기회 마련도 필요하다.

다섯째, 호기심 충족을 해소시킬 방안 마련이 필요하다.

여섯째, 관광객이 자신의 영역이라는 느낌을 갖도록 분위기를 연출해야 한다.

일곱째, 기념할 수 있는 여건제공이 필요하다.

[그림 12-2] 관광객의 심리적 특성8)

탈일상성	환대성	개방성・익명성
직접접촉	호기심	영역감
기념성	기분전환	친절성 등

연출을 위해서는 관광자원을 단일체로 다루기보다는 그것을 둘러싼 관광자원과 상호 연계된 상태에서 전체적으로 통일된 성격을 부여해야 하는 등 기본적으로 지켜야 할 원칙이 있다.

7) 박석희(2012), 신관광자원론, 대왕사.

8) 이봉석 외(2001), 관광자원론, 대왕사.

〈표 12-1〉 연출의 기본원칙

기본원칙	주요내용
통일된 성격의 부여	처음부터 끝까지 하나의 주제로 일관성을 유지해야 한다. 이런 일관성 유지를 위해서는 지역의 특성을 보전하면서도 변화에 적응하는 유연성을 가져야 한다. 또 필요하다면 이용자를 적절한 방법으로 규제하는 방안[9]도 강구해야 한다.
고객 우선의 서비스정신	연출자는 방문자의 요구에 부응하여 그들에게 최대의 만족를 제공해야 하며, 만족을 위한 지속적인 변신을 추구해야 하며, 연출공간의 쾌적성 확보도 중요하다.
지역문화의 보전	새로운 연출의 모습과 변화는 필수이지만, 지역문화 고유성을 유지한다는 한계 안에서 이루어져야 한다.
차별성이 두드러진 개성있는 연출	타 연출과 차별성이 떨어지거나, 유사한 연출은 현재의 눈높이 수준의 관광객 욕구를 충족시키지 못하기 때문에, 차별성과 지역이미지, 독창성이 가미된 연출이 요구된다.
쾌적한 환경구축	이용자가 요구하는 기본적인 쾌적성이 보장되지 못하면 연출의도가 떨어지고 만족도는 제한적이 되기 때문에, 기본적인 환경의 쾌적성 연출은 필수적이다.

자료: 조현호(2004), 문화이벤트기획론, 대왕사, pp.193-197; 박석희(2012), 신관광자원론, 대왕사; 원융희·이미혜(2003), 관광이벤트 연출전략에 관한 연구, 산업경영논총, 10집, pp.195-206.

연출의 체크 포인트는 관광객의 5감을 자극함으로써 그들의 의식과 무의식속에 내재되어 있는 감흥을 발산하게 하는 것으로 다음의 사항을 제시하고 있다.[10]

첫째, 관광지 입구에 대한 인상

둘째, 관광지내 코스

셋째, 관광매력물 접근

넷째, 관광매력물 보는 방법(전망지점, 전망코스)

다섯째, 상징적 요소 연출

여섯째, 놀이(위락시설)

일곱째, 향토성

여덟째, 소리

이 외에 중요요소로는 창의성[11]이 있다.

---

9) 방문자 만족을 위해서는 약간의 규제가 필요한 경우가 있다. 방문자규제의 방법으로는 입장규제, 활동규제, 시설규제를 들 수 있다.

10) 손대현(1997), 관광이벤트의 기획과 연출, 관광학연구, 20(2), pp.261-272.

11) 단순히 물리적으로 편리하기보다는 혁신적이고 창의성이 발휘되어야 한다. 감동적인 무대와 주제, 그리고 메시지 전달, 살아 움직이는 관광지, 꿈이 현실이 되는 공연과 연출, 최첨단 기술이 접

무한감동을 연출하기 위한 주요한 고려요소 점검이 필수적이다.

〈표 12-2〉 연출의 내용

구 분	주요내용
공간의 연출	• 시설 등 연출대상의 공간에 대한 분석 • 장소의 연출(행사장 입구나 도착시의 만족도 제고방안), 안내원, 장식물, 홍보물, 안내표시, 로고의 통일성 등 • 시각, 촉감, 후각, 청각 등 동원가능한 인간의 오감을 모두 이용하여 연출
조명의 이용	• 분위기 조성과 안전 등에 관심 • 색상, 명암 등 예술적 수준에서 접목 등
음향과 영상	• 오감 자극 • 오랫동안 지각될 수 있는 음향과 영상이 중요 • 상상력을 자극하고 주제와 연계된 소리창조 등
특수효과	• 조명, 음향, 분수, 기상효과, 불꽃놀이, 폭죽, 풍선효과, 레이저, 홀로그램 등의 특수효과 활용 등

자료: 조현호(2004), 문화이벤트기획론, 대왕사, pp.198-200.

그리고 놀거리라 함은 관광객으로 하여금 향수와 동심에 젖게 하고, 긴장감을 맛보게 하며, 환대감을 부여해 주는 문화재 놀이, 테마파크 놀이, 꽃놀이 등이 여기에 속한다.

〈표 12-3〉 놀이연출 프로그램 작성원칙[12)]

- 참여대상자의 참여목적을 고려한다.
- 장소 · 시기 · 성 · 연령 등을 고려한다.
- 흥미 · 관심 · 기술 정도 등을 참여대상자에 따라 고려한다.
- 단체 또는 소그룹의 활동이 서로 조화를 이루도록 한다.
- 인간생활의 여러 가지 단면을 포괄할 수 있는 자극적 활동을 제공한다.
- 자유롭고 자발적인 분위기를 조성하여 참여자 모두가 혼연일체가 되도록 한다.
- 능동적인 활동뿐만 아니라 수동적 성격의 활동도 포함해야 한다.
- 활동이 연속성을 갖도록 해야 한다.
- 프로그램은 가능한 한 도전적이어야 한다.
- 개인의 신체적 · 정신적 한계를 벗어나지 않도록 해야 한다.
- 프로그램의 평가, 리더십, 시설면에서 계속 개발해야 한다.
- 놀이가 일이 되게 해서는 안된다.

목된 영상, 경이로움을 느낄 수 있는 기회제공 등이 절묘하게 어우러지고 멀티테마형 관광지 창조를 의미한다.

12) 박석희(2012), 신관광자원론, 대왕사, p.267. 재인용.

2. 연출의 방법

관광객에게 최대의 만족을 부여하기 위한 연출을 위해서는 관광자원을 단일체로 다루기보다는 그것을 둘러싼 관광자원과 상호연계된 상태에서 전체적으로 통일된 성격을 부여해야 하고, 다음의 기본원칙에 입각하여 효과적인 자원으로서 매력을 창출시킬 수 있다.[13] 자원 연출의 방법을 분류하면 다음 〈표 12-4〉와 같다.

〈표 12-4〉 연출방법

방 법	내 용
관광대상 보존	연출 이전의 문제로서 관광대상의 보존을 들 수 있다. 연출이란 관광대상이 지닌 특성과 흥미를 어떻게 묘사하느냐이다. 또 그것을 어떻게 관광대상으로 매력성을 갖게 할 수 있을까, 관광객이나 관광매체가 관광대상을 저해하지 않고 보존하는 것이 개발의 제1단계이다.
경관 연출	• 관광객이 어떤 지점 혹은 지역에 머물러서 바라볼 수 있는 경관에 대한 연출이다. 이 경우에 관광대상은 단독대상물인 경우도 있고, 복수의 관광대상일 수도 있으며, 또는 관광대상이 그 지역 전체를 보는 것이 적절한 경우도 있다. • 환언하면 그 지역 전체를 보는 분위기조성이 중요하며, 하나하나의 관광대상이 뛰어날지라도 전체면에서 통일이 이루어지지 않거나 분위기를 해치는 건조물이 있다고 하면 관광대상으로서의 가치는 하락한다.
이동공간	관광객이 이동할 때의 이동공간의 연출이다. 이것은 산책로·보행도로 등 이동공간 그 자체가 관광대상이 되는 경우와 이동하는 목적이 되는 관광대상에 접근할 때에 더욱 효과를 높이기 위한 연출이다. 즉 클라이맥스(climax)에 도달하기 위한 접근으로서 이동공간의 연출이다.
유흥	관광지에 있어서의 유흥의 연출이다. 이것은 특히 체재형 관광지에서 유흥의 대상물을 만들고 그 참여를 위한 연출계획이다.

자료: 원융희 · 이미혜(2004), 관광이벤트 연출전략에 관한 연구, 산업경영논총, 제10집, pp.195-205.

아무리 좋은 기획을 수립했다 해도 연출이 어떤가에 따라 관광객의 만족도는 달라지므로 컨셉과 정확한 연출이 이뤄어져야 관광지, 이벤트, 자원의 활용도와 가치가 높아질 것이다. 관광 연출자는 최고의 엔터테이너가 되어야 한다. 관광지마다 지역민, 자원, 지역특성, 장소, 시기, 관광객 등을 일정공간과 기간내에서 일체감을 갖을 수 있도록 조화

13) 김정옥(1997), 관광자원관리론, 대왕사.

와 통일이 이루어지도록 해야 한다. 관광자원을 활용하는 연출자는 예리한 균형감각을 지니고 있어야 하고 이러한 균형감각으로서 여러 가지 요소들이 서로 위배되지 않고 하나로 어우러지게 할 수 있어야 한다.

관광자원이 접목된 다양한 프로그램 연출을 통한 현장에서의 감동과 흥분은 참가자들만이 느낄 수 있고 이로써 쌍방의 커뮤니케이션이 형성하게 된다. 따라서 연출을 통한 감각적 의사전달방식은 관광지의 매력을 증진시키는 중요한 요소임과 동시에 다른 관광지 및 관광자원과 차별화될 수 있는 매력적인 요소가 될 것이다.[14)]

[그림 12-3] 관광자원 연출의 주요 사례(축제)[15)]

진주남강유등축제

봉화은어축제

함평나비엑스포

김제지평선축제

3. 연출트렌드 1 – 엔터테인먼트(entertainment)의 진화

지금도 관광지는 진화하고 있다. 다양한 관광자원을 중심으로 구성된 관광지는 지속적으로 꾸러미를 만들어서 관광객들이 구매할 수 있도록 발전을 거듭한다. 원시부족사

14) 원융희 · 이미혜(2004), 관광이벤트 연출전략에 관한 연구, 산업경영논총, 제10집, pp.195-205.
15) http://www.yudeung.com; http://www.bonghwafestival.com; http://www.hampyeongexpo.org; http://kr.news.yahoo.com

회가 현대사회에서 예전모습 그대로 유지하면서 존재하지 못하는 것과 같다. 최근에는 관광지가 연출과 예능이 가미된 놀이동산화되어 가고 있는 추세이다. 최근 관광객들은 에듀테인먼트를 선호한다. 교육(education)과 유흥오락(entertainment)을 동시에 선호한다. 놀면서 보면서 배우는 관광을 선호하면서 관광지도 관광객들의 수준에 맞춰서 움직이고 있는 것이다.[16)]

최근에는 엔터테인먼트 개념이 시간이 지날수록 더욱 다양화하는 사회로 변하가면서 새로 등장하는 트렌드나 사람들의 행동 패턴들과 결합하여 엔터테인먼트와 관련된 새로운 개념들이 많이 등장하게 되었다. 이러한 현상은 엔터테인먼트가 사회전반의 모든 현상들과 관련이 되어 그 폭을 넓혀나가고 있어 엔터테인먼트의 유형 및 영역에 대한 정의가 대단히 포괄적이고 유동적이며, 그 중요성에 대한 사회적 인식이 빠르게 확장되고 있다는 것에 대한 증거라고 할 수 있다.

사람을 즐겁게 하는 것이 엔터테인먼트라는 개념이다. 엔터테인먼트의 사전적 의미를 살펴보면 첫째, 즐겁게 해주는 행위, 둘째, 공연 또는 쇼, 셋째, 기분전환 또는 손님을 위한 여흥, 넷째, 환대 등으로 인간이 지닌 꿈을 가상현실(virtual reality)로 하여 새로운 경험을 체험하게 해 주는 '꿈', 놀이라는 개념으로 함축할 수 있다.

〈표 12-5〉 엔터테인먼트의 특성

요 소	내 용
상업성	부가가치를 취득할 수 있는 소비대상, 즉 객체인 대중을 전제로 한 것이고, 대중들로부터 재화를 취득할 수 있을 때 엔터테인먼트는 완성된다.
대중성	서비스의 객체이며 소비의 대상이다.
창조성	서비스의 주체는 언제나 객체인 대중들의 관심을 끌어 모을 수 있는 재미있고 다양한 소재와 형태, 요소들을 찾아내고 가공해 나아가야 한다.
오락성	엔터테인먼트는 흥미로운 것이 새로운 선택의 기준이 되며, 감동과 재미를 줄 수 있다.

엔터테인먼트 산업의 발전 배경은 크게 3가지로 볼 수 있는데, 사람들은 빨리 느끼는 것에 반응하고, 재미와 감동이 동시에 이루어져야 하며, 문화산업의 주요성이 증대되고 있다는 것이다. 구체적으로 살펴보면, 첫째, 사람들은 빨리 느끼는 것에 반응한다. 이것은 이성적 사고가 아닌 감성적 선택이 요구되는 것으로, 모든 정보와 의사소통의 속도가

16) 고계성(2010), 관광객과 지역주민이 어우러진 소통의 장소 관광지, 대왕사.

순식간에 이루어지고 사람들은 그것을 빠른 시간안에 수용 또는 거부하여 논리적으로 설명할 수 없으나 마음에 드는 것, 흥미로운 것이 선택의 새로운 기준으로 등장하였다. 둘째, 재미와 감동이 동시에 이루어져야 한다는 것이다. 디지털 시대의 사람들은 생활의 모든 면에서 끊임없이 즐거움을 추구한다. 디지털 시대가 주는 부로 인해 사람들은 지금보다 훨씬 안정되고 편안한 생활을 영위하게 된 것이다. 디지털 시대의 즐거움은 그냥 즐거움 그 자체이나 이것을 넘어서 '배우는 것'의 방법 역시 '즐거움'이길 요구하게 되었다. 또 문화 및 오락 콘텐츠뿐만 아니라 일반 상품들도 감동이나 재미를 선사해야 고객의 니즈(needs)를 충족시킬 수 있다. 대중들은 반복되는 요소에 대해 쉽게 흥미를 잃고 싫증을 내기 때문에 개별적이고 차별화된 욕구를 충족시키기 위해 체험적/직접 참여적 요소가 점점 더 요구되고 있다.

〈표 12-6〉 엔터테인먼트의 요소[17)]

요 소	내 용
현상적 요소	눈에 보이는 가시적인 현상을 그대로 나타내는 것이다. 주체의 오감(시각, 청각, 후각, 미각, 촉각)을 통해 전달할 수 있는 1차적 요소들을 그대로 전달하여 객체들에게 주체에 대한 의미의 상징이나 의사소통, 커뮤니케이션 등 현상적인 메시지를 전달한다.
감성적 요소	인식은 오감을 통하여 인지하지만, 여기에 '감각을 통한 인식', '무의식속의 기억' 등을 자극하여, 객체들의 심리, 정서에 작용하는 요소를 말한다. 이것은 잠재적인 향수를 자극하기도 하며, 무한한 상상력을 자극하여 다양한 느낌을 표현할 수 있는 감정과 감성적 요소로 작용한다.
체험적 요소	우선 체험이란 어떤 자극에 대한 반응으로 가상이든 아니든 사건의 직접적 관찰과 참여로부터 일어난다. 체험은 대개 자동적으로 만들어지는 것이 아니라 유도되는 것이다.

[그림 12-4] 가상현실의 사례(virtual reality)

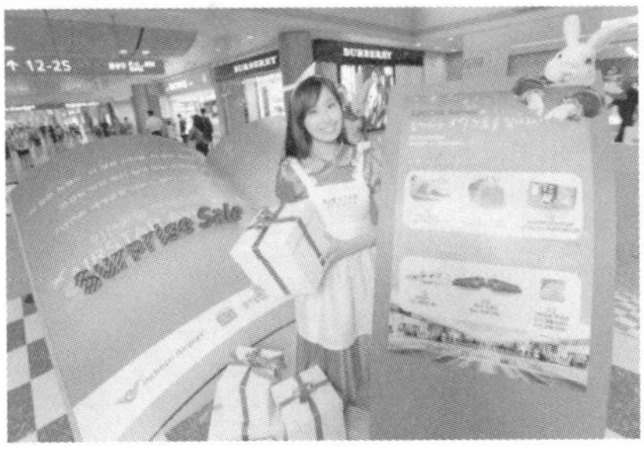

에어스타 애비뉴 앨리스의 원더랜드 모델 이벤트[18)]

워싱턴 덜레스국제공항 홀로그램 도우미[19)]

17) 신영하(2006), 엔터테인먼트 요소를 활용한 백화점 VMD에 관한 연구, 홍익대학교 대학원 석사학위논문, pp.17-18.

인천국제공항 면세점 에어스타 애비뉴 '앨리스의 원더랜드'를 활용하여 말하는 앨리스 '버추얼 스토리텔러'를 설치해 앨리스 형상의 3D 홀로그램이 이벤트 내용과 면세 쇼핑 방법 등을 안내해 주고 있으며, 워싱턴 덜레스공항의 '홀로그램 도우미', 페이지(Paige)라는 애칭이 붙은 '가상 도우미(virtual assistant)는 입국한 승객들 바로 앞에 나타나 입국 및 세관 통과에 필요한 여러 가지 정보를 제공해주고 있다.

홀로그램 활용을 통하여 관광시설 방문객에게 체험이벤트 참여유도 및 체류시간 연장도모, 브랜드 홍보 및 광고, 관광정보 제공, 시설물 이용이점, 친절한 종사원소개, 기타 안내 등에 대한 여러 가지 정보를 제공해줄 수 있으며 동시에 특별공간을 구축하여 가상현실 다양한 공연을 제공하여 문화가 깃든 관광시설물 이미지구축에도 심혈을 기울이고 있다.

우리나라에서 엔터테인먼트의 요소로는 크게 출판, 신문, 영화, 애니메이션, 게임, 음반, 캐릭터, 만화, 방송, 광고, 인터넷 모바일 콘텐츠, 음악, 연극, 오페라, 뮤지컬, 무용, 국악, 미술, 기타 전시, 체육, 관광, 놀이공원 등이 범주에 포함되어 있다.[20]

[그림 12-5] 난타[21]

- 한국의 전통 가락인 사물놀이 리듬을 소재로 주방에서 일어나는 일들이 코믹하게 드라마화되어, 남녀노소 누구나 쉽게 즐길 수 있는 한국 최초의 비언어극 공연 "난타(Nanta)"
  - 1997년 10월 초연 후 한국공연사상 최다 관객 동원
  - 1999년년 에딘버러 프린지 페스티벌 최고평점
  - 2004년 2월 아시아공연물 최초로 뉴욕 브로드웨이 공연
  - 2009년 최우수도시프로그램상 수상 등

이제 관광자원과 관광지는 엔터테인먼트 요소가 없이는 살아 움직이지 않는다. 관광과 엔터테인먼트가 새로운 경제의 견인차로 신속히 자리잡고 있다. 더 큰 영향을 미치는 것은 엔터테인먼트 콘텐츠가 관광객 경제의 모든 면에서 실제로 주요한 기준이 된다는 것이다.

18) http://www.asiatoday.co.kr
19) http://blog.naver.com/PostView.nhn?blogId=rits&logNo=159999263
20) 서주화(2006), 엔터테인먼트 요소를 활용한 지역 관광홍보관 계획에 관한 연구, 대진대학교 대학원 석사학위논문.
21) http://nanta.i-pmc.co.kr

[그림 12-6] 일본 유후인 마을

후쿠오카 유후인은 농업을 주로 하는 소규모 시솔마을에 불과하다. 주민이 주도하여 만든 소박한 관광도시 유후인은 온천, 농림업, 자연환경이라는 세 가지 키워드를 중심으로 주민주체의 마을 만들기를 기본방향으로 삼았으며, 경관조례, 경관협정, 경관 가이드라인 등의 제도마련을 통한 실질적인 가로경관 디자인, 마을 가꾸기, 자연환경보전 등을 통해 아름다운 고향풍경을 유지하고, 소박하고 아름다운 온천도시를 연출함으로써 전국적으로 유명한 명소화에 성공하였으며, 지역주민 중심의 소규모 개발을 지향하는 차별화 전략으로 독자적인 지역브랜드를 창출하였다.

다양한 문화이벤트도 개최되고 있는데, 소고기 먹고 소리지르기 대회, 유후인 독립영화제 등이 이어지고 있으며, 마차의 운행을 통하여 방문객에게 느림의 가치를 느낄 수 있는 체험의 기회를 부여하고 있다.[22)]

그 외 지역 내 30여 개의 미술관과 갤러리가 소재하고 있으며, 오래된 가옥(전통민가)과 건축물을 활용한 상점거리 조성 등으로 예술과 콘텐츠를 활용한 성공한 지역발전의 사례로 알려져 있다.[23)]

22) 송태갑(2012), 온천도시 유후인의 지역 가꾸기 전략, 전남발전연구원 리전인포, 272호.
23) 김종민 외(2011), 새로운 시각, 큰 변화: 일본 유후인의 기적, 강원발전연구원, 제30호.

4. 연출트렌트 2 - 테마파크 환경연출

멀티미디어 중에서도 영화가 사람을 즐겁게 하는 힘을 갖고 있다고 평가를 받는다면, 그 기술을 집대성한 테마파크 또한 폭넓은 분야에서 주목을 받게 될 것이다. 캐릭터 만드는 방법, 건물 디자인, 연못과 녹지를 포함한 풍경 디자인, 유희시설에 적용할 줄거리 구상, 영화, 퍼레이드, 탑승시설, 외장, 조명 등등 테마파크 안의 모든 것이 '사람을 즐겁게 한다'는 규칙에 의해 만들어진다.

'사람을 즐겁게 하는' 오락이란 특별한 지식을 갖추거나 연습을 하지 않고 앉아 있는 것만으로도 즐길 수 있는 오락이다. 어린이와 어른, 노인, 또 몸이 부자유한 사람과 외국인들, 호기심이 많은 사람이나 만사 귀찮아하는 사람도 모두 즐길 수 있다.[24)]

최고의 연출력과 예능이 펼쳐지는 관광장소가 테마파크이기에 관람객들에게 꿈과 희망을 제시하는 장소이자, 연출이 가미된 인공매력물 덩어리이다. 테마파크의 구성요소 중 정감연출(soft)요소로서 '테마환경 연출물'은 건축(hard요소)을 제외하고 인간과 환경을 둘러싼 인위적으로 조성된 모든 연출된 것들—조형물과 경관(landscape)—까지도 포함하는 것으로, 인간의 편리를 추구하는 도구이면서 인간형태를 창조하기도 하는 스트리트 퍼니처(street furniture)[25)]를 포함하며, 예술적 정화를 불러일으키는 주변의 모든 열린 환경(open environment)이다.

우리가 매혹적인 장소로 기억하는 세계의 도시환경 및 상징가들은 환경연출의 기법을 효과적으로 살린 곳들이다. 환경연출은 우리의 환경을 새로운 모습으로 바꿀 수 있으며, 대중성에 기반을 두어 도시환경을 보다 시민들과 밀착시키는 환경디자인의 또 다른 방법이다. 또한 환경조형물은 단순한 장식품이 아닌 공간에 표정과 의미를 담으며 한 장소를 오랫동안 기억하게 하는 친근한 요소가 된다. 또한 단순한 기능적인 구조물도 디자인이라는 수단을 통하여 한 지역의 랜드마크나 대표적인 공공조형물로 새롭게 탄생되어 풍요로운 환경을 만들어 내기도 한다.

〈표 12-7〉 테마파크 환경[26)]

1. 테마파크는 보행자가 즐길 수 있는 공간환경을 제공한다.
2. 테마파크는 안전과 범죄로부터 자유로운 조절된 환경을 제공한다.
3. 테마파크는 축제형식의 환경이며 능동적인 동시에 수동적인 형식의 오락을 제공한다.
4. 테마파크는 외관상 자유로운 체험을 공급하며 동시에 일상생활의 요구로부터 현실도피의 환상을 제공한다.

24) 박석희 · 김상원 역(1995), 네모토 유우지(Yuji Nemoto) 저, 포스트 테마파크(Multi·Entertainment·Business), 일신사, Diamond Inc.

25) 거리가구는 시민들에게 서비스를 제공하려는 목적으로 대중공간에 설치되는 것으로 커뮤니케이션, 레저, 휴식, 유지보수, 청소, 보행자 및 차량구역의 설계 등의 다양한 용도와 기능을 갖는 시설을 칭한다.

26) 김남조 · 유광민 · 민웅기 역(2013), Gareth Shaw & Allan M. Williams 저, 관광과 관광공간(Tourism and Tourism Spaces), p.358. 재인용.

[그림 12-7] 올랜도 디즈니월드[27] 테마파크의 열린 환경

자료: 연구자 작성.

27) 김재광 옮김(1995), 론 그러버 지음, 월트 디즈니사와 미래형 경영, 김영사, p.23.
월트 디즈니(Walt Disney)의 이상은 마크 트웨인(Mark Twain)의 소설이 소재가 되기도 하였고, 제1차 세계대전 동안 앰블런스 운전기사로 일하면서 유럽의 많은 성(城)을 둘러본 경험이 소재가 되기도 했다. 월트 디즈니의 이상 속에는 생쥐, 나는 코끼리, 갓난 아기의 울음소리까지도 담겨 있다. 20여 명 이상의 매력적인 만화주인공이 회사 성공의 주역이자 디즈니세계의 주인들이다.

영화나 연극이 심성을 자극하여 기쁘거나 슬프게 하는 것은 바로 감성의 작용이다. 스스로 감동할 수 없는 사람은 결코 다른 사람을 감동시킬 수 없다. 이러한 의미를 매력물에 도입시켜보면 사람들로 하여금 감동을 이끌어 내지 못한 매력물은 가치를 부여하기에는 역부족이다. 그러므로 이 매력물에 감성을 이끌어 내기 위해 의도적으로 예술미를 가미시켜 조형물의 특징들을 살리는 것이 연출이고, 이 연출을 테마환경에 적용시킨 정감연출이 환경연출이라 하겠다.

테마파크의 구성요소는 건축적 관점에서 시설별로 분류하면 탑승시설, 공연시설, 관람시설, 상품시설, 편의시설, 휴식시설 등으로 나누는데, 건축물과 유기시설물 등의 기반시설을 제외한 환경연출물을 가구계와 조형물/경관계로 분류하여 세부 요소별로 분류하면 다음 〈표 12-8〉과 같다.

〈표 12-8〉 테마파크 환경연출물 분류

분 류	세부요소	세부요소
가구계	휴식 공간 디자인	벤치, 쉘터(shelter)
	조명시스템	가로등
	편의시설 디자인	휴지통, 음수대
	이동수단	이동수단
조형물/경관계	조형물, 랜드마크, 게이트	
	싸인-파크의 입구, 존(zone)별 입구, 기종 및 유도	
	키오스크(상품카트, 식음부스)	
	조경(화단), 분수	

자료: 선현미(2004), 어뮤즈먼트 테마파크의 환경연출이 관광객에게 미치는 영향에 관한 연구, 롯데월드를 중심으로, 세종대학교 대학원 석사학위논문.

지금까지 시설건립 위주로 진행돼 오던 관광자원 개발사업이 콘텐츠 중심으로 추진되고 있다. 일종의 연출을 통해 기존 관광기반시설에 최적의 콘텐츠가 개발 및 연계되는데 주안점을 두고 있다.[28] 한국을 대표하는 역사문화자원 중 경복궁은 보고 듣기밖에 할 수 없는 관광지가 아니라, 사람들과 소통하고 있는 관광지이다. 일 년에 단 두 번만 공개하고, 사전허가를 통해서만 관람할 수 있는 일본의 궁과는 달리, 경복궁은 언제나 사람들의 방문을 환영하고 있다. 해설사의 안내를 들으며 경복궁을 둘러볼 수도 있고, 자신이 원하는 곳만을 자기만의 리듬에 맞게 둘러볼 수도 있다. 그리고 다양한 재현행사가 이루어지면서 관광객이 경복궁을 더욱 친밀하게 느끼도록 하고 있다. 재현행사 외에 수문장 교대식과 왕가의 산책, 상참의, 전통의식 입어보고 사진촬영을 할 수 있는 공간조성 등 직접적인 경험을 제공을 통해서 관광객에게 만족을 제공하고자 노력하고 있다.[29]

28) www.traveltimes.co.kr
29) http://www.royalpalace.go.kr

역사 연출의 장소, 경복궁

경 복 궁
2008경복궁문화행사

HEUNGNYEMUN
붉게 물든 하늘을 배경으로 한 흥례문의 야경
HEUNGNYEMUN IS THE FIRST GATE INSIDE THE PALACE WALLS AT THE FRONT. IT WAS CALLED HONGNYEMUN UNTIL THE PALACE WAS REBUILT DURING KING GOJONG'S REIGN.

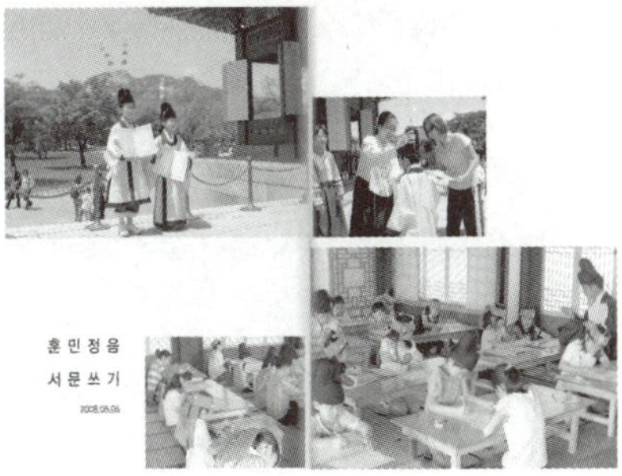
훈민정음
서문쓰기

덕수궁, '증강현실'로 관람하자-사례

덕수궁 정관헌에 들어서면, 커피를 마시는 고종의 애니메이션이 스마트폰에 나타난다. 고종의 휴식처이자 외국 손님들의 연회장으로 쓰이던 정관헌에 대한 부연설명과 함께, 고종이 당시 '가베'라고 불린 커피를 즐겨 마셨다는 정보도 얻을 수 있다. 이른바 '증강현실'이라고 불리는 최신 IT기술이 고궁 관람에 활용되는 것이다.

문화재청(청장 김 찬)은 국내외 관광객들에게 양질의 문화유산 정보를 제공하기 위해 증강현실(增强現實 · Augmented Reality: 현재의 모습을 유지한 상태에서 가상의 세계를 접목하는 기술)을 활용한 덕수궁 안내 스마트폰 앱 시스템을 오는 24일 개통한다.

이 덕수궁 안내서비스는 증가현실에 인문학적 소재를 접목한 '스토리텔링(Storytelling)' 방식으로 구축했으며, 사진 · 동영상 · 3D 등 총 1634건의 덕수궁과 정동 관련 콘텐츠를 제공한다. 현실세계의 특징을 추적하는 방식의 마커리스(Marker-less) 인식기술을 국내 최초로 문화재에 적용했다. 중화전 현판 등 특정이미지를 스마트폰 앱 카메라가 인식하면 가상의 세계로 전환된다.

핵심메뉴인 '덕수궁 나들이'는 애니메이션 캐릭터가 등장하는 가상 해설사 모드를 비롯해, 고종황제가 등장하는 인물 모드와 학생들의 교육적 활용을 위한 '퀘스트(탐구) 모드' 3가지로 구성되어 있다.

문화재청은 원활한 앱 구동을 위한 와이파이(Wifi) 무선환경을 덕수궁 내에 구축하였다.

관람객은 덕수궁에 비치된 안내책자의 QR코드나 앱 스토어에서 '내 손안의 덕수궁' 앱을 내려받아 사용할 수 있다.

또, 외국 관광객을 위해 영어, 일어, 중국어로도 서비스되며, 장애인을 위한 수화 동영상, 숙박 · 음식 · 교통 등 덕수궁 주변관광정보도 제공된다.

자료: 해럴드경제(2013.01.23), http://news.heraldcorp.com

관광산업에도 벤처정신 필요해[30)]

우리나라를 찾는 외국인 관광객이 연간 1000만 명을 넘어섰다. 이는 이웃나라 일본의 680만 명, 대표적인 관광 강국인 스위스의 830만 명을 훨씬 앞지른 실적이다. 숫자로만 보면 가히 관광대국의 반열에 올랐다고 할 수 있다. 그러나 속사정을 들여다보면 아직 개선할 부분이 많다. 먼저 관광산업이 국내총생산(GDP)에서 차지하는 비중을 보면 우리나라는 1.8% 수준으로 세계 최대 관광대국인 프랑스의 절반에도 미치지 못하고 있다. 중국·일본과 비교해도 낮은 수준을 나타내고 있다. 아직 관광산업이 중요한 산업으로 자리잡지 못했다는 이야기다. 한국을 방문하는 외국인 중 가장 큰손인 중국인 관광객의 평균 지출액만 보더라도 2100달러에 그쳐 미국을 방문하는 중국 관광객의 평균 지출(7100 달러)에 크게 못 미친다. 그나마도 초저가 화장품이나 의류 등의 쇼핑에 치중돼 있어 산업 파급효과가 미미하고 문화나 오락 등 고급 소비행태로 연결되지 못하는 아쉬움이 있다.

다음으로 한국 관광상품이 천편일률적인 쇼핑 위주로 구성돼 있어 우리의 전통문화나 한국 경제의 역동성을 소개하는 기능을 담당하지 못하는 점을 꼽을 수 있다. 외국인 관광객의 만족도 조사에서도 한국적인 볼거리, 즐길거리가 풍부하지 못하고 감동이 없다는 지적이 대두되고 있다. 심지어는 비무장지대(DMZ) 관광 등이 안보상황에 대한 부정적 인식을 심는 경우마저 있어 체계적 한국 방문 프로그램 개발과 관리가 필요한 상황이다.

마지막으로 숙박·식당·정보 및 예약시스템 등 기본적인 관광 인프라가 부족하다. 5조원 이상의 기회수입을 놓치는 것은 물론 재방문율이 낮아지는 원인이 되고 있다. 서울시만 하더라도 무려 2만여 개의 객실이 부족한 것으로 분석되고 있다.

그러나 객실 증가율은 당분간 방문객 증가율에도 미치지 못해 객실 부족현상은 오히려 더 심해질 것으로 예상된다.

지적된 문제점들을 해결하고 관광대국 한국의 위상을 강화하기 위해서는 정부와 지방자치단체, 그리고 민간부문의 공조와 정책적 뒷받침이 필요하다. 여기에 여러 산업을 아우르는 체계적인 계획도 마련해야 한다. 이를 위해 주요 참여자의 역할에 대한 인식 전환이 선결돼야 한다. 세빛둥둥섬·아라뱃길·한류월드 등 지자체나 정부가 주도적으로 개발하거나 추진한 사업들은 뚜렷한 관광자원의 역할을 담당하지 못하고 세금만 낭비했다는 지적을 받고 있다.

관광산업이야말로 창조적 역량과 벤처 정신이 필요한 분야다. 정부는 규제 완화와 인프라 확충 영역에만 집중하고 폭넓은 민간의 참여와 경쟁을 도입하는 것이 바람직

30) http://joongang.joins.com(2013.7.23).

하다. 의료관광 활성화를 위해 특성화된 어학의료인력을 육성한다거나 수도권 복합문화벨트와 같은 큰 테마와 부지를 마련하고 제도를 정비하는 것이 중앙정부가 할 일이다. 지자체는 아전인수격의 사업 추진이나 유사한 관광자원 중복 투자를 배제하고 차별화된 테마와 고객 위주의 관광상품 개발에 힘써야 한다. 대규모 숙박단지를 조성한다든지 외국 지자체와 협력해 지역 특성을 살린 관광상품을 개발하는 것 등이 지자체가 할 수 있는 일이다.

먹거리나 볼거리 관련 역량을 보유한 기업들은 내수 위주의 전략에서 탈피해 내·외국인 고객을 상대로 다각적인 부가가치 창출기회를 모색해야 한다. 뉴욕 브로드웨이의 공연예술사업이나 영국 오투 아레나의 성공에는 월트디즈니 같은 글로벌 문화기업의 노력이 숨어 있다. 대규모 공연기획이나 문화상품 개발에 필요한 투자규모가 점점 커지는 것을 감안할 때 문화 전문 대기업의 적극적 참여 및 문화생태계와의 상생은 우리나라 관광산업이 제 모습을 갖추고 세계 수준의 경쟁력을 확보하기 위해 반드시 필요하다. 다양한 규모나 등급의 숙박·음식·유통업에는 다양성과 밀착서비스를 강화하기 위해 폭넓은 벤처나 중소상인들의 참여가 요구된다.

우리나라에 대한 세계인의 관심이 어느 때보다 고조돼 있다. 이 기회를 잘 살려 한국적인 볼 것, 먹을 것, 배울 것 등을 만들어낸다면 제조업에서의 성공에 이어 고부가가치 관광산업을 한국의 미래 성장동력의 하나로 육성하는 초석을 놓을 수 있을 것으로 기대된다.

자료: 송기홍, 딜로이트컨설팅 대표

THINK ABOUT IT

관광객의 만족을 극대화할 수 있는 관광자원을 연출하는데, 가장 중요한 요소가 무엇인지 생각해 봅시다.

Chapter 13 관광자원 해설

1. 관광자원 해설의 정의와 필요성

관광지를 방문하는 관광객들의 만족은 관광지/관광자원의 매력에 대한 지각수준에 따라서 달라진다. 관광객들의 지각수준을 높일 수 있는 방법은 관광자원에 관한 자원해설을 통해서 가능하다. 한국관광의 최대 약점 중 하나는 해설기능이 취약하다는 것이다. 아무리 역사성이 뛰어나고 자원가치가 월등한 희귀 동·식물이나 경관이 있어도 전달이 안되고 있는 실정이다. 자원의 가치와 역사적인 유래를 전해주는 해설이 없다면 그 자원은 매우 단조롭고 평면적인 경험만을 제공할 수밖에 없다.

방문객을 감동시키고 방문 경험에 대한 기억을 오래가게 할 수 있는 해설기능은 관광을 입체적으로 경험하게 하는 중요 요소인 것이다. 그럼에도 불구하고 우리나라의 경우는 전문적인 해설인력과 시설의 부족으로 해설판이나 브로슈어 등으로 해설기능을 대신하고 있다. 따라서 체계적인 양성교육과 해설관련 시설마련 등을 위한 체계적인 투자가 절실한 실정이다.

일반적으로 관광자원 해설이란 일반적으로 관광객에게 관광대상과 자원을 알기 쉽고 매력적인 요인으로 설명해주는 일련의 커뮤니케이션 방법으로,[1] 관광객이 방문하는 관광지 및 자원에 대한 이해력, 인식능력, 감상능력, 지식습득능력 등을 증대시켜주는 주요한 활동이라 할 수 있다.[2]

1) 장호찬 · 하시연(2011), 관광해설론, 한국방송통신대학교출판부.
2) 장우혁(2008), 문화관광해설사의 해설활동이 관광객 만족과 재방문의도에 미치는 영향, 경운대학교 산업정보대학원 석사학위논문.

[그림 13-1] 관광자원 해설 현장

괴산군 문화관광해설사가 지역을 방문한 관광객들을 대상으로 문화유산을 설명하고 있다.3)

문경새재 달빛사랑여행 참가자들이 문화관광해설사로부터 유의사항 등을 듣고 있다.4)

관광자원 해설은 방문자에게 자원의 의미를 좋게 전달시키는 의미전달이며, 관광자원 보전에 대한 필요성을 일깨워주는 기술인 동시에 보전 전달과정이라고 할 수 있는 것이다.5) 사전적 의미의 'interpretation'는 설명한다는 것이다. 즉 단순한 설명이 아니라 자원이 지니고 있는 의미를 연구하여 이를 쉽게 풀어서 밝힌다는 의미가 강하다.

현대적 공원해설의 아버지 '틸든'(Freeman Tilden)은 방문자들이 만나는 어떠한 소재라도 해설 대상에 포함시켰다. 박물관에서는 예술품, 공원에서는 잘린 사슴뿔, 도심지에서는 각종 기념품과 건축장식 등까지 그 대상이 되었다. 그의 저서 "유산해설(Interpreting Our Heritage)"에서 여섯 가지 해설원칙을 제시하고 있다.6)

[그림 13-2] 틸든과 그의 저서 "유산해설"7)

3) http://www.ccdn.co.kr
4) http://www.dailian.co.kr
5) 박미아(2003), 관광자원해설을 통한 관광지 활성화에 관한 연구, 세종대학교 대학원 석사학위논문.
6) http://en.wikipedia.org/wiki/Heritage_interpretation; http://www.heritagedestination.com
7) http://en.wikipedia.org

〈표 13-1〉 틸든의 여섯가지 해설원칙(Six Principles of Interpretation)

1. 방문객에게 전달력이 없는 해설은 무의미하다.
2. 정보는 해설이 아니다. 그러나 해설은 정보에 기초하면서 정보를 포괄하고 있다.
3. 해설은 많은 것을 담고 있는 예술이다.
4. 해설의 주요 목적은 교육이 아니라 자극이다.
5. 해설은 부분을 전달하기보다 전체를 보여주는데 목적이 있다.
6. 차별화된 프로그램과 접근으로 해설이 연령별로 적용되어야 한다.

〈표 13-2〉 해설에 대한 학자들의 정의

연구자	정 의
Tilden(1967)	사실적 정보를 주고받는 것이 아니고, 진품을 보여준다든가, 직접 경험하도록 한다든가 또는 적절한 매체를 사용하여 현상에 내재된 의미와 관련성을 나타내 보이려고 하는 교육적 활동이다.
Harold Wallien (1976)	자원해설이란 환경이 지니고 있는 아름다움, 복잡 미묘함, 다양성 그리고 상호관련성에 대한 오묘함, 경이로움 내지는 알고 싶음 등의 해설가가 느끼는 바를 관광객도 느끼게끔 도와주는 활동이라고 하면서 관광객이 처한 낯선 환경에서도 편안한 마음을 느끼게 해주는 동시에 관광객의 지각발달을 도울 수 있어야 한다고 정의하였다.
Edwards(1976)	정보서비스, 안내서비스, 교육적 서비스, 여흥 서비스, 선전서비스 그리고 영감받은 서비스 등 6가지가 적절하게 조합된 것으로서 자원해설을 통하여 관광객에게 새로운 이해, 새로운 통찰력, 새로운 열광 그리고 새로운 흥미를 불러일으킬 수 있다고 하였다.
Mullins(1984)	장소 중심적인 레저 환경에서 휴양과 함께 이루어지는 학습 또는 형식에 구애받지 않는 교육이다.
Sharpe(1982)	공원이나 산림 등의 휴양지에서 방문지의 자연자원과 문화에 대해 더 알기를 희망하는 방문자를 대상으로 이루어지는 서비스이다.
박석희(1994)	관광객에 대한 교육적 활동이고 지각발달 도모의 활동이며 새로운 이해, 통찰력, 열광, 흥미를 불러일으키는 활동일 뿐만 아니라 자원보전에 기여할 수 있는 설명 기술이다.
엄서호(1999)	방문자에게 해당 관광자원의 특징과 의미를 설명함으로써 방문자의 관심과 이해 그리고 즐거움을 증진시켜 지속가능한 관광지 관리에 기여할 수 있는 행위이다.
박창규 · 엄서호 (2000)	관광객에게 관광대상과 자원을 알기 쉽고 매력적인 요인으로 설명해 주는 일련의 교육적인 활동으로 관광객이 방문하는 관광지 및 자원에 대한 이해력 · 인식능력 · 감상능력 · 지식습득능력 등을 증대시켜 주는 중요한 활동이다.

자료: 박미아(2003), 관광자원해설을 통한 관광지 활성화에 관한 연구, 세종대학교 대학원 석사학위논문. 안선희(2008), 문화관광 해설에 따른 방문객의 교육적 효과, 지각된 가치, 만족도의 차이에 관한 연구, 동의대학교 대학원 석사학위논문.

2. 관광자원 해설의 목적

관광해설의 목적은 기존 관광지 자원의 효율적 관리와 활용, 자원의 가치와 매력으로 유인된 관광객들의 만족도 증대, 그리고 지역이미지 개선 등에 있다고 하겠다.

〈표 13-3〉 관광자원 해설의 목적

목 적	내 용
자원 관리	• 자원과 시설에 대한 사려깊은 이용을 유도한다. • 방문객의 지식부족으로 어떠한 피해가 발생하는지 인식케 한다.
방문자 만족	• 방문자에게 안전함과 영감을 줄 수 있으며, 심적 여유와 풍요로움, 그리고 즐거움 경험을 제공한다. • 방문자로 하여금 관광자원에 대해 보다 잘 알고, 잘 이해할 수 있도록 한다. • 방문자로 하여금 원하는 방문지역을 용이하게 이용하도록 한다. • 연령계층에 따라 다양한 프로그램을 제공한다. • 관광지에 대한 호기심을 자극하고 일상생활에 적용할 수 있도록 관련성을 부여한다.
이미지 개선	• 양질의 해설 프로그램과 방문자 센터를 통하여 대중과의 긍정적인 관계를 창출한다. • 대상지 관리자의 관리 노력에 대한 이용자의 이해를 높인다. • 이용자로 하여금 관리자가 이용자의 만족을 위해 노력하고 있다는 사실을 알 수 있게 한다.

자료: 엄서호(2000), "관광해설가란?" 담양대학 관광지(가사문화)해설가 양성교육 교재, p.16.

이러한 관광자원 해설의 목표, 즉 해설을 통해서 달성하고자 하는 중요한 사항들은 다음 〈표 13-4〉와 같다.

〈표 13-4〉 관광자원 해설의 목표

목 표	내 용
장소성 (sense of place) 부여	해설은 방문객들로 하여금 그 장소가 특이한 곳이라는 느낌을 줄 수 있다. 즉 해설은 그 장소가 가지고 있는 역사성, 문화적 중요성, 자연적 가치, 인간 생존과의 관련성 등을 설명함으로써 그 지역을 독특하고 특별하게 만들 수 있다.
방문객 경험 풍부	해설을 제공하는 모든 기관의 가장 중요한 목표는 방문객들의 경험을 풍부하게 하는 데 있다. 방문객들의 만족도를 높이고자 하는 기관의 필수 역할이 해설서비스 제공이다.

목 표	내 용
자원 가치 보존의 중요성 이해	해설은 방문객들에게 자신들의 방문이나 이용에 따라 방문지가 훼손될 수 있음을 이해시키고 또 규칙을 따르도록 교육시키며 궁극적으로 자원의 가치와 보존의 중요성을 이해시키는 데 도움을 준다.
자원관리 용이	사람들이 환경이나 문화자원에 대한 책임의식을 갖고 관리조직의 규칙을 잘 지킬 경우 방문객들이 환경에 주는 영향을 최소화할 수 있고 그만큼 관리가 쉬워지며 그에 따른 예산도 줄어들 수 있다.
서비스 제공	해설을 통해 방문객들은 자원에 대한 이해력을 높일 수 있고, 해설을 위해 필요한 기술과 지식을 터득함으로써 성취감을 느낄 수 있다. 그리고 방문객 스스로 아마추어 해설가로서 활동할 수 있을 만큼의 지식을 전달받게 된다.

자료: 장호찬 · 하시연(2011), 관광해설론, 한국방송통신대학교출판부, pp.17-19.

3. 관광자원 해설의 특성

관광해설은 방문지역의 환경에 대한 학습을 통해서 관광객의 경험을 축적하는 교육적 활동으로서 전체 환경에 대한 정보의 전달과 그 의미를 해석함으로써 이해의 증진과 자극을 추구하는 역할을 한다. 또한 관광해설은 관광객 환경에 대해 감각정보를 통합하는 전체지식이며, 간접적인 또는 대리원천인 브로슈어, 광고, 지도 또는 동료 · 판매원 · 원주민을 통해 얻는 신호적 특성을 지니고 있다.

자원해설은 관광객들이 관광지 내의 관광매력을 지각할 수 있도록 다양한 프로그램으로 구성되어야 효과가 커질 수 있으며, 연령계층에 따라 지각수준의 정도에 차이가 있기 때문에 세부적인 프로그램을 개발하여야 한다. 관광객과의 상호 교류를 위해서 정기적으로 프로그램을 평가하는 작업이 이루어져야 관광객 만족을 높일 수 있다.

특히 자원해설 프로그램이 관광객의 학습욕구를 충족시키고 관광지 교육성을 높이기 위해서는 대상활동 · 대상지역 · 대상집단에 따라서 해설내용을 세분화하고 차별화하는 다양한 자원해설 프로그램을 계획하여야 한다. 자원해설 프로그램은 관광지를 방문하는 다양한 형태의 관광객들을 위하여 청소년 프로그램, 장애인 프로그램, 환경교육 프로그램 등의 특별 프로그램이 계획될 수도 있다.

관광지에서 관광객에게 영향을 주는 요인은 해설판 · 전시판 · 표지판 · 지도 · 안내책자 · 브로슈어 · 동행기법 및 해설자가 동반된 관광 등의 해설적 요인과 친숙성 · 방문동기 · 방문형태 등의 관광객 요인으로 구분할 수 있다.

[그림 13-3] 주요 해설판

내장산국립공원 백암사무소 QR코드 해설판 이용객들8)

영국 걷기코스 해설판9)

관광객은 자원해설에 영향을 받아 관광지에 관심을 가지게 되며, 관광이 즐거워지고, 만족도와 흥미가 높아진다. 또한 관광활동이 교육적이 되어 관광지 내에서 자신의 행동이 중요함을 인식하고 관광하는 태도의 수준이 높아지게 된다. 그리고 해설은 관광객이 관광지에 관심을 갖도록 유도하며, 관광객을 적극적으로 변화시키고, 흥미를 유발하며, 질문하게 하고, 가치관의 변화를 가지게 한다.

관광지에서는 관광매력을 관찰하는 것보다 다양한 감각기관을 활용하거나 동적인 자원해설활동을 통해 관광객을 참여시키는 것이 관광객의 관심과 학습을 향상시킬 수 있다. 특히 질문・퀴즈게임・브로슈어・지도 및 해설자가 동반된 관광은 관광객의 인지를 향상시켜 주어 관심과 학습을 증가시킨다. 이 중 질문은 해설을 통해 인지상태를 높이는 가장 좋은 방법 중의 하나이다. 관광지 교육성이 높이지려면 우선적으로 관광자원이 교육적인 가치를 가지고 있어야 하겠지만, 그것보다 더 중요한 것은 자원해설 프로그램을 통해 관광객이 관광지의 교육적인 매력을 지각할 수 있게 하는 것이다.

4. 관광자원 해설의 유형과 편익

관광자원 해설의 유형은 크게 두 가지로 나누어 볼 수 있다.

---

8) http://jnnews.co.kr
9) http://www.dwvrt.co.uk

〈표 13-5〉 관광자원 해설의 유형

구 분	내 용
분야 전문가	일정테마를 중심으로 여러 곳의 유적이나 유물을 해설하거나 한정된 지방을 담당하여 관광객을 안내하는 것으로 현재 제도화되어 있지는 않지만 가장 많이 자생적으로 행해지고 있는 방법이다.
양성된 안내원	일정 지역의 코스를 돌면서 주요 자원을 다소 일방적, 문장식으로 전해주는 체계를 말하는 것으로 해설주체의 자격성, 전문성보다는 단정한 신체요건 등의 외양적인 조건이 더 중시되며 역할도 전문가에 의해 작성된 일정 내용을 암기하여 언어적인 장벽 없이 전달하는 것에 중점을 둔다.
자원봉사자	일반인들로서 소정의 관련학습을 일정 기간 받고 자원봉사자의 형태로 안내를 하는 경우를 말하며 상당한 기간 후 전문해설가로서의 영역을 확보할 수 있는 가능성이 아주 높다.
통역안내원	현재 외국인관광객들을 대상으로 이루어지는 대부분의 안내체계이다. 일정에 따른 각 지역의 자원해설은 물론 숙박, 식사, 쇼핑 등 모든 것을 망라하여 안내하며 이들에 의해 행해지는 자원해설방법은 특히 흥미위주의 단편적인 내용이 많다. 이들의 강점은 실제 관광에서의 손님들의 만족이라는 것을 가장 염두에 두고 있다는 점이다.

자료: 박미아(2003), 관광자원해설을 통한 관광지 활성화에 관한 연구, 세종대학교 대학원 석사학위논문.

첫째는 인적기법(personal services)으로 해설자가 직접 해설하는 안내자 해설, 둘째는 비인적기법(nonpersonal services)으로 해설가 없이 여행자가 유인물이나 해설 간판을 보며 자신이 직접 해설하는 길잡이 시설해설(self-guiding)과, 오디오, 비디오 등의 장비에 의한 해설을 하는 매체이용(gadgetry)해설이다.

Moscardo(1996)[10]는 [그림 13-4]에서 보는 바와 같이 자원해설과 관광객의 인지와 관련된 자원해설 모형을 제시하였다.

10) Moscardo, G.(1996), Mindful Visitor: Creating Sustainable Links between Heritage and Tourism, Annals of Tourism Research, 23(2), pp.376-387.

[그림 13-4] 관광지 내 자원해설의 모형

〈자원해설적 요인〉

- 다양하고 여러 감각 기관을 활용할 수 있는 매체활용
- 신기성 · 충돌 · 놀람이 내재된 해설내용
- 관광객들에게 질문하여 해설에 참여하도록 유도
- 관광객을 통제하고 관광객과 상호 교류하는 해설내용
- 역동적인 재현 기법 활용
- 물리적 · 인지적 지도
- 주제 · 내용이 있는 관광지
- 해설자 존재

⬇

〈관광객 요인〉

- 높은 흥미유발
- 피로감 해소
- 교육적 동기

⬇

인지상태가 높은 의미있는 관광객으로 변화

⬇

- 관광객은 더욱 교육적이 됨
- 관광지에 대한 만족은 높아짐
- 관광지에 대한 이해의 폭이 커짐

자원해설은 관광객의 지적 욕구를 충족시켜 주고, 관광자원에 관한 풍부한 지식을 전달하며, 과거의 문화에 의미를 부여하여 현재와의 교류를 가능하게 하는 교육적 활동이다. 따라서 관광지 내의 자원해설활동을 통해서 관광객의 호기심을 자극하여 관광객의 학습욕구를 충족시키고, 관광자원에 관련된 문화 · 역사에 관한 새로운 지식을 전달하여 다양한 경험을 체험하게 하고, 관광지 환경의 중요성에 관한 이해를 인식시켜 관광자원의 보전과 보호에 관심을 가질 수 있는 기회를 제공하며, 관광자원의 이용촉진에도 도움을 제공하게 된다. 관광해설은 다음과 같은 편익을 기대할 수 있다.[11)]

11) 박희주(2002), 관광자원해설의 효과분석, 경기대학교 대학원 석사학위논문, pp.14-15. 재인용.

① 방문자의 경험을 풍부하게 한다.

② 방문자들이 그들이 위치해 있는 것을 전체환경의 관점에서 인식할 수 있게 한다. 그들이 그 환경과 공존하고 있는 복잡·미묘함을 이해할 수 있게 한다.

③ 관광지에서 관광객의 시야를 넓혀줌으로써 전체적인 경관에 대한 이해를 도울 수 있다.

④ 자원해설을 통해 사람들에게 유익한 정보를 제공해 주어 자연자원이나 인문자원의 관리와 관련된 의사결정을 보다 현명하게 할 수 있게 한다.

⑤ 관광지의 불필요한 훼손·손상을 감소시킴으로써 결과적으로 관리 또는 대체비용을 절감시킬 수 있다.

⑥ 관광객으로 인한 피해가 심한 지역에 있는 사람들을 피해가 심하지 않은 지역으로 이동하게 하여 자원을 잘 보호할 수 있다.

⑦ 방문자들의 향토애나 조국애를 북돋우거나 지역문화유산에 대한 긍지를 갖게 한다.

⑧ 보다 많은 관광객이 방문하도록 촉진함으로써 지역 또는 국가경제에 도움이 될 수 있다.

⑨ 지역민들의 자연 및 인문관광자원에 대한 관심을 고조시킴으로써 자원의 보전·보호에 효과적이다.

⑩ 관광지 관리에 관한 공공의 관심과 지지를 받을 수 있다.

5. 문화관광해설사

문화관광부의 문화관광해설사에 대한 개념은 문화재, 관광지 등을 찾는 국내외 관광객들을 대상으로 우리나라 고유의 문화유산, 관광자원, 풍습, 생태환경 등에 관한 설명과 해설을 통하여, 관광객들로 하여금 올바른 이해와 인식을 도와주는 역할을 하는 자원봉사자로 명명되어 있다.[12] 즉 우리나라 전통문화에 대한 폭넓은 이해와 애정을 가지고 소정의 전문교육을 받은 자로서, 문화유산의 현장에서 국내외 관람객들에게 수준높은 해설을 하는 사람들을 뜻한다.[13]

문화관광해설사의 시초격인 문화유산해설사는 문화재(고궁, 사찰, 민속, 무형문화, 사적, 천연기념물 등) 및 지역문화 등을 내외국인 관광객을 대상으로 정확히 설명하고 이해시킴으로써 관광객의 문화체험과 문화 이해를 도와주는 사람으로 정의내려져 있다.[14] 문화체육관광부에서 2001년 한국방문의 해, 2002년 한일 월드컵 공동개최 등 국가적 행

12) 문화관광부(2006), 문화관광해설사제도 운영 매뉴얼.
13) www.heritagekorea.com(한국문화관광해설사회).
14) 문화관광부(2001), 문화유산해설사 양성 및 활용 사업계획.

사를 계기로, 2005년 내외국인 관광객들에게 문화유산해설사를 문화관광해설사로 명칭을 변경하고, 전문적인 소양을 갖춘 자발적 봉사차원의 시민들로 문화유적 및 문화관광지에 찾아오는 방문객들에게 전문적인 해설을 제공하고 있다.[15)]

문화관광해설은 관광자원을 사실적으로 설명하는 데만 그치는 것이 아닌 관광자원이 가지고 있는 가치와 특성을 파악할 수 있다. 이에 맞는 해설을 실시함으로써 문화관광지의 가치를 높여줄 뿐만 아니라 이를 이용하는 관광객의 행동패턴에도 영향을 미친다.

문화관광해설은 해설장소와 해설 대상에 따라 명칭이 세부적으로 상이하게 나타나는데 '환경해설'과 '숲 해설', '도슨트(docents)'가 그 예이다. '환경해설'은 방문객으로 하여금 환경에 대한 인식을 넓혀주며 환경을 이용하는 사람들에게 새로운 이해와 통찰력, 열의, 흥미를 불러일으키는 자연환경보전에 대한 필요성을 일깨워주는 기술이고, '숲 해설'은 숲을 이용하는 사람들에게 숲의 형태, 구성상태, 구성원 간의 관계 등의 자연적인 요소와 인간의 삶과 관련된 것, 역사적인 사항 등 문화적인 요소를 망라한 내용을 소개함으로써 관광객으로 하여금 숲에 대한 전반적인 이해를 증진시키고, 숲과 자연에 흥미를 가질 수 있도록 유도하고 정보를 제공하는 것을 말한다(주성현, 2001). '도슨트'는 박물관이나 미술관의 전시설명 요원, 전시해설자 등으로 불리며 관람객을 안내하고 전시를 해설하는 역할을 한다(곽민경, 2007). 이처럼 해설의 명칭은 다양하다.

〈표 13-6〉 문화관광해설 기법의 유형

유 형		내 용
인적 서비스기법(personal services)		• 이동식 해설 • 정지식 해설
비인적 서비스기법 (nonpersonal services)	자기안내기법 (self-guiding program)	• 해설센터 • 해설판 • 전시판 • 해설브로슈어
	매체이용해설 (gadgetry)	• 전자전시관 • 멀티미디어 시스템 • 가상체험 시스템 • 무인정보 안내소 • 라디오 방송 • 헤드폰 • 슬라이드 · 비디오 상영

자료: 이명진(2000), 자원해설에 따른 관광지 교육성 지각의 차이, 관광 · 레저연구, 12(2), p.189.

15) 김영남(2008), 접점서비스에서 비언어적 소통이 고객만족에 미치는 영향, 제주대학교 대학원 석사학위논문.

문화관광자원과 그 속에 내재된 의미와 가치를 관광객들로 하여금 이해할 수 있도록 유도하기 위하여 각 지자체에서는 2001년부터 '문화유산해설사' 제도를 도입하였다. '문화유산해설사'의 해설대상은 주로 역사 유적지나 지역문화 등 문화유산이 중심이 되었으나, 관광자원의 범위가 넓어지고 다양해짐에 따라 모든 관광자원을 포함하는 '문화관광해설사'로 명칭이 바뀌었다(문화체육관광부, 2005).

현재 제주특별자치도의 경우에 150여 명의 문화관광해설사들이 해녀박물관, 해녀공연장 등 15군데에서 활동을 하고 있다. 그 외에도 사설 관광지와 박물관에서는 자체적으로, 박물관 학예사 및 해설사들을 활용하여 방문객들에게 보다 폭넓은 이해와 교육의 기회를 제공하고 있다.

〈표 13-7〉 문화관광해설사가 활동하는 제주의 관광지

제주시지역	서귀포지역	제주 동부	제주 서부
삼양선사유적지	주상절리	성읍민속마을	추사적거지
민속자연사박물관	정방폭포	성산일출봉	산방산
용두암	서복전시관	해녀박물관	하멜상선전시관
목관아지	천지연폭포	항일기념관	

자료: 제주도청 홈페이지.

[그림 13-5] 제주 성산일출봉 문화관광해설사와 자연유산해설사[16)]

2010년부터 자연유산해설사가 성산일출봉에서 활동하고 있음.

16) http://www.jejusori.net/news; http://www.tourvis.com; http://www.jejusori.net

관광문화유산을 설명하는 것은 하나의 지식을 전달하는 과정을 넘어서, 관광객들에게 관광문화유산을 몸소 체험하게 하거나, 실질적인 의미를 전달하는 과정이다. 이 과정은 관광문화유산을 전달하는 하나의 서비스 과정으로 받아들여, 서비스접점에서 서비스 제공자와 고객이 만나 의사소통을 하는 과정으로 확대하여 생각해 볼 수 있다. 또한, 서비스 제공자, 즉 문화관광해설사의 서비스질이 고객에게 영향을 미친다는 것을 생각해 볼 수 있다. 특히, 보는 것만으로는 어려운 문화유산인 경우, 문화관광해설사의 역할이 중요하다는 것도 생각해 볼 문제이다. 비록, 문화관광해설사가 직접적으로 유물을 판매하는 역할은 아니지만, 문화유산을 고객들에게 전달하는 서비스를 제공한다는 의미에서 박물관에서 상당히 중요한 역할을 하고 있다고 평가할 수 있다.[17)]

문화관광해설사는 관광자원이 지니고 있는 가치와 의미를 포착해내어 관광객들이 그 의미와 가치를 잘 이해할 수 있도록 도와주는 일을 한다. 문화관광해설사는 길가에 버려진 돌멩이나 기와 조각에서도 그 지역의 역사와 문화를 일구어 그 돌멩이와 기와 조각이 관광객과 의사소통이 되게 도와줌으로써 관광객이 고객을 끄덕이거나 그 상황속에 몰입되게 도와주는 역할을 한다. 따라서 그들은 분명히 연금술사이다. 그런데 왜 이러한 연금술사가 필요한가?

첫째, 관광객은 그들이 아는 것만큼 보게 된다. 모르고 보면 그야말로 팔만대장경판도 빨래판에 불과할 수 있다. 이를테면, 아파트 높이 남짓한 야산에서 행주치마에 돌을 담아 날라 던지는 처절한 싸움 끝에 몇 배가 넘는 왜군을 물리친 행주산성에서 우리 조상들의 함성을 듣고, 오늘의 이 상황에서 각오를 다질 수 있는 순간을 만든다는 것은 해설사의 도움이 없으면 불가능하다. 특히 흙으로 성을 쌓고 흙으로 집을 짓고 살던 문화이고 보면, 그냥 보면 흙덩이만 보일 뿐이다.

둘째, 체득해야 진짜 자기 것이 된다. 시험공부를 위해 달달 외운 지식은 돌아서면 절반은 잊어버리고, 조금 지나면 깡그리 잊어버린다. 그래서 모이면 잘하지만 외치고 정작 어떻게 하는 것이 잘하는 것인지를 모르고 엄벙덤벙 살고 있지 않는가? 온고이지신이 무슨 말인지를 안다손 치더라도 행주산성에서 승리할 수 있었던 그 지혜를 해설사 없이 관광을 하면서 터득한다면, 그 관광객은 천재임에 틀림없다.

셋째, 이제 우리 관광객들도 알맹이 경험을 추구하고 있다. 우선 재미있어야 한다. 그러나 재미있는 것만으로는 다시 오고 싶을 정도로 그리고 이웃에게 가보라고 권유할 정도로 감동을 받지는 않는 것으로 나타나고 있다. 그냥 놀러 다니는 것 같지만, 사실 관광

17) 김영남(2008), 접점서비스에서 비언어적 소통이 고객만족에 미치는 영향, 제주대학교 대학원 석사학위논문.

객들은 놀면서 금싸라기를 발견하고 싶어 한다. 해설사가 없이는 이러한 저들에게 그곳의 고유한 의미와 가치를 제대로 전해줄 수가 없다.

넷째, 관광객이 즐거운 마음으로 호주머니에서 지갑을 꺼내게 해야 한다. 우선 관광객이 와야 하지만, 애써서 유치했거나 스스로 온 그들에게 기념품도 하나 구입하지 않는다고 할 것이 아니다. 그들을 만족시키고 감동시켜 보라. 그러면 그들은 그 대가를 지역에 지급하고 간다. 이러한 일도 해설사가 없이는 대부분 불가능하다.

다섯째, 관광자원 관리비용을 절감할 수 있다. 의미와 가치를 알고 보게 되면, 함부로 쓰레기를 버릴 수 없다. 흔들어 부수거나 낙서하는 것을 일일이 따라다니면서 막는다는 것은 어쩌면 불가능한 일일 수도 있다. 그렇게 하면 선조를 욕되게 하는 일이라는 것을 알려주어야 한다. 물론 경고판을 붙여둘 수도 있겠으나, 그 효과가 열성적인 해설사의 해설을 능가할 수는 없는 일이다.

이 밖에도 여러 가지 필요성이 제기될 수 있다. 따라서 모처럼 시작한 일이 용두사미가 되지 않도록 우리 모두 지켜보고 도와주어야 하겠다. 그리고 스스로 봉사하겠다고 모인 저 관광자원해설사의 고운 뜻을 살려야겠다. 그러기 위해서는 저들의 능력을 활용할 수 있는 시스템을 구축하여 저들이 전문해설사가 될 수 있는 기회를 우선적으로 만들어 주어야 하겠다.

문화유산해설과 관광안내가 어떻게 구분되는 것인가 하는 의문이 생긴다. 문화유산해설은 국립공원에서나 이루어지는 것이라고 보는 시각에서도 국립공원이 주요한 여행 목적지가 되고 그 여행을 위해 관광안내가 이루어지는 경우라면, 어디까지가 문화유산해설이고, 어디까지가 관광안내인지 그리고 그 차이점은 무엇인가에 대한 논의가 있기 마련이다.

점차 많은 공공 또는 사조직에서 문화관광해설기술과 철학을 자신들의 프로그램에 적용하고 있는데, 다음 3가지 점에서 문화관광해설사와 관광안내원 간에 차이가 있다.

첫째, 문화관광해설사는 국립공원과 같은 특정 장소에 상주하며, 관광안내원은 도시 또는 지역 전체를 관광객과 함께 여행한다는 점이다. 그런데 여기서 특정 장소를 규정함에 있어 어려움이 따를 수 있다. 소규모지역인 경우에는 지역관광안내원(local guider)이 곧 문화유산해설사가 될 수 있다.

둘째, 문화관광해설사는 자원의 의미와 가치전달에 주력하며, 관광안내원은 여행관리에 주력한다. 문화관광해설사는 관광자원이 지니고 있는 의미와 가치를 방문자에게 효과적으로 전달하기 위해 노력하는 데 국한되어 있으나, 관광안내원은 관광객과 숙식을 함께하면서 많은 시간을 보내며 또한 여행을 통해 발생되는 문제에 대한 책임도 지게 된다.

셋째, 문화관광해설사는 그 자신이 관광자원으로서의 가치를 지니는 데 반해, 관광안내원은 그렇지 못하다. 문화관광해설사의 모습, 언어, 복장 등이 그대로 관광매력물이 되어 관광객에게 특이함을 맛보게 할 수 있으나, 관광안내원의 경우에는 지역 관광안내원이라고 하더라도 그 지역의 범위가 넓어지면 이러한 특이함을 제공하는 데 한계를 지니게 된다.

그러나 이러한 차이점은 양쪽에서 노력하게 되면, 실제로는 대단히 좁혀질 수 있다. 여행하는 동안 절차상의 문제가 간소화되고 또한 여러 번의 여행경험을 통하여 여행관련 절차를 숙지한 상태를 상정하면, 그 경우에는 지역 관광안내원만이 존재하게 될 것이다. 그러한 경우라면 문화관광해설사와 관광안내원의 역할은 거의 같아진다.

〈표 13-8〉 문화관광해설사의 자질, 핵심요소와 기법

구 분	내 용
문화관광해설사 자질	열정(enthusiasm), 유머감각과 균형감각, 명료성(anticulateness), 자신감, 따뜻함, 침착성, 신뢰성, 즐거운 표정과 태도

구 분	내 용
문화관광해설사 핵심요소	1. 관여시켜라. 2. 골격이 짜임새(organization) 있어야 한다. 3. 골격에 생명을 불어 넣자. 4. 전달(delivery)되어야 한다.

구 분	내 용
장소 또는 대상에 대한 열정	1. 장소 또는 대상에 대한 열정 2. 사람들에 대한 열정 3. 장소와 경험 간의 관련성 강화 4. 정보 이상의 해설 강조 5. 이야기를 지어내고 해줄 수 있는 능력 6. 자극적 질문 능력 7. 유머활용능력 8. 분명하고 다채로운 언어 사용 9. 새로운 것 학습과 프로그램 개발

자료: 박석희(2009), 관광공간관리탐구, 백산출판사, pp.211-232.

환경해설(environmental interpretation)이란 방문자에 대한 교육적 활동이고, 환경에 대한 인식을 넓혀주는 활동이며, 환경을 이용하는 사람들에게 새로운 이해와 통찰력, 열의, 흥미를 불러일으키는 활동이며, 환경보전에 대한 필요성을 일깨워주는 기술로 볼 수 있으며, 정보전달과징(communication path)이라 할 수 있다. 이러한 환경해설은 일반적으로 자연생태계의 보존을 목적으로 지정된 국립공원을 중심으로 각국에서 도입하고 있는 실정이다.

일반적으로 환경해설을 이해하기 위하여 환경해설을 하고자 하는 지역 또는 대상물을 설정하게 되고, 그 지역 또는 대상물에 대한 환경해설 목적을 개발하고 그 목적을 성취하기 위한 해설기법 또는 방문객센터와 같은 서비스를 이용하여 방문객에게 목적된 의사를 전달하고 있다. 이러한 측면에서 방문객센터(visitor center)의 건립과 운영이 바로 환경해설프로그램의 효과적인 운영에 필수적인 요소가 되고 있다고 볼 수 있다.

환경해설의 목적은 크게 세 가지로 요약할 수 있다.

〈표 13-9〉 환경해설의 목적[18)]

구 분	내 용
환경 해설 목적	1. 방문자가 방문하는 곳에 대하여 보다 예리한 인식능력, 감상능력, 이해능력을 갖게끔 도와주기 위함으로 환경해설을 통하여 방문객들에게 보다 풍요롭고 즐거운 경험을 할 수 있도록 도움을 주는 것이다.
	2. 환경해설을 통하여 환경자원관리의 목표를 성취할 수 있도록 하는 것이다. 이는 관광지에서 적절한 행동을 하게끔 유도할 수 있으며, 또한 과다이용으로 인하여 훼손된 지역 또는 이러한 위험이 잠재하고 있는 지역에서 적절치 못한 행동을 못하도록 유도하고 교육함으로써 자연자원에 대한 인간의 영향력을 최소화할 수 있다는 점이다.
	3. 관광지역의 개발 및 관리주체에 대한 홍보수단으로 활용함으로써 그들이 진행하고 있는 여러 가지 프로그램에 대한 대중의 이해를 촉진시켜 관광지 관리자들에 대한 이미지를 바람직한 방향으로 부각시키는데 기여하기 위함이다.

환경해설프로그램은 안내자서비스해설기법(personal interpretive techniques)과 자기안내해설기법(self-guiding interpretive technique)으로 구분하고 있다.

18) 이주희(1995), "환경해설 프로그램을 제공하는 방문객 센터란 무엇인가?", 아름다운 국립공원 제4호, 국립공원관리공단, pp.90-95.

〈표 13-10〉 환경해설기법의 비교

안내자서비스 해설기법	자기안내 해설기법
• 방문객센터에서의 해설기법: 방문객센터 내에서 간단한 유인물을 제공하며 안내해주는 서비스 제공 • 이동식 환경해설기법: 해설자가 해설대상지역을 이동하며 해설 • 거점식 환경해설기법: 방문객이 밀집되는 지점에 해설가를 배치하여 안내서비스제공 • 슬라이드를 이용한 해설기법 • 역사적인 것을 재현하는 기법	• 방문객센터 • 자기안내등반로 - 안내용 팸플릿과 표식 - 안내판 - 전시물 - 자원해설 표시물 - 인쇄물 - 음성기기 등의 전자장치 이용

자료: 이용범 · 이주희(1996), "생태관광과 환경해설의 중요성", 토지연구 7(4), pp.82-94.

이 두 가지 기법 중에서 보다 효과적으로 바람직한 환경해설기법으로는 안내자서비스 해설기법을 들 수 있는데, 이는 환경해설자가 현장에서 방문객과 대화를 나눌 수 있고, 일정한 프로그램을 갖고서 환경해설을 수행할 수 있기 때문이다. 그러나 안내자서비스 해설기법은 많은 인적자원이 요구되며, 그들의 교육에 많은 비용이 소요되기 때문에 자기안내해설기법을 일반적으로 병행하고 있다. 자기안내해설기법은 환경해설가가 없는 상황에서 특수한 경관, 환경의 변화, 특이한 생물 등에 관하여 방문객 스스로가 내용을 파악할 수 있도록 시설을 제공하는 것으로, 대표적이 것에는 방문객센터가 있다.

환경해설프로그램은 자연관광자원을 중심으로 한 관광지뿐만 아니라 문화자원을 중심으로 한 관광지에서도 관광객이 다시 찾을 수 있도록 유도하는 하나의 유인책으로 활용할 수 있기 때문에 관광지 등의 효율적인 관리와 운영에도 도움을 줄 수 있을 것이다.

주요 지역의 해설기법 사례

향기가 있는 허브차 마시러 오세용19)

센스있는 화장질 사진20)

친환경소재로 만들어진 표지21)

관광안내표지판22)

자료: 연구자 작성

19) http://blog.naver.com/PostView.nhn?blogId=ddplan&logNo=6010
20) http://www.kimchi39.com
21) http://www.jejuolle.org
22) http://www.jejunews.com

〈표 13-11〉 2006년 문화관광해설사제도 운영 매뉴얼

구 분	운용지침
양성교육 및 심화교육	• 신규자 양성교육 80시간(1일 8시간) 이상 • 재교육 연간 40시간 이상 • 이론교육과 현장교육 및 체험학습 비율을 50:50이 되도록 한다. • 해설사들의 교육주기는 1년으로 하되, 시·도 실정에 따라 예외로 할 수 있으며, 신규양성 과정을 포함하여 소양교육, 전문교육, 선진지 견학 또는 특별연수 등의 과정으로 한다.
수료자 자격인증	• 일정교육과정을 이수한 자는 이론 및 실습을 평가하여 수료자격을 부여하고, 전문해설인력 확보를 위해 최소 3개월 이상의 수습기간을 지난 후 자격을 부여한다. • 수료자격은 교육시간 70% 이상, 평점 70점(출석률 10%, 이론 50%, 현장실습 40%) 이상인 자로 한다.
근무수칙	• 해설사는 문화관광해설활동과 관련하여 품위를 손상하는 행위, 부당한 금품수수, 이권 또는 향응을 받아서는 안된다. • 해설사의 근무일수는 각 해당 기관에서 자율적으로 지역실정에 맞게 운용하되, 월 2일(1일 8시간 기준) 이상, 연간 10일 이상을 활동해야 한다.
해설 인력 배치	• 운영기관에서 해설인력이 부족하거나, 공급과잉 현상이 없도록 매년 적절한 수급계획을 수립한다. • 해설인력들이 전공분야, 거리 및 교통 등 개인환경을 최대한 고려하여 적재적소에 배치되어 운용될 수 있도록 한다.
해설사 표식 및 복장	• 각 광역자치단체장이 발행하는 문화관광해설사증(ID카드)을 패용한다. • 문화체육관광부 또는 시/도에서 정한 통일된 복장을 하여야 한다.
평가 및 사후관리	• 각 운영기관이 관할지역에서 활동하고 있는 해설사의 활동실적을 평가한다. • 평가결과를 바탕으로 표창 및 특별연수기회 제공 등 특전을 부여하거나 활동자격정지 등의 조치를 할 수 있다.
금지 및 자격박탈	• 해설사는 생계유지 수단으로서의 활동을 배제한다. 또한 관광안내원(가이드) 또는 유사개념의 겸무활동을 금지한다. • 활동연령은 만 65세를 이하를 원칙으로 하되, 연령 초과자라도 활동할 수 있다고 인정되는 경우 예외로 한다. • 위촉된 자의 활동이 연간 40시간 이내이거나, 형사사건 또는 해설사로서의 품위를 심각하게 손상하여 사업목적에 어긋나는 행위를 한 자, 기타 동 규정에 정한 의무를 위반했을 때는 자격을 정지하거나 박탈한다.

자료: 문화체육관광부(2006), 문화관광해설사제도 운영 매뉴얼.

6. 스토리텔링(Storytelling)

현재 지구촌 곳곳은 스토리텔링을 모든 산업과 연계시켜 국가의 경쟁력을 향상시켜 줄 수 있는 최대의 요소로 인식하거나 부각시키고 있다. 관광산업도 예외는 아니다. '굴뚝 없는 공장' 으로 대변되는 관광산업은 엄청난 부가가치를 창출해 낼 수 있는 잠재적 자산의 원천으로 즉 스토리텔링 그리고 그 자체에 숨어있는 "보물" 문화콘텐츠를 주목하고 있다. 특히 인간 삶의 총체인 문화와 접목된 관광, 즉 문화관광시대가 도래하면서 하드웨어적 틀에서 벗어난 역사와 문화적 메시지를 담은 콘텐츠를 찾아내어 연출하는 문화관광 연출시대를 준비하고 육성하고 있다.[23)]

무(無)에서 유(有)를 창조할 수 있는 스토리텔링은 대중성을 확보할 수 있는 소재로 재생되고 상상력과 결합되어 창작영역으로 영향력을 발휘하면서 대중의 향유를 위한 콘텐츠로 전환되는 연결고리 역할을 하기 때문에 중요하다. 이러한 기회는 타 산업과의 융복합을 통해 새로운 부가가치 창출과 지역발전의 원동력으로 힘을 발휘하게 된다. 따라서 스토리텔링은 대중적 이해와 관심에서 멀어지고 가치가 떨어진 골동품이 아닌 흙속에 묻힌 진주이자 보물섬의 위치를 알려주는 보물지도이다.

넓은 의미에서 스토리텔링은 스토리 발굴, 체험, 공유의 전 과정을 통해 상호작용하면서 공유가치(새로운 스토리)를 만들어 가는 과정이라 할 수 있으며, 좁은 의미의 관광 스토리텔링은 스토리 체험의 과정 중에 스토리 테마를 어떻게 하면 효과적으로 구성하여 관광객에게 전달할 것이라는 스토리텔러적인 관점에 무게를 두고 있는 정의를 내리고 있다.[24)] 한국관광공사는 관광스토리텔링은 관광자원을 중심으로 관광지와 관광객이 정

〈표 13-12〉 체험환경 조성유형

유 형	내 용
스토리를 테마로 한 여행	테마, 작가, 지역 등을 활용한 여행을 통하여 관광지의 이미지와 브랜드 파워를 높이는 방안
스토리와 관계된 관광자원을 소재로 한 여행	문학관, 문학비, 작가의 생가, 소설의 무대, 촬영지, 역사관, 기념관, 축제, 노래속의 풍경 등
체재, 교류, 체험형 여행	그린투어리즘, 헬스 투어리즘, 에코 투어리즘, 산업관광, 연구기관과의 제휴 여행 등

자료: 최인호 · 임은미(2008), 스토리텔링을 활용한 장소마케팅에 관한 탐색적 연구, 관광학연구, 32(4), p.16. 재인용.

23) 고계성(2012), 진해구 관광스토리텔링 개발 영역에 관한 탐색적 연구, 진해지역발전추진위원회 연구보고서.
24) 김수인 · 이정혁 · 원철식 · 박대환 · 오창호(2011), 관광스토리텔링과 부산 방문객의 관계강도에 관한 연구, 관광학연구, 35(4), pp.279-297.

보와 체험을 상호 공유하면서 하나의 공동 스토리를 만들어 가는 과정으로 관광객의 체험과 추억의 관리를 통해 관광객, 관광지, 지역주민이 공동의 감성체계를 만들어 가는 것으로 정의하고 있다.[25)]

현재 체험환경 제공이 지역별로 관광활성화의 초석으로 인식되면서 지역의 스토리가 체험과 연계되어 조성되고 있으며, 스토리텔링은 주요 과정은 다음 <표 13-13>과 같다.[26)]

<표 13-13> 스토리텔링의 주요 과정

과 정	내 용
목록 작성	지역 내의 관광자원들을 찾아 목록을 만드는 것이다. 이는 관광지의 잠재력을 파악하는 것으로서 어떤 것이 중요한지 그리고 방문객들이 어떠한 것에 관심을 가질 것인지에 대한 기술을 의미한다. 기술 목록에는 해당지역 고유의 요리법이나 지역의 토지 고유 체계, 종교적 관심이나 축제와 같은 일상적인 사항뿐만 아니라 역사적 건축물 등 특수한 사항들 모두가 포함된다.
대표자원 찾기	목록작성을 통해 관광지의 잠재력이 파악된 후에는 어떠한 것들을 통해서 이야기를 전해줄 것인지를 정해야 한다. 이는 보유 자원과 지역사회의 목표에 따라 결정되는데, 높은 산과 같은 눈에 띄는 경관 및 지형, 해당 관광지에서만 할 수 있는 활동, 다른 곳에서는 볼 수 없는 상징성(역사적 사건 발생지, 영화 촬영지 등)등이 포함된다. 그 외에도 특이한 소장품을 간직한 박물관과 희귀종을 보유한 동물원 같은 시설 등도 포함될 수 있다. 더불어 간과해서는 안되는 것은 독특함도 중요하지만 일상적이고 평범한 자원들이 관광객들에게는 더 큰 흥미를 불러일으킬 수도 있으므로 익숙한 것에도 관심을 가져야 한다.
자원목록 서식작성	다음은 개별 자원의 중요한 사항들을 기록하기 위한 서식을 만들 때 고려할 것들이다. 표준화된 서식을 만들어 놓으면 빠짐없이 전문적인 기록이 가능하다. 서식은 관련된 정보들을 기록하여 여러 장으로 구성 할 수 있다. 부가적 정보들은 표준화되어야 한다. 전체적인 해설 계획 시 서식을 잘 제작해 놓으면 큰 도움이 된다. 서식에는 다음과 같은 정보들이 포함된다. - 자원색인 번호, 자원명칭, 자원의 지리적 위치, 상세설명, 접근성(자동차, 버스, 도보, 계절적 특성 등), 해설에 반영될 자원의 중요성, 사진이나 그림

25) 한국관광공사(2005), 왜 관광스토리텔링인가?
26) 경남발전연구원(2008), 경남지역 관광스토리텔링 활성화방안; 김수진(2008), 문화관광자원의 스토리텔링 속성이 관광객 만족에 미치는 영향, 세종대학교 대학원 석사학위논문. 참조하여 작성.

과 정	내 용
관광객 특성 파악	관광지의 매력에 있어 가장 중요한 사항은 철저하게 관광객 지향적이어야 한다는 점이다. 이는 곧 마케팅 관점에서 관광객의 특성을 파악하는 것을 의미하며, 스토리텔링 계획의 초기단계에서는 다음과 같은 관광객의 정보를 파악해야 한다. - 거주지, 방문목적, 시간소비계획, 선호활동, 교통편, 체재시간, 경유지, 인구통계적 특성 등 다음으로 관광지를 방문하는 관광객에 대한 파악과 동시에 현재의 여가 시장 트렌드를 제대로 파악해야만 한다. 대부분 관광지들이 숨 가쁘게 돌아가는 소비시장의 패턴을 읽어내는데 소홀하기 쉽다. 트렌드를 파악할 수 있는 기회를 잡는 것임을 명심해야 한다. 한 박자 앞선 아이디어가 성공한 관광지를 보장할 수 있음을 개발자들은 마음속에 새길 필요가 있다. 또한 관광객들이 관광지 및 관광시설에 몰입할 수 있는 해설을 제공하기 위해서는 지역을 찾는 관광객들과 눈높이를 맞춰야 한다.

성공적인 관광지 스토리텔링을 이루기 위해서는 목표를 정해야 한다. 목표는 스토리텔링 전략을 통해서 어떠한 것을 달성할 것인가에 대한 지향점을 정하는 것으로서 일반적으로 다음과 같은 네 가지 목표를 수립하게 된다(〈표 13-14〉 참조).

〈표 13-14〉 스토리텔링의 목표설정

목 표	내 용
관광객 체험 확대	테마의 의한 해설의 첫 번째 목적은 관광객들로 하여금 관광지에 대한 이해를 관광객 스스로 하게끔 하는 것이다. 관광객들의 체험은 바로 장소에 대한 의미와 추억을 만들어 낸다. 긍정적인 체험을 가지고 일상으로 복귀할 수 있게끔 관광지는 이야깃거리를 제공해야 한다.
홍보확대	지역의 긍정적인 이미지를 형성하기 위해서는 많은 관계자들의 관심을 이끌어낼 필요가 있다. 홍보대상자는 관광지를 방문하는 관광객뿐만 아니라 언론관계자, 정부관계자 등 지역의 관광과 관련된 모든 이해관계자가 포함된다. 대표적인 것이 지방자치단체에서 많이 활용하는 여행사 및 관계자 초청 여행이다. 초청여행 행사를 개최함으로써 지역의 매력을 알리고 잠재력을 발굴하는 기회로 삼을 수 있다.
자원보호	관광지가 유명세를 타게 되면 많은 관광객들이 몰리게 되고, 이로 인해 관광지가 훼손될 우려가 있다. 따라서 관광지 보호를 위해 관광객들이 해서는 안될 행동들을 상세하게 안내함으로써 관광객들의 자발적 보호 활동을 유도한다.
관광객 보호	미시적으로는 관광객들의 이동 경로에 해설 매체를 설치함으로써 안전하게 관광지를 둘러볼 수 있게끔 한다. 관광객들은 관광지에서 즐기다보면 위험요소를 잊을 수가 있다. 해설은 관광객들이 위험을 인지하고 이를 피할 수 있는 길잡이 역할을 할 수 있다.

유형을 구분함에 있어 가장 중요한 것은 시간의 흐름이든 주제의 흐름이든 테마에는 일정한 연결고리가 있어야 한다는 것이다. 연계성에 의한 테마 제시를 통해 관광객들은 자연스럽게 테마에 빠져들게 된다. 주제의 유형은 다음과 같은 것이 있을 수 있다(〈표 13-15〉 참조).

〈표 13-15〉 스토리텔링의 테마유형

유 형	내 용
연대순	초기역사, 촌락의 유형, 초기 왕들과 정치적 갈등, 전성기, 식민시대, 세계대전, 해방 후 혼란기, 한국 전쟁 등
세부주제	오늘날의 산업, 토착적인 건축 양식, 시장, 교육, 전통 미술과 공예 등
지역사회의 삶과 역사	상업 지구, 주거 지구, 구도심, 자원보호구역 등

역사적인 의미를 지닌 특성 집단과 과거 중요한 사건이 벌어졌을 때 주요 인물들이 어떠한 행동을 취했는지에 초점을 맞추어 연대기적 주제를 정할 수 있다. 전시물과 해설은 에피소드의 순서에 따라 전개되어야 하고, 각각의 에피소드는 충분히 납득할 수 있도록 해설되어야 하며, 전체적인 이야기가 구성될 수 있도록 다른 사건들, 과거와 현재와 연결되어야 한다.

〈표 13-16〉 관광 스토리텔링의 전달 매체

전달매체	내 용
관광 가이드	관광가이드를 따라 도보 또는 교통수단을 이용하여 장소 및 지역을 여행하는 것을 의미하는데, 지역민들의 삶을 그대로 체험하거나, 공연을 관람하고, 전설이나 사실에 관한 이야기를 청취하는 등의 활동이 포함된다. 가이드를 동반한 탐방 여행은 가장 효과적이면서 관광객과의 사이에 친밀감을 형성할 수 있다는 장점이 있다. 지역 주민과의 개인적 상호작용의 기회 자체가 매우 귀중한데다 만약 가이드가 능숙한 해설 능력을 보여준다면 관광객은 지역에 대한 한층 고차원의 이해를 얻게 될 것이기 때문이다.
표지판	표지판은 해설 정보와 지도 사진과 그래픽을 담을 수 있는 이차원적인 표지이다. 표지판은 상대적으로 설치가 저렴하고 디자인과 설치가 쉽다는 점에서 소규모 지역사회에서의 실용성이 높다. 표지판은 마을을 관통하는 탐방로의 표식의 기능을 하거나 단순히 흥미로운 관광지와 역사적 사실을 직시하도록 제작할 수 있다.

전달매개	내 용
축제	축제는 사람의 오감을 자극한다는 점, 중요한 문화적 사건을 기념한다는 점에서 관광객들이 지역사회를 배울 수 있는 훌륭한 기회이다. 의례와 의식, 그리고 음식, 종교, 의복, 춤, 음악과 같은 살아있는 문화유산들이 축제 안에 녹아들어가 있다. 축제의 경우 해설이 중요한 역할을 한다.
공연/재현 프로그램	지역의 음악과 무용을 공연하고 관광객들을 위해 해설해 줄 수 있다. 전통 음식과 음료, 잔칫상과 전통 식기들로 꾸며진 대규모의 공식만찬과 같은 활동과 의식을 통해 방문객들에게 이 지역의 삶을 엿보는 기회를 제공할 수 있다.
시청각 해설	소리와 영상을 이용한 해설은 이야기를 소개하는데 있어 가장 인상적인 방법이다. 방문객들은 글을 읽는 것보다 시청각 프로그램을 통해 제시되는 정보에 더 몰입하기 마련이다.
멀티미디어 쇼	이 해설 방식은 무용과 음악, 연극 공연과 특수효과를 결합하여 특정 시간과 장소에 와 있다는 느낌을 갖게 하기 위한 감각적 체험을 제공한다. 이러한 쇼는 대사나 노래를 통해 지식을 전달하기도 하지만, 주요 기능은 방문객들의 감각에 호소하는 것이다.
조명과 음향효과를 이용한 전시	이것은 옥외에 설치하여 야간에 활용할 수 있는 소리와 빛의 쇼를 통한 전시방법이다. 경관이 좋은 널찍한 장소에서 청중들은 스포트라이트가 비추는 건축물이나 그 외장들을 관람하게 된다. 이 방식에는 최소한의 설명이 필요한데 음악을 활용하면 적절할 것이다. 직접적인 설명이 오고 가지는 않더라도 새로운 시각으로 도시의 특징을 관찰할 수 있는 좋은 기회를 제공한다.
인터넷	웹 사이트를 통한 온라인 스토리텔링은 넓게 보면 디지털 스토리텔링의 범주에 포함된다. 디지털 스토리텔링은 스토리를 다양한 매체 즉, 디지털 영상, 텍스트, 음성, 사운드, 음악, 비디오, 애니메이션을 통해 서로 공유하는 과정을 의미한다. 웹 사이트 상의 서술 전략은 텍스트와 오디오를 통해 이루어지며, 효율적인 브랜드 아이덴티티 구축의 핵심적인 요소라고 할 수 있다.

스토리텔링 주요 사례

 서편제	조선 정조·순조 무렵 명창 박유전(朴裕全)의 법제(法制)를 이어받은 판소리 유파의 하나로서, 서편제라는 지역문화가 어떠한 그 지역의 이야기를 담고 있는지를 보여주는 대표적인 사례라 언급되는 영화임	 왕의 남자	'연산군일기' 11년 12월 29일조에 늙은 선비 장난을 하며, "임금이 임금답지 않고 신하가 신하답지 않으면…" 운운하는 논어(論語)를 인용했다가 불경(不敬)하다고 곤장을 맞고 먼 곳에 유배된 '배우'가 된 구절로 만들어진 영화임
 반지의 제왕	인간의 대표적이며 보편적인 구도 선과 악을 중심으로 신화적 공간을 바탕으로 성공을 거둔 반지의 제왕은 게임, 영화, 음반, 마술용품, DVD 등 Multiuse로의 성공 사례의 대표적 사례	 로렐라이 언덕	독일 장크트고아르스하우젠 근처 라인강에 있는 132m의 절벽이름. 폭이 좁고 물결이 거칠어 예부터 이곳을 지나는 뱃사람들에게 매우 위험한 곳으로 알려진 곳임

대표적인 국내외 사례로는 '선덕여왕', '대장금', '서편제[27]', '쉬리', '왕의 남자[28]', '반지의 제왕[29]', '로렐라이 언덕[30]' 등 드라마와 영화를 통한 관광스토리텔링 사례들은 현재 진행형이며, 2013년에도 이와 같은 감성과 체험을 중심으로 한 문화관광 콘텐츠는 증가할 전망이다. 특히 문화산업과 연계된 콘텐츠 및 드라마 촬영 장소는 외래관광객을 끌어들이는 매력대상으로 자리매김 이 가능하기에 지역산업과 문화, 관광, 그리고 고용 창출 등 다양한 부가가치가 창출되고 있다.

27) 사진자료: http://blog.sorifestival.com/202
28) 사진자료: http://www.movist.com
29) 사진자료: http://movie.daum.net
반지의 제왕은 영화로 3편이 제작되었으며, 뉴질랜드에 '프로도 경제(F개애 Economy)'라는 신조를 만들어 냈다. 이는 반지의 제왕이 뉴질랜드 경제에 미친 파급효과를 지칭하는 것으로 프로도는 영화 반지의 제왕의 주인공 이름이다. '반지의 제왕' 영화촬영지는 세트장 건설, 관광객을 위한 숙박 및 요식업 운영, 단역배우 출연 등 2만여 명의 신규 고용이 창출되었으며, 특히 호빗톤 마을의 배경으로 사용된 마타마타 농장의 경우, 사유지를 개방하여 인당 미화 33.5달러의 입장료를 받고 있으며 하루 200 여명의 관광객이 방문하고 있다.
30) 사진자료: http://sunmee.com/html/Rhine_Valley_&_Loreley.htm

영국 국가생태탐방로 사례

- 영국의 모든 국가생태탐방로의 안내표지판의 안내 기호는 통일되어 있으며, 국가생태탐방로를 의미하는 것으로 도토리 모양의 심벌을 사용하며 이는 안내표지판에 따로 표시되기도 하나 주로 화살표 내부에 위치하며 4가지 색깔로 구분하고 있다.

〈표 13-17〉 기호와 설명

기호 구분		설 명
	Britain's National Trails	National Trail을 의미하는 도토리 모양의 심벌이며, National Trail의 표지판, 안내판에 사용됨
	Foothpath	보행자만을 위한 탐방로로 노란색 화살표로 표시함 토지소유자의 인가 없이 이용가능함
	Bridleway	도보, 승마, 자전거의 이용이 가능하고, 자전거 이용자는 보행자와 승마자에게 길을 비켜줘야 함 토지소유자의 인가없이 이용가능함
	Byway	법적으로 권리가 보장되지 않은 탐방로이며 토지소유자가 당분간 사용을 허가한 탐방로임

자료: 여운상(2009), 영국의 국가생태탐방로 "걸으면서 보는 자연의 아름다움", 부산발전연구원, 117호, pp.45-48; http://www.nationaltrail.co.uk/clevelandway

[그림 13-6] 영국 국가생태탐방로 해설 사례(South West Coast Path)

사우스웨스트 해안길은 엑스모어(Exmoor) 국립공원의 가장자리에 위치한 마인헤드(Minehead)에서 도로셋(Dorset)의 푸레 하버(Poole Harbour) 해안까지, 총 1,000km에 이르는 해안 탐방로로서 매년 600만 명 방문하고 있다.

안내 해설판31)

사우스웨스트 해안길의 경제적 가치 조사 결과(www.swenvo.org.uk)에 의하면 총 경제적 가치는 연간 약 8천5백억원(숙박의 경제적 가치는 3천3백억원)에 이르며, 해안길이 지나는 4개 카운티(Somerset, Devon, Cornwall, Dorset)의 주민과 관련된 총 경제적 가치는 연간 약 3천8백원(매년 2,300만회의 도보)에 이르고 있다.

자료: 대구경북연구원(2008), 걷는 길을 지역활력의 길로, 대경 CEO Briefing, 166호, p.3.

31) http://www.southwestcoastpath.com

THINK ABOUT IT

관광자원에 대한 해설에서 스토리텔링은 중요한 역할을 하게 되는데, 이러한 스토리텔링의 의미와 가치에 대하여 생각해 봅시다.

Chapter **14**

관광자원 관리

1. 관리의 개념

관리(management)란 추구하는 목적을 확실하고도 능률적으로 달성하기 위하여 여러 가지 기술과 기법을 적용한 프로세스라 정의하고 있다. 이러한 관리에는 계획, 조직, 지휘, 통제 등 네 가지 요소가 필수적으로 구성된다.[1]

관리의 목표는 최대의 성과를 얻고자 하는 경제성 원칙에 의거한다. 따라서 흔히 경제적 가치에 의해 측정된 생산성이라 하며, 선정지표는 목표/수단=산출/투입=편입/비용으로 표시된다. 경제성은 경제적 능률, 생산성은 물적 능률, 유효성은 목표달성능률로 본다면 관리의 목표는 결국 능률성에 있다.[2]

[그림 14-1] 관리의 네 가지 요소[3]

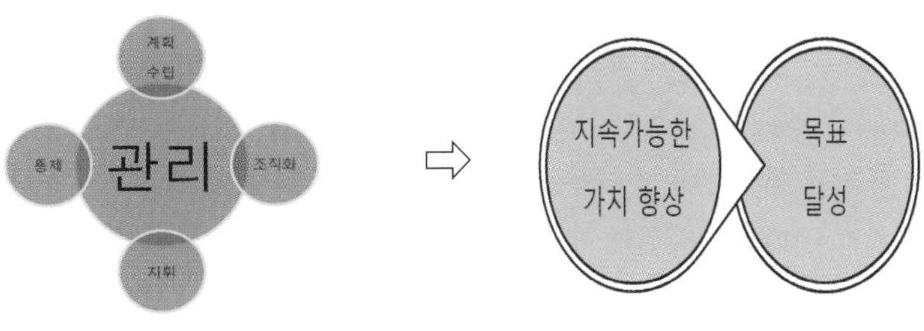

관광지, 관광활동, 관광개발의 시작은 자원에서 비롯된다. 이러한 자원의 무분별한 개

1) 경영학대사전(2000), 관리, 박영사.
2) 정석중(2010), 관광개발론, 대왕사.
3) 서성무 · 이지우(1999), 경영학원론, 형설.

발을 방지하고 자원자체 가치보전을 위한 다각적인 노력, 즉 자원개발 계획수립, 이용과 가치활용에 따른 적절한 통제, 질서유지를 위한 지휘, 그리고 필요에 따라 보호와 보전을 위한 관련기관 및 조직간 클러스터 등 일련의 제반활동을 통하여 지속가능한 관광자원의 가치 향상을 위하여 쏟아 붓는 모든 노력이 관광자원 관리라 정의될 수 있다.[4]

관광자원에 대한 관리문제는 자원이용이 집약적이거나 이용객이 밀집한 곳에서만 제기되는 것이 아니고, 야생지와 같은 자원이용이 아주 조방적이며 이용이 한산한 지역에서도 제시되고, 또한 모르는 사이에 자원이 망가지고, 주변 환경에 훼손되거나 이용자간에 마찰이 발생하게 된다. 따라서 관광자원 중심형 관리도 중요하지만, 자원이 소재하고 이용되는 관광지 공간을 중심으로 전체적인 시각에서 관리가 필요하다.

2. 관광지 관리

관광지 관리란 관광계획을 실천하기 위한 관리일 뿐만 아니라 관광지의 특성을 지속적으로 유지하기 위한 활동이다. 다시 말해서 관광자원과 관련시설의 보호·보전을 도모하여 관광객에게 쾌적하고, 즐겁고, 안전하게 관광활동을 할 수 있도록 하기 위하여 실시되는 일련의 활동이다.[5]

관광지 관리의 주된 목표는 제한된 자원을 효율적으로 배분하여 관광지라는 일정공간이 자원의 가치를 훼손시키지 않으면서 관광지를 찾는 방문자에게 최대의 편익을 제공하고 그 반대급부로서 이윤극대화라는 경영목표를 달성하는 데 있다고 하겠다.[6]

관광자원을 효율적으로 관리하기 위해서는 우선 주요자원에 대한 감독·관리가 지속적으로 행해져야 한다. 관광활동보다는 자원의 질적 가치 보전을 우선 고려해야 하겠다. 해당 관광지의 자연환경 유지 및 이용자에게는 질적 수준의 관광경험을 제공하기 위해서는 우선적으로 자원과 시설이용의 현황이 정확히 파악된 후 그것에 합당한 관리목표와 대책이 수립되는 절차가 필수적이다. 그러나 현실은 그 반대의 경우가 허다하고 자원의 파괴와 질적 저하를 초래하는 관광경험과 활동이 종종 이루어지고 있다. 따라서 관광지의 관광자원과 시설의 보전을 도모하면서 동시에 이용객에게 쾌적한 관광활동의 기회를 제공하기 위한 관광지 관리 노력이 필요한 것이다.

관광지는 시간이 지남에 따라 관광수요시장의 변화에 의해, 주변 관광공급대상의 등

4) Encyclopedia of Tourism(2000), Resources, NY: Routledge, p.506; 정석중(2010), 관광개발론, 대왕사.
5) 김대경(2005), 자연관광지 시설관리 평가에 관한 연구, 경기대학교 대학원 박사학위논문.
6) 박석희(2012), 신관광자원론, 대왕사.

장에 의해, 그리고 관광지 자체의 독특한 공급요소의 재개발에 의해 하나의 끊임없는 변화를 거치면서 지속적인 관광매력을 유지해야 하는 생명체로 볼 수 있다. 따라서 관광지 관리는 발전단계에 따라 지속적으로 이루어져야 한다.

특히 관광자원의 남용을 방지하고 자원의 고갈없이 이용자 만족을 유지시켜줄 수 있는 관광지의 최적화 측면에서 관광수용력에 대한 관심이 높아지고 있다.7)

일반적으로 관광수용력은 관광자원이용을 유지할 수 있는 관광환경의 물리적·생태적 능력 또는 관광체험에 있어서 질의 정도와 관련된 이용량을 의미하며, 관광수용력이 결정되는 과정은 [그림 14-2]와 같이 나타난다.

[그림 14-2] 수용력적 접근방법에 의한 관광지 관리

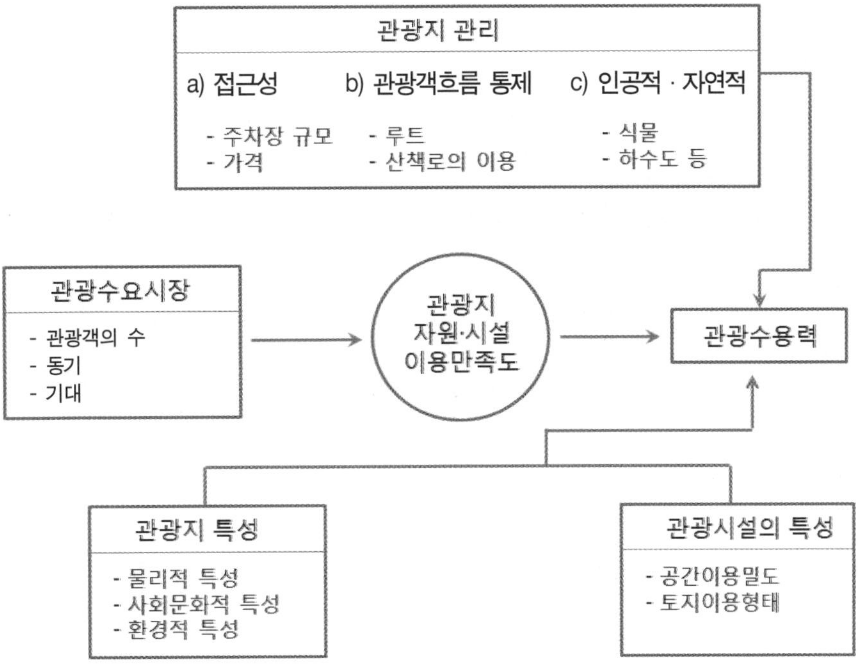

자료: 장성수(1999), 관광지개발 잠재력 평가요인과 투자결정 경로에 관한 구조분석, 경기대학교 대학원 박사학위논문, p.31. 재인용.

관광지 관리의 역사적 시작은 미국은 1872년 옐로우스톤 국립공원(Yellowstone National Park)이 지정되면서 시작되었다. 국립공원관리는 내무부 산하의 국립공원관리청(NPS: National

7) 장성수(1999), 관광지개발 잠재력 평가요인과 투자결정 경로에 관한 구조분석, 경기대학교 대학원 박사학위논문.

Park Service)에서 담당하고 있으며 야외휴양 기능의 제공보다는 자연경관의 보존과 야생 생태계 보호에 주안점을 두고 있으며, 특별법을 제정통한 철저한 국립공원 관리모델을 제시하고 있다.8)

미국 내 다양한 국립공원 중 하와이 화산국립공원(Hawaii Volcanoes National Pakr)은 생태환경 복원을 위한 다양한 자원관리가 이루어지고 중점적인 자원관리 영역은 다음과 같다(〈표 14-1〉 참조).

〈표 14-1〉 중점 자원관리 영역

Resource Management Priorities	1. 자연회복 조치에 따른 외래종 유입으로 인한 공원 생태시스템 복원
	2. 적정한 자연조건을 위한 공원재생 프로그램을 통한 생태시스템 복원
	3. 멸종위기, 희귀종 등의 복원을 통한 생물다양성 복원
	4. 체계적이고 과학적인 프로그램을 통한 지역사회, 생태시스템, 위협 등의 여건파악에 중점
	5. 자연자원의 관리를 위한 파트너십 확대와 유지
	6. 부정적인 야생환경을 위협하는 영향요인 제거
	7. 생태시스템 변화를 인지하고 종사원의 건강을 보호하기 위한 모니터링

자료: Hawaii Volcanoes National Park Resource Overview(http://science.nature.nps.gov).

유럽의 대표적 관광자원 관리국가 영국은 환경법(Environment Act)에 기반을 두고서 자연보호지역은 국립공원과 AONB, 국립경관지역(National Scenic Areas) 등으로 구분하여 관리하고 있다.9)

〈표 14-2〉 주요 보호지역의 유형별 특성

구분 (명)	특 성
국가자연보호지역 (NNR: National Nature Reserves, 222개소) 해양자연보호지역 (MNR: Marine Nature Reserves)	NNR은 English Nature나 그 이전 자연공원 및 농촌 접근법, 야생동물 및 농촌법에 따라 지정된 지역이며, 이 지역은 English Nature에 의해 소유, 관리되거나 야생동물 신탁(Wildlife Trusts)과 같은 단체 소유. MNR은 환경부장관에 의해 지정됨
과학적 관심지역 (SSSI: Sites of Special Scientific Interest, 4000개소)	이 지역은 동식물 또는 지리적, 자연지리학의 특성으로 English Nature에 의해 공시되며, 대부분의 SSSI는 소유, 관리되고 있으며, 그 외 지역은 기타 위원회나 부동산회사에서 관리되고 있음

8) http://www.nps.gov; 국립공원관리공단(2007), 국립공원 중장기 발전계획 수립에 관한 연구.
9) 제주특별자치도(2012), 유네스코 3관왕 · 세계 7대 자연경관 제주 생태관광 기본 및 실시계획 보고서.

구분 (명)	특 성
지방자연보호지역 (LNR: Local Nature Reserves, 1280개소)	LNR은 정부 지방 정부에 의해 소유, 관리되며, 이 중 일부가 SSSI임
특별보호지역 (SPA: Special Protection Areas, 257개소)	영국정부는 야생조수의 보전에 관한 유럽공동체 의원회 명령에 따라 희귀한 또는 조류의 서식처를 보전하기 위한 특별 보호지역으로 구분(지정)하고 있음
람사지역 (Ramsar Sites, 171개소)	1973년 영국정부는 람사협약에 서명하였으며, 정부는 람사지역의 지정과 그 지역내의 습지의 이용을 위한 노력을 기울이고 있음

자료: 환경부(2006), 선진외국의 보호지역 관리기법 연구에서 재인용; http://archive.defra.gov.uk

우리나라도 위에서 살펴본 미국과 영국처럼 관광지 관리에서 어떤 역사적 흐름을 읽기란 용이하지 않다. 1967년에 전남 구례군의 청년들이 지리산을 보호하기 위하여 청년단체를 조직한 것이 계기가 되어 그 해 12월 29일에 지리산을 국립공원으로 지정하고, 그 뒤에 잇달아 지정・개발하고 있다. 1971년 개발제한구역(greenbelt) 지정, 1978년 10월에 자연보호헌장을 선포, 1980년 1월과 8월에 각각 도시공원법과 자연공원법을 제정하여 공원관리를 법으로 규제, 1987년 7월에는 국립공원만을 별도로 관리하기 위한 국립공원관리공단이 발족 등을 거치면서 여러 가지 변천과정을 거치게 되었다.

이후 1994년 6월 30일자로 관광지 지정 및 개발이 시・도지사에게 위임되고, 2005년 4월 17일부터 지정 및 개발권한 시・도지사에게 이양 등 지방자치단체에서 도 지역자원 이용과 보전을 위한 관광지 개발 및 환경보전 노력을 활발하게 하고 있다.[10)]

자연적 관광자원의 계획과 관리는 국립공원의 개발・운영・관리정책과 같은 국가적 차원에서 접근이 되고 있다. 공원계획이나 보호계획은 종종 관리계획(management plan)으로 일컬어지는데, 그 이유는 계획개념이 자연자원의 지속적인 관리를 통하여 환경보호와 관광목적의 두 가지 측면을 모두 성취하기 위한 것이다.

공원과 자연보호지역 이용의 적절한 관리는 성공적인 공원관리의 중요한 요소이다. 보존과 보호를 해야 할 자연생태계 지역과 공원의 방문객 초과현상은 그 적정인원의 관리가 용이한 것은 아니다. 공원이용의 관리는 특정한 기간에 집중되는 공원이용의 관광객을 지역별로 각 공원으로 분산시키고, 관광객이용의 계절별 분산도 요구된다.

10) 박석희(2012), 신관광자원론, 대왕사; 정희천(2012), 관광법규론, 대왕사.

[그림 14-3] 국립공원의 설립근거 및 목적

구 분	내 용	소재지
설립근거	자연공원법 제44조	
설립일자	1987년 7월 1일 (같은 해 3월 5일부터 업무 시작)	
설립배경	우리나라의 국립공원은 1968년부터 1987년 7월까지 20년간 지방자치단체에서 관리해 왔으나, 공원관리를 시·도 또는 시·군·구에 일임함으로써 전반적으로 관리가 부실하고 17개 공원을 42개 기관이 분할관리하거나 하부기관에 위임관리시킴으로써 관리체제가 다원화되어 관리기능이 크게 미약하고 일관성 있는 정책 집행이 곤란하는 등의 비효율적인 관리문제를 시정하기 위하여, 1986년 국가직접관리방침을 정하고 전문관리기관으로 1987년 국립공원관리공단을 설립하였다.	
설립목적	국립공원관리공단은 자연공원법 제44조 및 제80조의 규정에 따라 국립공원관리청인 환경부장관의 권한을 위탁받아 국립공원의 보호 및 보전과 공원시설의 설치·유지·관리를 효율적으로 수행함으로써 국민의 보건 및 여가와 정서생활의 향상에 기여함을 목적으로 한다.	

자료: http://www.knps.or.kr

특히 공원지역에서 관광객의 출입이 허용된 지역을 제외한 야생동물이 소생하는 시기에 관광객 출입을 금지하는 조치를 취하는 것과 같은 다양한 방법을 둘 수 있다. 국립공원관리사무소는 공원에서 필요한 규정을 설명하고 감시해야 할 통제조치에 관하여 관광객에게 알려주고, 공원의 관광매력과 특성에 관하여 안내책자·브로슈어·표지판·전시물·그리고 기타 자료로서 관광객에게 충분하고 확실한 정보를 제공해야 함으로써 자연적 자원의 보호 및 보전에 기여하고 있다.[11]

3. 관광지 관리의 기본모형

관광지에서 중요하게 취급해야 할 관리부분으로 인적자원관리와 예산 및 재산관리가 있고, 환경위생관리, 관광자원·시설관리, 안전관리, 그리고 서비스 관리 등이 있다. 그

11) 김재민(2001), 관광자원개발론, 대왕사.

리고 체계적 접근을 통하여 관광지 관리체계의 구성요소는 관광자원, 방문자, 서비스로 보고 관광지의 주요 관리부분을 관광자원 관리, 방문자 관리, 서비스관리로 구분한다. 관광지 관리체계 구성요소 간의 상호작용은 다음과 같이 제시될 수 있다.[12)]

[그림 14-4] 관광지 관리체계의 구성요소 간 상호작용[13)]

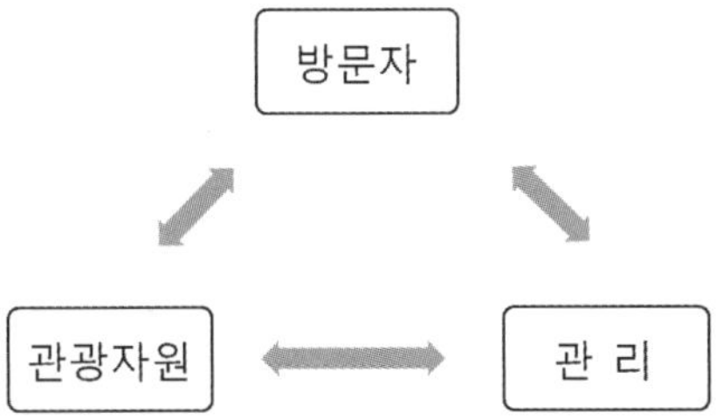

관광지 관리체계 구성요소 중 가장 중요한 것은 방문자이다. 관광의 주체이자, 관리대상자도 방문자이기 때문이다. 방문자를 방문하도록 유인력을 발휘하는 관광자원은 동전의 양면처럼 만족과 불만족을 제공하기도 한다.

관광지에서 방문자관리란 방문자를 조절하는 것인데, 이것은 활동이 발생할 수 있는 사회적 환경을 미리 조성하는 것이 그 목표이다. 그리고 자원관리란 경험의 질을 높이거나 이용으로 인한 자원파손을 방지하기 위해 자원 또는 이용을 다루는 것이다. 서비스관리란 시설의 입지와 설계에 근거하여 서비스를 제공하는 일에 관한 것이다. 이상의 세 가지는 모두 관광경험의 질을 높여 방문자를 만족시키려는 데 그 목적이 있다.

이 중 방문자관리 부분체계는 방문자에 대한 이해(욕구단계, 참가유형, 방문자의 지각)를 바탕으로 이용평준화, 공공안전관리, 정보 및 해설관리, 환대관리 등을 어떻게 할 것인가의 문제를 방문자관리 프로그램이라고 모형화하여 설명할 수 있다.

[그림 14-5] 관광지 관리의 기본모형[14)]

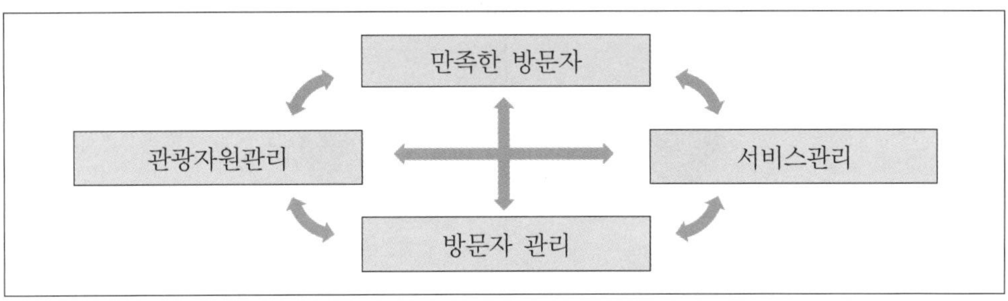

12) 김대경(2005), 자연관광지 시설관리 평가에 관한 연구, 경기대학교 대학원 박사학위논문.
13) 박석희(2012), 신관광자원론, 대왕사, p.308.
14) 박석희(2012), 신관광자원론, 대왕사, p.309.

서비스 관리 부분체계는 서비스를 효율적으로 관리하기 위해서는 법규상의 제약, 관리기관의 목표, 종사원의 전문성, 그리고 이용자 태도 등에서 어떤 제약을 받는지를 우선 파악해야 하며, 각종 제약조건하에서 서비스 관리를 위해 마련된 점포권 관리 프로그램, 위생관리 프로그램, 폐기물처리 프로그램, 시설이용 프로그램(예약체계, 식음료 서비스 제공, 세탁기 · 수영장 등 특수시설 이용 및 판매), 그리고 지역 및 부지계획 프로그램 등 5개 프로그램을 적절하게 운용해야 한다.15)

관광자원 관리의 부분체계는 [그림 14-6]과 같다. 관광자원을 효율적으로 관리하기 위해서는 우선 주요자원을 지속해서 점검해야 한다. 방문자의 이용에 의해 관광자원이 어떠한 영향을 받고 있는가, 그리고 관광자원이 영향에 의해 어떠한 변화를 나타내고 있는가 등을 알려면 기준자료를 얻는 과정이 아주 중요하다. 기준자료가 없으면 변화시도에 대한 비교해 볼 기준이 없기 때문이다. 그리고 관광자원 관리 프로그램 유형을 위하여 부지 관리프로그램, 식생 관리프로그램, 경관 관리프로그램, 생태계 관리프로그램, 환경 오염방지 프로그램, 유형 · 무형 문화재 관리프로그램, 그리고 피해를 예방할 수 있는 위험지역 관리프로그램 등 7가지이며, 이들 관광자원 관리 프로그램을 적절하게 작성하여 운용하도록 해야 한다.16)

[그림 14-6] 관광자원 관리모형

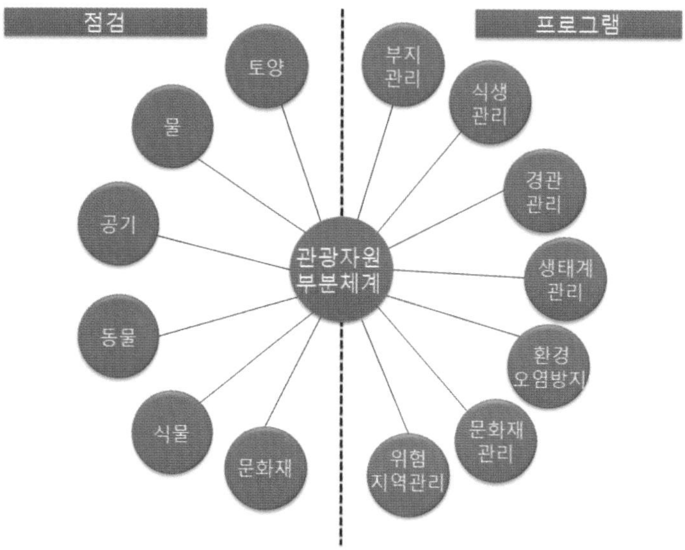

자료: 정석중(2010), 관광개발론, 대왕사, p.299. 재인용.

15) 김대경(2005), 자연관광지 시설관리 평가에 관한 연구, 경기대학교 대학원 박사학위논문.
16) Jubenville(1987), Outdoor Recreation Management, W. B. Saunders Co.

관광자원의 범위는 생태계 내에 존재하는 유·무형의 자원들로서 다양성을 특징으로 하고 있다. 따라서 관광자원관리는 여러 분야의 지식과 기술이 복합적으로 응용되어야 하는 복잡한 과정을 거친다. 주된 내용은 다음 〈표 14-3〉과 같다.

〈표 14-3〉 관광자원관리 프로그램별 주요 내용

구 분		내 용
관광자원관리	부지 관리	이용자에 의해서 부지는 파손되어진다. 따라서 부지파손을 방지하고 원상회복을 위한 노력이 필수적이다. 부지를 잘 관리하기 위해서는 적절한 입지선택, 설계, 이용행태 파악, 환경조건 반영, 그리고 관리를 위한 전략이 필수이다.
	식생 관리	관광객의 과잉이용으로 인한 식생의 피해를 최소화하여 지역의 식생을 보호하기 위한 것으로 삼림보전 및 육성의 의미를 포함한다. 따라서 자원개발이라는 측면보다는 보호육성이라는 의미에서 관광객에게 지속적인 교육을 실시할 수 있는 프로그램개발이 선행되어야 한다. 일반적으로 식생관리는 개발 전, 개발 중, 개발 후 세 가지 경우로 나누어 볼 수 있다.
	경관 관리	경관의 시각적 질을 관리하여 미적 반응을 극대화시키려는 것으로서, 인공구조물의 시각적 영향을 최소화하고, 자연경관을 조절하여 단조롭지 않은 가운데서 방문자들이 아름다움을 느끼게 하는 것이다.
	위험 지역 관리	100% 위험제거는 사실상 불가능하지만, 사전에 다양한 기법들(예; 항공사진판독, 현장조사, 계절변화 점검, 역사추적 기법 등)을 활용하여 육상위험지, 수상위험지, 인공위험지 등에 대해 부지계획단계에서 위험감소를 고려하고, 사고요인은 제거하며, 위험을 알리고, 학습케 하며, 통제하는 등 사고를 예방하는 노력이 요구된다.
	생태계 관리	관광객의 활동이 생태계에 미치는 영향을 또는 역으로 생태계가 관광객에게 미치는 영향을 면밀히 파악하여 관리 프로그램을 작성해야 하며, 화재를 비롯한 천재지변으로부터 보호에도 주의를 해야 한다.
	문화재 관리	문화재보호법, 전시공간 확보, 문화재보전기금 마련, 문화재보호와 IT의 접목, 그리고 활용, 그리고 불법행위 근절을 위한 대국민 노력, 동시에 문화재에 대한 이해 및 교육의 기회를 많이 제공하는 방안 등이 있다.

자료: 박석희(2012), 신관광자원론, 대왕사, pp.322-331; 이봉석 외(2001), 관광자원론, 대왕사, pp.274-287.

4. 관광자원과 관광시설

관광시설과 관광자원은 모두 인간생태계 내에서 존재하며, 인간의 포괄적 자원 또한 생태계의 범주에서 벗어나지 않는다. 자원은 시설과 관광자원을 포함하는 개념이며, 관광자원과 시설의 공통부분이 관광객을 위한 시설이라 하겠다. 자원과 시설, 자원과 관광자원, 시설과 관광시설, 관광자원과 관광시설의 관계는 다음 [그림 14-7]과 같다.

[그림 14-7] 관광자원과 관광시설의 관계[17)]

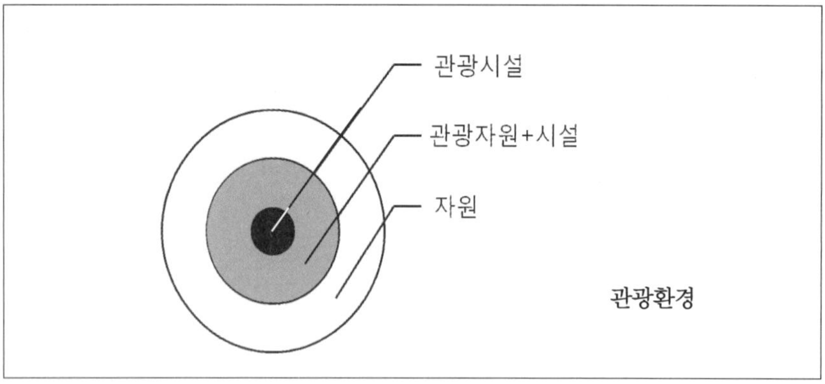

「관광기본법」 제8조에서는 "정부는 관광객이 이용할 숙박 · 교통 · 휴식시설 등의 개선 및 확충을 위하여 필요한 시책을 강구하여야 한다"라고 명시하고 있듯이, 시설이 구비되지 못한 관광은 존재가 불가능하다. 이러한 관광시설은 관광객을 위하여 운송 · 숙박 · 음식 · 운동 · 오락 · 휴양 또는 기타 관광에 부수되는 시설이며 관광에서는 필수적이다. 이들에 대한 시설투자는 지속적으로 이루어지고 있으며, 그 내용면에서도 기능적으로 다양해지면서 고급화되어 관광자원으로서 유인력을 발휘하기도 한다.[18)]

무엇보다도 관광객들의 관광욕구 충족을 위한 다양한 관광시설과 자원들이 관광환경의 범주속에서 개발되고 보전되고 향유되어져야 하는 당위성이 재차 강조되고 있다. 관광환경은 인간을 둘러싼 인간환경으로서 물리적 환경, 사회적 환경, 분위기라고 할 때 관광시설의 적합성 여부는 관광객의 동기를 유효적절하게 유발시켜 행동으로 유인하고 연상작용을 하게 하여 결국 관광객 행동을 유발시키는 동력으로 작용하고 있다.[19)]

최근 정부차원에서는 국민경제의 향상을 기하고 공익차원의 관광자원과 시설에 대한 종합적이고 체계적인 계획과 개발에 대한 건전한 국민관광을 도모하기 위하여 관광시설의 개선과 확충, 관광환경보전차원의 가시적인 조치들, 관광지의 지정 및 개발을 통한 관광자원의 가치유지 등 지역소재 자원의 발굴과 관광자원화, 융복합형 관광산업 육성에 따른 기술개발과 관련 시설의 확충 등으로 국제관광과 국민관광시대를 주도하고 있다.

관광지개발은 자원 · 시설 · 서비스 등 복합적인 구성요소들이 어우러져 전체적인 시너지(synergy)를 창출하는 시스템적 행위이다. 따라서 관광지 관리의 평가요소들이 체계적

17) 김대경(2005), 자연관광지 시설관리 평가에 관한 연구, 경기대학교 대학원 박사학위논문.
18) 부숙진 · 윤지현 · 고종원(2009), 신관광법규해설, 대왕사; 정희천(2012), 관광법규론, 대왕사; 김대경(2005), 자연관광지 시설관리 평가에 관한 연구, 경기대학교 대학원 박사학위논문.
19) 이장춘(1998), 관광자원학, 대왕사.

인 접근을 통하여 분석되어야 하며 과학적 관리평가에 따른 계획수립과 시행이 이루어져야 한다.[20]

〈표 14-4〉 관광지 관리 평가요소[21]

관리유형	평가요소
관광객관리	지역용량, 예상방문자수, 안전, 관광객지각, 이용자 선호, 만족, 관광형태, 정보, 자원해설, 서비스 등
관광자원 관리	매력성, 관광수용력, 경관, 체험 및 학습, 정보 및 촉진, 자원의 질, 생태계, 식생, 부지, 환경오염, 안전 등
서비스관리	종사원의 질, 정보, 환대 및 안내, 시설이용, 공공위생, 판매, 폐기물 처리 등
시설관리	휴식, 숙박, 주차장, 산책로, 안내, 통신, 공공편익, 상업, 관람, 레크리에이션, 조경 등
이미지관리	종사원의 친절과 서비스 수준, 입지, 분위기 조성, 접근성, 기후, 교통 및 내부교통, 관광수용력, 관광자원의 매력성, 시설, PR 수준, 이벤트, 연출능력, 계절성, 역사성, 안전도, 관광지의 규모 등

5. 문화(유산)자원 관리

문화란 인간의 생활양식으로 정신적・물질적 또는 정신과 물질이 혼합된 자체를 의미한다. 21세기에 접어들어 문화유산관광이 각광받기 시작하면서, 관광객들은 물질적・양적 관광에서 정신적・심리적・문화적 욕구를 추구하려는 경향이 강하게 나타나고 있다.

문화자원은 학술적, 예술적 가치 차원에서 보존과 보호가 필요하며, 지속적인 가치성과 역사문화성을 보유하기 위한 관리가 절대적이다. 즉, 여러 가지 이해관계 보다는 지역성, 고유성, 역사문화자원에 대한 객관적이고 합리적인 관리보존, 보호가 유선적으로 고려되어야 한다.[22] 특히 지역의 차별성으로 대변되는 고유성은 관광객의 문화적 욕구를 추구하는 충족시킨다. 문화자원을 기반으로 한 관광지에서 관광객의 경험은 서로 다른 많은 원천들로부터 얻어지는 것이며, 관광객들에게 제공되는 관광자원은 장소의 인상

20) 장성수(1999), 관광지개발 잠재력 평가요인과 투자결정 경로에 관한 구조분석, 경기대학교 대학원 박사학위논문.
21) 김대경(2005), 자연관광지 시설관리 평가에 관한 연구, 경기대학교 대학원 박사학위논문.
22) 박미선(2010), 문화관광자원의 연계성의 인지도 및 관광객의 만족도, 관리보존에 관한 연구, 영산대학교 대학원 석사학위논문.

이라 할 수 있는 고유성으로 나타난다. 따라서 문화자원의 관리는 관광지의 지속가능성을 확보하고 유지시켜 나갈 수 있게 해준다.23)

문화자원관리(cultural resource management: CRM)는 현재 그리고 미래세대가 즐거움을 향유할 수 있도록 문화자원의 가치를 보존하기 위하여 행하는 체계적인 관리를 말한다. 미국에서는 초기 유산자원이라 사용되었지만 문화자원관리(CRM)라는 용어가 일반적으로 사용되고 있으며, 각 단어의 서로 다른 함축적 의미 때문에 유산(heritage)이 자원(resource)으로 대체되어졌다. 자원이라는 말을 쓸 때 해당자원은 경제적 가치를 가지며 남용될 수 있다는 의미를 함축하고 있지만, 유산은 자원의 비경제적 가치를 의미한다. 그리고 물려받은 유산(legacy) 즉, 어떤 의무와 책임을 내포하기도 한다.24)

문화자원은 다음과 같은 사항이 계획과 관리의 핵심이 된다.

〈표 14-5〉 문화자원 관리

- 계획과 관리를 위한 정책기조의 수립
- 관광객이용과 보호의 조화를 유지하고, 환경적・문화적 매력물의 보호접근법의 이용
- 계획과정, 기술, 그리고 관련된 원칙의 적용
- 관광객 이용의 조직화
- 자원의 지속적인 운영・관리

자료: 조명환 역(2008), 문화유산 관광자원관리론(Cultural Tourism, Bob Mckercher & Hilary du Cros), 백산출판사.

무엇보다도 문화자원에 대한 이해가 없이 관광객에 대한 자원의 보호와 관광자원설정의 기초를 수립하는 것은 불가능하다.25)

〈표 14-6〉 문화자원관리의 원리

문화자원관리	지속가능성	이해관계자	관 광
문화자원관리는 미래세대를 위하여 인류문화유산(자원)의 대표적 표본들을 보존하고 관리하는 데 목적을 둔다.	문화자원의 확인, 공중 및 보존은 지속가능성 전개의 핵심적인 부분이다.	대부분의 문화자원은 다양한 이해관계자를 갖는다.	관광의 필요성은 문화자원관리에 있어서 고려되어야 할 유일한 요소는 아니다.

23) 김종기(2003), 관광객의 문화적 고유성 지각에 관한 연구; 실제문화와 모형문화간 선호요인의 비교, 제주대학교 대학원 석사학위논문.

24) 조명환 역(2008), 문화유산 관광자원관리론(Cultural Tourism, Bob Mckercher & Hilary du Cros), 백산출판사.

25) 김재민(2001), 관광자원개발론, 대왕사.

문화자원 관리	지속가능성	이해관계자	관 광
내재적 가치의 보존이 중요하다.	개별의 문화자원은 고유한 의미를 지니며 평가가능한 문화적 중요성 및 가치를 지니고 있다.	이해관계자들과의 협의는 보존과정에서 그들의 요구를 명확히 한정하기 위하여 중요하다.	관광은 문화자원의 중요한 이용수단으로 볼 수 있지만 유일한 용도는 아니다.
무형 및 유형자원 모두를 관리하는 것이 점점 중요해지고 있다.	문화에 대한 의견이 분분하여 해당 문화자원의 고유성이 다하기도 전에 조정과 변화를 맞게 된다.	문화유산관리자 이외의 이해관계자가 문화자원에 대하여 더 큰 영향력을 행사할 수 있다.	관광은 부정적 효과를 만들어 낼 수 있다.
보존되고 있는 문화자원들 사이의 규모는 편차가 아주 크고 다양해서 각 형태별로 요구되는 관리과정도 거기에 따라서 다양하게 전개되어야 할 것이다.	문화자원은 오로지 문화적으로 올바르고 지속가능한 방법으로 사용되어져야 한다.		관광의 요구사항들은 때때로 어떤 문화자원의 보존을 위한 요구들과 충돌한다.
문화유산(자원) 관리체계는 진화한다.	어떤 문화자원은 너무 훼손되기 쉽고 신성해서 관광객을 포함한 일반대중에게 완전히 공개할 수 없다.		관광에 의하여 창출된 수익을 문화자원보존에 재투자하는 것은 대부분 문화자원관리자들의 중요한 목적이다.
문화자원 관리의 보존행위는 자원의 보존에 어떤 체계를 제공하는 것을 목적으로 하는 계속적인 활동을 의미한다.	이해관계자의 협의는 어떤 문화자원을 지속가능하게 개발시키는 데 있어서 중요한 부분이다.		
문화자원 보존이라 해도 일반에 전시공개 및 설명을 할 필요가 있다.			

자료: 조명환 역(2008), 문화유산 관광자원관리론(Cultural Tourism, Bob Mckercher & Hilary du Cros), 백산출판사, p.62. 재인용.

한국을 대표하는 문화유산자원의 경우에, 유엔전문기구(United Nations Educational, Scientific and Cultural Organization)26)에 등재된 한국의 문화자원 중 유산자원은 위원회 및 소재된 지자체, 그리고 관련조약에 근거하여 철저히 관리되고 있다. 한국의 대표적 유네스코 관련 등재로는 세계유산 10건, 세계기록유산 9건, 세계지질공원 1건, 유네스코창의도시 3건, 인류무형문화유산대표목록 15건, 유네스코 생물권보전지역 4건, 유네스코 석좌 7건 등이 있다.[27)]

[그림 14-8] 문화유산관리 개요

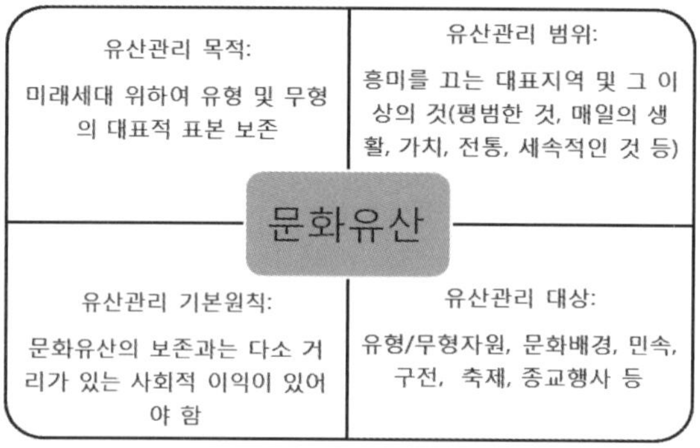

자료: 조명환 역(2008), 문화유산 관광자원관리론(Cultural Tourism, Bob Mckercher & Hilary du Cros), 백산출판사, pp.63-68. 참조하여 작성.

6. 문화유산관리체계와 고려요소

아무리 관광가치가 높은 문화자원이라고 하더라도 잘못 이용되거나 관리되면 그 가치가 소멸되어 관광활동의 근원이 상실될 수 있다.[28)] 특히 오랜 문화와 역사의 전통을 간직하고 있는 자원이 훼손되면 완벽한 복원이 불가능하고 이미 본질적인 가치가 상실되어 문화자원 보존차원이나 관광사업 차원에서 공통적으로 실패하는 결과를 초래한다.[29)] 문화유산관리는 계속 발전하고 있는 새로운 모형과 같이 비교적 새로운 패러다임에 속

26) http://www.unesco.or.kr
1950년 6월 14일 한국이 유네스코 회원국 가입한 직후 한국전쟁이 발발하자 한국정부는 전란 중에서도 국내 유네스코 활동전개를 위한 한국위원회 설치를 추진하였다. 1952년 11월 10일 제2대 국회 제17차 본회의에서 〈유네스코 헌장〉 준수서약이 만장일치로 가결되자 국내 교육, 과학, 문화계 저명 인사들이 유네스코한국위 원회 설치 준비위원회를 조직하여 설치법 초안을 작성하였고 1953년 7월 6일 대통령령 제801호로 〈한국유네스코위원 회설치령〉이 공포되었다.

27) http://www.unesco.or.kr

28) 유영민・장혜진・박노천・김용근(2005), 민속마을 관리상의 사회적 갈등 이해-하회마을을 중심으로, 한국조경학회지, 33(5), pp.31-42.

29) 김용근(2002), 문화관광자원으로서의 전통역사마을, UN 문화유산의 해 기념 심포지엄.

한다. 그러나 문화적 가치가 최초로 인식되고, 정치적 관심이 고조되고, 전문성의 단계가 높아질 때 문화유산관리는 5단계의 라이프사이클을 통해서 진화 발전 양상을 보인다는 사실은 흥미롭다. 5단계에는 다음과 같은 내용을 포함되며, 주요 특징은 다음과 같다.

[그림 14-9] 문화유산관리의 단계적 체계

단 계	주요특징
목록작성	• 사회관심 고조 • 문헌적 고증 • 비전문가로부터 전문가로의 작업수준 격상
최초입법	• 문화유산의 식별 및 보호의 방향을 제시하기 위한 최초의 입법 • 무형유산이 아닌 유형유산에 관리집중 • 문화유산정부기관 발족 • 타 정부기관 또는 법률과의 약한 수준의 통합
전문성고조	• 문화유산 국제정부(IGOs) 및 비정부기구(NGOs) 설립 • 윤리강령, 보존원칙 헌장 등 공식적으로 제정 • 문화유산관련 전문 직종 개발(공공 및 민간 부문)
이해관계협의	• 광범위한 이해관계자 출현 • 갈등 부분 확인30) • 지역의 공동이익에 무게를 둠
검 토	• 여러 가지 책임들을 새롭게 이해 • 법률의 제정 또는 개정 • 종합적인 계획 및 실천31) • 무형유산에 대한 인식제고 • 다른 이용자 그룹 인식 • 새로운 패러다임 정착 • 문화유산관리의 최고 성숙단계 도달

자료: 조명환 역(2008), 문화유산 관광자원관리론(Cultural Tourism, Bob Mckercher & Hilary du Cros), 백산출판사, pp.69-71.

30) 김용근(2008), 문화역사자원의 이용과 관리, 도시문제, 43(474호).
사회적 갈등(Social Dilemma)은 사회의 전반적인 부분에서 나타나는 개인 또는 집단 간의 현상으로 일반적으로 공동사회에서 개인의 이익추구와 자원의 효율적인 관리 사이에서 발생하는 갈등을 일컫는다.

31) 지자체에서 추진하고 있는 문화자원 관광활성화 계획은 문화자원이 훼손되지 않는 범위내에서 수립되어야 한다. 특히 문화자원 개발에 따른 도입시설 규모산정은 관리의 목적이 훼손되지 않는 범위내, 즉 문화자원의 관리능력을 절대로 벗어나서는 안된다.

관리의 단계적 과정은 문화가치의 보존이 더 큰 사회적 이익에 기여할 것이라는 인식에서 출발한다. 그런 다음 보존을 위한 초기의 잠정적인 조치들을 통해서 진행하기 시작하며 점점 전문적이고 정교한 성격을 띠기 시작한다. 하나의 완전한 그리고 사회적으로 합의된 관리방법을 채택할 필요성은 마지막 단계에 가서야 알 수 있는 것이다. 그러므로 특정 문화유산 관리조치들의 진행은 문화가치와 관리방법에 대한 전반적인 사회 및 정치적 발전단계와 일치한다. 결과적으로, 이제 겨우 문화유산보존의 필요성을 느끼기 시작한 지역에서는 마지막 두 단계를 강제적으로 시행하여 성공하는 것은 거의 불가능한 일이다. 그리고 그러한 상황에서는 다른 문화유산 이해관계자들과 문화유산 관리면에서 공감대를 형성하기 어렵다.32)

현재 문화체육관광부 산하기관인 문화재청(http://www.cha.go.kr)에서는 선조들이 물려준 소중한 문화유산을 온전하게 보존하여 후손에게 전승하는 것은 물론, 이를 잘 활용함으로써 국가발전의 원동력으로 삼기 위한 다양한 시책을 수립하여 정책에 반영하고 있다.33)

[그림 14-10] 문화재청 문화재 보존관리 성과목표34)

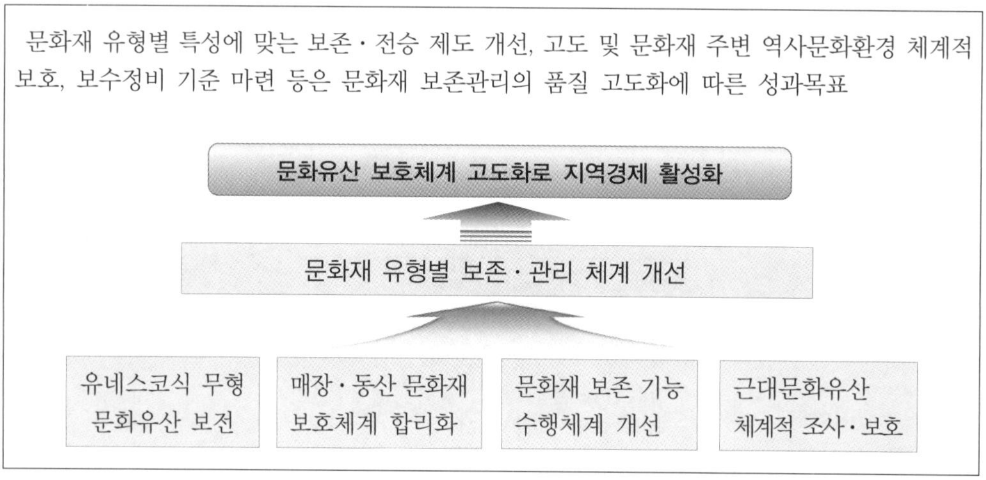

최근에는 강력한 문화재, 문화자원, 유산자원 등 관광자원의 가치가 높아 잘못 관리되어 훼손되면 복구가 거의 불가능한 경우 관광자원을 보존하기 위해 관광활동을 엄격하게 제한하는 관광 관리개념이 적용되고 있다. 자연자원 등 자연보호구역 등 일부 관광지

32) 조명환 역(2008), 문화유산 관광자원관리론(Cultural Tourism, Bob Mckercher & Hilary du Cros), 백산출판사.
33) 주종대(2001), 문화관광개발론, 대왕사.
34) 문화재청(2013), 성과관리전략계획(2013~2017).

는 물론 외부환경에 민감한 관광자원을 보호하기 위해 방문객 숫자를 제한하는 관리방법을 사용하고 있지만, 이와 같은 수용능력 조절방법은 제한된 방문객으로 인해 경제적으로 수익성이 낮아지기 때문에 여러 이해당사자들의 비판과 그들 간의 충돌도 야기되고 있는 실정이다.[35)]

이에 대한 합리적인 대안으로 '지속가능한 개발(sustainable development)' 개념이 관리모델에 응용되고 있다. 즉 어떤 지역의 관광개발이 최적으로 개발되고 유지 및 관리되면 자동적으로 지속가능한 개발이 이루어진다는 것이다. 실제로 지속가능개발 개념은 인간사회이 삶의 질(the quality of life)과 자연생태계의 양호한 상태와 최적관리수준의 유지를 의미하기도 한다.[36)]

〈표 14-7〉 관광관리개념의 주요 내용[37)]

관리기법	주요내용
통제[38)]	관광객의 입장규모를 한정하여 과도한 입장을 통제하는 관리로서, 예약제나 정원제, 이용현황 광역정보체계 등을 적용하는 관리기법
법 제정	관광객의 무질서나 무분별한 이용에 대해서는 엄격하게 규제를 하는 법을 제정하고, 관리인에게 특별한 관리권한을 부여하는 방법
이벤트화	관람형 이벤트에서 참여형이나 참가형 이벤트로 전환하여 관광활동의 질적인 수준으로 모색

35) McArthur, S.(1997), Beyond the Limits of Acceptable Change. in 1996 Tread Lightly Conference Proceedings. Tread Lightly Australia: Brisbane.

36) World Commission on Environment and Development(1990), Our Common Future-Australian Edition. Oxford University Press: Melbourne.

37) 김용근(2008), 문화역사자원의 이용과 관리, 도시문제, 43(474호).

38) http://media.daum.net
제주특별자치도에서는 2012년 5월 16일자로 「자연환경보전법」중 「제주특별자치도 설치 및 국제자유도시 조성을 위한 특별법(이하 "제주특별법"으로 함)」에서 이양된 사항을 우리도의 특성에 맞게 반영하여 「제주 특별자치도 자연환경관리조례(이하 "자연환경관리조례"로 함)」를 일부 개정하여 공포하였다. 이번 공포된 조례에서는 지금까지 실시 되었던 휴식년제 오름에 대하여 새로이 출입제한 지역으로 별도 고시하고, 이를 위반할 때에는 「자연환경보전법」 제66조 제2항에 따라 200만원 이하의 과태료를 부과할 예정이다. 5월 6일부터 공포 · 시행되는 자연환경관리조례는 「자연환경보전법」 제40조 제3호에 의한 출입제한에 대한 기준인 "대통령령"을 이양받아 도조례로 정함에 있어, 자연환경관리 조례 제9조의4(자연훼손 방지에 따른 입목 벌채 등을 제한할 수 있는 기준)에서 제1항에서는 자연훼손 방지를 위한 내용을 규정하였고 제2항에서는 제한고시를 규정하였으며, 제3항에서는 절대보전지역, 상대보전지역, 관리보전지역 중 경관적 가치가 우수한 지역 등에서는 출입행위 등을 제한할 수 있도록 규정하고 있다. 따라서 특별법에 의하여 관리보전지역으로 지정되어 있는 물찻오름(조천읍 교래리)과 도너리 오름(안덕면 동광리)을 자연환경관리조례 제9조의4 제2항에 의하여 출입제한 지역으로 고시하고, 이를 위반시에는 「자연환경관리법」 제40조를 위반하게 되는 것이므로 같은법 제66조 규정에 의한 과태료를 처분하게 된다.

최근 문화유산은 환경오염, 반달리즘(vandalism)[39] 및 인구과밀화현상, 교통혼잡 등으로 훼손의 위협, 자연적 및 인공적 훼손 등 항상 위협요소들이 존재하고 있다. 따라서 지속가능한 관광이 되기 위해서는 체계적인 문화유산관리 시스템의 가동 및 문화유산 보존에 대한 관광객, 지역주민의 인식을 변화시킬 필요가 있으며,[40] 관광객의 만족을 끌어올리기 위한 고려요소는 다음과 같다(〈표 14-8〉 참조).

가로드와 피욜(Garrod & Fyall, 2000) 은 '문화유산 관광관리'의 연구를 통해 고려해야 할 8가지 요소에 대한 우선순위를 설정하였다. 문화유산관광에서 가장 우선적으로 고려해야 할 요소는 '보존'으로 조사되어 현재 문화유산을 이용함에 있어 지속가능한 관광이 되도록 유지하는 것이 가장 중요한 것으로 평가되었으며, 이는 유산에 대한 접근제한이 아닌 '이용'과 '보존'의 양립을 의미하고 있다. 다음 순위로는 접근성·교육·재정·품질의 순으로 제시하고 있다.[41]

〈표 14-8〉 문화유산관광에서 고려요소[42]

요 소	고려내용
보존 (conservation)	현 세대에서 유산사용을 통해 편익을 얻는 것과 동시에 후대에게도 그대로 남겨질 수 있도록 유산을 보호해야 한다.
접근성 (accessibility)	유산에 대한 접근성이 낮아지면 유산으로서의 가치가 낮아지고, 접근성이 높아지면 훼손의 우려가 있으므로 적절한 접근성 유지가 중요하다.
교육 (education)	방문자를 대상으로 문화유산의 보존이유와 문화유산의 본질·중요성에 대한 이해를 오락적 요소를 가미하여 교육시킬 필요가 있다.
관련성 (relevance)	가능한 다양한 대중이 접할 수 있어야 하며, 모든 방문자들이 문화유산과 자신·지역사회·국가와의 관련성을 인식할 수 있도록 해야 한다.
여가활동 (recreation)	문화유산관광도 관광활동의 일부이므로 방문자에게 여가활동의 기회를 제공해야 한다.
재정 (financial)	재정적으로 건전하여야 하며, 입장료만으로 충당되어서는 안되고, 보존작업을 위한 외부기금이 필수적으로 요구된다.
지역사회 (local community)	지역사회와의 조화를 통해 유산의 보존과 경제적 효과를 함께 얻을 수 있도록 해야 한다.
품질 (quality)	대량관광시장과의 경쟁을 고려한다면, 방문자에 대해 높은 서비스를 제공해야 한다. 유산을 보호하는 범위 내에서의 시설, 융통성, 높은 수준의 청결성, 잘 훈련된 종사자, 쾌적한 주차시설 등을 포함한다.

39) 도시의 문화예술이나 공공시설을 파괴하는 행위로 5세기 초 유럽의 반달족(Vandals)이 지중해 연안에서 로마를 거쳐 약탈과 파괴행위를 거듭한 데서 유래한 용어임.
40) 이경모(2008), SIT 미래관광의 대안모색, 대왕사.
41) Garrod, B. & A. Fyall(2000), Managing Heritage Tourism, Annals of Tourism Research, 27(3), pp.682-708.
42) 이경모(2008), SIT 미래관광의 대안모색, 대왕사.

'난중일기 · 새마을운동기록물' 유네스코 등재 확정

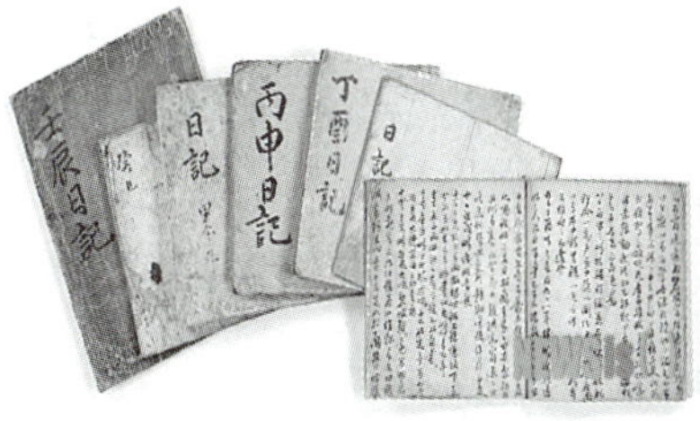

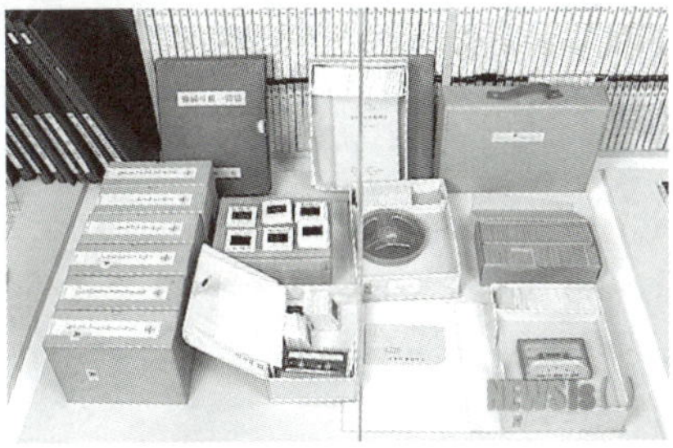

우리나라의 '난중일기'와 '새마을운동기록물'이 유네스코 세계기록유산(Memory of the World)으로 등재가 확정됐다. 2013년 6월 19일 문화재청(청장 변영섭)에 따르면 18~21일 광주광역시에서 열린 '제11차 유네스코 세계기록유산 국제자문위원회는 해당 기록유산들을 세계기록유산으로 등재할 것을 18일 유네스코에 권고했으며 유네스코(사무총장 Irina Bokova)는 국제자문위원회의 권고를 받아들여 등재를 확정했다.

이번에 세계기록유산으로 등재된 국보 제76호 '난중일기'는 이미 그 역사적 사실과 학술연구 자료로, 국내에서 높은 기록적 가치를 인정받고 있다. 전쟁 중 지휘관이 직접 기록한 사례는 전 세계적으로 유래를 찾기 어려워 기록유산으로서의 희귀성을 인정받았다. 임진왜란 당시의 동아시아 열강의 모습을 살펴볼 수 있는 역사적 중요성에서 2012년 12월 열린 국제자문위원회의 등재심사소위원회로부터 세계기록유산으로 등재될 것을 예비권고받은 바 있다. 또 새마을운동중앙회(회장 심윤종)가 유네스코 세계기록유산으로 등재 신청한 '새마을운동기록물'은 UN에서도 인정받은 빈곤퇴치를 위한 모범사례로, 아프리카 등 저개발국에서 배우고 있는 '새마을운동'의 역사적 기록물이다.

국가발전의 한 모델로서 민 · 관협력의 성공적 사례라는 점이 이번 등재 결정의 주요 평가사항이었다.최근 세계기록유산 등재 경향을 보면 옛날 고문서뿐만이 아닌 근 · 현대사 기록물의 등재가 증가하는 추세로, 우리나라도 2011년 5.18 민주화운동 기록물 등재를 계기로 근 · 현대 기록물에 대한 국민적 관심이 높아지고 있다. '새마을운동기록물' 역시 한국식 발전 모델로서 개발도상국에 적용되고 있는 구체적인 사례에 관한 자료 보완 요청이 있었지만 네팔 · 스리랑카 · 라오스 등 8개국 적용사례와 함께 시청각 기록물에 대한 강화된 보존전략 등을 성실히 제출, 순조로운 등재가 예상됐다.

문화재청은 2011년 8월 시행한 대국민공모 결과를 바탕으로, 전문가의 의견을 수렴해 '난중일기'와 '새마을운동기록물'을 세계기록유산으로 등재 신청하기로 결정하고 지난해 3월 유네스코에 등재신청서를 제출했다. 이에 따라 광주시에서 열린 제11차 세계기록유산 국제자문위원회 심사를 거쳐 최종적으로 2건이 모두 신규 등재되는 결실을 보게 됐다. '난중일기'와 '새마을운동기록물' 2건의 세계기록유산 등재로 한국은 ▲훈민정음 ▲조선왕조실록 ▲직지심체요절 ▲승정원일기 ▲조선왕조의궤 ▲해인사 대장경판 및 제경판 ▲동의보감 ▲일성록 ▲5·18 민주화운동 기록물 등 9건의 기존 기록유산과 함께 총 11건의 세계기록유산을 보유하게 됐다. 등재 수량으로 볼 때 우리나라의 세계기록유산은 아시아에서 첫 번째, 세계에서 다섯 번째로 많아 기록문화 강국으로서의 국가위상을 높이는데 일조할 것으로 보인다.

자료: 뉴시스아이즈(2013.06.19, http://www.newsis.com), '난중일기·새마을운동기록물' 유네스코 등재 확정.

문경새재 기도굴 또 하나의 관광자원으로 관리[43]

문경새재 기도굴

문경새재 내 기도굴은 일제의 천주교 박해를 피해 신도들이 기도를 드리던 곳으로서 문경새재 입구에 위치한 진안리 성지(최양업 신부 순교지)와 함께 문경새재를 방문한 천주교 신도들이 많이 찾는 유서깊은 성지이다.

현재 안동교구청 성지 16개소 가운데 문경에만 마원 성지를 비롯해 성지 7개소가

43) GBN 경북방송(http://egbn.kr).

있고 천주교 신앙의 해를 맞이해 관광객 유치를 활성화하기 위해 문경새재관리사무소는 기도굴 주변을 깔끔하게 단장했다. 먼저 시야를 가리던 주변 수목을 자연미관과 어울리게 정비함은 물론 기도굴 진입계단을 보수하였으며 안내간판도 새로 설치해 관광객들로부터 좋은 반응을 얻고 있다.

한편, 문경새재관리사무소장은 기도굴이 천주교 성지를 넘어 역사와 종교에 대한 이해의 폭을 넓히는 교육의 장이자 관광자원으로서 문경시에 소재한 다른 성지들과 연계할 수 있도록 관리에 만전을 기할 계획이라고 한다.

THINK ABOUT IT

관광자원은 다양한 방법으로 관리되고 있는데, 기존의 방법 중 어떠한 관리 방법이 관광자원의 지속성을 모색하는데 가장 적절한 방법인지 그리고 이를 토대로 현대 사회에 새롭게 적용해 볼 수 있는 관광자원의 관리 방법에 대해서도 생각해 봅시다.

저자소개

장성수 제주대학교 관광개발학과 교수(경영학박사)
강보식 제주관광대학교 관광경영과 교수(경영학박사)
고계성 경남대학교 관광학부 교수(관광학박사)
노경국 창원시 관광과 관광정책관(관광학박사)
박은경 대구대학교 호텔관광학과 조교수(관광학박사)

저자와의
합의하에
인지첩부
생략

최신 관광자원론

2013년 9월 10일 초 판 1쇄 발행
2021년 2월 25일 제4판 1쇄 발행

지은이 장성수 · 강보식 · 고계성 · 노경국 · 박은경
펴낸이 진욱상
펴낸곳 백산출판사
교 정 조진호
본문디자인 오행복
표지디자인 오정은

등 록 1974년 1월 9일 제406-1974-000001호
주 소 경기도 파주시 회동길 370(백산빌딩 3층)
전 화 02-914-1621(代)
팩 스 031-955-9911
이메일 edit@ibaeksan.kr
홈페이지 www.ibaeksan.kr

ISBN 979-11-6639-135-4 93980
값 25,000원